全生命周期养老金融

QUANSHENGMING ZHOUQI
YANGLAO JINRONG

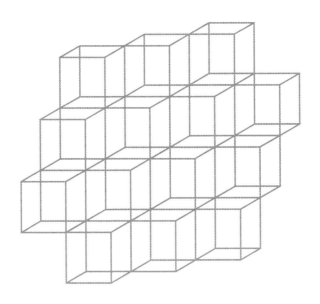

胡继晔◎著

中国政法大学出版社

2023·北京

图书在版编目（ＣＩＰ）数据

全生命周期养老金融 / 胡继晔著. —北京：中国政法大学出版社，2023.9（2025.2重印）
ISBN 978-7-5764-0687-0

Ⅰ.①全…　Ⅱ.①胡…　Ⅲ.①养老－金融业－研究－中国　Ⅳ.①F832

中国版本图书馆CIP数据核字(2022)第206614号

出 版 者　　中国政法大学出版社

地　　址　　北京市海淀区西土城路 25 号

邮　　箱　　fadapress@163.com

网　　址　　http://www.cuplpress.com (网络实名：中国政法大学出版社)

电　　话　　010-58908435(第一编辑部) 58908334(邮购部)

承　　印　　固安华明印业有限公司

开　　本　　720mm×960mm　1/16

印　　张　　20.25

字　　数　　386 千字

版　　次　　2023 年 9 月第 1 版

印　　次　　2025 年 2 月第 2 次印刷

定　　价　　89.00 元

内 | 容 | 简 | 介

　　本书是 2019 年度教育部哲学社会科学研究后期资助重大项目《全生命周期养老准备的金融理论与实践创新研究》（19JHQ007）的结项成果。在人口老龄化日益严重的大背景下，本书提出了养老与金融相结合的全生命周期养老金融理论：利用金融产品、金融机构和金融市场服务于养老。全生命周期养老准备的核心是实现劳动力和资本资源的跨期优化配置，力求深入全面揭示养老与金融之间的内在联系。

　　本书共十五章，主要分为养老金金融、养老服务金融和养老产业金融三大部分。第 1-3 章为基础理论部分，阐述了全生命周期养老金融的内涵、外延及国际经验，聚焦于全生命周期养老金融主体的创新价值和行为分析。第 4-6 章为养老金金融部分，借鉴国际养老金投资的经验，对养老资产投资管理问题进行了重点研究，构建了养老金投资的精算模型。第 7-10 章为养老服务金融部分，从金融产品、金融机构和金融市场的角度，聚焦于全生命周期养老金融客体的设计，尤其是目标日期基金这一金融创新产品。第 11-13 章为养老产业金融部分，分析了养老产业的投融资基础及其发展路径，并以上海市和贵州省为例进行了具体阐述。第 14 章介绍了金融支持养老的法律保障机制，包括立法、修法和相关政策。第 15 章为总结展望部分。

　　本书所研究的问题具有多学科、综合性、交叉性鲜明特征，在全生命周期养老准备中金融可以实现跨期资源配置，金融业可以在全生命周期养老准备中发挥更大作用。这种作用的发挥，一方面有利于完善多层次、多支柱养老保障体系，合理分担个人、社会和政府的养老责任，另一方面也能够充分发挥各个金融行业的特点和优势，为银行业、证券业、保险业、信托业的发展开拓更广阔空间。

作 | 者 | 简 | 介

　　本书作者胡继晔教授现任中国政法大学商学院资本金融系教授、博士生导师，中国政法大学理论经济学一级学科博士点西方经济学学科带头人，商学院学术委员会主席。获清华大学机械工程系工学学士、人文社会科学学院政治经济学硕士学位，中国社会科学院研究生院应用经济学博士学位。2010-2011年公派赴牛津大学、2019年赴美国杜克大学访学。2009-2012年间主持完成国家社科基金一般项目《社保基金监管立法研究》（09BFX053），2019-2021年间完成北京市社科基金重点项目《新时代防范系统性金融风险研究》（18KDAL043）、2019-2020年间完成北京市法学会招标课题《金融科技背景下北京市预防和化解金融风险规制研究》（BLS〔2019〕B002），在《管理世界》《财贸经济》《宏观经济研究》《政法论坛》《人民论坛》《管理学刊》等核心期刊发表论文30余篇。

序｜言

在传统的农耕文明社会，劳动力是发展生产最重要的资源，家庭通常通过多生育满足农业生产需求。当家庭中父母年老之后，众多子女通过分工合作共同履行照料父母的责任，通过反哺实现代际之间的传承和延续，以"养儿防老"为基础的家庭养老模式成为应对养老风险的最优选择。

随着人类社会进入工业化和城市化时代，机器化大生产开始取代手工劳动，劳动力数量不再是家庭生产中最核心的要素，传统多生育的动机开始减弱，家庭规模逐步缩小，大家庭、大家族共同生活的现象越来越少，单纯的家庭养老已经难以完全实现老年生活保障目标。家庭养老赖以生存的基础受到了严峻挑战，社会化的养老方式——养老金制度开始走上历史舞台。

最早的养老金制度雏形是一些大型企业开始的探索，即在职时缴费积累，待遇水平事前确定，退休时领取，直到去世。但企业范围内建立的养老金制度也会面临挑战：一是企业可能会倒闭，员工养老金待遇的持续性无法得到保证；二是当企业出现退休人数占比增加、在职人员减少的情况下导致企业出现财务赤字。

为应对这一风险，国家出面主导的公共养老金就应运而生了。1889年，德国建立了第一个由国家出面的以社会保险为原则的养老金制度。该制度最初是积累型的，但是，战争和恶性通货膨胀使积累的养老金损失惨重，1957年后，该制度定位于现收现付制的代际养老，即年轻一代人缴费，所缴纳的资金用于支付年老退休一代人的养老金待遇，这样既能解决传统家庭保障的不足，又为年老退休后的经济保障提供了制度支持。

然而，20世纪70年代开始，政府建立的现收现付制公共养老金遇到了人口老龄化的挑战。人们的预期寿命越来越长，而年轻一代的生育率却持续走低，导致一个国家的在职职工和退休职工的比例不断下降。在这种情况下，为了继续维持现收现付制度，通常只有四种办法：一是延迟领取养老金，亦称延迟退休；二是提高在职一代的缴费率；三是降低退休者的养老金待遇；四是财政补贴。然而，在养老金福利刚性和在职一代巨大的压力等背景下，前三种参量改革方案都面临着诸多挑战，同时，财政补贴的长期可持续性也受到质疑。在这种情况下，各国开始采纳增量改革的思路，即在维持公共养老金"保基本"的基础上，大力发展积累型的私人养老金，包括职业养老金和个人养老金。1994年，世界银行在总结各国经验的基础上，提出了三支柱的理念。2005年，又将该理论发展为五支柱理论。

为了避免企业养老金重蹈公共养老金的覆辙，新成立的企业养老金也从传统的待遇确定型（DB）转变为完全积累的缴费确定型（DC）。由于完全积累的基础是个人账户，其养老金水平完全取决于积累额和投资收益，从此，养老金与金融和资本市场开始建立紧密联系。

在很多国家，企业养老金是由企业主导建立的，政府为鼓励企业建立企业养老金减轻对公共养老金的压力，在税收上给予优惠。企业建立企业养老金有两个目的，一是为企业员工退休后可以有更好的退休生活，二是作为人力资源的竞争手段以企业养老金吸引和保留优秀员工。

但是，总有些企业，特别是中小微企业，不愿意或者没有能力建立企业养老金，这样一来，那些没有建立企业养老金的员工就无法享受政府的税收优惠。为此，一些国家就推出了第三支柱个人养老金。第三支柱个人养老金由个人主导，使用政府税收政策优惠的资金额度，投资相应的养老金融产品实现资金积累，专业机构运营积累的资金实现保值增值。由此，第三支柱弥补了第二支柱的覆盖缺失。与此同时，有些国家还鼓励中高收入人群使用税后的自有资金购买养老金融产品，政府在投资收益和待遇领取时给予税收优惠。

由于养老金第二支柱和第三支柱对投资收益的巨大依赖，养老金投资资本市场获取高额收益的需求越来越迫切。由于二三支柱多为积累型养老金，员工从年轻时开始投入，直到退休后才领取，时间跨度长，养老金就成为资本市场上的"长钱"。作为"长钱"的养老金与市场上其他"短钱"不同，它追求的不是短期回报，而是在可控风险条件下的长期合理回报。这就对资产管理者提出了新挑战，也给他们带来了新机遇。随着全球养老金规模的不断增长，目前，养老金已经从单纯的资本市场的参与者变成为资本市场的压舱石和稳定器。

在有些国家，养老金与资本市场形成了良性循环，作为"长钱"的养老金助力了资本市场健康发展，资本市场利用这个"长钱"进行高科技的风险投资，助力了经济成长，同时也给养老金带来高回报。在这个高新技术风起云涌的时代，养老金推动了资本市场的发展，资本市场回馈了养老金。当资本市场波动时，作为"长钱"是不会轻易离开的。因为，政府对企业养老金的提取有政策限制，不允许轻易退出；金融机构也不会因为担心参与者"挤兑"养老金而主动退出。两种力量同时发力，养老金起到了稳定资本市场的作用。

当然，必须指出的是，并非有了积累型养老金就一定会出现养老金与资本市场的良性循环。如果资本市场，特别是股票市场存在制度性缺陷，那么，资本市场的动荡会严重损害积累型养老金。另外，"长钱"能不能真正做到长期投资，长期投资怎样有效进行长期考核？这些仍然是养老金融实践中的难题。

上面所述的关于养老金体系，以及其与资本市场的互动，构成了养老金金融的内容。但是老龄化社会不仅要求有养老金体系，还带来了对老年人的金融服务需求。对一般劳动者而言，在退出劳动力队伍的那一刻，是人生财富的高峰，不仅有养老金，而且有积累一生的金融资产与非金融资产。按照储蓄生命周期理论，从退休到离世是人们资产消耗过程。随着年龄的增长，老年人理财能力会下降，特别是那些失能失智的老人、失独或者无后代的老人，其对老年金融服务需要更迫切。这就意味着帮助老人打理金融资产以保障其晚年的资金需要是养老金融需要关注的另一个重要领域。

在老龄化社会，人们从跨入职业生涯的第一天直到生命的最后一刻，都离不开养老金融，这就构成了胡继晔教授在这本书中所论述的"全生命周期的养老金融"。

不仅如此，在中国，快速的老龄化还提出了养老产业金融的概念，即金融如何支持养老产业的发展。在发达国家，这个问题并不显著，有两个原因，一是其老龄化速度很慢，对老年人的各种需求，市场有足够多的时间做出反应；二是发达国家的金融系统发达，有各种金融手段支持养老产业的发展。中国则不同，一是老龄化发展速度快，特别是今后30年，每年上一个台阶。二是金融体系不发达，养老产业，特别是轻资产的养老服务业很难得到金融支持。这就是我在2015年12月发起中国养老金融50人论坛时提出的养老金融在中国应当包括养老金金融、养老服务金融和养老产业金融三部分的初衷。

胡继晔教授是我国最早提出养老金融概念的学者之一，这本新著是他带领团队多年潜心研究的成果。在书中不仅探讨了养老金融的理论，提出了完善养老金融的政策建议，还深入分析了各类养老金融产品的特点。可以说，此书站在了目前养老金融研究的最前沿。我期待，此成果的出版能进一步推动养老金融研究的深化，能有更多的学者和有识之士关心这一领域。

是为序。

清华大学教授、中国养老金融50人论坛秘书长

前 | 言

　　本书是 2019 年度教育部哲学社会科学研究后期资助重大项目《全生命周期养老准备的金融理论与实践创新研究》（19JHQ007）的结题成果。

　　2016 年 5 月，在中共中央政治局首次就我国人口老龄化的形势和对策举行的集体学习中，习近平总书记指出：妥善解决人口老龄化带来的社会问题，事关国家发展全局。要适应时代要求创新思路，借鉴国际有益经验，向加强人们全生命周期养老准备转变。在如此重要的会议上由总书记提出"全生命周期养老准备"的问题，充分表明这个问题的重要性：养老不仅仅是老年人的挑战，更是全生命周期各个年龄段的成年人都需要认真思考和实践的事实。2019 年 11 月，中央印发《国家积极应对人口老龄化中长期规划》，提出的战略总目标之一是养老财富储备日益充沛。个人职场中从第一个月领工资即开始缴纳养老保险基金，就是在进行全生命周期的养老准备和养老财富储备；在工资缴纳个税中"赡养老人"项目进行扣除，是对个人养老准备的奖励。2022 年 4 月，国务院办公厅"关于推动个人养老金发展的意见"发布，正式推出个人养老金制度，即每个人每年可以免税投资个人养老金 1.2 万元，鼓励每个劳动者进行全生命周期养老准备。实践发展如此之快，但理论的研究还很薄弱，甚至在知网中以"全生命周期养老"为主题搜到的高水平学术文章都寥寥无几，本书希望能够填补这方面的空白。

　　全生命周期养老准备的核心是劳动力和资本资源的跨期优化配置，力求深入全面揭示金融与养老之间的内在联系。当今时代我国社会、经济领域最突出的特征之一就是老龄化的冲击，从资源跨期优化配置的角度，可以更加深刻、全面地认识到金融与养老的内在联系，金融能够优化资源配置的特点不但使其具有创富效应。长期以来，养老金不足时依靠财政补贴已经成为常态，对我国建立"公平可持续"社会保障制度的目标构成可持续性方面的重大挑战。在全生命周期养老准备中金融可以实现跨期资源配置，金融业可以在全生命周期养老准备中发挥更大作用。这种作用的发挥，一方面有利于完善多层次、多支柱养老保障体系，合理分担个人、社会和政府的养老责任，另一方面也能够充分发挥金融业的优势，为金融业的发展开拓广阔空间。因此，本书理论上的创新之一是阐释在应对老龄化这一具体问题上习近平新时代中国特色社会主义思想的发展，并应用于指导我国社会保障制度改革的实践。

本书所研究的问题具有多学科、综合性、交叉性的鲜明特征，希望奠定养老金融学的研究基础。金融服务养老的问题，首先涉及经济学和金融学的问题，因为金融和养老的核心问题都是研究资源的跨期优化配置；其次，涉及人口学，未来我国人口老龄化将进入"高原"，这决定了养老问题具有长期性、复杂性和艰巨性的特征；再次，养老问题涉及社会学、政治学、法学，特别是在人口老龄化负担的责任分配上，个人、社会和国家如何分担，老年人和年轻人如何分担，高收入人群和低收入人群如何分担，这里涉及极其复杂的利益群体和政治博弈，更涉及相关诸多领域的立法与修法。以上问题的解决，将为养老金融学这一未来的交叉学科奠定学科研究基础。

本书对学界养老与金融融合的相关研究进行评述，包括如何使用金融工具来存储劳动价值形成养老财富储备，利用跨期金融市场来配置之；如何进行全生命周期的养老准备，通过增强应对人口老龄化的财富储备来提高社会保障可持续能力。增加养老财富储备要求传统的金融学理论进行创新，即微观个体如何进行全生命周期的养老财富储备，从传统的储蓄养老理念向投资养老过渡；宏观经济体系中如何更有效地把金融资源配置到养老事业发展过程中的各个领域和环节，更好地满足养老财富储备、养老产业投融资以及老年人金融服务的需求。这不仅仅是构建金融与实体经济和谐共生、金融支持实体经济在养老产业和养老服务业领域的具体体现，更是化老龄化之"危"为新时代金融创新之"机"的要求。

本书全书由胡继晔承担主要的撰写工作，课题组全体成员钟蓉萨、李超、徐妍、程碧波、李伯尧等均参与了不同章节的讨论和撰写。博士生张泽睿对养老目标基金相关内容做出重大贡献，博士生王慧、陈金东、杜牧真、张馨予、付炜炜，硕士生王潇潇、张艳、于泽卉、于松宁、罗堂海、韩雨宏、张哲源，本科生吴双、周越、兰思蒙、蔡彬渝、周怡漩、贺彦锦等同学参加了各个章节的修订，特别是参与本人 MBA、金融专硕《养老金融》课程的数十位同学都对本书提出了修订意见、建议和勘误，在此表示衷心感谢。

本课题申报期间，感谢我国社会保障领域的知名大家郑秉文教授和董克用教授作为专家倾力推荐。在课题研究期间，中国养老金融 50 人论坛诸多核心成员如全国社保基金理事会原副理事长王忠民教授、中国劳动和社会保障科学研究院金维刚院长、中国人民银行马贱阳副司长、清华大学杨燕绥教授、中国人民大学李珍教授、浙江大学米红教授、上海工程大学史健勇教授、武汉科技大学董登新教授、美国普信集团副总裁林羿博士、建信养老金管理有限公司原总经理冯丽英女士、长江养老苏罡董事长、国民养老曹勇总精算师、天弘基金朱海扬博士等养老金融大家均不同程度参与本书的指导工作，在此一并致谢。

全生命周期养老准备、养老财富储备是当今百年未有之变局下立足国内、全力以赴做好自己的事情的抓手，也是在可以预见的未来积极应对老龄化的物质基础。本书希望成为引玉之砖，为未来这方面的研究奠定基础。因水平所限，书中错讹之处有待读者诸君批评指正。

2023 年 6 月 16 日

目 | 录

第一章　中国人口老龄化背景下全生命周期养老准备的研究价值

第一节　我国人口老龄化的特点和发展趋势

我国深度老龄化时代已经到来。根据国家统计局 2022 年 2 月发布的数据，截至 2021 年底，我国总人口达 141 260 万人，其中 60 周岁及以上人口 26 736 万人，占比达到 18.9%；65 岁以上人口 20 056 万人，首次超过 2 亿人，占比 14.2%，[1] 远超 7.0% 的老龄化门槛，老龄化特征极其明显。按照联合国人口计划署的预测，我国 65 岁以上老年人口的比重在 2050 年将达到 26.3%，2060 年以后将达到 30.0% 以上，且一直到 2100 年都不会有太大的变化。[2]

2016 年 3 月发布的《中国人民银行、民政部、银监会、证监会、保监会关于金融支持养老服务业加快发展的指导意见》（银发〔2016〕65 号，以下简称 65 号文），鼓励各类金融机构积极开发能够提供长期稳定收益、满足生命周期需求的差异化养老金融产品，在政府层面提出了全生命周期养老金融创新的要求。

2016 年 5 月，在中共中央政治局首次就我国人口老龄化的形势和对策举行的集体学习中，习近平总书记指出：“妥善解决人口老龄化带来的社会问题，事关国家发展全局。要适应时代要求创新思路，借鉴国际有益经验，向加强人们全生命周期养老准备转变。2017 年党的十九大报告也提出构建养老、孝老、敬老政

---

〔1〕　国家统计局：“中华人民共和国 2021 年国民经济和社会发展统计公报”，载 http：//www. stats. gov. cn/xxgk/sjfb/zxfb2020/202202/t20220228_1827971. html。

〔2〕　United Nations，Department of Economic and Social Affairs，“World Population Prospects 2019”，https：//esa. un. org/unpd/wpp/Download/Probabilistic/Population/.

策体系和社会环境，推进医养结合，加快老龄事业和产业发展。"

2017年8月发布的《财政部、民政部人力资源社会保障部关于运用政府和社会资本合作模式支持养老服务业发展的实施意见》，提出鼓励运用政府和社会资本合作（Public-Private Partnership，PPP）模式推进养老服务业供给侧结构性改革，加快养老服务业培育与发展。2018年4月，财政部等五部委发布《关于开展个人税收递延型商业养老保险试点的通知》，标志着我国第三支柱个人养老金制度正式启动。2018年8月证监会批准了符合《养老目标证券投资基金指引（试行）》的14家公募基金的养老目标基金产品，全生命周期养老准备的金融产品正式推出。其中养老目标日期基金根据投资人退休日期为主要参考指标，引导投资人开展长期养老投资；而目标风险基金则根据投资者特定的风险偏好设定权益类资产、非权益类资产的基准配置比例，并采取有效措施控制组合基金风险。

2019年11月，中央印发《国家积极应对人口老龄化中长期规划》，提出的战略总目标之一是积极应对人口老龄化的制度基础持续巩固，财富储备日益充沛。到2035年，积极应对人口老龄化的制度安排更加科学有效，社会财富储备进入高收入国家行列。

2020年中共十九届五中全会首次提出"实施积极应对人口老龄化国家战略"。2020年11月，国务院办公厅印发《关于切实解决老年人运用智能技术困难实施方案》，推动解决老年人在运用智能技术方面遇到的困难，让老年人共享信息发展成果。2020年12月，国务院办公厅印发《关于促进养老托育服务健康发展的意见》，提出促进养老托育服务健康发展的23项举措。2020年12月，国务院办公厅印发《关于建立健全养老服务综合监管制度促进养老服务高质量发展的意见》，对养老服务综合监管工作作出部署，为推动养老服务发展提供制度保障。

2021年12月，国务院印发《"十四五"国家老龄事业发展和养老服务体系规划》（国发〔2021〕35号），提出把积极老龄观、健康老龄化理念融入经济社会发展全过程，大力发展银发经济，推动老龄事业与产业、基本公共服务与多样化服务协调发展，努力满足老年人多层次多样化需求。促进和规范发展第三支柱养老保险。支持商业保险机构开发商业养老保险和适合老年人的健康保险，引导全社会树立全生命周期的保险理念。支持老年人住房反向抵押养老保险业务发展。鼓励金融机构开发符合老年人特点的支付、储蓄、理财、信托、保险、公募基金等养老金融产品，研究完善金融等配套政策支持。加强涉老金融市场的风险管理，严禁金融机构误导老年人开展风险投资。

可以发现，在应对人口老龄化方面，政府在政策制定方面已经走到了前列，金融企业也已积极探索，推出了各种养老产品，但遗憾的是国内学界在应对老龄化的金融理论研究方面相对滞后，尤其在全生命周期养老准备方面的研究中取得重大学术价值的成果比较缺乏，学界亟需补上习近平总书记指出的"向加强人们全生命周期养老准备转变"研究的短板。

　　我国人口老龄化形势严峻，许多学者认为我国将在 21 世纪中叶达到"人口老龄化高峰"[1][2]。届时，经济压力也将达到高峰，其压力将达到 2010 年的 4 倍[3]。但是，事实上在 2050 年前后，中国进入深度老龄化后，其发展趋势并不会发生逆转。在 2050 年后，中国人口老龄化进程用进入"人口老龄化高原"[4]描述会更为恰当，如图 1-1 所示。

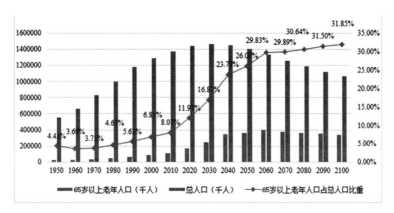

图 1-1　1950-2100 年我国 65 岁及以上人口数量及总人口比重变化趋势图[5]

　　我国人口老龄化形势出现这种局面，与我国人口的总和生育率的持续下降是密切相关的。总和生育率是指一个国家或地区的妇女在育龄期间，每个妇女平均生育的子女数，一般以 15 岁至 44 岁或 49 岁为准。一般来讲如果总和生育率小于 2.10，新生人口数是不足以弥补生育妇女和其伴侣数量的。我国人口总和生育率从 20 世纪 70 年代初的 5.8 降到了 90 年代中后期的 1.68 左右[6]再降到 2000

　　[1]　党俊武："中国应对老龄社会的战略思路"，载《中央民族大学学报》2005 年第 4 期。
　　[2]　李建新："国际比较中的中国人口老龄化变动特征"，载《学海》2005 年第 6 期。
　　[3]　莫龙："中国的人口老龄化经济压力及其调控"，载《人口研究》2011 年第 6 期。
　　[4]　董克用、张栋："高峰还是高原？——中国人口老龄化形态及其对养老金体系影响的再思考"，载《人口与经济》2017 第 4 期。
　　[5]　United Nations, Department of Economic and Social Affairs, World Population Prospects: The 2019 Revision, custom data acquired via website, *Population Division* (2019).
　　[6]　邬沧萍、王琳、苗瑞凤："从全球人口百年（1950~2050）审视我国人口国策的抉择"，载《人口研究》2003 年第 4 期。

年第五次人口普查的1.22，而2010年第六次人口普查的数据更是下降到了惊人的1.18[1]，标志着中国已经进入一个严重少子化阶段。第六次人口普查统计数据显示，中国内地（大陆）人口中60岁及以上人口达到1.78亿，占总人口的13.26%，比第五次人口普查上升了3.36个百分点。

随着生活水平的提高与医疗技术的改进，中国人口的预期寿命也迅速上升，2021年已达到77.3岁，这进一步加深了人口老龄化程度并加重了养老压力。根据华夏新供给经济学研究院构建的中国的人口长周期一般均衡模型，以2010年第六次全国人口普查数据为基础，把全国分为一、二、三、四线城市和农村五大空间区域，将人口生育率、人口迁徙、杠杆率、经济增长、房价等众多的变量在统一的模型中进行了模拟，结果显示：中国未来人口老龄化的变化趋势主要有三大特点：一是老得快，我国在崛起过程中是除日本外的老龄化速度最快的世界人口大国；二是女性老人多，1950年以来，我国60岁及以上人口的女性占比均保持在51%以上，即老年妇女在总体规模上多于男性，80岁及以上高龄人口的女性比例则保持在58%以上的水平；三是农村老人多，一方面，20世纪70年代，受"少生优生，晚婚晚育"的计划生育政策的影响，城镇生育率较农村生育率低。另一方面，农村大量年轻劳动力去往一线二线城市发展，农村老年人口增多，尤其空巢老人和独居老人居多，农村老龄化越来越严重。

中国农村，由于青壮年人口的持续流出，导致老人数量占比增加。2040年之前农村65岁以上老龄人口占比每年上升1个百分点，是全国增速的两倍。若当前的人口迁移趋势保持不变，到2040年，农村65岁以上老龄人口占比将达40.0%，势必带来巨大的经济和社会问题。从各层级的城市来看，城市规模越大，老龄化速度越慢。相较于各层级的城市来看，老龄化速度与城市规模呈反向趋势。预测一线城市（北京、上海、广州、深圳、天津）2040年65岁以上老龄人口占比为21.9%，相对具有活力。从联合国《世界人口展望2021》的预测数据来看，中国总人口数量将在2026年前后达到峰值，随后将开始逐步下降，而65岁及以上老年人口数量将进一步增加并在2060年前后达到峰值，然后数量会有所下降，但其占比依然会在相当长一个时期内保持相对的高位（33.0%左右）。

由于人口老龄化是以老年人口占总人口的比重为标准，所以，21世纪中叶前后不是中国人口老龄化的高峰值，而是进入老龄化高原的起始时期[2]。根据曾毅（2005）的测算，我国的老年抚养比将达到0.42，即平均每一个劳动年龄

〔1〕 汪伟："人口老龄化、生育政策调整与中国经济增长"，载《经济学（季刊）》2016年第1期。
〔2〕 董克用、张栋："高峰还是高原？——中国人口老龄化形态及其对养老金体系影响的再思考"，载《人口与经济》2017年第4期。

的人需供养 0.42 个老年人，2050 年，我国劳动人口供养老年人口的负担将等于 2000 年的 3.80 倍[1]。因此在相当长的一段时间内，中国人口老龄化的问题对中国经济、社会将产生深远的影响。由养老问题引发的一系列挑战也将成为未来中国社会需要着手应对和解决的问题。

第二节　我国社会养老保障体系的研究现状

随着人口老龄化的加剧，我国养老保障体系所面临的问题日渐凸显并亟待解决，对此，学界已进行了诸多研究，主要集中在以下三个方面：第一，我国社会养老保障体系的现状；第二，社会养老保障体系的可持续性；第三，社会养老保障体系的国际经验借鉴。

一、多层次社会养老保障体系

研究养老保障，要区分养老保障体系和养老金体系[2]。养老保障体系指为了满足老年人各种养老需求，一个经济体建立的涵盖养老资金积累、老年风险分散和养老照顾等多方面的综合性制度安排，主要包括养老金体系、商业保险、养老服务。其中，养老金体系旨在为养老进行资产积累，商业保险旨在帮助防范长寿风险，养老服务旨在为老年人提供非物质支持。

世界银行于 20 世纪 90 年代提出了三支柱养老金模式（如图 1-2 所示），成为世界各国养老金体系改革的普遍选择：包括第一支柱公共养老金、第二支柱职业养老金和第三支柱个人养老金。目前我国的养老保障体系也是由三支柱构成：基本养老保险、企业年金（职业年金）和个人储蓄养老保险。基本养老保险是社会公共养老金，企业和职业年金则是职业养老金，商业养老保险是个人养老金。"三支柱"模式是世界各国养老金改革的共同趋势。

---

〔1〕 曾毅："中国人口老化、退休金缺口与农村养老保障"，载《经济学（季刊）》2005 年第 3 期。
〔2〕 董克用、孙博："从多层次到多支柱：养老保障体系改革再思考"，载《公共管理学报》2011 年第 1 期。

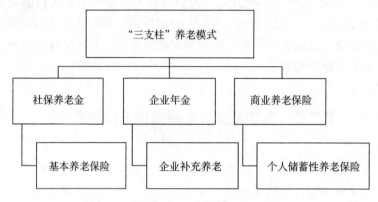

图1-2 世界银行"三支柱"养老模式图

第一支柱基本养老保险，是基本养老保险制度下政府兜底的公共养老金，旨在保障国民养老安全。退休人员每月领的退休金，就属于基本养老保险。第二柱企业年金或职业年金，就是工作单位为个人代交的企业年金、职业年金等，一般是政府给予税收优惠，单位和个人共同缴费。第三支柱个人养老金，是个人单独投资的养老金。对这部分养老金缴费，政府会给予税收优惠，由个人自愿选择参加。三大支柱中，第一支柱是基础，第二、第三支柱进一步对养老品质提供保障。

2005年世界银行又将三支柱扩展为五支柱（如图1-3所示），增加了旨在解决老年贫困的非缴费型、国家财政支撑的零支柱，家庭成员帮扶等非制度化为主的第四支柱。但从国际养老金发展的总体趋势来看，政府、单位和个人责任共担的三支柱仍然是现代养老金体系的核心。

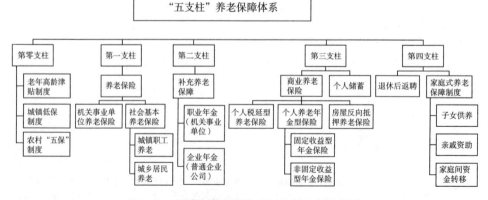

图1-3 世界银行建议的"五支柱"养老模式

二、我国多层次养老保障体系改革路径

我国养老保障体系改革始于 20 世纪 90 年代初。1991 年国务院《关于企业职工养老保险制度改革的决定》首次提出逐步建立基本养老保险与企业补充养老保险和职工个人储蓄养老保险相结合的制度。1995 年《国务院关于深化企业职工养老保险制度改革的通知》国发〔1995〕6 号文件指出："国家在建立基本养老保险、保障离退休人员基本生活的同时，鼓励建立企业补充养老保险和个人储蓄性养老保险，构建保障方式多层次的养老保险体系。"在此精神指导下，1995 年《关于建立企业补充养老保险制度的意见》，1997 年《关于建立统一的企业职工基本养老保险制度的决定》和 2004 年《企业年金试行办法》等法规条例陆续颁布，标志着多层次养老保障体系在我国初步确立：第一层次为统账结合的基本养老保险制度；第二层次为企业年金制度；第三层次为个人养老储蓄。其中基本养老保险以保障企业离退休人员的基本生活为目标；企业年金作为基本养老保险的补充，保持退休职工一定水平的生活待遇；个人养老储蓄是对有较高养老保障需求的社会成员的鼓励性手段。

在过去二十多年发展过程中，多层次养老保障体系为退休人员基本生活提供了重要保障，也为促进经济发展和社会稳定发挥了重要作用。但随着改革进一步深化，体制性难题也随之呈现：目前我国养老保障制度是"三轨并存"，即城镇职工养老保险、事业单位和公务员退休金制度、新型农村和居民养老保险；多层次模式各部分功能不清晰、发展不均衡，基本养老保险实质上仍是现收现付制；这些内在缺陷导致各层次人群之间扩展困难，不利于养老保险制度的融合和统一。

三、社会养老保障体系的可持续性问题

关于养老保障体系的可持续性，各国不尽相同。我国当前养老保障制度最突出的特点就是不可持续性。在对各国养老金制度的可持续性问题的评价中，全球最大的保险公司之一安联（Allianz）对全球前 50 大经济体的养老金体系可持续状况做了统计，于 2016 年公布了"养老金可持续指数"（Pension Sustainability Index，PSI）。这一指数是一国养老金体系可持续性的综合性指标，包含了人口结构、养老金制度、养老金由公共财政占比三个子项目指标。它反映了全球主要经济体在老龄化时代养老保险制度的长期可持续性，排名越靠前说明可持续性越好，越靠后则养老金可持续性越不好，中国的养老金可持续指数 PSI 在全球前 54 大经济体中排名第 53，倒数第二。[1] 根据 2020 年美世 CFA 协会全球养老金指数（2020 Mercer CFA Institute Global Pension Index）数据显示，中国 2020 年指数

---

〔1〕　Allianz，"2016 Pension Sustainability Index"，*International Pension Papers* 1/2016〔R〕．

总分为47.3（分类指数得分中，充足性指数为57.4，可持续性指数为36.2，完整性指数为46.7），远不及世界平均指数59.7（其中充足性指数为60.9，可持续性指数为50.0，完整性指数为71.3），[1] 应当引起高度关注。

由于人口老龄化以及养老保障制度的不合理，养老金面临巨大的缺口，并呈现出不断扩大的趋势[2]。为解决此问题，建立我国养老保障制度的长效机制，国内学者很早就对此展开了研究[3]，也提出了诸多应对措施。郑功成（2010）主张推进城镇职工基本养老保险全国统筹，打破基本养老保险区域分割的现状，实现养老保险制度的自我平衡与发展[4]。在对多层次养老保险体系反思的基础上，董克用和孙博（2011）从多支柱理论和我国现实国情出发，主张构建以多支柱为核心特征的养老保障体系[5]，包括：

零支柱，以低收入者和农民为对象的普惠制国民养老金，旨在防止老年贫困；

第一支柱，以正式就业者为对象，由基本养老保险社会统筹部分改造而来的基本养老金，目标在于保障就业者退休后的基本生活，突出社会再分配的作用；

第二支柱，以正式就业者为对象，由基本养老保险个人账户部分和企业年金计划合并而来的职业年金计划，使退休职工生活水平比单一的第一支柱有所改善，同时有助于应对老龄化危机；

第三支柱，自愿性的个人养老储蓄计划，为有较高需求的高收入者提供的更高层次的保护。

另一种应对措施便是延迟退休[6]，并有诸多学者对之展开了研究。孙博等（2011）认为逐步放开二胎的生育政策能够缩小养老金缺口，改善养老金体系财务的可持续性[7]。胡继晔（2017）认为可以将现行的社会统筹养老金缴费部分

〔1〕 美世咨询、CFA协会：《2020年美世CFA协会全球养老金指数报告》（2020 Mercer CFA Institute Global Pension Index），2021年1月。

〔2〕 王晓军、米海杰："养老金支付缺口：口径、方法与测算分析"，载《数量经济技术经济研究》2013年第10期。

〔3〕 王晓军："对我国养老保险制度财务可持续性的分析"，载《市场与人口分析》2002年第2期。

〔4〕 郑功成："尽快推进城镇职工基本养老保险全国统筹"，载《经济纵横》2010年第9期。

〔5〕 董克用、孙博："从多层次到多支柱：养老保障体系改革再思考"，载《公共管理学报》2011年第1期。

〔6〕 王克祥、于凌云："关于渐进式延迟退休年龄政策的研究综述"，载《人口与经济》2016年第1期。

〔7〕 孙博、董克用、唐远志："生育政策调整对基本养老金缺口的影响研究"，载《人口与经济》2011年第2期。

改为社会保障税，个人账户部分与企业年金、职业年金共同作为个人养老金[1]。费改税一方面有利于增强社保收入的强制性从而增强养老体系可持续性，另一方面有利于促进劳务输出与输入地之间的公平、不同行业之间的公平，促进全国统筹的真正实现，达到"公平可持续"的社会保障制度改革总目标。

关于社会养老保障体系的国际经验借鉴学界已有诸多研究与实践。我国养老保险制度采取的是社会统筹与个人账户相结合的部分积累模式，但由于制度的转轨成本并没有得到有效分摊，在实际运作过程中不少地区的个人账户资金被借支用于缓解统筹基金不足的压力，从而导致养老保险个人账户空账运行。因此一些学者主张采用名义账户制来解决养老保险制度转轨成本问题。名义账户制（Non-financial Defined Contribution），也称名义缴费确定型模式，它是集现收现付制与基金积累制、待遇确定型（Defined Benefit，DB）和缴费确定型（Defined Contribution，DC）于一体的一种混合模式，是欧亚部分国家在克服养老保险制度转型成本过程中开创的一种社会保障制度模式[2]。郑秉文（2003）认为名义账户制一方面可以解决我国养老保险面临的巨大转轨成本难题，另一方面可以兼顾"社会互济"和"自我保障"即公平与效率的问题，同时，还有利于提高缴费的比率和扩大保险的覆盖面，应该成为我国养老保险制度改革的一种理性选择[3]。

威廉姆森（John B. Williamson）等（2011）通过对中国、韩国和新加坡的养老保险制度分析和比较，认为中国适用名义账户制的可行性最强[4]。名义账户制的主要优点在于可以部分解决两个"可持续"问题：一是财务可持续性，变福利刚性为福利弹性；二是政治可持续性，即政治问题内生化，养老金参数收紧不会再有街头抗议。但其也有明显缺点即互济性差，工作年限短、工资比较低群体的终身年金相对少，退休后的养老金水平可能会较低[5]。

万树、蔡霞（2014）指出采用名义账户，可以通过个人账户缴费权益记录保障在职劳动者退休后的养老权益，还可以有效解决当前我国资本市场不成熟国情

〔1〕　胡继晔："社会保障征缴的税费之争与改革方向"，载《学习时报》2017年4月14日，第A2版。

〔2〕　董克用、孙博、张栋："'名义账户制'是我国养老金改革的方向吗——瑞典'名义账户制'改革评估与借鉴"，载《社会保障研究》2016年第4期。

〔3〕　郑秉文："'名义账户'制：我国养老保障制度的一个理性选择"，载《管理世界》2003年第8期。

〔4〕　John B. Williamson、申策、房连泉："东亚三国的公共养老金制度改革：名义账户制的应用前景评析"，载《社会保障研究》2011年第5期。

〔5〕　胡继晔："国际养老金制度发展的现状与趋势"，载《中国社会保障》2014年第4期。

下社会养老保险基金的贬值风险和支付危机[1]。但也有学者对此持有不同意见。申曙光、孟醒（2014）认为名义账户制只能短时间解决支付危机，实质是将问题拖到未来，名义账户的本质仍是现收现付制，不能通过个人积累缓解年轻一代的支付压力[2]。在人口老龄化加剧的背景下，基金收支平衡的压力也将越来越大。同时，个人职业流动带来的记账方式改变还将增加制度运行的复杂程度。

韩克庆（2014）认为实行名义账户制是统账结合养老保险制度改革的倒退，如果实行名义账户制，不仅会混淆个人账户产权性质，抑制个人参保动力，还会降低对企业缴费的监督制约，最终导致制度混乱，并引起政府信任危机，不利于劳动力的流动[3]。鲁全（2015）指出名义账户制在设计上的激励性难以为参保者所接受，还失去了养老保险制度的再分配功能，无法应对长寿风险，也不利于社会团结互助，不是当前中国养老金制度改革的合适方案[4]。董克用等（2016）认为在我国现行养老金体系框架之下，并不具备向名义账户制转型的制度基础，主要体现在再分配功能的弱化难以缓解、待遇下降的趋势不可避免、因基金结余规模小导致的基金投资壮大功能不足、记账利率波动大影响参保者的稳定预期等方面[5]。

上述学者的研究从不同侧面反映了对我国社会保障体系和养老金制度需要改革的方向，但对于全生命周期养老准备的研究相对缺乏，这也是本书希望解决的核心问题。

四、社会养老保障体系的国际经验的借鉴问题

从世界范围内来看，人口老龄化是全球现象，除了印度及非洲地区，世界各地都在面临着养老问题的挑战。国内学者对此也展开了诸多研究，范围涵盖美国[6]、欧盟、日本、韩国[7]、拉丁美洲[8]以及其他国家和地区。

---

〔1〕 万树、蔡霞："基本养老保险基金：做实账户制还是名义账户制？"，载《南京审计学院学报》2014 年第 4 期。

〔2〕 申曙光、孟醒："社会养老保险模式：名义账户制与部分积累制"，载《行政管理改革》2014 年第 10 期。

〔3〕 韩克庆："名义账户制：养老保险制度改革的倒退"，载《探索与争鸣》2015 年第 5 期。

〔4〕 鲁全："养老金制度模式选择论——兼论名义账户改革在中国的不可行性"，载《中国人民大学学报》2015 年第 3 期。

〔5〕 董克用："应对老龄化需高度重视养老金融发展"，载《当代金融家》2016 年第 7 期。

〔6〕 谭秀国、朱怡璐："美国社会保障私有化研究述评"，载《辽宁工程技术大学学报（社会科学版）》2007 年第 3 期。

〔7〕 张士斌、梁宏志、肖喜生："日韩养老金制度改革比较与借鉴"，载《现代日本经济》2011 年第 6 期。

〔8〕 张占力："第二轮养老金改革的兴起与个人账户制度渐行渐远——拉美养老金私有化改革 30 年之反思"，载《社会保障研究》2012 年第 4 期。

　　总体而言，国际养老金改革的总体趋势是提高缴费率、降低替代率、延迟退休年龄等，以应对支付危机，缓解财政压力。高福利的欧洲对之已经付出了沉重的代价。欧洲，尤其是希腊的养老金体系存在的替代率过高、待遇率严重失衡、养老金财富总值超出支付能力等问题提升了老龄化的财务成本，是欧债危机发生的诱因[1]。为应对人口老龄化危机，半数以上的经济合作与发展组织（Organization for Economic Co-operation and Development，OECD）成员国都提高了退休年龄[2]。

　　另外，应对人口老龄化挑战，有学者主张发展私人养老金，并认为私人养老金的发达程度与政府债务危机之间存在着密切的联系[3]。李亚军（2017）认为从英国近 15 年来三个支柱养老金制度的改革历程可以看出，改革的主线是养老金金融化，多数改革措施具有激励积累并创造条件促进养老金金融发展壮大的导向，目标是增加养老储蓄，提高养老金积累的保值增值效率，从而来抵消人口老龄化的冲击[4]。

　　但也有学者对此持有疑虑，李珍（2010）认为社会保险私有化的思潮在理论上夸大了公共年金制度存在的问题，同时也夸大了个人账户制度在效率和保障等方面的作用，私有化思潮将公共年金与个人账户对立起来，并将其看做是一个非此即彼的选择[5]。三十年来二十余国的私有化改革并没有取得预期的成果；相反，个人账户制度面临种种困难，社会养老保险制度的问题并不能靠私有化来解决，对公共年金制度进行参量改革可能比私有化更有效。社会保险与商业保险的本质区别在于，它强调高收入者向低收入者的再分配。应对人口老龄化的根本举措还在于提高生产率和退休年龄。郑秉文（2003）也认为积累制能否比现收现付制带来更高的储蓄率，使储蓄率转化为更高的投资率，进而促进经济增长，是一个需要印证的理论问题[6]。

---

　　[1]　郑秉文："欧债危机下的养老金制度改革——从福利国家到高债国家的教训"，载《中国人口科学》2011 年第 5 期。

　　[2]　胡继晔、木公："经合组织国家养老金现状及展望"，载《中国社会保障》2013 年第 8 期。

　　[3]　胡继晔："欧债危机的教训及其对中国发展个人养老金的启示"，载《行政管理改革》2013 年第 9 期。

　　[4]　李亚军："英国养老金金融化改革的经验和启示"，载《社会保障研究》2017 年第 1 期。

　　[5]　李珍："关于社会养老保险私有化的反思"，载《中国人民大学学报》2010 年第 2 期。

　　[6]　郑秉文："DC 型积累制社保基金的优势与投资策略——美国'TSP 模式'的启示与我国社保基金入市路径选择"，载《中国社会科学院研究生院学报》2004 年第 1 期。

第三节　我国应对人口老龄化挑战的研究

从长期来看，解决人口老龄化所带来的社会问题，将是我国今后一段时期面临的最为艰巨的挑战。在这种严峻形势下，2016 年 5 月，在中共中央政治局就我国人口老龄化的形势和对策集体学习时，习近平指出：满足数量庞大的老年群众需求、妥善解决人口老龄化所带来的社会问题，事关国家发展全局，事关百姓福祉，需要下大气力应对。这是中央历史上首次就老龄化问题组织开展专题学习，将老龄化问题提到了"事关国家发展全局"的高度。

关于金融服务养老，学界也进行了诸多研究。在早期，国内学界对金融服务养老的研究，只是简单强调为将养老金结余投资于资本市场以实现其保值增值。针对个人账户养老金部分，郑功成（2002）认为，通过投资运营来实现保值增值在国际上是一个必然趋势，探索个人账户实账运行后形成的养老基金与资本市场结合的方式和途径已经具有紧迫性[1]。胡继晔（2006）认为，资本市场为养老金投资提供了工具，尽管中国股票市场风险较大，但养老金部分投资股票市场，不仅可以享受经济增长的红利，而且可以通过投资组合取得分散风险的结果，养老金不仅应当，而且必须与资本市场结合[2]。郑秉文（2009）认为养老保险社会统筹部分应由中央政府统一发行定向特种社保债券，以确保"保值"，并在招商银行主办的"2012 中国养老金融论坛"中指出：把养老和金融这两个概念放在一起，是一个非常有创意的崭新的尝试，而养老金融的提出正好符合我们养老事业的发展和社会保障制度的深入改革和建设的需要[3]。

贺强（2011）认为，我国应建立统一的养老金融体系，包括基本养老保险、企业年金、商业养老保险、养老储蓄、住房反向抵押、养老信托、基金等[4]。刘云龙等（2012）的研究发现：由于人口结构变迁、养老金制度变迁，养老金已经成为继银行、证券、保险之后现代金融体系中的第四大支柱，我国应当通过大力发展养老金以推动金融结构的优化[5]。关于中国的第二支柱养老金，杨燕绥

---

〔1〕 郑功成："尽快推进城镇职工基本养老保险全国统筹"，载《经济纵横》2010 年第 9 期。

〔2〕 胡继晔：《保障未来：社保基金投资资本市场》，中国社会科学出版社 2006 年版。

〔3〕 郑秉文："金融危机对全球养老资产的冲击及对中国养老资产投资体制的挑战"，载《国际经济评论》2009 年第 5 期。

〔4〕 贺强："建立中国养老金融体系势在必行"，载《国际融资》2011 年第 4 期。

〔5〕 刘云龙、肖志光：《养老金通论：关于人口结构、养老金制度、金融结构变迁的一般理论》，中国财政经济出版社 2012 年版。

等（2012）认为，目前中国政府、市场和社会均提出了延税型养老储蓄问题，已经达成了关于养老与金融协调发展的共识[1]。

随着学界对金融服务养老问题认识的深化，养老金融作为一个交叉学科开始进入学界的视野，并逐渐被学界接受。胡继晔（2012）明确提出养老金融应当成为国家层面的发展战略，养老金融的发展将解决养老金本身保值增值、资本市场缺乏超长期战略投资者两方面的困境，实现养老金和资本市场的"双赢"，认为养老金融的核心是养老金与以资本市场为主的金融市场的结合[2]。胡继晔（2013）进一步认为养老金融应当成为养老金与金融学两大理论的交叉学科[3]，研究养老金如何在资本市场正确投资以实现保值增值，能够同时促进金融市场发展。在我国发展养老金融要对养老金筹集、运营和发放的全过程实施有效监管。

杨燕绥等（2014）对养老金融服务的界定包括了管理货币、固定资产、权益类养老资产的综合性金融服务[4]。党俊武（2014）提出"养老金融"的概念，即个人在年轻时期所做的资产准备，在老年时置换为可供享用的产品、服务的金融机制[5]。

马海龙（2015）认为，养老金融服务体系以解决养老问题为目标，以养老产业为依托，以银行、保险、证券、信托公司等金融机构为主体，由各支柱养老金、住房反向抵押、养老信托等金融服务方式构成统一体系[6]。

董克用（2016）认为养老金融应包括三个方面：一是为储备养老资产进行金融活动的养老金金融，二是围绕老年人的消费需求所进行的养老服务金融，三是为涉老产业提供投融资支持的养老产业金融[7]。

姚余栋和王赓宇（2016）则认为养老金融业可以看作是整个养老产业链条中独立的一部分，未来其涉及的人口规模和资金总量将远超其他养老业态，也可以看作是整个养老产业的虚拟经济部分，横跨所有金融领域，关联到整个虚拟经济。他们认为经营养老金融商品、涉及养老产业和提供养老金融服务的行业都可归为养老金融业。养老金融的主体是与养老有关的储蓄投资机制，主要包括社会基本养老保险基金、企业年金、商业养老保险、养老储蓄、住房反向抵押贷款、养老信托、养老基金等方式，与养老产业和养老服务业相关的养老金融业，基本

---

〔1〕　杨燕绥、张弛："老龄产业发展依赖三个创新"，载《中国国情国力》2014 年第 1 期。

〔2〕　胡继晔："养老金融：未来国家层面的发展战略"，载《中国社会保障》2012 年第 10 期。

〔3〕　胡继晔："养老金融：理论界定及若干实践问题探讨"，载《财贸经济》2013 年第 6 期。

〔4〕　杨燕绥、张弛："老龄产业发展依赖三个创新"，载《中国国情国力》2014 年第 1 期。

〔5〕　党俊武："老龄问题研究的转向：从老年学到老龄科学"，载《老龄科学研究》2014 年第 2 期。

〔6〕　马海龙："商业银行在养老金融服务方面扮演的角色研究"，载《金融经济》2015 年第 18 期。

〔7〕　董克用："应对老龄化需高度重视养老金融发展"，载《当代金融家》2016 年第 7 期。

上都是通过这些方式展开运作[1]。

郑秉文、张笑丽（2016）认为养老金融是具有中国特色并主要在中国话语条件下产生的一个跨学科和跨领域的相对概念，是一个很有研究前途的学术新规范，是一个逐渐被接受和应用的话语新概念，养老金融的概念和内容应包含养老金金融、养老产业金融和涉老金融服务三部分[2]。

巴曙松（2017）认为养老金融不仅包括第一支柱养老金金融，还包括养老服务金融和养老产业金融等第二、三支柱。养老金金融主要是养老金制度安排和养老金资产管理，针对养老金资产保值增值；养老服务金融针对老年金融消费的需求；养老产业金融针对养老产业投融资的需求[3]。

侯明、熊庆丽（2017）则根据定义和分类概括了养老金融的主要特点：一是普惠性，由于养老金融服务对象具有普遍性，养老产业金融具有福利性、公益性等特征，决定了养老金融本质上是一种普惠金融，需要承担更多的社会责任。二是多样性，养老金融需求广泛，业务形式多种多样。在养老金金融方面，养老金投资包括股权投资、产业投资和证券投资等。在老年金融服务方面，除传统的储蓄、养老保险、健康保险外，还包括投资理财、反向按揭、遗嘱信托等。在养老产业金融方面，养老金融包括各种形式的贷款、债券融资、股市融资和产业基金投资等。三是稳健性，养老金融的核心目的是保障老年生活需要，更加侧重保证资金的安全性和流动性，在养老资金运用中要求信用高、风险低。四是长期性，在养老金金融方面，养老金投资期限长，在养老产业金融方面实现重资产投入及养老产业纵深发展，亦具有长期性特点[4]。

金融业的不同领域也存在服务养老的研究，实务界学者型的金融家对此进行了深入思考。兴业银行行长高建平（2016）认为：应有效整合各类金融机构及社会资本，通过多层次、可持续、可复制的商业模式提供更好的金融产品和服务，鼓励各类金融机构的养老金融创新，探索养老金融和养老产业的深度融合，加快建立完善养老金融服务体系[5]。建信养老金管理有限公司总裁冯丽英（2015）认为：商业银行通过向居民提供个人金融服务以解决养老规划、支付结算、生命保险等问题，可以引导并释放养老需求，提升居民购买养老金融产品能力，实现

〔1〕 姚余栋、王赓宇："发展养老金融与落实供给侧结构性改革"，载《金融论坛》2016年第5期。

〔2〕 郑秉文、张笑丽："中国引入'养老金融'的政策基础及其概念界定与内容分析"，载《北京劳动保障职业学院学报》2016年第4期。

〔3〕 巴曙松："'多支柱'支撑养老金融创新发展"，载《经济参考报》2017年1月13日，第A02版。

〔4〕 侯明、熊庆丽："我国养老金融发展问题研究"，载《新金融》2017年第2期。

〔5〕 高建平："建立完善养老金融服务体系"，载《中国金融家》2016年第3期。

养老基金的保值增值，满足老年人的消费需求[1]。昆仑信托研究部总经理和晋予（2014）认为信托作为金融业第二大子行业，本身具有横跨资本市场、货币市场和实体经济的制度特点，养老信托在养老金融领域将充分发挥功能多样、模式灵活、资源整合的强大优势，走出一条养老综合金融一体化发展的道路[2]。

虽然国内学界和实务界对于养老金关注较早，但是金融服务养老的理论研究起步较晚，而国外养老金已成为其金融体系中不可分割的重要组成部分。

在美国，经过数十年的发展，养老金已经成为资本市场最重要的机构投资者：1974 年国会通过《雇员退休收入保障法案（ERISA）》时养老金投资额仅1500 亿美元，占股票总市值比例约 30%；截至 2019 年，美国居民部门所拥有的总资产规模是 147 万亿美元，包括存款、股票、保险等，美国家庭持有的共同基金规模约 15 万亿美元，其中持有长期型基金 13.86 万亿美元，持有货币基金1.94 万亿美元，养老金财富约占家庭财富净值的 1/3，是居民所有金融资产中占比最大者。在欧盟层面，银行、证券的监管机构与其他国家相似，不同的是欧盟保险与职业年金监管局将养老金和传统的保险类金融产品放在同样重要的位置来监管，监管的总资产相当于欧盟各国 GDP 总额的 2/3，其中养老金资产相当于各国 GDP 总额的 1/4。牛津大学著名养老金专家克拉克（Clark，1998）认为"盎格鲁-撒克逊"模式（Anglo Saxon model）的养老基金已成为异常重要的金融机构，传统金融业的版图发生了深刻变化，养老金总资产甚至富可敌国，堪称"养老金资本主义"[3]。

从上述学者研究中可以发现，由于生命周期中人力资本（Human Capital）的不均衡，基于经济学中理性人假设，老年保障问题其实是跨期的金融资产配置问题。甚至中国传统的养儿防老观念和"孝道"文化本质上也是这一问题的符号化表述。国内外学者对养老问题和金融问题进行联合研究越深入，就越能够发现养老问题与金融问题之间逻辑上和实践中的契合：不管是养儿防老、储蓄养老还是投资养老，本质上都是人类将年富力强时的生产力储存起来，在年老体衰时享用。当代金融市场和金融产品的创新发展为养老问题的金融化提供了更多的选择，利用金融市场、金融产品、金融工具和金融机构来服务于养老，也因此成为解决老龄化问题的重要工具，将成为未来一段时期应对老龄化挑战的重要发展趋势。

---

[1]　冯丽英："掘金商业银行养老金融业务"，载《中国银行业》2015 年第 11 期。

[2]　和晋予："养老与信托的'一体化'发展思路"，载《当代金融家》2014 年第 12 期。

[3]　Clark, Gordon L, "Pension Fund Capitalism: A Causal Analysis", Geografiska Annaler Series B, *Human Geography*, vol 80, No. 3., 1998, pp. 139-157.

第二章　全生命周期养老金融理论的创新

第一节　金融与养老的逻辑关系

一、金融机构的养老业务创新

中国人口老龄化的速度前所未有，而未富先老的特征又极其明显，人口老龄化对中国社会的冲击呈现在多个层面。资源跨期优化配置这一核心问题决定了金融和养老之间存在内在联系，研究在此背景下的金融服务养老的内在机制，既打开了金融服务养老的路径之门，也开辟了金融在老龄化背景下发展的广阔空间。随着人口老龄化趋势加剧，金融服务养老的领域、形式、机制都日趋丰富和复杂。因此，探寻金融服务养老的内在逻辑规律，建立金融服务养老的理论框架，就显得十分重要。这将不仅能够完善金融服务养老的理论框架，还能够厘清金融与养老的内在联系机制。从个人角度而言，养老的本质问题就是把年轻时的资源储存转移到老年进行消费，而从社会的角度而言，养老就是把年轻人的资源通过某种合理的机制转移给老年人进行即时消费。而金融所研究的核心问题包括资源的跨期优化配置。因此，从资源跨期优化配置的角度出发，可以发现金融与养老之间存在天然的内在联系。

一些金融机构敏锐地认识到老龄化带来的机遇并开始了养老金融创新的实践。例如，兴业银行在 2014 年就成立了养老金融部并推出服务老人的"安愉人生"计划；中国建设银行在 2015 年联合全国社保基金理事会成立了建信养老金管理公司，之后又推出"存房养老"计划。绝大多数保险公司、基金管理公司均推出了各类养老金融产品。中国人民银行等五部委于 2016 年 3 月联合出台了《关于金融支持养老服务业加快发展的指导意见》，鼓励各类金融机构积极开发能够提供长期稳定收益、满足生命周期需求的差异化养老金融产品，在政府层面提出了全生命周期养老金融创新的要求。

　　与企业和政府在金融应用于全生命周期养老这一问题上的诸多实践相比，学界研究还处于初级阶段。要从根本上改变这种理论落后于实践的局面，为全生命周期养老保障体系与金融体系的结合提供智力支持，建立金融如何应用于全生命周期养老的理论框架和理论基础，将是研究的理论价值所在，也是研究的重点内容。金融资源服务于我国养老事业发展过程中的各个领域和环节，这是一个系统工程，需要养老金融提供理论指导。近些年养老金融作为研究金融服务养老问题的交叉学科被提出，本书也将致力于为养老金融学的理论研究奠定基础。

　　二、养老金融的理论基础

　　本书将在应对老龄化的金融理论研究中以全生命周期养老准备为基础，研究具有原创性、开拓性的学术成果，为未来的养老金融学发展奠定理论基础；根据人口增长率、就业率、缴费率和替代率等宏观因素推导出养老金的宏观代际收支序列，从而把宏观经济理论与微观金融理论融为一体。在应对老龄化的研究中立足于国家发展的迫切需要，研究出具有针对性、实效性的成果，供领导决策、业界实践参考。

　　（一）金融如何支持养老

　　金融如何支持养老？金融为什么能够支持养老？要回答这些问题，首先需要回顾金融自身的功能。

　　金融提供资金的余缺调剂与融通，可以帮助人们在不确定环境下进行资源的时间和空间配置。金融系统是订立金融合约、交换资产和风险机构的集合，包括资本市场、金融中介机构（银行）、金融服务公司和其他用于实现企业、家庭及政府的金融决策机构。金融工具是对发行者权益的要求权。

　　金融的核心职能包括：在不同的时期、地区和行业之间提供经济资源的转移途径；提供管理风险的方法；提供清算和结算支付途径以完成交易；为储备资源和在不同的企业中分割所有权提供有关机制；提供价格信息帮助协调不同经济部门的决策；当交易的一方拥有另一方没有的信息或一方为另一方的代理人时，提供激励的方法。基于金融系统的上述功能，可以发现养老基金具有金融属性，可以归属于金融研究的范畴。

　　第一，养老基金是金融市场的有机组成部分，是金融市场的内生变量。养老基金是人们为了退休养老而在年轻时做的预积累，是个人一生的消费和储蓄的跨期配置。养老基金的积累期可以从就业开始，在整个工作年龄段都持续缴费。退休以后，可以采取一次性支取养老金，也可以分期支取，即定期定额（按月或按年）支取直至死亡。个人养老基金平均的累积期限一般在三十年以上，这种长期性是区别于资金市场其他资金的一个显著特点。养老基金的出现和发展催生了对符合其要求的金融产品的需求，推动了金融市场的发展和创新。博迪（Bodie，1990）详细分析了养老基金为了完成风险对冲所需要的金融资产类型，及其所带来的金融创新[1]。在美国《1974年雇员退休收入保障法案（ERISA）》出台之后，养老基金急需要投资于恰当金融资产以实现资产负债期限匹配（Duration Matching）和风险免疫策略（Immunization Strategy）。这就促使了零息债券（Zero Coupon Bond）市场、抵押担保证券（Collateralized Mortgage Obligations）和投资担保合约（Guaranteed Investment Contract）市场的繁荣发展。

第二，养老基金促进了固定收益债券指数期权（Index Options）和期货合约（Futures Contract）等金融产品的创新。威塔斯（Vittas，1996）认为养老基金会与资本市场产生良性互动：养老基金推动金融创新、公司治理。与此同时，资本市场为养老基金提供更好的投资机会和资产组合方式[2]。这种互动将长期存在并能自我加强，以至于会对宏观政策和监管体制变革等方面产生积极影响。

随着人口老龄化而来的还有对养老产业和养老服务的爆炸性需求，养老产业和养老服务业的发展将来是我国经济的一个重要增长点和动力源，作为一片巨大的蓝海，必将成为实体经济发展最不可或缺的组成部分之一。对于金融行业来说，养老产业和养老服务业必定是其将来提供投融资支持的重点，成为其业务布局的重点以及收入和利润的增长点。但是，对养老产业和养老服务业的发展而言，由于其兼具社会效益和经济效益，同时，源于其经营特点和面向群体的特殊性，金融机构在为其提供金融服务的过程中，就必须要创新金融服务方式，甚至需要为其量身定制特殊的金融产品，在服务养老产业、养老服务业等实体经济的过程中，反过来对自身的发展产生深远的影响。

因此，从金融业发展的角度而言，我国人口老龄化对我国金融业发展的冲击和影响是前所未有的。人口老龄化对金融业的业务模式、经营机制、资产负债、产品创新的影响越来越显著。如果金融业无法适应人口老龄化的趋势，金融业的发展空间就会越来越狭窄，其业务发展和产品创新就会步履维艰。金融业无法适应人口老龄化的趋势，金融业脱虚向实、服务实体经济发展的目标就难以实现。相反，如果金融较好地适应了人口老龄化的趋势，那么金融业就会获得广阔的发展空间，实现金融业的稳定可持续发展。

（二）金融对养老的促进

长期以来，人们普遍认为政府在养老过程中应该承担更多责任，养老金不足

〔1〕 Bodie Z，"Pension Funds and Financial Innovation"，*Financial Management*，vol. 19，No. 3. 1990，pp. 11-22.

〔2〕 Vittas D，"Pension Funds and Capital Markets：Investment Regulation，Financial Innovation，and Governance"，*World Bank Other Operational Studies*，vol. 2，1996，pp. 157-168.

时依靠财政补贴已经成为常态。但世界各国的实践经验表明，在解决养老的问题上，仅仅依靠政府是不可行的，因为政府本身并不创造财富。建立和发展多层次、多支柱养老保障制度，需要社会和个人的大力支持，而金融作为现代社会经济的核心，可以为养老制度的完善提供大力支持。

在此过程中，应利用金融业在跨期优化资源配置方面的优势，尤其是金融业在养老账户管理、养老基金保值增值、投资风险管控、产品和机制创新、为养老事业提供资金融通等方面的优势和作用。由于金融业和养老在跨期资源配置上的逻辑一致性，从理论和实践两方面上来说，金融业都可以在养老过程中发挥更大作用。这种作用的发挥，一方面有理由完善多层次、多支柱养老保障体系，合理分担个人、家庭、政府和社会的养老责任，另一方面也能够充分发挥金融业的优势，为金融业的发展开拓广阔空间，进一步促进金融稳定和经济发展，为养老事业的发展奠定更加坚实的物质基础。

在支持经济增长方面，财政手段和金融手段具有相互替代的作用。在解决养老问题方面，其也存在相似性。由政府提供补贴的公共养老金，体现为财政在支持养老问题解决所发挥的作用，而金融在支持养老问题解决的替代手段，则体现为通过养老金保值增值所实现的社会财富在个人之间的再分配。如果说，财政手段体现为政府在养老保障体系中的作用，那么，金融手段则体现为社会的作用。

从微观的角度来说，养老是实现个人人力资本在不同生命阶段的合理配置，居民通过合理规划个人收入和消费来达成此目的。莫顿（Merton，1983）认为人力资本的无法交易特性带来了个人人力资源配置的低效，个人在成年期拥有太多的人力资本而老年期却所剩无几[1]，这也是市场失效的一种典型实例。社会保障体系的存在使得成年期一代的人力资本可以被转移到老年期一代，以此增强社会风险分散能力增加整体福利。金融之所以能在应对人口老龄化中发挥重要的作用，主要在于金融能够解决人在生命不同阶段跨期收入与支出平滑问题，这也是生命周期理论的核心内涵。

从宏观角度来说，养老问题是实现社会生产的产品和服务在代际之间的合理、有序转移。从社会总产出的角度，要实现一个社会比较好的养老目标，使老人"老有所养"，拥有比较好的生活环境，就需要保证社会经济不断增长，进而保证社会总产出的不断扩大，以覆盖全社会所有人的生活消费开支。虽然对个人来说，个人财富是可以通过一定方式实现积累，但是，对社会来说，绝大多数社会财富却是处在产出和消费的循环进程中。因此，从宏观的角度而言，全社会的

---

[1] Robert C. Merton, "On the role of social security as a means for efficient risk sharing in an economy where human capital is not tradable", *Financial Aspects of the United States Pension System*, 1983, pp. 325-358.

年轻人承担着抚养老年人的社会责任。

在这样的情况下，年轻人的利益与老年人的利益天然存在着分歧和冲突，这就需要一定的机制来缓和其中存在的问题，以一种合理有序的方式，来实现社会资源在年轻人和老年人之间的转移。科学技术的快速发展，将会大大缓解由于社会人口老龄化问题所带来的社会产出不足的问题。因此，就现实而言，社会财富在不同群体之间的合理有序分配，将会是更加关键和重要的问题。这就意味着研究合适的财务分配制度结构来保障普通居民养老安全将会非常重要。

这就是用金融来解决养老问题的关键所在。通过养老金投资于资本市场，利用金融机构的专业投资能力，使个人能够享受社会经济发展所带来的红利，即促进养老金的保值增值。这便使得社会经济发展、社会产出增长，所带来社会产出在社会不同群体间的公平分配问题成为可能。养老金与金融企业的结合将意味着，普通居民将会有着可观的资本收入来为养老而进行储备，这种资本收入同时也是社会财富分配的一种变体。吴雨等（2016）通过实证研究发现金融知识会促进家庭财富的增长和积累[1]。

个人养老金交由金融机构投资运营，将会使普通居民能够利用专业投资机构的专业投资能力为养老进行资产配置。这就会使金融知识在不同群体间，由于分布不均而带来的收入差距扩大的问题得到缓解。由于养老金覆盖群体的广泛性，其与金融企业相结合，也必将天生带有普惠金融的基因。因此，金融作为实现社会财富分配的工具，服务于养老自然实现普惠金融的应有之义。

第二节　养老金资产管理：从储蓄养老到投资养老

一、我国储蓄养老的现状

金融要服务于养老金资产管理，首先要实现我国居民、养老基金管理者的理念从储蓄养老到投资养老的转变。个人以及养老基金管理主体是养老金建设的责任主体和运营主体，只有实现其养老理念的转变之后，才能真正为我国的养老金资产管理的发展打开局面。理论基础的研究也将推动学界、实务界以及作为服务对象的普通人，在养老理念上实现从储蓄养老到投资养老的变革，实现养老理念的更新。过去，由于储蓄养老的理念根深蒂固，个人倾向于将自己用于养老的资金存入银行，结余的社保基金也是大部分存放于财政专户中，从而造成资产贬

---

〔1〕 吴雨、彭嫦燕、尹志超："金融知识、财富积累和家庭资产结构"，载《当代经济科学》2016年第4期。

值。这不但使养老金支付的财政压力无法得到有效缓解，还使得老人贫困化的问题逐渐凸显。如何实现养老理念的变革，从而通过充分利用资本市场实现养老资产的保值增值，只有在这一问题上达成社会共识，才能够真正推进金融服务养老的发展进程。

当前，我国和其他国家最显著区别就是居民高储蓄率。这一方面是居民对未来收入不确定性的防备，另一方面就是居民对未来的社会保障信心不足。沈坤荣和谢勇（2012）研究认为不确定性对居民的储蓄率有着显著的正面影响，而社会保险的参与能够降低居民储蓄率[1]。养老保险制度改革与居民储蓄之间联系密切，居民为养老而储蓄，以增加安全感已经成为学界的共识[2][3]。尽管居民的养老储蓄的行为会优先让位于子女的教育[4][5]，但毫无疑问的是我国居民储蓄养老的观念根深蒂固。在实际的养老储蓄行为上，我国储蓄存款占 GDP 比重47%，美国只占 5%，美国是保险养老，我们是靠储蓄和理财养老[6]。《中国养老金融调查报告（2020）》的调查结果也表明，63%的调查对象在养老理财或投资中将"确保本金安全第一位，收益多少不重要"作为其长期目标，居民养老投资理财方式偏好最大的是银行存款或银行理财。

二、储蓄养老的弊端

储蓄并非不能养老，而是不能更好地实现居民养老。由于我国利率市场化的进展缓慢，居民存款利率一直处于较低的水平，其有时甚至无法对冲通货膨胀对购买力的负面影响，更遑论实现进一步的保值增值。居民需要通过将养老资产较多地配置进回报率较高的资本市场，研究也表明家庭较多地配置金融资产能够显著提升家庭的财富水平，尤其对低资产家庭财富积累的边际影响更大[7]。在高净值人士资产配置更加多元的当下，这也意味着我国当前居民储蓄养老的观念会

〔1〕　沈坤荣、谢勇："不确定性与中国城镇居民储蓄率的实证研究"，载《金融研究》2012 年第 3期。

〔2〕　杨继军、张二震："人口年龄结构、养老保险制度转轨对居民储蓄率的影响"，载《中国社会科学》2013 年第 8 期。

〔3〕　袁志刚、宋铮："人口年龄结构、养老保险制度与最优储蓄率"，载《经济研究》2000 年第 11期。

〔4〕　钟水映、李魁："劳动力抚养负担对居民储蓄率的影响研究"，载《中国人口科学》2009 年第 1期。

〔5〕　刘永平、陆铭："放松计划生育政策将如何影响经济增长——基于家庭养老视角的理论分析"，载《经济学（季刊）》2008 年第 4 期。

〔6〕　万峰："我国社会保障制度问题亟待改革"，载 https：//www.cs.com.cn/hyzb/2017ylj/index.html#02。

〔7〕　吴雨、彭嫦燕、尹志超："金融知识、财富积累和家庭资产结构"，载《当代经济科学》2016 年第 4 期。

加大不同收入群体之间在退休之后的生活待遇水平差距，这种资产配置理念将不利于公平可持续的社会保障制度建设。

居民将自身财富以储蓄存款的形式保存，将致使其不能够充分享受社会生产力进步和经济增长带来的红利。社会保障体系的构建在宏观层面很重要的一点在于通过财务的安排实现社会生产的消费品在代际之间的转移，在微观层面实现个人在年轻和年老时人力资本的转移，平滑年龄对个人生活水平在代际和自身不同年龄阶段之间的差异。投资养老的理念就可以通过资本市场在一定程度上实现这种目标。社保基金参与资本市场不仅可以分享经济增长的红利，而且可以通过投资组合分散风险[1]。

就国内而言，学界在较早时期就开始主张养老金投资于资本市场，认为养老金投资于资本市场是国际发展趋势，通过养老金的投资运营以实现保值增值势在必行[2]，乃至养老金融作为一个跨学科的概念的提出[3]，金融与养老问题的结合逐渐已经成为国内学界的共识[4][5][6][7]，但这些研究倡导的投资养老理念的转变，更多地强调的是将第一支柱的养老金结余投资于资本市场，主张其投资的多元化，而不是仅仅放在财政专户中以银行存款的形式存在。这些研究更多强调养老金与资本市场的结合，而不是居民养老资产与资本市场的结合。

三、从储蓄养老到投资养老的转变

我国居民高储蓄率的原因就在于，居民对于领取社会养老保险金以保障退休后的生活水平不下降缺乏信任，而居民的养老资产就自然包含为养老而备置的储蓄存款。因此，提倡养老理念从储蓄养老向投资养老观念的转变，要转变观念的人群不能仅仅是养老金管理者投资理念的转变，更多的还包括作为养老主体的普通居民养老理念的转变。而居民养老理念的转变，就涉及居民将养老预防储蓄存款转移至第三支柱个人养老金的账户中去，这为个人自愿投资养老即第三支柱的建设提供了用武之地和发展空间。

之所以将"投资养老"作为养老观念转变的重点，主要还在于转变"养老

〔1〕 胡继晔："社保基金投资资本市场的收益—风险研究"，载《经济理论与经济管理》2007 年第 9 期。

〔2〕 郑功成等：《中国社会保障制度变迁与评估》，中国人民大学出版社 2002 年版。

〔3〕 胡继晔："欧债危机的教训及其对中国发展个人养老金的启示"，载《行政管理改革》2013 年第 9 期。

〔4〕 杨燕绥、张弛："老龄产业发展依赖三个创新"，载《中国国情国力》2014 年第 1 期。

〔5〕 党俊武："老龄问题研究的转向：从老年学到老龄科学"，载《老龄科学研究》2014 年第 2 期。

〔6〕 董克用："应对老龄化需高度重视养老金融发展"，载《当代金融家》2016 年第 7 期。

〔7〕 郑秉文、张笑丽："中国引入'养老金融'的政策基础及其概念界定与内容分析"，载《北京劳动保障职业学院学报》2016 年第 4 期。

靠政府"的思维模式。我国几千年的历史上，养老都是个人和家庭的责任，我国传统文化中的"孝道"其实就是非正规的养老制度安排，从根本上是代际赡养的现收现付制度。由于没有发达的金融体系来解决代际赡养资金的转移，中国历史上的"养儿防老"是小农经济时代最优的代际养老模式。

新中国成立后计划经济时代部分改革了"养儿防老"的传统，随之单位保障制度的局限性也逐步凸显，1997年建立城镇职工基本养老保险制度后才得以改善，并随着这一制度的推广和覆盖而为公众所熟知。但其副作用就是职工和单位越来越把更多的养老责任归于政府，除了履行社会责任较好的大型企业建立企业年金外，中小企业很少自愿建立企业年金，个人自愿购买商业寿险的也不多。

在这一过程中商业寿险在夹缝中求生存，在没有税收优惠的情况下推销出不少寿险保单，为个人未来养老筹划奠定了一定的市场基础，但远远未达到成为独立第三支柱的程度。第一支柱基本养老保险的不可持续性有目共睹：全国能够不动用财政补贴就可以确保基本养老金发放的省份仅7-8个，其余省份都存在收不抵支、依靠转移支付和财政补贴。在第二支柱职业年金制度强制性建立之后，在短期内确立企业年金强制性或者准强制性制度希望渺茫，唯第三支柱个人养老金完全可以逐步建立以弥补第二支柱的不足。

在我国以银行类金融机构占金融体系85%以上体量的情况下，公众自我"储蓄养老"以补充未来基本养老保险不足就成为绝大多数人的选择。而随着改革开放和经济发展，公众财富不断增加，而银行存款跑不赢通货膨胀已经成为公众的共识，如何进行财富管理成为逐步富裕起来的中国人要解决的头等大事。

根据巴曙松等（2017）的研究，以中国为代表的亚太地区（除北美及日本）主要依靠GDP强劲增长带来的新增财富，贡献率为65%，远高于其他地区，呈现出四大特征：一是亚太地区经济发展较快，驱动资产管理行业快速发展；二是高净值客户增速较快，资产管理需求强烈；三是亚太地区是全球最大且增速最快的离岸资产管理市场；四是金融深化和直接融资市场的发展推动了资产管理行业的发展[1][2]。我国个人财富的增长为第三支柱个人养老金投资奠定了物质基础。

因此，在老龄化趋势越来越逼近情况下，发挥国家、单位、个人三方面的积极性，建立和完善三支柱养老金体系成为社会共识。完善三支柱养老金体系首先要改进的就是养老观念，即从传统的"储蓄养老"向"投资养老"过渡，包括

---

〔1〕 巴曙松："'多支柱'支撑养老金融创新发展"，载《经济参考报》2017年1月13日，第A02版。

〔2〕 巴曙松："2017年亚太资产管理发展趋势与展望"，载 https：//finance.sina.com.cn/stock/t/2017-12-12/doc-ifypnqvn3507662.shtml。

通过基于个人账户的税收优惠来鼓励个人进行财富管理，包括购买目标日期基金和目标风险基金、购买商业寿险、购买锁定赎回期限的长期银行、信托理财等金融产品，来实现个人养老资产的保值增值。从"储蓄养老"向"投资养老"应当成为我国养老金发展和保值增值的新理念和发展趋势。

第三节　养老服务供给：从家庭养老到社会养老

养老服务模式的社会化，即源于福利的多元化，由单一的政府福利转变为由政府、社区、机构等共同提供的多元福利产品。与国外不同，我国有着"养儿防老"的历史传统，上追溯至中华民族数千年的历史文化，家庭一直是养老的中心和责任主体。这种历史传统的转变还是发生在新中国成立以后。

我国从计划经济时期政府"统包"的养老社会福利制度，到改革开放初期政府为"三无"老人提供救济服务，再到1983年民政部提出兴办社会福利事业须广开门路，我国养老福利服务开始呈现社会化趋势。2000年颁布的《关于加快实现社会福利社会化的意见》，使社会化成为应对人口老龄化的主要抓手。2006年，"养老服务业"作为专用名词被首次提出。徐智垠（2010）认为随着国家进一步加大对民生的关注，政府财政将逐步加大对公共服务的投入，社会保障机制日益健全，保障功能越来越强，公共服务的总量越来越大，相应地将会促进老年人消费的快速增加[1]。

但是，由于我国社会保障制度本身不尽完善，保障深度和覆盖范围都还远远不够，尽管社会化养老已经提出多年，但在我国居家养老还是大多数国人的默认选择。因此，在我国的大环境下，养老服务模式的社会化，是由单一的家庭照护，转变为由家庭、政府、社区、机构等共同提供社会福利。实现从家庭养老到社会养老模式和观念的转变，也是我国人口结构变化的一个必然结果。

改革开放以来，我国实行严格的计划生育政策，造成"4-2-1"的家庭结构，在不久的将来，在一个家庭中，两个成年人照顾四个老人将会是社会的常态，由家庭进行养老照护将会使家庭不堪重负，因此，由社会机构提供专业的养老服务将是必然的选择。在这种情况下，养老产业和养老服务业相应产品和服务的供给，必将面临巨大的缺口。金融服务于养老产业和养老服务业必将是大势所趋。十八届五中全会提出的"五大发展理念"中，居于首位的就是"创新"。养

---

〔1〕徐智垠："产业化——我国社区养老服务持续发展之道"，载《劳动保障世界（理论版）》2010年第7期。

老金融将是养老服务模式社会化的一个重要创新和方向。

在学界，金融服务养老产业和养老服务业也是目前养老体系构建的热点话题。党俊武（2009）提出在中国构建长期照护服务体系，以应对我国高龄化问题[1]。党俊武（2016）明确提出以市场化的方法和手段破解我国养老产业困境[2]。党俊武（2017）进一步明确了，在我国人均国民收入较低和综合国力还不是很强大的情况下，老龄服务有效需求和有效供给的严重不足，是发展老龄服务的根本矛盾[3]。因此，立足当前，放眼长远，必须综合协调政府相关部门，充分发挥市场作用，努力调动社会力量积极参与，在继续巩固家庭养老的基础上，推动全民积极应对老龄化，努力构建符合我国国情的养老服务体系。穆光宗（2012）对我国机构养老发展的困境进行了综合阐述，对养老机构和相关产业发展指出了可能路径[4]。刘昌平和殷宝明（2011）对比分析了国内外养老产业的发展现状及差异产生的原因，展望了我国养老产业的发展前景，提出了发展养老产业的战略构想[5]。姜睿和苏舟（2012）提出中国养老地产的内在发展逻辑来看，养老服务社会化、养老服务设施集约化与养老服务高端化是催生中国养老地产的内在动力，养老地产金融化是养老地产的发展依托和现实路径[6]。张本波（2002）探讨了人口老龄化与养老模式之间的关系问题，并对我国的老龄化及未来可能采纳的养老模式做了宏观经济后果分析[7]。

在供给侧结构性改革中推动金融服务养老产业和养老服务业的发展，需要制度创新、管理创新与技术创新的结合与互动。在充分认识和尊重市场规律的同时，一定要根据中国的实际情况有所创新。例如，我们传统的理财文化和孝道的传承，就十分有利于养老金融中个人责任和家庭责任的自我承担，可以在市场产品设计和政策制定时加以参考。政府还可以加大对养老金融的政策扶持力度，鼓励社会资本参与养老产业建设，制定相应的财税补贴及利率优惠政策等。推动和发展金融服务养老是一个系统工程和长期事业。金融服务养老所要承担的职责、发挥的作用以及面临的风险，都要纳入全局性的、系统性的制度设计和考量中。

---

〔1〕　林艳等："为什么要在中国构建长期照护服务体系"，载《人口与发展》2009 年第 4 期。

〔2〕　党俊武："以市场化破解我国老龄产业困境"，载《光明日报》2016 年 6 月 10 日，第 02 版。

〔3〕　党俊武："我国老龄社会初期阶段发展老龄服务的战略思考"，载《老龄科学研究》2017 年第 3 期。

〔4〕　穆光宗："我国机构养老发展的困境与对策"，载《华中师范大学学报（人文社会科学版）》2012 年第 2 期。

〔5〕　刘昌平、殷宝明："发展养老产业助推老龄经济"，载《学习与实践》2011 年第 5 期。

〔6〕　姜睿、苏舟："中国养老地产发展模式与策略研究"，载《现代经济探讨》2012 年第 10 期。

〔7〕　张本波："我国人口老龄化的经济社会后果分析及政策选择"，载《宏观经济研究》2002 年第 3 期。

要通过政府、企业和社会等多元主体的充分互动机制，形成引领新常态的有效供给体系，而这需要多方面的通力合作。

在金融对养老服务业的支持中，日本等国家早已走在前列，而这些国家的经验对我国养老服务业的发展很有启发意义。日本是世界上人口老龄化速度最快的国家，"少子高龄化"成为日本人口的主要特点。由此导致的老年长期护理服务需求成为一大社会难题。为此，日本于2000年引入了社会化长期护理保险制度，以减轻老年人的护理服务负担。长期保险的建立成为日本社会保障体系彻底改革的第一步也是最重要的一步。日本的长期护理社会保险自从2000年正式实施以来，已经成为社会保险体系的"第五支柱"。

长期护理保险体系采用现收现付制，财政来源包括向被保险者征收的保险费和公共税收。日本政府以中央政府：都道府县：市町村＝2：1：1比例负担50%的资金，另外50%由公民负担，其中19%的保险费来自65岁以上的第一类参保对象，31%的保险费来自40-65岁的第二类参保对象。另外，值得注意的是，日本的每个行政区均设立了"财政稳定金"用来弥补市町村由于支出增加或者保险金收入不足造成的收支缺口，避免市町村或自治区出现财政预算不足的情况。它的口号是"由全社会支撑老年人"。护理保险制度提供的服务保健、医疗和福利在内的综合服务，主要包括两个方面：居家服务和设施服务。

目前，此项制度已经实施了十余年，通过不断地政策分析和改进，已基本形成了比较系统的长期护理保险体系。日本实行的强制性全民护理保险制度是社会性护理保险模式的典型代表。相较于商业性质的护理保险，它具有更高的福利性，防范了全民的护理需求风险，且不会增加高风险人群的负担，特别是对低收入者实行适当减免保费的政策，体现了此保险制度再分配的功能，值得我国借鉴。

第三章　全生命周期养老金融创新的价值和意义

第一节　全生命周期养老金融创新的内容

随着人口老龄化的加速到来，我国养老保障体系面临严峻的挑战，亟需进行改革，金融服务养老的进程也亟待加以推进。在过去几十年间，全球金融创新集中地体现在养老金融领域，如资产证券化、债务重整、金融衍生品、期权、期货等领域的金融创新很多都是为养老金专门设计的，而像零息债券、抵押担保债券、投资担保合同等金融创新产品则几乎就是养老金产品直接推动的，一个主要原因是固定利率的债券和银行存款难以抵御长期的市场波动和通货膨胀风险，而权益类产品又不能提供相对明确的收益率，面对安全性和收益性要求都很高的养老金，创新金融产品应运而生。

一、养老金融发展的困境

《中华人民共和国国民经济和社会发展第十四个五年规划和 2035 年远景目标纲要》明确指出，要积极应对人口老龄化，推动养老事业和养老产业协同发展，健全基本养老服务体系，发展普惠型养老服务和互助性养老，支持家庭承担养老功能，培育养老新业态，构建居家社区机构相协调、医养康养相结合的养老服务体系，健全养老服务综合监管制度。相对于养老产业巨大的发展空间和市场需求，我国养老金融的发展较为滞后。

一是养老金规模较小，收入发展缓慢，扩面难而且人数稳定性不足，基金缺乏稳定的收入来源，可持续性较差。我国养老金现有存量为 6 万多亿元，但是养老保险基金收入端的增长跟不上支出端的增长，导致养老保险基金对财政转移支付依赖程度不断加深，各级财政压力不断加大。

二是养老金资产管理水平偏低，市场化运营程度不高，保值增值压力较大。

三是养老产业金融供给不足。养老产业虽然具有显著的经济效益和社会效益，但是平均利润率较低，金融资本参与意愿不强，养老服务设施建设普遍面临"融资难"问题，在一定程度上制约着养老产业的健康快速发展。

四是针对养老产业的金融产品和服务创新不足。金融机构对于养老服务业的参与主要定位于养老资金、长寿风险的管理，养老保险产品也是以提供货币支付为主，缺乏针对性强、管理精细化的业务模式和金融服务，难以满足养老产业和老年人日益多元化、个性化的服务需求。

大力推动金融业与养老产业的有机结合，不断强化金融创新对养老产业发展的支撑，是着力解决养老问题矛盾突出、推动养老产业健康发展、打好应对人口老龄化挑战的重要途径。

二、金融服务养老的创新

推动金融服务养老，就必须推动金融服务养老发展创新，即理论创新、制度创新、管理创新与技术创新的结合与互动。央行等五部委2016年的65号文也提出要创新专业金融组织形式和服务专营机构，创新贷款方式、拓宽养老服务业贷款抵押担保范围，推动符合条件的养老服务企业通过股市或债市直接融资，开发符合养老跨生命周期需求、可提供长期稳定收益的金融产品。

从我国银行、信托、证券、基金、保险服务养老的实践来看，金融业在服务其他经济活动中已经积累了经验教训，但面对人口老龄化带来的新问题、新机遇必须建立金融服务养老新思维，方可在竞争中突破。养老产业、养老服务业属于实体经济发展的新业态，需要各金融机构以创新的思维、创新的金融产品、创新的服务模式来面对这个新业态的蓝海。创新成为金融业服务养老区别于服务传统行业的最重要标志，当然也成为金融业在市场竞争中的利器。

（一）理论创新

从国外金融与养老相关理论的研究中可以发现：金融与养老已经不再是泾渭分明的不同研究领域，而呈现出越来越互相融合、互相影响的趋势，因为养老问题本质上是重大的金融问题。从时间维度上看，养老实质上是个人在年轻时通过金融工具储备自己的劳动价值，再运用跨时金融资产配置手段，进入老年后用储备的金融资产置换生活所需的产品和服务；从空间维度上看，养老实质上是将通过一定的财务安排将年轻人的工作产出，转移给年老人享用。国外由于较早建立了养老金制度，老龄化到来也较早，同时金融市场也比较发达，因此养老金金融发展比较成熟，养老金早已成为金融体系不可分割的重要组成部分。

相对而言，在养老服务金融和养老产业金融方面，我国虽然具有较长的发展历程，但是尚未形成成熟的发展模式。世界各国根据自身国情和人口情况，进行了多方面的不同探索，但成熟的理论并未形成。我国理论界虽然较早意识到养老金与资本市场的结合是大势所趋，但社会保障研究学者关注金融问题不够，金融学者在涉及养老问题时也仅仅将之作为金融产品和金融服务中的一小部分，使得金融服务养老的理论研究在国内尚处于初步阶段，落后于金融服务养老的实践，大量理论问题需要深入研究。而在金融服务养老国家政策方针既定的前提下，学界并未及时提出相应的理论框架，来指导实务界的实践。

与此同时，很多金融机构开始了金融服务养老相关金融产品的开发，进行了相关的探索，而学界虽然已经提出养老金融的概念体系，但对金融服务养老实践的指导明显不足。要推动金融服务养老的进一步发展，就必须要加强金融理论创新，发挥金融理论在金融服务养老实践方面的指导作用。

（二）制度创新

良好的制度创新能显著增加相关实践和政策目标实现的可能性。例如，以增加养老金投资为例，金融领域鼓励增加养老投资的方式主要有两种：第一是提供税收优惠，对养老储蓄免征或者少征个人所得税，吸引人们增加养老投资；第二是设立自动缴费机制或者称之为默认缴费机制，每个人在工作之初，就要缴纳规定比例的养老金进入其个人账户，除非个人明确选择不缴纳才可以退出该计划。

两种方式哪种更有效？曾获得美国克拉克奖的年轻经济学家查缇（Chetty，2014）率研究团队使用丹麦拥有 4100 万观测值的大数据进行统计，得出的结论是自动缴费机制比税收补贴的效果更好：因税收优惠而主动投资者仅占人群的 15%；而另外 85% 是被动投资者。如果政府要求雇主自动向雇员的退休账户缴费，即使雇员个人不采取任何行动，对退休账户资产积累的影响也是非常巨大的[1]。

在实践中，美国 2006 年《养老金保护法案》（Pension Protection Act，简称 PPA 法案）推出了私人养老金默认自动加入（Auto-enrollment）模式，新入职者须自动投入一个缴费确定型的养老金计划，这些投资当期免税，如果自己要求退出则需补税。在自动加入之后，为解决参加者选择产品的困难，默认可以将养老金投向某一产品，如生命周期基金、生活方式基金。美国劳工部选择这些金融产品的标准是长期表现比较稳健、有合理的收益前景，在抵御通货膨胀、长寿风险防范上更具优势。英国 2008 年养老金法案中也要求新入职雇员自动加入职业养老金体系，并从 2012 年开始逐步实施。

英国职业养老金自动加入制度要求雇主和雇员共同缴费，同时政府给予一定

---

〔1〕 Chetty R, Friedman J N, Leth-Petersen S, et al, "Active vs. Passive Decisions and Crowd-Out in Retirement Savings Accounts: Evidence from Denmark", *Quarterly Journal of Economics*, vol. 129, No. 3. 2014, pp. 1141-1219.

的税收优惠，制度实行之初就具体规定了各自的最低缴费比例，且这一缴费比例逐年递增，2012 年 10 月之前，缴费确定型（Defined Contribution, DC）制度最低缴费为雇员工资的 2.0%，其中 1.0% 来自雇主，0.8% 来自于雇员，剩下的 0.2% 来自于政府的税收优惠，2018 年 4 月之前，最低缴费提升至 5.0%，其中 2.0% 来自雇主，2.5% 来自于雇员，剩下 0.5% 来自于税收优惠，到 2019 年 4 月之前实现最低缴费不低于 8.0%，雇主缴纳不低于 3.0%，雇员不低于 4.0%，税收优惠不低于 1.0%[1]。英国在缴费比例上设置梯度，逐渐增加，一方面有利于减小制度实施之初的改革阻力，给以雇主和雇员一定的适应期和过渡期，方便雇主和雇员逐渐接受和承担，另一方面逐渐提高缴费比例，有助于逐年增加储蓄额以更好应对人口老龄化。

从理论研究到美国、英国"自动加入"的实践都可以发现：准强制性的养老金缴费制度可以克服雇员只重视当下收入、不考虑未来保障的人类常见的"短视"问题，为金融服务养老的发展奠定制度性基础。我国机关事业单位职业年金在建立之初就已经实现了强制性缴费，应当说是完全符合国际上关于"自动加入"的理论和实践的。早在 1991 年上海就建立了企业年金制度，2004 年我国颁布了《企业年金暂行办法》，但截至 2021 年底，全国仅 2875.24 万职工参与企业年金，积累基金 26 406.39 万亿元，当年领取人数只有 251.16 万人，领取企业年金 684.39 亿元[2]。企业年金之所以发展相对缓慢，最主要的原因是企业自愿设立的。未来我国要提高企业年金的覆盖面，最需要的是制度创新，可以考虑将企业年金与职业年金合并，缴费比例可以设定上限和下限，实现准强制性"自动加入"式缴费。

（三）金融产品和金融服务创新

1. 以房养老

以房养老是依据拥有资源，利用住房寿命周期和老年住户生存余命的差异，对广大老年人拥有的巨大房产资源，尤其是人们死亡后住房尚余存的价值，通过一定的金融或非金融机制的融会以提前套现变现的新型养老模式。旨在实现价值上的流动，为老年人在其余存生命期间，建立起一笔长期、持续、稳定乃至延续终生的现金流入。

以房养老的理念聚集了众多的具体操办模式，可包容多种模式。倒按揭只是其中最为典型也最为复杂的一种，并非一定要将以房养老等同于倒按揭。以房养

[1] 英国养老金监管局："雇主责任下的养老金计划（Pension Schemes under the Employer Duties）"，载 https：//www.thepensionsregulator.gov.uk/。
[2] 基金监管局："2021 年度全国企业年金基金业务数据摘要"，载 http：//www.mohrss.gov.cn/shbxjjjds/SHBXJDSzhengcewenjian/202203/t20220311_437974.html。

老的各种操作模式可分为金融行为和非金融行为，前者运作复杂，必须通过金融保险机构才得以顺利运营，包括倒按揭、售房养老和房产养老寿险等；后者则是老年人开动脑筋，再加上社会的有意倡导后，完全可以自行操作的简易方法，包括遗赠扶养、房产置换、房产租换、售房入院、投房养老、售后回租、招徕房客、异地养老、养老基地等。这些看上去大相径庭的做法，其实都可以实现以房养老的大目标。

从 2014 年"以房养老"试点开始以来，我国仅几十家成交充分说明其无论在产品和服务方面都无法满足社会的实际需要。作为一种舶来品，"以房养老保险"最大的阻力来自于老年人的传统观念和消费习惯；另外，该保险设计复杂、风险机制不完善、微利经营等因素，也让保险公司的积极性无法被调动；最后，相关法律制度缺失更是放大了双方的担忧。

美国市场上的住宅反向抵押贷款产品最主要的就是联邦住房与都市发展部提供的房屋价值转换抵押贷款，该产品经美国国会特别授权和监督，联邦金融消费者保护局予以保护，历史上申请数量合计约 74 万多例。我国近年来房地产业的突飞猛进，人均自有住房面积快速进入世界前列，而数十年的独生子女政策更需要未来的老人主要靠自己养老：在个人生命周期的工作期通过贷款买房来积累财富，退休后通过以房养老来实现基本养老保险之上的锦上添花。这些趋势使得我国未来以房养老的潜在需求有爆发的可能，这方面的金融创新恰逢其时。

未来可以借鉴美国以房养老的成功经验，通过国家层面的立法来规范和保障以房养老中房屋产权人的权益，政府的住建部门、社保部门、担保机构共同保障金融机构、产权人等所有参与者的合法权益，金融机构通过优质产品设计来吸引顾客参与以房养老，未来以房养老一定能够成为养老体系中的重要补充。

2. 养老+房地产投资信托（REITs）组合

房地产投资信托（Real Estate Investment Trusts，REITs）是拥有并运营创收性物业的公司、信托或合营企业。REITs 拥有的资产类型可以包括办公楼、零售物业、住宅、老年公寓、工业物业、酒店与休闲设施以及其他多功能、多元化物业。REITs 可以在大型交易所公开交易流通。作为集合投资计划，REITs 的资产由专业人士管理，创造的收入主要来源于租金，并定期向信托单位持有人分配，从而成为长期投资者稳定的创收工具。作为信托单位持有人，投资者共享拥有物业资产组合的利益，并分担风险。

房地产投资信托一般采用信托结构，基础资产由独立受托人代表信托单位持有人持有。在一个典型的 REITs 结构中，通过首次公开发行（Initial Public Offerings，IPO）从单位持有人手中募集资金，公司用募集到的资金购买一组房地产物业。房地产开发商或资产持有人也可设立 REITs，出售其部分股权，以便在释放其部分资产价值的同时又保持其对资产所有权的控制。

任何产业链的形成都是基于完整的资本闭环,养老产业亦不例外,因此"养老产业+REITs"的组合很有可能成为我国养老产业未来发展的主流模式。首先,从养老项目自身来看,养老项目的运营属性与REITs的自身特质具有较高的契合度,成熟的养老项目具有稳定持续的现金流,而稳定现金流为养老REITs的投资者提供长期稳定的回报(资产证券化的本质即把能够产生稳定现金流的资产通过结构化分层等手段发行资产支持证券)。正因如此,养老产业能够为养老REITs的投资者提供长期稳定的回报,而REITs亦能为养老产业提供低成本的资金支持,这种良性互动能够有效形成专业化的养老产业链。

其次,从投资者角度来看,我国金融市场的不完善使得投资者尤其是个人投资者的投资渠道相对较为单一,缺乏风险低、收益稳定的投资渠道,社会存在大量闲置资金。流动性强、投资门槛低的REITs作为金融创新工具,吸引广大的潜在投资者。相较于其他现有的融资模式,REITs显然更适合养老产业。REITs的基础物业资产通常由专门的物业管理人进行管理。将物业出租,然后在扣除支付给管理人和受托人等相关费用后,将收入作为股利分配给单位持有人。一些REITs专职于购入长期抵押贷款,适用相同的入股原理及向股东分配净收入。投资者只需要关注RE-ITs项下资产的运营情况,隔绝了母公司或企业控制人等因素的影响,因此REITs证券波动性较低,价格相对平稳,能够客观地反映具体企业资产的运营情况,有助于为养老项目的投资人缩短资金回报周期,尽快完成养老地产的资本循环。

(四)信息技术(Information Technology,IT)助推金融产品和服务创新

支付宝、微信等移动支付已经对传统金融机构提出了挑战,同时现代科技进步又实实在在带来对老年人有利的机遇。例如为防范去世后仍然继续冒领养老金的欺诈行为,各地在金融机构代发养老金时引入了"生存证明"制度,传统方式是让老人手持当地近期报纸拍照。其实微信视频功能的二次开发就完全可以满足养老金发放的远程证明,既能让老人足不出户就领到养老金,更有利于养老金发放金融机构的反欺诈管理。当然这就需要金融机构对新技术、新产品、社会新形态保持足够的敏锐性,在传统行业金融服务被不断侵蚀的困境中利用服务养老来实现金融产品和金融服务的创新。

金融服务养老需要有效市场与有为、有限政府相结合。创新是中共十八届五中全会条理化表述的现代发展核心理念,金融服务养老所要支持的有效供给,需要理论创新、制度创新、管理创新与技术创新的结合互动。我们不能简单照搬其他市场经济体已有的经验和自身已有的经验,必须坚定不移地根据我国自身情况,在特定约束条件下努力创新,有所作为,把有效市场和有为政府充分结合,解决养老这一世纪性难题。

第二节　养老金融研究的重点

一、养老金融研究的目标和对象

全生命周期金融服务养老的研究对象涉及的是一个庞大的体系，指的是围绕着社会成员的各种养老需求以及应对老龄化社会的挑战所进行的金融活动的总和。这其中金融是工具和手段，养老是最终目标和落脚点。金融服务养老金资产管理的对象是养老资金，目标是通过制度安排积累养老资产并实现保值增值；金融服务养老产业发展的对象是与养老相关的产业，目标是满足涉老产业的各种投融资需求；金融服务老年照护和消费的对象是老年人，目标是满足其年老后的照护需求和金融消费需求。

（一）全生命周期金融服务养老金资产管理涉及养老安全和经济转型

我国老龄化进程加快，面临"未富先老、未备先老"的挑战，在此过程中，必须科学改革和优化养老金制度，才能实现国民的养老安全。养老金资产管理则对金融行业和实体经济影响深远。养老金作为资本市场重要机构投资者，支持实体经济发展，也间接推动了新兴产业涌现和产业创新升级。此外，金融服务养老金资产管理的发展有助于促进经济转型。我国国民消费动力始终不足，储蓄率水平居高不下，其中很重要的原因是我国社会保障体制，尤其养老体制不完善，导致国民将大量收入用于预防性储蓄。与此相反，美国充裕的养老金资产在部分程度上降低了居民的储蓄意愿，近年来美国居民储蓄率仅维持在5%左右，将大量收入投入于消费。可以预见，我国养老金金融的不断发展将逐渐带动国民消费，实现经济结构转型。

（二）全生命周期金融服务养老产业将是促进养老产业发展的重要动力

养老院、养老地产等养老行业需要的资金投入大，周期长，依靠企业自有资金难度较大，在发展过程中离不开各方面的投融资支持。金融服务养老产业发展具有显著的社会效益。养老产业服务对象是经济收入下降，消费能力不足的老年人，为了保证服务可及性，许多国家会对部分养老产业进行价格限制，因此养老产业具有一定的福利性。从这个意义上讲，养老产业金融兼具社会效益和经济效益。养老产业还是养老金重要投资领域：养老金存续时间长达几十年，在此过程中必须进行合理投资以实现保值增值。但是养老金作为老百姓的养命钱，对安全性的要求较高。而养老产业，比如养老社区等，运营良好的话能提供稳定现金流，与养老资金投资风险偏好契合，是养老资金投资的较好对象。

（三）全生命周期金融服务老年照护和消费事关老年人福祉和金融业发展

高龄和失能失智老年人的照护需求呈增长趋势，普通老年人的金融需求也显现出广泛性，除了传统的储蓄、保险、贷款等业务外，还包括针对养老的理财业务、住房反向抵押按揭、遗嘱信托等新业务。金融服务老龄消费专门服务老年人各方面需求，能够提升服务针对性和有效性，增加老年人效用。此外，金融服务老年照护和消费不同于传统金融业务，因为国民养老需求的最终目的是合理安排其老年生活，包括老年理财、养老信贷、养老保险、老年医护、老年家居、养老机构等多方面需求，客观上需要有机构能够连接老年人的金融与实体消费，提供更为精细化的服务，这就要求金融机构随之转型，将金融服务与实体经济相结合。

因此，对于金融服务养老的研究，将从中国金融分业经营与监管的现有格局出发，即以银行、信托、证券、基金、保险等各金融子行业为切入点，针对养老金资产管理、养老产业发展、老年照护和消费三个维度，建构金融服务养老的理论框架，借鉴和吸收金融服务养老的国际经验与教训，从而研究和探索金融服务养老的中国路径建设方案。

二、养老金融研究的视角

随着人口老龄化趋势加剧，金融服务养老的领域、形式、机制都日趋丰富和复杂。因此，探寻金融服务养老的内在逻辑规律，建立金融服务养老的理论框架，就显得十分重要。鉴于国外发达国家步入老龄化社会多年，研究金融服务养老就需要系统性总结金融服务养老的国际经验与教训，为我国实践提供有益借鉴。

同时，我国金融行业、人口结构、老龄化趋势都具有自身鲜明的特点：一方面是少子化现象突出及人口老龄化加速到来，我国还是发展中国家，未富先老的局面逐渐显现；另一方面，中国金融市场发展还不够成熟，在一些问题上还处于探索性阶段，金融服务养老必然会面临较多个性化挑战。因此，对金融服务养老的研究将在遵循理论规律基础上，消化吸收国际经验与教训，充分考虑中国国情，探索和建立适合我国特点的金融服务养老路径与机制。

养老金融研究中，应当遵循养老对"人、财、物"的三方面需求，从老年照护与消费、养老金资产管理、养老产业三个维度全面探索金融服务养老体系建设，同时兼顾金融服务养老的监管与法律完善。

社会及其成员对于养老的需求，总体上可分为"人、财、物"三个维度。"人"指的是针对老年人的老年照护与消费，"财"指的是为养老储备资产而产生的养老金资产，"物"指的是针对养老需求而产生的养老产业及服务设施。金融服务养老这三个领域缺一不可。对金融服务养老的研究，需要通过养老金融调查、养老产业调研、养老资产管理行业调研等多种形式，深刻把握分析"人、财、物"的三方面养老需求，并以此为最终落脚地点，探索金融服务养老全领域的市场体系建设。同时，还需要根据金融服务养老所可能引发的问题，解决由此而来的监管问题，以及其所可能引发的潜在的金融稳定问题。以全国金融工作会议精神为纲，在金融全面服务养老的环境下解决相关的制度问题，提出相关的立法完善建议及其政策方案。

按照金融包括银行业、信托业、证券业、基金业、保险业的分类，分行业全领域探索金融行业全面性、系统性服务养老的体制机制，将实践探索与理论研究相结合。对金融服务养老的研究，需要以中国路径建设为最终落脚点。金融行业门类广泛，包括银行业、信托业、证券业、基金业、保险业，不同行业在我国发展历程和完善程度各不相同，在服务养老方面的资源禀赋、体制优势、制度特点也存在较大差异。因此，对金融服务养老的研究，需要结合我国老龄化发展趋势，根据各个金融子行业的优势，针对性提出银行业、信托业、证券业、基金业、保险业服务养老的制度路径和模式，将金融服务养老向更深入更细化的方向推进。

应当认识到，对金融服务养老的研究，其并非是单纯的应用性研究，而是综合性研究。不仅仅涉及金融服务于养老问题的解决，在相关实践方面提出政策建议及市场建设方案，其还涉及进入服务养老的理论基础研究及其学科体系的构建和探索。金融服务养老的同时，养老金及其相关产业的发展也对金融市场的发展产生深远的影响。金融与养老服务的关系并不是单向的关系，而是相互影响、相互促进发展的关系，因此对其所展开的研究，必然不能仅仅是单向的、以金融作为工具运用于养老问题的解决，还涉及双方共生发展的问题。

在实践中开辟应对老龄化中金融业发展的中国路径。全生命周期养老准备的最终落地，还需要开辟金融服务养老的中国路径。首先，需要从理论上揭示金融业与养老的内在联系，揭示金融能够服务养老的理论基础，进而打开金融服务养老的路径之门，也开辟金融在应对老龄化背景下发展的广阔空间。其次，需要借鉴国际经验，充分发掘典型国家金融服务养老的优势和特色，围绕养老金资产管理、养老产业发展和老年照护与消费，总结发展趋势和路径，吸取国际经验教训，提炼对中国具有借鉴意义的机制。最后，结合中国金融机构在服务养老过程中的实践经验，总结具有中国特色和符合中国社会实际情况的金融服务养老的路径，以应用于实践。

第三节　养老金融研究的价值和意义

一、养老金融研究的目标

（一）探索金融服务养老的内在逻辑规律，建立金融服务养老的理论框架和理论基础

金融服务养老需要建立起坚实的理论基础，否则其就会成为无源之水、无本之木，难以获得长期、可持续的发展。金融服务养老更需要理论的指导，从而为实践指明发展方向。金融服务养老问题涉及经济学、金融学、社会学、法学、人口学等多个学科，需要综合运用多个学科的理论知识，而此种理论知识的运用不是不同学科之间的简单堆砌，而是各学科之间相互贯通、融合，从而建立起专门针对和服务于金融服务养老问题的理论框架，在既有学科的基础上，发展出全新的综合性、前沿性、交叉性学科，从而为实务界和监管层决策奠定良好的理论基础，使金融服务养老的研究成果达到服务决策、指导实践的理论研究目标。

（二）结合中国金融和老龄化国情，建立我国金融服务养老的体制机制和实施路径

在我国金融市场的建设和发展还不够成熟、人口老龄化加速、社会养老问题日益严峻的背景下，探索出一条适合中国国情的金融服务养老实施路径和建设方案，便成为金融服务养老发展的应有之义。充分结合银行业、信托业、证券业、基金业、保险业的经营特点和现实经营格局，从服务于养老金资产管理、养老产业发展和老年照护和消费三个维度，来设计出能够服务于养老的金融产品和服务。西方发达国家及部分发展中国家在金融服务养老方面已经发展多年，积累了许多有益的实践经验和教训，如何在中国金融服务养老体制、机制的设计上，借鉴国际上已有经验，吸收已有教训，从而使我国的金融服务养老建设方案少走弯路，避免不必要的损失和成本，对于金融服务养老的研究同样十分重要。

（三）探索建立健全我国金融服务养老的配套法律制度，改革完善相应的监管制度

金融服务养老是一个系统工程，全面落实和实施必然离不开相关法律体系的改进和完善，没有相关法律制度作为保障，难以取得最终的成功。因此，修改和完善《商业银行法》《信托法》《证券法》《证券投资基金法》《保险法》《社会

保险法》《基本养老保险基金投资管理办法》[1] 等相关法律、法规，使之与金融服务养老的目标相协调，便成为应有之义。为此法律体系的修改完善提供智力支持，提出相应的修改建议，理所当然地成为金融服务养老研究的使命和目标。

金融服务养老还将关涉金融监管制度的改革和完善。金融服务养老的发展将是金融行业综合经营及监管层展开综合监管的一个契机和突破点。金融服务养老涉及的不是某一个金融子行业的业务，而是需要金融各个行业的全方位的介入，养老金及相关养老资产和其他养老金融服务将会是连接金融行业的重要结点，因此，对金融服务养老问题的监管就会演变成金融监管中的综合监管问题，其对潜在的金融稳定问题也将产生影响。2017 年 7 月的全国金融工作会议所设立的"国务院金融稳定发展委员会"，将金融稳定和发展上升到事关全局的高度，对金融服务养老的研究也将通过研究养老金这一长期资金的引入对国家金融稳定的影响，落实全国金融工作会议的会议精神。因此，此研究的一个目标也将是研究金融服务养老背景下金融综合监管问题及其有关的金融稳定问题，从而提出相应的政策建议和应对方案。

二、养老金融研究的学术价值

（一）归纳梳理金融与养老内在联系机制，探究金融服务养老内在发展规律

金融服务养老研究在学理上通过研究金融与养老的内在联系机制，来探究金融服务养老的施行规律。金融跨时间和空间的资源优化配置的特性，决定了与养老问题之间的逻辑一致性。金融可以实现不同时期、不同人群、不同行业、不同地区之间的资源的优化配置。从个人的角度看，养老问题就是将人年轻时积累的资源配置到年老时使用；从社会的角度看，养老问题就是将年轻人创造的资源配置给老年人享用。养老可以在个人不同生命阶段之间及社会代际之间实现跨期资源优化配置的特性，决定了金融养老问题的解决上具有适用性与必要性。在理论上对之进行系统的研究和挖掘，在综合各学科理论的基础上，充分研究金融与养老之间的内在联系机制，将金融服务养老纳入全局性整体性的宏观层面，提升至理论与战略的高度，兼顾公平与效率的前提下来满足养老需求。其中全生命周期养老准备尤为重要，深入全面地揭示金融与养老之间的内在联系。

新时代我国社会、经济领域最突出的特征就是老龄化的冲击，习近平总书记早在 2016 年就提出了要向加强人们全生命周期养老准备转变，学界并未就此重要课题展开深入研究，在现有的文献中，金融与养老之间的联系更多地从金融在养老金的投资管理方面发挥着关键作用。从资源跨期优化配置的角度，可以更加

---

[1]　为表述方便，本书中涉及我国法律文件直接使用简称，省去"中华人民共和国"字样，后文不再赘述。

深刻、全面地认识到金融与养老的内在联系，金融能够优化资源配置的特点不但使其具有创富效应，还具有财富分配效应，金融体系能够提高社会保障制度的覆盖面、保障水平以及可持续性，由此构成金融得以服务养老的理论基础。因此，本书阐释新时代在应对老龄化这一具体问题上习近平中国特色社会主义思想的发展，并应用于指导我国社会保障制度改革的现实。

（二）建立金融服务养老的理论框架，为金融服务养老政策实践奠定理论基础

我国正在经历全球规模最大、速度最快、持续时间最长的老龄化过程，老龄化将成为我国在二十一世纪长期面临的严峻挑战。应对老龄化离不开金融，应用金融工具和技术于养老问题的解决，将是积极应对人口老龄化重要方式，也是适应传统养老模式转变、满足日益增长的养老需求的必由之路。金融服务养老将紧紧围绕服务于养老金资产管理、养老产业发展和老年照护和消费三个维度：金融服务于养老金资产管理，即为储备养老资产进行的一系列金融活动，主要包括养老金制度安排和养老金资产管理；金融服务于养老产业发展，即为养老产业提供投融资支持的金融活动；金融服务于老年照护和消费，即社会机构围绕老年人的照护和消费需求进行的金融服务活动。三者各有侧重，从而建立起金融服务养老的分析框架与理论框架，为金融服务养老的政策实践奠定理论基础，也为相关政策制定建立起逻辑起点与落脚点。

（三）综合运用各学科理论知识，奠定金融服务养老的学科建设基础

养老金融研究因涉及经济学、社会学、法学、人口学等学科，主要体现经济学和社会学的学科交叉。金融学一般将养老问题作为研究的背景，将养老金作为研究对象和金融产品，对社会保障体系涉及不多；养老则基于社会学中社会保障相关理论，对金融学涉及很少。同时，金融服务养老又需要法律规范，在研究过程中应当充分利用法学工具，从而使金融服务养老能够在制度实践层面具有落脚点，使得金融服务养老的理论研究成果更能够贴合实际，直接转化成为具体的制度，如法律、法规和规范性文件，指导金融服务养老实践向更深入、更普适的方向迈进。这样便为金融服务养老厘定学科边界与研究基础，为养老金资产管理、支持养老产业发展、支持老年照护和消费等领域奠定理论基础，从而能够在政府相关金融支持养老规范性文件的基础上提出切合实际的政策建议，在金融服务养老这一在事关国家发展全局、事关百姓福祉的事业中做出理论贡献。

三、养老金融研究的政策意义

（一）系统性提出金融系统性服务养老的顶层制度设计，是落实习近平总书记关于老龄事业全面协调可持续发展讲话精神的重要举措

2016 年 5 月，中共中央政治局就我国人口老龄化的形势和对策举行第三十二

次集体学习。习近平总书记指出，要着力完善老龄政策制度。要加强老龄科学研究，借鉴国际有益经验，搞好顶层设计，增强政策制度的针对性、协调性、系统性。在我国人口老龄化趋势不断深化的背景下，养老事业也将面临着越来越多的挑战，金融工具作为应对人口老龄化的重要工具，将发挥着越来越重要的作用。金融服务养老的研究则是从金融的视角，研究探索金融体系支持、服务我国养老事业发展的发展道路、制度模式与监管体系，弥补当前我国养老事业发展面临的金融短板。

（二）深入探索金融服务养老的具体模式，是全面落实 2017 年全国金融工作会议关于金融支持实体经济、防控金融风险、深化金融改革三大任务的重要体现

2017 年 7 月的全国金融工作会议提出：金融是实体经济的血脉，为实体经济服务是金融的天职。金融要把为实体经济服务作为出发点和落脚点，金融服务养老就是探索各个金融行业如何把更有效的金融资源配置到我国养老事业发展过程中的各个领域和环节，更好满足国民养老金融消费需求、养老金资产管理需求和养老产业投融资需求，是金融支持实体经济在养老产业和养老服务业领域的具体体现。

全国金融工作会议指出，要坚定深化金融改革，优化我国金融体系结构，提升直接融资比重，降低间接融资占比是深化金融体系改革的重要内容。通过资本市场进行养老金资产管理，通过资本市场为养老产业提供支持都是金融支持养老的重要构成，在此过程中，资本市场又获得养老金这一长期资金支持，将有助于提升直接融资占比，防控金融风险，稳定金融市场，优化金融体系结构。

（三）提出了金融服务养老的整体性政策框架和建议，是落实中央五部委《关于金融支持养老服务业加快发展的指导意见》的重要抓手

近年来，中央和地方政府各部门日渐重视金融服务养老的重要性，陆续出台了一系列的养老金融相关政策。央行等五部委 65 号文就是一部里程碑式的文件，为养老服务提供了新的抓手，也为金融服务于养老产业指明了方向和政策依据。本书也是对银行、信托、证券、基金、保险等各个行业全面了落实 65 号文的要求的具体化，最终将提出具有可操作性、针对性的政策建议，将 65 号文精神进一步推向落实。2021 年全国人大常委会通过的《国民经济和社会发展第十四个五年规划和 2035 年远景目标纲要》提出：优化做强社会保障战略储备基金，发展多层次、多支柱养老保险体系，提高企业年金覆盖率，规范发展第三支柱养老保险。[1] 2022 年 4 月，国务院办公厅"关于推动个人养老金发展的意见"发

---

[1]　"中华人民共和国国民经济和社会发展第十四个五年规划和 2035 年远景目标纲要"，载《人民日报》2021 年 3 月 13 日，第 1 版。

布，正式推出个人养老金制度，该制度是增强人民群众获得感、幸福感、安全感的重要举措，直接关系广大参加人的切身利益。[1] 这些文件为养老金融研究奠定了实践的基础。

（四）提炼出有可操作性的修法和立法建议

《民法典》第 399 条第 3 款规定，医疗卫生设施和其他公益设施不得抵押。现实中，民营养老院抵押贷款难的问题非常突出，民营养老院甚至不能使用自有物办理抵押贷款，以致于影响了经营现金流。养老院的所有者和经营者都强烈呼吁国家能够放开这些僵硬的法律规定，如果能够研究出相关的修法建议，将对我国的养老产业发展起到不可估量的作用。除此之外，在实践中存在着养老金接续地方性法规不一、异地养老政策不一、不同类型金融机构参与养老服务的部门规章矛盾等法律问题，金融服务养老的政策、机制设计最终的落实必将以不同层次的法律规范呈现出来，可以根据实际情况提炼出有可操作性的修法和立法建议。

四、养老金融研究的现实价值和意义

（一）推进金融服务养老资产管理，促进养老金体系可持续发展

我国人口老龄化的加速到来，退休人口占比不断上升，工作人口占比逐渐下降，已经使得基本养老金收支压力进一步加剧。根据 2019 年 2 月社科院发布的《社会保障绿皮书：中国社会保障发展报告（2019）No. 10》，因为老龄化速度加快，我国劳动年龄人口每年以三四百万速度下降，而每年达到退休年龄的新增人口近千万，中国养老金支付面临危机[2]。2015 年养老基金收不抵支的省份有 6 个，预计 2022 年将有超过 2/3 的省份养老基金收不抵支，其中个别省份累计结余耗尽风险加大。报告认为，要让企业和居民收入能快速增长，需要大幅度降低社保费缴纳比例。但现实中如果要维持现在的保障待遇，现在的缴费水平很难降低。所以，降低目前的养老保险实际缴费水平面临两难境地。

我国近十年来基本养老金缴费增速始终小于基金支出增速，如果扣除财政补贴因素，仅仅考虑缴费收入和基金支出，按照目前参保人数、缴费规模和领取人数的发展趋势，未来基本养老金当期收支缺口还将进一步扩大，财政的补贴压力也将持续增加。目前我国养老金面临收支压力的原因除人口老龄化之外，另一个原因是我国养老金体系面临着结构性矛盾，养老金给付主要依赖于第一支柱基本养老保险，政府压力过大，而第二支柱企（职）业年金发展缓慢，第三支柱个人养老金刚刚落地。

---

〔1〕 "国务院办公厅关于推动个人养老金发展的意见（国办发〔2022〕7 号）"，载 http：//www.gov.cn/zhengce/content/2022-04/21/content_5686402.htm。

〔2〕 王延中等：《中国社会保障发展报告：养老保险与养老服务》，社会科学文献出版社 2019 年版。

完善金融服务养老金体系，一方面是要尽快落实第三支柱个人养老金政策，同时扩大第二支柱的企（职）业年金覆盖面，推动我国养老金体系均衡发展。另一方面，也要加快培育养老金资产管理行业，实现养老金积累壮大和保值增值。在此方面将充分利用金融体系的创富效应以及财富分配效应，一方面养老金投资金融市场，可以促进金融市场的深化发展，进而促进经济增长，提高社会总产出，为老人"老有所养"奠定物质基础；另一方面，则是通过充分利用金融工具，通过养老金保值增值，实现社会资源在代际之间的合理有序转移，弥补养老金缺口。

（二）助力金融建立支持养老产业投融资体系，促进养老产业发展壮大

在人口老龄化的影响下，老年人的养老需求也不断增加，衍生出一系列的养老产业，一是以老年人为主要对象的行业，比如养老机构和养老社区，二是老年人是服务对象之一的行业，比如家政服务、居家照护。养老产业发展离不开金融业支持，但部分养老产业发展投入大、周期长，依靠企业自有资金难度较大，需要金融体系投融资支持；同时，养老产业的重要服务对象是经济收入下降、消费能力不足的老年人。养老产业中部分行业先天性对金融资本的吸引力不足，主要因为老年人消费能力有限，决定了大部分养老行业只能微利经营，对金融资本而言缺乏吸引力。从我国实践来看，养老产业处于发展早期，盈利状况具有较大不确定性，这也导致资本的参与意愿下降。因此，我国养老产业金融无论是和国际发展程度相比，还是和我国养老产业的需求相比，都处于滞后状态。本研究将推动相关部门进一步发展相关政策性金融工具，同时对于市场机构对养老产业的投融资活动，给予税收减免优惠等政策激励。从而促进养老产业的发展，满足广大居民的多元化养老需求。

（三）推动金融更好服务于国民养老金融消费

相对而言，养老金融消费服务属于比较市场化的领域，在养老金融服务体系中，也是政府干预最少的部分。而在养老金融消费服务中，金融机构是连接老年人群与养老资金、养老产业所提供的养老产品和服务的重要节点，这使其成为养老金融服务体系中不可或缺的一个重要组成部分。一方面，金融机构需要协助老年人制定养老财富管理规划，为其定制专门的养老理财计划，同时帮助其防范金融风险，尤其是在防范金融诈骗风险方面显得日益重要；另一方面，金融机构也是实现养老产业与老人群体对接的一个重要窗口。因此，对金融机构而言，发展养老型金融服务业务，就必须要创新金融服务方式，打造一站式的养老金融服务平台。

随着老龄化趋势加剧，现在金融行业也开始重视老年金融消费服务。一些银行开发了针对老年人金融服务方案，涵盖理财产品、养老增值服务、便利结算等

内容。保险业除了提供传统保险业务外，还介入养老社区、养老照护服务等领域，但仍然不能满足老年人需求。因此，养老金融消费也将是金融服务养老研究的一个重点。

虽然养老型金融服务是市场化运作最突出的部分，但是对于养老金融服务体系而言，养老型金融服务是对接个人养老金融服务的窗口和起点，其在提供养老型金融服务的过程中，为保证养老金融服务体系的可得性，不能对其服务设置过高的门槛，否则养老金融服务的普惠性就无法得到彰显，养老金融收入再分配的功能更是无法得到实现。同时也意味着，政府部门在制定相关的监管政策时，不能对其门槛设置过高的要求。因此，我们建议通过财税政策优惠，监管政策差异化引导，鼓励金融机构发展老年金融消费服务。主要包括：鼓励银行为老年人提供一揽子金融消费服务，鼓励保险机构开展针对老年人意外险、大病险等业务。鼓励信托和资产管理机构开展安全稳健老年人理财及老年信托等业务。通过金融服务提高老年人的金融资产安全程度，防范金融诈骗活动，从而有效提高居民财富管理能力。

（四）借鉴国际经验，提出金融支持养老产业发展的实现路径

在人口老龄化的影响下，老年人的养老需求也不断增加，从而衍生出一系列的养老产业，一是以老年人为主要对象的行业，比如养老机构和养老社区，二是以老年人为服务对象之一的行业，比如家政服务、居家照护。养老产业发展离不开金融业支持，但部分养老产业发展投入大、周期长，依靠企业自有资金维持产业发展难度较大，需要金融体系投融资支持；同时，养老产业的重要服务对象是经济收入下降、消费能力不足的老年人。养老产业中部分行业先天性对金融资本的吸引力不足，主要是因为老年人消费能力有限，使大部分养老行业只能微利经营，故而对金融资本而言缺乏吸引力。

因此，对养老产业和养老服务业的发展而言，由于其兼具社会效益和经济效益，同时，源于其经营特点和面向群体的特殊性，金融机构在为其提供金融服务的过程中。鉴于养老产业和养老服务业在投资收益的提供上并没有显著优势，金融机构若想从养老产业和养老服务业获得超额甚至正常的投资收益，必然离不开政府在财税方面的支持，这也是世界的通行做法。以日本为例，1988年5月，日本对社会福利以及医疗事业团体法进行了修改，政府为民间修建的具有看护、医疗功能的福利设施提供低息或免息贷款，并提供相应的税收优惠。因此，在制定促进养老产业发展的配套政策时，需要统筹发挥涉老资金的补贴作用，这样才能增强养老企业对商业性资金的吸引力。这也意味着，养老产业金融要实现大发展，必然需要政府的扶持。因此，推动相关部门进一步发展相关政策性金融工具，需要对市场机构对养老产业的投融资活动，给予税收减免优惠、养老床位补

贴等政策激励，从而促进养老产业的发展，满足广大居民的多元化养老需求。

（五）提出养老金融监管改革的方向，以及金融服务养老立法修法研究的重点和方向

全生命周期养老准备的时间长达数十年，必须有稳定的制度保障，而金融监管和法律法规是养老资产保值增值的重要制度保障，也是养老产业、养老机构、老年照护与消费服务业健康发展的推动力量。总体而言，目前学界对于金融服务养老的法律制度有所研究，但是其所涉及的范围更多的是局限于养老金的法律监管制度，并且此种方面的研究，也是更加偏重于对于国外监管经验的介绍，在构建本土化的法律制度方面存在不足。况且，金融服务养老其涉及的范围并不局限于养老金，其还有养老产业和老年照护和消费。在实践中，目前出台的支持性政策，也仅仅是以规范性文件的方式来进行推动，法律位阶较低，实施效果会打折扣。在此背景下，相关的金融法律制度如《商业银行法》《证券法》《信托法》等以及税收法律制度如何进行修改完善，相关的配套制度如何建立以支持养老问题的解决，相关的研究存在着明显的不足。

因此，如何构建高效的监管体系、加强法律保障建设也是本书研究的核心问题。基于此，我们已经对国外养老金运营监管的体制和模式，以及金融在支持养老产业发展方面的立法情况进行了考察，并认为随着金融监管改革的推进，对有着巨大成长空间的养老金监管也应该视为金融监管改革的重点领域予以特别关注。同时，为支持养老产业发展，我国应该在现有出台的金融支持养老产业政策的基础上，对养老产业发展问题进行专门立法，弥补现有法律真空和不足的现状。

由社会老龄化带来的养老危机是我国社会未来很长一段时期将要面对的最大挑战，而对金融服务养老问题的研究，也是一个全新的课题，有挑战，也有机遇。本书的研究只是一个起点，而不是终点，未来将持续关注金融服务养老领域的课题，将最新的研究成果呈现给学界、实务界以及决策层，使我国社会真正实现"老有所养"。

第四章　养老金投资的理论与国际经验

第一节　养老金投资的理论基础

一、公共养老金体系的经济学理论分析

宏观福利经济学问题涉及收入分配、失业、经济发展等，养老金制度与这些问题息息相关。比如公共养老金与收入分配问题，收入分配问题之所以无法自发消除，是因为市场不能保证既有效率又公平的社会状态。

短视性（Myopic）假设是养老金制度分析里最重要的个体微观行为假定。短视性假设经济个体的预期能力和理智程度是有限的，而且往往在做出决定时会受到决策复杂性和环境因素干扰。短视性与养老金计划密切相关，因为个体的短视性导致其个人有可能在成年期不会主动预留储蓄养老，这就使得带有强制性储蓄意味的养老计划成为必要。

（一）帕累托最优和帕累托改进

帕累托改进（Pareto Improvement），也称为帕累托改善或帕累托优化。基于帕累托最优变化，在没有使任何人境况变坏的前提下，使得至少一个人变得更好。一方面，帕累托最优是指没有进行帕累托改进余地的状态；另一方面，帕累托改进是达到帕累托最优的路径和方法。帕累托最优是效率的"理想王国"。

帕累托最优（Pareto Optimality），也称为帕累托效率（Pareto Efficiency），是指资源分配的一种理想状态，假定固有的一群人和可分配的资源，从一种分配状态到另一种状态的变化中，不存在某种可行的方案，使任何人境况不变坏的前提下，至少一个人变得更好。

帕累托最优状态就是不可能再有更多的帕累托改进的余地；换句话说，不存在某种可行的方案，能够改进部分人的境况，同时不降低其他人的境况。

（二）现收现付制

在现收现付制（Pay-As-You-Go）下，由当代在职人员缴纳养老金用于上一代退休人员的养老金支付，养老基金无须储蓄积累，制度侧重养老收入的公平目标及再分配和社会共济功能。我国公民领取的基础养老金即养老保险社会统筹部分，就是典型的现收现付制度。目前，在人口老龄化背景下，现收现付制的基础养老金体系面临严峻的挑战。

首先，现收现付制养老金财务平衡不可持续。养老金制度收入必须大于或等于养老金制度支出，现收现付制养老金才能保持平衡和可持续。养老金制度收入来源于年轻在职人口的养老金缴费，养老金制度支出面向老年退休人口的养老金待遇领取。现收现付制养老金可持续发展的人口社会条件是：

年轻在职人口增长率大于老年退休人口增长率、养老金缴费增长率大于养老金待遇领取增长率。在其他条件不变的前提下，由于人口老龄化的影响，年轻劳动人口暨养老金缴费增长率小于老年退休人口暨养老金待遇领取增长率，养老金"食之者众、生之者寡"，现收现付制养老金财务客观上难以保持平衡和可持续发展。

其次，现收现付制养老金可能带来代际分配不公。公平是社会保险的基本原则和目标。在现收现付制度下，养老金制度对同代人和代际之间进行两次收入分配：代内和代际收入分配。养老金社会统筹部分实行现收现付制度，当代人按相同标准缴费进入统筹账户并当期支付给上一代退休人员，当代缴费人口的缴费与其个人未来养老金待遇关联弱化。在老龄化加剧、少子化越来越难以逆转的社会背景下，随着时间的推移，当代人未来进入退休年龄，其所领取的养老金待遇因为未来养老金缴费人口的减少而导致实际养老待遇水平降低，未来养老待遇无法匹配当前年轻劳动年龄的养老金缴费。所以，因为人口老龄、少子化的影响，现收现付制养老金内含养老金代际分配不公的基因。

最后，现收现付制养老金带来经济效率损失。其一，现收现付制养老金给国民储蓄带来"挤出效应"，不利于资本积累和资本形成。现收现付制养老金是一种消费性资金而非资本性资金：养老金用于老年退休生活消费，没有储蓄积累的必要，对国民经济赖以增长的储蓄不具有激励效应。其二，现收现付制养老金带来的财政负担加重和劳动成本提高都拖累经济增长。在老龄化背景下，现收现付制养老金缺口不断扩大，势必导致财政养老负担不断加大。当代劳动人口养老金缴费负担不断加重，势必带来劳动成本不断提高。其三，现收现付制养老金带来管理效率损失。现收现付制基本养老保险，采取社会统筹、公共管理的模式，难以发挥竞争性市场机制的作用。

（三）积累制的基金体系

经济学关于养老体系的正式探讨可以追溯到萨缪尔森（Samuelson, 1958）的奠基性工作[1]。萨缪尔森构建了一个两期世代交替模型（Over Lapping Generation Models），给出了在排除货币因素后，现收现付制公共养老金制度的核心即工作一代赡养老年一代，会增加每个社会成员的实际福利。

具体来说，将整个社会成员构成分成两类：一类属于成年期（工作期）提供劳动力，另外一类属于老年期（养老期），老年期无法提供劳动力并且需要收入保障。现收现付制公共养老金系统通过征收前者工薪税的方式支付后者养老金，也就是成年期一代赡养老年期一代。那么该模型就可以得出结论，居民第二期（老年期）所能够获得的相对第一期（成年期）所纳税费的回报率将会等于实际利率，这里的实际利率被定义为人口增长速率也称作"生物利率（Biological Interest Rate）"。

在此之后，艾伦（Aaron, 1966）对以上萨缪尔森的奠基性工作做出了重要拓展[2]。其主要贡献在于给出了现收现付公共养老金制度安排会增加每个个体福利的判定条件即人口与实际工资增长之和超过实际利率，这里利率指的是居民边际时间偏好（Time Preference）或者未来与现在商品的边际转换率（Marginal Rate of Transformation）。

以上两篇关于养老金体系的早期研究工作都是在强调现收现付制公共养老金制度所拥有的帕累托改进性质，并且试图从这一角度说明该制度存在的必要性和合理性。但是，并非任何情况下现收现付制养老金制度都能够给居民部门带来帕累托改进。卡斯（Cass, 1965）就提出了这类制度安排所隐含的帕累托改进性质有可能会随着资本市场的引入而被破坏，其根本原因在于资本市场的回报率要高于公共养老金所能够给予个体的回报率[3]。

费尔德斯坦（Feldstein, 1999）[4] 以及墨菲（Murphy）和韦尔奇（Welch）[5] 则进一步明确了如果经济体中没有资本收入税并且边际资本生产率和劳动力供给

〔1〕 Paul A. Samuelson, "An Exact Consumption-Loan Model of Interest with or without the Social Contrivance of Money", *Journal of Political Economy*, vol. 66, No. 6., 1958, pp. 467-482.

〔2〕 Aaron H, "The Social Insurance Paradox", *The Canadian Journal of Economics and Political Science*, vol. 32, No. 3., 1966, pp. 371-374.

〔3〕 Cass, David, "Optimum Growth in an Aggregative Model of Capital Accumulation", *The Review of Economic Studies*, vol. 32, No. 3., 1965, pp. 233-240.

〔4〕 Feldstein M, "Tax Avoidance and the Deadweight Loss of the Income Tax ", *Review of Economics and Statistics*, vol. 81, No. 4., 1999, pp. 674-680.

〔5〕 Kevin, M, Murphy, Finis Welch, "Perspectives on the Social Security Crisis and Proposed Solutions", *The American Economic Review*, vol. 88, No. 2., 1998, pp. 142-150.

处在恰当水平时，就可以使得即使存在资本市场资产跨期配置功能的情况下，现收现付制公共养老金依然拥有帕累托改进能力。尽管如此，由于个人工薪税会降低家庭的当期可支配劳动收入，如果家庭又不认为未来保障福利会弥补当前损失；当前的工薪税就会对劳动者的劳动意愿和劳动力供给产生负面影响从而产生社会福利的无谓损失（Deadweight Loss）。

后来一些学者又对萨缪尔森原有工作进行了重要改进，逐渐形成了一套相对完备的使用宏观世代交叠模型分析现收现付养老金体系问题的标准处理程式。其中的典型工作有亚瑟（Arthur）和麦克尼考（McNicoll）[1] 以及威利斯（Willis，1988）[2] 将原有两代交叠的萨缪尔森模型扩展至三代甚至多代共同交叠模型，进一步突出代际间消费与收入的异质性从而给出新的跨代际利率决定模型。与此建模思想类似，凯菲茨（Keyfitz，1985）[3] 和李（Lee，1988）[4] 建立的理论模型可以用来定量分析代际异质性和人口年龄分布如何决定不同代际间消费数量的差异，并且得出了代际消费差异对总消费水平的影响。以上工作均是在宏观经济学层面考虑人口年龄分布和代际之差，使用世代交叠模型分析不同代际间消费异质性和跨期利率回报，进而试图在宏观框架内阐述公共养老金体系存在的合理区间。

在理论创新方面，可以发现上述研究给传统宏观经济学理论带来了创新，养老问题必然涉及分析个体异质性以及时间动态问题。其原因十分明显，一旦养老问题被引入到模型之中那么该模型必然需要刻画居民个体的一种极为重要的异质性——个体所处生命周期的不同所形成的宏观代际交叠特征，而这种时间角度的异质性又迫使模型框架必须在数学结构上包括跨期优化和时间动力学过程。这些问题恰恰是自从现代经济学建立以来的核心和难点，现代宏观经济学前沿问题大多与这两个问题脱不开干系。因此，养老问题作为一个现实的重大问题又同时兼具了理论的重要意义，对于该问题的深入研究很大程度上推动了经济学理论自身的发展。

然而，这些研究还是侧重于宏观经济学方面的理论尝试，而作为一个同时涉

〔1〕 W. Brian Arthur and Geoffrey McNicoll, "Samuelson, Population and Intergenerational Transfers", *International Economic Review*, vol. 19, No. 1., 1978, pp. 241-246.

〔2〕 Willis Robert J, "Life cycles, institutions and population growth: A theory of the equilibrium interest rate in an overlapping-generations model", *Economics of Changing Age Distributions in Developed Countries*, Oxford University Press; 1988, pp. 106-138.

〔3〕 Nathan Keyfitz, "The demographics of unfunded pensions", *European Journal of Population*, vol. 1, No. 1., 1985, pp. 5-30.

〔4〕 Ronald Demos Lee, "Induced population growth and induced technological progress: Their interaction in the accelerating stage", *Mathematical Population Studies*, vol. 1, No. 3., 1988, pp. 265-288.

及经济、社会以及人口结构等范畴的重大问题，养老问题一定会牵涉到经济社会的方方面面。针对社会保障体系的全面的经济学内涵讨论来自于戴蒙德（Diamond，1977）的重要贡献[1]。文中作者从代际间收入重新分配、纯市场运行的不完备性（Market Failure）以及预防个体在养老方面不充分储蓄和预留资产的"父爱主义（Paternalism）"等角度阐述了公共养老金体系是保障经济社会正常健康运行的一个不可或缺的组成部分。

与此同时，罗思柴尔德（Rothschild，1970）[2] 和施蒂格利茨（Stiglitz，1976）[3] 采用市场信息不对称（Asymmetric Information）理论强调了自由市场内生的信息不对称问题，一个主要结论就是公共保障体系无法被市场中的私人保险产品所完全替代。莫顿（Merton，1983）[4] 则从生命周期风险分散的角度论证了现收现付制公共养老金体系的功能和存在的重要性。莫顿认为人力资本（Human Capital）的无法交易特性带来了个人人力资源配置的低效，个人在成年期拥有太多的人力资本而老年期却所剩无几，这也是戴蒙德所强调的市场失效的一种典型实例。

然而，社会保证体系的存在使得成年期一代的人力资本可以被转移到老年期一代，以此增强社会风险分散能力并增加整体福利。个人消费在其生命周期的各个年龄段都会选择一个稳定的、接近其预期的平均消费率进行消费，亦即跨时消费是平滑的。

经典的生命周期理论（Modigliani et al，1954）认为人口老龄化会增加家庭的养老负担并同时降低家庭的储蓄数量进而对经济增长产生不利影响，这也是被学术界经常引用的人口老龄化对经济增长不利的论据[5]。然而生命周期理论忽略了理性行为人重新分配经济资源、协调生命周期消费支出的主观意愿和能力。更为重要的是在宏观经济层面上，该理论没有完全考虑公共及私人养老金体系的存在和影响，尤其是各种养老金计划对于个体及宏观经济状态的影响。

世界范围内的主要工业化国家所建立的公共养老金体系均属于现收现付制，

---

〔1〕 Diamond P A, "A framework for social security analysis", *Journal of Public Economics*, vol. 8, No. 3., 1977, pp. 275-298.

〔2〕 Rothschild M, Stiglitz J E, "Increasing risk: I. A definition", *Journal of Economic Theory*, vol. 2, No. 3., 1970, pp. 225-243.

〔3〕 Rothschild M, Stiglitz J, "Equilibrium in Competitive Insurance Markets: An Essay on the Economics of Imperfect Information", *Social ence Electronic Publishing*, vol. 90, No. 4., 1976, pp. 629-649.

〔4〕 Robert C. Merton, "On the role of social security as a means for efficient risk sharing in an economy where human capital is not tradable", *Financial Aspects of the United States Pension System*, 1983, pp. 325-358.

〔5〕 Modigliani F, "The Life-Cycle Hypothesis, the Demand for Wealth, and the Supply of Capital", *Social Research.*, vol. 33, No. 2., 1966, pp. 160-217.

这种国家层面的公共养老金体系必须运行在一个合理的参数空间内，否则就会产生难以承受的系统性福利损失。可以用经济学语言把这个问题描述为：在个体效用函数最优条件的约束下，选择合理的与公共养老金体系相关的参数空间使得社会整体福利函数也趋于最大值。短视性假设运用在养老问题上的直接推论是过度"短视"的居民往往在成年期忽视自身养老问题，从而使得进入老年期后没有足够的储蓄或者资金积累维持基本生活支出。

公共养老金的基本功能就体现在使这些"短视个体"受到基本保障，但这同时会招致对其他个体的额外税负和福利下降。因此决策者必须权衡这二者的相互关系，因为作为社保体系成本的工薪税会扭曲居民储蓄和劳动力供给水平。美国经济研究局主席费尔德斯坦（Feldstein，1985）所给出的无限期均衡框架模型是本领域内非常重要的开拓性研究工作，也是社会保障体系基础理论框架研究方面的里程碑式贡献。他计算了个体"完全短视"状态下的最佳均衡税率（Tax Ratio）和收益比（Benefit Ratio）。"完全短视"意指劳动人口无储蓄行为并且老龄人口只有公共社会保障福利，那么可以证明此时两代交叠的社会福利最优解就是调整收入分配使得两代人的边际效用相等，这是福利经济学研究的一个重要结论。最终，作者得出最佳均衡税率（Tax Ratio）和收益比（Benefit Ratio）分别等于 $\frac{1}{2+n}$ 和 $\frac{1+n}{2+n}$，其中 n 是劳动力增长率。这里除了劳动增长率之外并不涉及任何其它因素，其本质原因在于"完全短视"假设下社会保障体系只有收入再分配功能，所以最优解条件就是两代人边际效用相等。[1]

二、多支柱养老金体系的微观金融学理论基础

养老金体系不仅仅包括第一支柱公共养老金，还包括第二支柱职业养老金和第三支柱个人养老金，以及更加宽泛的养老服务业和养老产业。同时也需要注意到近些年养老金体系发展的基本事实：体现单位和个人责任的二三支柱养老金制度发挥着越来越重要的作用。

DB 模式（Defined Benefit）给付确定，养老金计划发起人或者管理人对参与者做出承诺，保证退休后养老金计划按照事先的约定发放，即养老金计划参与者在退休后领取的养老金是事先可以预测的。

在金融学范畴中，第二三支柱属于完全积累（Funded）确定给付型（Defined Benefit）或者确定缴费型（Defined Contribution）养老金。其中，确定给付型由于采取以支定收的形式，其投资风险由组织的企业或政府机关承担，面临更

〔1〕 Feldstein, Martin, "The Optimal Level of Social Security Benefits", *The Quarterly Journal of Economics*, vol. 100, No. 2., 1985, pp. 303-320.

加迫切的兑付压力，因而对投资收益的持续稳定性提出了很高的要求。

DC 模式（Defined Contribution）缴费确定，参与者到退休年龄为止，一共向养老金缴了多少费是确定的，退休后可以领取的金额是不确定的，因为这种模式下的养老金总额为缴费金额和投资收益的总和，投资收益不确定，且参与者自行承担投资风险。

博迪（Bodie，1988）等人首先阐述了确定给付型和确定缴费型养老计划的估值方法。其次，作者对比了二者在投资表现和投资方式、增值能力、终止及可转移性、激励方式和利率风险等方面的异同。最后展示了在工资和利率的不确定情景下，两种养老计划各自所表现出来的优劣特征，总体而言 DC 模式相对于 DB 模式减轻了政府"兜底"的责任，更依靠养老基金管理者的管理能力[1]。博迪（Bodie）和默顿（Merton）建立包含了个体生命周期中工作、休闲、投资、消费、退休时间等要素均可以自主决策的模型，发现劳动力和投资选择是密切相关的，年轻人能够比老年人承担更高波动的投资风险。其研究从金融学角度阐述了政府担保的第二三支柱私人养老金存在合理性，并提出现实中采用公共私人混合养老金制度将会最佳分摊积累型养老金的投资风险[2]。鲍温伯格（Bovenberg）和皮特森（Petersen）检验了职业养老金计划的兑付承诺风险因素[3]。从现有的监管约束来看，雇主可以采用多种方式控制由投资组合决定的基金风险。

因此，现代养老金体系是一种混合体制，是公共养老金和私人养老金的结合体，前者代表政府干预，主要体现公平；后者代表市场机制，主要体现效率。在市场经济条件下，社会有公平与效率的目标冲突问题，市场运行有"政府失灵"和"市场失灵"的问题。政府在现代养老金体系中处于主导地位，这既体现在政府是现代养老金体系的建立者与实施者，也体现在公共养老金在养老资源配置以及老年人口收入中的主导地位，还体现在政府对于养老金体系的监管和风险把控上。市场机制是效率的引擎，发挥好市场机制在养老金体系中的作用，是各国通行的做法。

市场机制在养老金体系中的作用主要在于提升效率，主要表现在两个方面：一是优化宏观效率，表现为腾出一部分空间或领域交由市场发挥作用，甚至使市场发挥基础性作用。二是提升微观效率，表现在参量式改革上，将市场机制引入公共养老金领域，如多缴多得、税收激励机制、经办服务外包、结余基金市场化

---

〔1〕 Zvi Bodie, "Pension Fund Investment Policy", *NBER Working Paper*, No. w2752. , 1988.

〔2〕 Zvi Bodie, Robert C. Merton & William F. Samuelson, "Labor Supply Flexibility and Portfolio Choice in a Life-Cycle Model", *NBER Working Paper*, No. w3954. 1992.

〔3〕 Bovenberg A L, Petersen C, "Public Debt and Pension Policy", *Fiscal Studies*, vol. 13, No. 3. , 1992, pp. 1–14.

投资管理等，以提高公共养老金的微观运作效率。运用好风险分担、竞争分散、激励相容，以及个人归属等市场化机制，实现收入在个人一生、代内以及代际之间的转移与平衡，实现对老年风险的保障。

　　除此之外，从更加宽泛的角度来理解，私人养老金存在的原因和合理性还有大致四个方面：父爱主义、人力资本折旧理论、延期支付理论和效率工资理论。图4-1展示了储蓄生命周期理论的大致结论。个体年轻时期因收入流小于消费需要导致负储蓄，随着年龄增长收入逐步提高并超过消费需要形成储蓄；而后随着进入中老年时期人力资本消耗殆尽收入流再次下降，并最终小于消费支出需要从而导致负储蓄。居民储蓄包含三种动机：养老动机、预防动机和遗产动机。随着人口老龄化的影响，实际养老矛盾的激化，居民的养老储蓄动机加强。

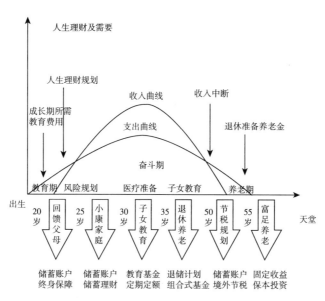

图4-1　储蓄生命周期理论

　　第一，父爱主义传统。英美的历史经验显示，大部分企业年金计划是由雇主提供的私人养老金，而不是社会压力、政府主导、法规强制的结果，例如1875年美国联邦快递就建立起了企业年金，比美国政府的联邦社保基金早了60年。学术界最早对这一问题的看法是雇主建立企业年金的主要动机在于其"有一种与控制雇员的愿望联系在一起的父爱主义传统"。

　　第二，人力资本折旧理论。20世纪60年代，人力资本理论迅猛发展，开辟了人类关于人的生产能力分析的新思路。人力资本理论突破了传统理论中的资本只是物质资本的束缚，将资本划分为人力资本和物质资本。所谓人力资本折旧，是将雇员的人力资本价值比喻成同厂房或机器设备的固定成本，厂房或机器设备会因为长期损耗而折旧，长期雇员也会因为退休后赚取收入能力丧失而需要雇主给予相当于充分折旧的退休金。

第三，延期支付理论。职业年金、企业年金的延期支付理论认为：要充分了解退休金的概念，就必须将退休金给付视为其一部分。虽然退休金费用可由劳资双方共同分担，但目前的趋势应全部由雇主负担，由于雇主往往取消现金工资的增加，以建立养老金制度，使得退休金费用由雇主负担的观念混淆不清。这种行为无疑使雇员以放弃货币工资增加为代价来换取退休金，是雇主将退休金费用转嫁给雇员承担。所谓延期支付，就是指雇员在当前增加货币工资与未来领取退休金二者之间有选择权，如果选择后者，退休金给付就可以被视为雇主支付给雇员的待遇的一种延期支付方式。

第四，效率工资理论。效率工资理论认为支付比市场出清工资更高的工资劳动总成本可能最小，厂商能够获得更多的利润。雇员工作的效率与雇员的工资有很大的相关性，高工资使工人效率更高。所谓效率工资（Efficiency Wage）是使劳动总成本为最小的工资。与效率工资紧密相关的是市场出清（Market Clearing）工资。市场出清工资是使劳动市场出清的工资，也就是说，劳动力市场均衡时即劳动供给等于劳动需求的工资。效率工资一般高于市场出清工资。效率工资理论的假设条件是生产率受企业支付工资的影响，当工资影响生产率时，增加工资带来生产率的提高，减少工资导致的是成本增加而不是降低。

上述这些理论从根本上来说都是将人力资源充沛年龄的劳动存储起来以应用于老年的人力资源枯竭期，实现全生命周期消费的平滑。在我国，建立企业年金的多是大型国企，这表明国有企业在员工福利、劳动关系方面走到了前列，和西方企业有所区别。未来在推进企业年金扩面的进程中，应当鼓励更多民营企业、外资企业建立企业年金制度，真正将企业年金建设成为第二支柱养老金。在此过程中，金融市场和金融工具都可以发挥至关重要的作用，因为只有金融才能真正实现劳动力资源的跨期配置。

第二节　养老金制度对个体行为以及公司治理的影响

一、养老金制度对个体行为的影响

总体来说，养老金制度会从储蓄行为、退休决策、劳动力供给和个人资产组合这四个方面影响居民行为。

（一）储蓄行为

目前学术界对这一问题的基本看法是公共养老金会减少居民和国民总储蓄。具体来说，生命周期模型的基本安排就是成年期个体纳税从而减少了当期可支配收入或者储蓄，老年期就可以获得养老金福利。通过一个两期世代交叠模型分析，就可以得出在公共养老金精算公平（Actuarially Fair）体系下第一期居民储蓄的减少在名义上等于第二期可预期获得的养老金福利。但是，储蓄量不会减少至零，因为居民只有在第二期才会享有退休福利，过度减少储蓄会导致退休前福利无法达到最优。

假设居民两期效用函数均依赖于消费（因此隐含依赖于储蓄和退休福利水平），可以认为小额养老金增加不会导致储蓄减少。费尔德斯坦（Feldstein）用实证方法展示了这种公共养老金对个人存款的挤出效应，但是很难给出具体定量结果，只能给出私人储蓄下降不超过50%的大致结论[1][2]。以上是对公共养老金的分析结论，私人养老金则不同。私人养老金的减少会降低个人储蓄，却不改变，甚至可能增加国民总储蓄，因为私人养老基金的累积对储蓄的贡献会抵消居民个人储蓄的减少。

（二）退休决策

人们识别出三种公共养老金体系影响劳动人口退出的渠道。首先，短视行为或者个体流动性约束，在强制公共养老金制度下一部分劳动力人口收入转移到了退休人口。这种转移会产生收入效应（Income Effect）进而使得劳动提供者产生额外的退休倾向。其次，公共养老金体系均是在个体退休后进行发放，那么从生命周期角度来讲退休点的选择会使得个体终生收入总贴现价值发生改变，从而影响居民退休决策。最后，公共社会保障体系会改变公众对退休年龄的常识观念、行业退休标准和工作偏好。

科斯塔（Cost）从实证上印证了以上理论分析，作者发现OECD国家男性65岁以上劳动参与率比20世纪初明显下降，55到64年龄段也有所下降[3]。格鲁伯（Gruber）和怀斯（Wise）统计了美国及欧洲主要国家59岁以下人口的劳动参与率。美国有26%的男性人口退出劳动力人口。在欧洲一些主要国家，这一比

〔1〕　Martin S. Feldstein, "Social Security and Private Saving: Reply", *Journal of Political Economy*, vol. 90, No. 3., 1982, pp. 630-642.

〔2〕　Feldstein M, "Social Security and Saving: New Time Series Evidence", *National Bureau of Economic Research*, vol. 49, No. 2., 1996, pp. 151-164.

〔3〕　Costa Dora L, "The Evolution of Retirement: Summary of a Research Project", *The American Economic Review*, vol. 88, No. 2., 1998, pp. 232-236.

例则显得更为夸张，例如比利时达到了 58%，法国和意大利为 53%以及荷兰的 47%[1]。格鲁伯和怀斯的研究为澄清公共养老金对公众退休时间选择提供了最强有力的支撑。

由此可见，宽松的提前退休政策和不断提高的公共养老金福利使得公众不断倾向于提前成为非劳动力人口。尤其是 50 岁至 60 岁的劳动力考虑到提前退休带来的福利损失已经很小，以及退休后的闲暇和保障福利往往容易倾向于提前退休。戴蒙德和格鲁伯（Diamond & Gruber，1997）以及柯伊尔和格鲁伯（Coile & Gruber，2000）分析了居民退休倾向，提供了逐年延迟退休福利的测算方法并推算了个体最佳退休年龄。作者最后得出结论美国中位水平收入工人在 62 至 64 岁退休会达到养老金缴费与给付的精算公平[2][3]。

（三）劳动力供给

在美国，工薪税率为 12.4%，其中 62%的家庭工薪税超过了所得税，这会降低劳动意愿进而产生社会福利的无谓损失。据此可以预期来自于公共养老制度的工薪税会对个人劳动意愿以至于宏观劳动力供给产生重要影响。但是养老金对于劳动力人口的劳动意愿影响难以定量分析，其原因主要在于需要去寻找合适变量刻画劳动力人口对于未来退休金的接纳或者满意程度。一个可能合适的变量称为净边际税率（Net Marginal Tax Rate），其定义为工薪税减去单位额外收入增加的养老金精算现值（Actuarial Present Value）。单位额外收入的养老金精算现值受多重因素影响，比如，职工性别（影响死亡率）、受益人状况（个人还是以连带配偶方式获取）、终生收入（决定养老金替代率）及老年期收入（预期养老金福利水平）。净边际税率直接决定了个体对养老金制度的接纳程度，也就反映了个体劳动供给意愿以及是否会产生无谓损失。

（四）个人资产组合

养老金如何影响居民资产配置是一个非常基本和深刻的问题。尽管生命周期理论提供了理解居民资产组合和消费选择行为的理论框架，但是其实际结果依赖于个体收入、发展预期和健康程度等等因素。所以这方面的研究大多采用实证分析的方法。

首先养老金会改变居民对无风险储蓄的偏好，其次由于其独有的风险特性会

---

〔1〕 Gruber, Jonathan, and Wise, David A, "Social Security, retirement incentives, and retirement behavior: an international perspective", *EBRI Issue Brief*, No. 209. , 1999, pp. 1–22.

〔2〕 Diamond, Peter A. and Gruber, Jonathan, "Social Security and Retirement in the U. S", *NBER Working Paper*, No. w6097. , 1997, Available at SSRN: https: //ssrn. com/abstract=53283.

〔3〕 Courtney Coile and Jonathan Gruber, "Social Security and Retirement", *NBER Working Paper*, No. w7830, 2000. Available at: https: //www. nber. org/papers/w7830.

通过风险关联影响居民其它风险资产组合配置。博迪和克兰（Bodie & Crane，2019）使用美国教师退休基金会（Teachers Insurance and Annuity Association-College Retirement Equities Fund，TIAA-CREF）的数据对包括退休账户的个人总资产配置行为进行了分析，他们发现配置行为大致与金融理论预期一致[1]。比如，个人会保持一定的退休账户之外的现金或类现金类高流动性资产投资，且其比重随着个人财富的增加而减少，即权益资产持有量会随着年龄增长而减少、财富增加而增加。

二、养老金对公司治理的影响

养老金对公司金融的影响主要来自于雇主提供给雇员的职（企）业年金计划，属于养老金体系的第二支柱。对于雇员来说，职业年金自然意味着对未来退休后应得现金流回报的索取权。与此不同，如果从企业的角度来看，职业养老基金必须符合会计学原则计入企业资产负债表中的相应资产与负债条目中，比如典型的确定给付型养老金计划在概念上可以看作期权。在美国《1974 年雇员退休收入保障法案（ERISA）》出台之前，职业养老金计划的风险主要来自于企业资产贬值导致的兑付违约；在 ERISA 执行之后，这种风险实质上转移给了联邦养老金保障公司（The Pension Benefit Guaranty Corporation，PBGC）。该公司是美国劳工部部长兼任董事长的国有保险公司，主要为陷入困境或者失败的 DB 型养老金计划提供保障，例如 2005 年位于芝加哥的美国破产法院作出裁决，同意美联航终止它的 4 个雇员养老金计划，把财务负担转移给联邦养老救济金保障公司（PBGC）。该决定使得美联航在此后 5 年里不再需要向雇员养老金计划注入 32 亿美元的资金，而根据政府计算，美联航整个养老金缺口接近 98 亿美元。[2]

早在 1977 年特里诺（Treynor）就对此制度能否从根本上化解兑付风险产生了怀疑，并且指出一旦 PBGC 出现损失最终会转化为所有纳税人的损失[3]。夏普（Sharpe）与特里诺持有类似的观点，从理论上讲，如果 PBGC 的担保费等于市场公允价格，那么企业不会出现职业养老金兑付违约[4]。然而，目前的 PBGC 条款无法确保以上情况必然发生。

哈里森和夏普（Harrison Sharpe）在以上基础之上进一步考虑了针对确定给

---

〔1〕　Bodie Z., Crane D B, "Personal Investing: Advice, Theory, and Evidence from a Survey of Tiaa-Cref Participants", *Social Science Electronic Publishing*, vol. 53, No. 6, 2019, pp. 13-23.

〔2〕　谢静："美联航终止计划获批 点燃全球养老金危机导火索"，载 http://finance.sina.com.cn/j/20050527/09271629800.shtml。

〔3〕　Jack L. Treynor, "The Principles of Corporate Pension Finance", *The Journal of Finance*, vol. 32, No. 2., 1977, pp. 627-638.

〔4〕　Sharpe William F, "Corporate pension funding policy", *Journal of Financial Economics*, vol. 3, No. 3., 1976, pp. 183-193.

付型职业养老金计划的税收优惠政策。他们得出结论，如果企业的最优目标是最大化股东权益，那么仅存在两个极端投资策略可供企业选择：企业完全负担雇员职业养老金计划并且用于投资债券，或者尽量减少养老基金的投入同时转向于权益投资[1]。

布洛（Bulow，1982）论证了无论是确定给付型还是确定缴费型职业养老金，养老金现值都等于劳动合同结束时的预期收益折现值[2]。作者否定了隐性合约的存在，并指出通胀风险实际承受者就是雇员自身。如果 ERISA 正常执行，那么这种风险也将通过政府担保转移至 PBGC。

戴维斯（Davis，1995）分析了政府部门对职业养老基金的影响。尽管职业年金来自于企业和个人双方共同缴费；但是公共养老金政策、税收政策和政府监管同样会影响职业养老金的发展。作者分析了美国、英国、德国和日本的职业养老金发展情况，发现以上因素可以很好的解释各国养老基金规模。反过来说，企业养老基金会对整体经济表现和退休收入水平产生重要影响，同时鼓励储蓄和资本市场发展[3]。

从学术发展历史来看，养老基金积累的最早理论基础是莫迪利安尼（Modigliani，1963）的储蓄生命周期理论[4][5]。金融之所以能够服务养老，主要在于金融能够解决人在生命不同阶段跨期收入与支出平滑问题，这也是生命周期理论的核心内涵。

诺贝尔经济学奖获得者莫迪利安尼（1958）提出了理性消费者对全生命周期的金融规划是养老金融的微观经济基础：理性消费者追求的是生命周期内平滑跨时消费的效用的最大化，其生命周期的各个年龄段都会选择一个相对稳定的平均消费率作为工作时的储蓄或投资为老年时所用[6]。

拉科尼肖克（Lakonishok，1992）等人从金融学代理问题（Agency Problem）的角度出发，分析了养老基金营运监管中受益人和管理人目标不一致的问题，主

〔1〕 Harrison, P. G., Sharp, D., et al, "Parallel Programming Using Skeleton Functions", *Architectures and Languages Europe*, 1993, pp. 146-160.

〔2〕 Jeremy I. Bulow, "What are Corporate Pension Liabilities?", *The Quarterly Journal of Economics*, vol. 97, No. 3, 1982, pp. 435-452.

〔3〕 Davis, E. Philip, *Pension Funds: Retirement-Income Security and Capital Markets: An International Perspective*, Oxford University Press, 1995.

〔4〕 Albert Ando, Franco Modigliani, "The "Life Cycle" Hypothesis of Saving: Aggregate Implications and Tests", *The American Economic Review*, vol. 53, No. 1., 1963, pp. 55-84.

〔5〕 Modigliani F, "The Life-Cycle Hypothesis, the Demand for Wealth, and the Supply of Capital", *Social Research*. Vol. 33, No. 2., 1966, pp. 160-217.

〔6〕 Franco Modigliani, Merton H. Miller, "The Cost of Capital, Corporation Finance and the Theory of Investment", *The American Economic Review*, vol. 48, No. 3., 1958, pp. 261-297.

要结论是从实证角度来看，主动基金经理特别是确定给付型养老金的主动基金经理的业绩往往低于被动指数式投资经理。但是作者认为这种情况会发生改变，从长期来看主动投资会优于被动投资模式[1]。

科金（Coggin）、拉科尼肖克（Lakonishok）等人得出了类似结论，当考虑主动投资方式的风险偏好调整以及股票和投资时间点选择行为后，认为对养老基金的主动投资管理要优于被动投资管理[2]。布莱克（Blake，1998）则建议使用期权（Option）的概念解读和理解确定给付型和确定缴费型养老金模式之间的区别和联系[3]。

戴维斯（Davis，1996）以 OECD 国家的金融市场为例，澄清了一直被认为是"黑箱"的养老金机构投资对资本市场发展和演化的作用[4]。戴维斯（Davis，2000）进一步通过对比传统金融机构的特征和功能，分析了养老基金潜在的各种金融中介功能，包括支付清算、分摊投资风险、支付跨国（境）交易、管理不确定性和控制风险、挖掘价格和潜在市场信息等等[5]。除此之外，在一些私人养老基金发展相对成熟的国家，公司权益目前已成为私人养老基金投资的重点方向，其直接后果就是很大一部分公司权益是由养老基金所持有。随着这一比重的不断增加，养老基金对公司治理的影响也越来越不容忽视。

第三节　养老基金投资对经济增长、金融发展的影响

国际权威教材已经把养老基金和保险公司、投资公司并列为非存款性金融机构，明确指出：金融中介机构包括存款性机构、保险公司、养老基金和金融公司。养老基金采取信托模式和专业管理，可以形成规模经济，降低交易成本并提高管理效率。养老金市场包括养老基金行业也存在信息不对称的问题及其衍生的

---

〔1〕 J Lakonishok, A Shleifer, RW Vishny, "The impact of institutional trading on stock prices", *Journal of financial economics*, vol. 32, No. 1., 1992, pp. 23-43.

〔2〕 T. Daniel Coggin, Frank J. Fabozzi, Shafiqur Rahman, "The Investment Performance of U. S. Equity Pension Fund Managers: An Empirical Investigation", *The Journal of Finance*, vol. 48, No. 3., 1993, pp. 1039-1055.

〔3〕 Blake D, "Pension schemes as options on pension fund assets: implications for pension fund management", *Insurance: Mathematics and Economics*, vol. 23, No. 3., 1998, pp. 263-286.

〔4〕 Davis, E P, "Public Pension, Pension Reform and Fiscal Policy", *European Monetary Institute*, 1996, p. 5.

〔5〕 Davis, E P, "Pension Funds, Financial Intermediation and the New Financial Landscape", *The Pensions Institute*, 2000, Discussion P. I-0010.

逆向选择和道德风险问题。养老基金治理结构的设计委托—代理机制的建设、机构和产品信息评估、最优激励相容机制、监督成本控制，需要信息经济学的指导。

从现实形态来看，存款中介机构包括商业银行和储蓄机构；契约性储蓄机构包括保险公司、养老基金和政府退休基金。投资中介机构包括证券公司和投资银行、财务公司、共同基金和投资基金等。金融中介机构的分类包括银行、其他存款储蓄机构、保险公司、养老金和退休基金、共同基金、投资银行、风险投资公司和资产管理公司。

一、养老金制度以及养老金投资资本市场对经济的增长影响

人口老龄化的加剧，使得经济增长问题的研究变得越来越重要。有学者认为人口老龄化虽然降低了家庭储蓄，但不必然导致经济的衰退，其对经济增长的影响，具体取决于老龄化程度、资本产出弹性、教育部门资本投入产出弹性等参数[1]。在目前状况下，调整计划生育政策反而会降低经济增长率，但是其同时指出，如果物质生产部门的资本产出弹性下降，而教育部门在得不到有效改善的情况下，经济增长率将大幅下挫[2]。在当今中国的环境下，人口老龄化已经对家庭储蓄、人力资本投资和经济增长产生负面影响[3][4]，对潜在经济增长也会产生影响[5]，出生率增加对经济增长的负面效应越来越小，而新增劳动力对中国经济增长的积极影响越发明显[6]。许多学者都主张通过加快人力资本积累来应对人口老龄化对经济增长所带来的挑战[7]。总体而言，学界对于人口老龄化会对中国经济增长产生负面影响，在一定程度上已经达成共识。由于放开生育政策，远水解不了近渴，大多数学者都主张加快对人力资本的培育和积累，将其作为一个应对老龄化社会的有效方法。

养老金作为一种福利和保障制度，其与经济增长的关系在经济学研究中一直

---

〔1〕 刘永平、陆铭："从家庭养老角度看老龄化的中国经济能否持续增长"，载《世界经济》2008年第1期。

〔2〕 刘永平、陆铭："放松计划生育政策将如何影响经济增长——基于家庭养老视角的理论分析"，载《经济学（季刊）》2008年第4期。

〔3〕 都阳："中国低生育率水平的形成及其对长期经济增长的影响"，载《世界经济》2005年第12期。

〔4〕 汪伟："人口老龄化、生育政策调整与中国经济增长"，载《经济学（季刊）》2016年第1期。

〔5〕 汪伟："计划生育政策的储蓄与增长效应：理论与中国的经验分析"，载《经济研究》2010年第10期。

〔6〕 都阳："人口转变的经济效应及其对中国经济增长持续性的影响"，载《中国人口科学》2004年第5期。

〔7〕 王德文、蔡昉、张学辉："人口转变的储蓄效应和增长效应——论中国增长可持续性的人口因素"，载《人口研究》2004年第5期。

是饱受争议的热点话题。自从养老金制度被正式提出之后关于这个问题的讨论就从未间断过，各大经济学学派都试图在这一问题上有所贡献。关于养老金制度影响经济增长的讨论，一直存在着将当期工作群体消费减少和老年期消费增加两因素同时引入模型的情况下，怎样分析经济增长路径的难题。这一难题不解决就无法给出养老金计划是促进还是阻碍经济增长的回答。如果模型再考虑到储蓄资本、内生生育率、利他因素，甚至人力资本的积累和跨期配置以及代际间的溢出效应，则会使得宏观理论分析变得错综复杂，相互影响循环嵌套，这也是为什么目前还未能有一个理论框架能够同时囊括以上所有因素进行统一的综合分析。与此同时，模型必须突出微观宏观相互衔接以避免加总谬误，并考虑到我国目前城乡收入差距的现实情况，进一步加强模型对个体异质性尤其是个体收入和财富方面的不同质性。

（一）养老金制度对经济增长及对收入再分配的影响

1. 李嘉图等价定理

李嘉图《政治经济学及赋税原理》一书中表达了这么一种推测：在某些条件下，政府无论用债券还是税收筹资，其效果都是相同的或者等价的。从表面上看，以税收筹资和以债券筹资并不相同，但是，政府的任何债券发行都体现着将来的偿还义务；从而，在将来偿还的时候，会导致未来更高的税收。如果人们意识到这一点，他们会把相当于未来额外税收的那部分财富积蓄起来，结果此时人们可支配的财富的数量与征税的情况一样。

李嘉图等价定理的核心思想在于：公债不是净财富，政府无论是以税收形式，还是以公债形式来取得公共收入，对于人们经济选择的影响是一样的。即公债无非是延迟的税收，在具有完全理性的消费者眼中，债务和税收是等价的。根据这个定理，政府发行公债并不提高利率，对私人投资不会产生挤出效应，也不会增加通货膨胀的压力，这些仍然未得到实际经济运行的论证。

2. 养老金制度的宏观效应研究

总体上，对养老金制度的宏观效应研究主要有两条脉络，一是其对经济增长的影响，二是养老金制度的收入再分配功能，即效率和公平之间的权衡。

考利考夫（Kotlikoff，1979）假设生命周期模型中的生产过程遵循柯布道格拉斯（Cobb-Douglas）生产函数，用美国数据校准之后，得出的稳态均衡解显示公共养老金制度会减少50%的资本积累和20%的国民储蓄总额[1]。巴罗（Barro，1974）在标准世代交叠模型中加入了父母对子女的利他主义，那么标准世代

---

〔1〕 Kotlikoff, Laurence J, "Social Security and Equilibrium Capital Intensity", *The Quarterly Journal of Economics*, vol. 93, No. 2., 1979, pp. 233-253.

交叠模型所给出的原始结论就会发生改变。具体来说，父母都希望给下一代留下遗产，且代代如此，此时现收现付制养老制度就会拥有类似于政府财政支出的"李嘉图等价"性质。这就意味着现收现付制养老体系不会对国民总储蓄产生不利影响，也被称作现收现付制对储蓄的影响是"中性"的。

巴罗（Barro，1974）的核心假设是父母一代会留下遗产给子女一代，遗产抵消了缴纳工薪税带来的储蓄下降[1]。莱特纳（Laitner，1979）与巴罗的建模思路一致，但是考虑到了有些家庭因缺少动机或者财富约束等原因没有给子女留下遗产，那么现收现付制养老体系的存在就会减少这些家庭在工作期的预备性储蓄[2]。进一步的，莱特纳（1988）考虑了父母与子女的双向利他性，也就是父母会留下遗产并且子女也会赡养父母。在此情景之下，如果子女对父母的赡养支出大于对父母遗产的继承，也就是所谓负遗产的情形下，公共养老金制度有利于私人储蓄和资本积累[3]。哈伯德（Hubbard）和贾德（Judd）考虑了现实中资本市场不完善会导致私人养老投资失败的可能性，他们发现尽管公共养老金政策阻碍了资本积累，但是却会增加社会的长期福利水平[4]。奥尔巴克（Auerbach）和考利考夫（Kotlikoff）发现劳动力供给水平会因为工薪税增加而导致短期下降；但是由于资本积累减少，收入效应逐渐凸显，最终劳动力供给会略微超过初始水平[5]。

近些年以来，人力资本越来越受到学术界的关注，学者们从家庭的各项决策入手，更广泛地讨论了养老金计划与经济增长的关系。这一努力首先由贝克（Becker）和巴罗（Barro）完成，作者通过构建父母的动态效用函数，实现了生育率内生化[6]。作者认为父母是理性人，其效用不可能仅仅依赖于自身消费，也一定与子女数量和老年福利水平有关。一旦在效用函数中加入这些因素，家庭生育率就会与利率、父母与子女间的利他程度、技术进步和公共养老金制度产生

---

〔1〕 Robert J. Barro, "Are Government Bonds Net Wealth?", *Journal of Political Economy*, vol. 82, No. 6., 1974, pp. 1095-1117.

〔2〕 John Laitner, Henry Ohlsson, "Equality of Opportunity and Inheritance: A Comparison of Sweden and the US", *conference "Wealth, inheritance and intergenerational transfers"*, University of Essex, U. K. press, 1997.

〔3〕 John Laitner, "Bequests, Gifts, and Social Security", *The Review of Economic Studies*, vol. 55, No. 2., 1988, pp. 275-299.

〔4〕 R. Glenn Hubbard and Kenneth L. Judd, "Social Security and Individual Welfare: Precautionary Saving, Borrowing Constraints, and the Payroll Tax", *The American Economic Review*, vol. 77, No. 4., 1987, pp. 630-646.

〔5〕 Alan J. Auerbach and Laurence J. Kotlikoff, "Evaluating Fiscal Policy with a Dynamic Simulation Model", *The American Economic Review*, vol. 77, No. 2., 1987, pp. 49-55.

〔6〕 Gary S. Becker, Robert J. Barro, "A Reformulation of the Economic Theory of Fertility", *The Quarterly Journal of Economics*, vol. 103, No. 1., 1988, pp. 1-25.

联系。作为理性个体，家庭最佳生育率取得条件是增加一个子女的边际效用刚好等于抚养净成本（抚养成本减去子女未来预期收入）。

公共养老金政策使得子女税负增高，也就造成了抚养净成本增大，这就抑制了父母的生育意愿。不仅如此，如果利率大于生育率，那么养老金等效折现增大，养老金现值减小，净边际税率增大且终身收入减小，这也会对生育率产生负面作用。总之，贝克和巴罗给出了公共养老金水平提高会同时抑制生育的结论。张（Zhang，1998）与贝克和巴罗的结论类似，如果父母对子女质量偏好不是很弱，现收现付制养老金制度会降低生育率提高人均人力资本水平，而基金积累制养老金计划则无此效应[1]。张的模型很好的解释了20世纪以来西方主要工业国家在公共养老金制度普遍推广之后，人口生育率下降但经济却持续增长的基本事实。张的分析脱胎于罗默（Romer，1986）的"干中学"内生增长模型[2]，作者内生了生育率和代际间转移支付。本书结论认为当经济处于欠发达状态时，父母养老保障依赖于子女，那么工薪税提高有利于经济增长。

综上所述，可以总结得出现收现付养老金制度对经济的影响大致取决于三方面因素：家庭和养老金体系中代际间的精算公平（Actuarially Fair）程度，征税条款以及经济发展的阶段。据此，也可以认为：任何一套切实可行的公共养老金计划必须依照不同的经济和社会发展阶段以及家庭文化条件进行设计，不能笼统地认为一种形式一定会比另一种好，并且要与经济社会的发展同步动态调整。

从宏观上看，除了影响经济总量增长以外，公共养老金系统还起到了在不同年龄、地域和民族之间的收入再分配功能。公共养老金体系的收入再分配功能所产生的影响很难通过测算征收工薪税和支付养老金所形成的综合现金流量规模来判断。除此之外，如果仅仅是把公共养老金体系看作是对个人生命周期储蓄的一种替代，那么宏观上看起来很大的现金流反而无法对居民消费支出流的分布产生显著影响。显著的收入再分配现象会随着养老福利或者人口结构变化而加强。平均来看工薪税率在10%-12%水平的美国劳动人口所赡养的老年一代在其成年期时工薪税率仅为2%-5%。

（二）养老金投资于资本市场对经济增长的影响

养老金投资资本市场也能够对经济增长产生影响。许多学者研究表明，养老

---

〔1〕 Zhang J, "Social Security, Intergenerational Transfers, and Endogenous Growth", *The Canadian Journal of Economics / Revue canadienne d'Economique*, vol. 31, No. 5., 1998, pp. 1225-1241.

〔2〕 Paul M. Romer, "Increasing Returns and Long-Run Growth", *Journal of Political Economy*, vol. 94, No. 5., 1986, pp. 1002-1037.

金的增加有利于提升企业业绩提高国民储蓄率进而利于经济增长[1]。胡玉玮
（Hu，2005）通过对 OECD 国家的实证研究发现：养老金资产与经济增长、金融
发展之间呈正相关关系，养老金是一个很好的预测经济增长的"预报器"，养老
金资产的增长与经济发展呈正相关关系[2]。戴维斯和胡玉玮（Davis and HU，
2008）通过对 19 个 OECD 国家和 19 个转轨国家的数据统计后发现：养老金资产
规模能够解释经济增长的国别差异，尤其对于转轨国家更为明显[3]。在养老金
制度改革中，建立了某种程度的积累制养老金计划可以改变一国金融发展落后的
局面，促进经济增长。孙守纪和胡继晔（2013）则通过对不同国家的实证分析发
现：不同的养老金制度是影响各国金融发展的重要因素[4]。在面对人口老龄化
时，多国都建立起积累程度不同的养老金体系，养老金资产逐步积累，也逐步改
变了金融发展落后的局面，从而实现经济增长。

近十几年来，拉波塔等（La Porta et al，1998）提出的"法律起源假说"在
法学界、金融学界均引起很大反响，该假说认为相对于大陆法系国家而言，普通
法国家由于对投资者和债权人的法律保护更为完善而取得了更好的金融发展，从
而促进经济增长[5]。法律起源假说固然可以解释诸如英国、美国、澳大利亚等
普通法国家的金融发展和经济增长，但源于法国民法传统的智利自 20 世纪 80 年
代以来的金融发展、经济增长，成为法律金融理论无法解释的"例外"。

布鲁克斯（Brooks，2007）的研究认为，智利金融发展和经济增长的主要原
因是其在全球率先进行的养老金制度改革，而与其法国民法传统无关[6]。由此
可见，从法和经济学层面来看，基于养老金在一国经济发展中的独特作用，应当
从养老金融的角度对 LLSV 的法律起源假说予以修正：以智利为代表的实行基金
制养老金的国家，由于养老金投资资本市场为实体经济提供了充裕的资金支持，
虽然不是普通法起源的国家，也可以通过养老金融的发展促进经济增长，智利
2010 年成为 OECD 唯一的南美洲成员国，就是其养老金融大发展的必然结果。

[1] Samwick, Andrew A, "Is Pension Reform Conducive to Higher Saving?", *Review of Economics and Statistics*, vol. 82, No. 2., 2000, pp. 264−272.

[2] Yuwei Hu, "Pension Reform, Economic Growth and Financial Development − An Empirical Study", *Working Paper*, 2005, Brunel University, UK.

[3] Davis E P, Yu-Wei HU, "Does funding of pensions stimulate economic growth?", *Journal of Pension Economics & Finance*, vol. 7, No. 2., 2008, pp. 221−249.

[4] 胡继晔："养老金融：理论界定及若干实践问题探讨"，载《财贸经济》2013 年第 6 期。

[5] Rafael La Porta, Florencio Lopez-De-Silanes, Andrei Shleifer, Robert W. Vishny, "Legal Determinants of External Finance", *The Journal of Finance*, vol. 52, No. 3., 1997, pp. 1131−1150.

[6] Brooks, Sarah M, "Globalization and Pension Reform in Latin America", *Latin American Politics and Society*, vol. 49, No. 4., 2007, pp. 31−62.

因此，从促进经济增长，以应对人口老龄化对经济发展的负面影响的角度来说，金融服务养老也具有必要性和紧迫性。

二、养老资金投资金融市场与金融市场发展的影响

一般认为，养老金投资于金融市场能够促进资本市场稳定发展，夯实资本市场运行基础，促进金融创新和资本市场的发展成熟。

第一，促进资本市场稳定发展。与一般的共同基金不同，由于养老金是在职职工和企业缴纳的、专门用于支付职工年老退休后的基本生活费用，具有稳定的资金来源，并且面对的是相对稳定、同时可予以精算的现金支付结构，而其投资业绩的表现通常又是以每年收益或几年的平均收益来衡量的，这从根本上决定了养老金具有长期性、稳定性、规模大的特点，能够成为市场中最稳健的力量。

第二，夯实资本市场运行基础。养老金的发展壮大，刺激证券的需求和供给的增加，促进资本市场供需竞争，建立客观、科学、高效的资本市场定价机制。

第三，促进金融创新和资本市场的发展成熟。养老金进入资本市场直接丰富了金融投资工具，为市场和广大投资者提供了新的金融品种，将有利于各个养老基金管理机构的竞争。为了保证在长期内能够支付养老金收益的需要，养老金要求投资具有相当大的安全性，这就使它对资本市场中各种金融工具的风险分布以及回报分布产生了重新归整的内在要求，要求具有多样化的投资机构和投资工具以供选择，这就为金融结构的多元化提供了动力，也推动了金融工具的创新。按照美国著名金融专家博迪的研究，养老基金是金融创新的最主要力量，资产抵押债券的发展、结构性金融工具和金融衍生产品的广泛运用以及指数基金零息债券的出现都受益于此。

学者对此也进行了诸多研究。在养老金与金融市场相互影响的研究中，宗庆庆等（2015）认为，社保体系的逐步健全对居民家庭更多地投资风险金融资产产生了更为积极的效果[1]。在更宏观的层面，美国著名金融专家博迪（1990）发现，美国养老金市场的良性互动竞争激发了金融市场的创新能力，提高了金融机构的服务质量，推动了养老金融市场的不断完善，也促进了创新的金融产品和服务[2]。

不同的金融体系中养老金制度也不同：在英美等金融结构以直接融资市场为主导的国家，养老金供给更多的依赖私人养老金计划，而在德国、法国和意大利等金融结构以银行为主导的国家，人们更多的依靠公共养老金系统来获取养老收

---

〔1〕　宗庆庆、刘冲、周亚虹："社会养老保险与我国居民家庭风险金融资产投资——来自中国家庭金融调查（CHFS）的证据"，载《金融研究》2015年第10期。

〔2〕　Bodie Z, "The ABO, the PBO, and pension investment policy", *Financial Analysts Journal*, vol. 46, No. 5., 1990, pp. 27–34.

入来源，因此养老金融发展更好的国家主要是以直接融资为主导的国家，在养老金发展的过程中，也促进了金融市场自身的深化和发展[1]。近些年来，有关养老金投资资本市场的理论研究一直是养老金融学界的重点领域之一。博迪、莫顿所著的美国主流教材《金融学》中，用大量篇幅的内容探讨养老金和资本市场结合的养老金融问题，可见西方金融学界已经越来越重视养老金在整个金融体系中作用的发挥及其与资本市场的互动。

在微观金融领域，布莱克（Blake，2003）认为，在私人部门养老金投资中，相对于金融市场的结构等宏观框架而言，养老金管理者投资适当的金融工具、采取合适的投资策略是更为重要的因素，养老金管理所采取的积极进取型的策略不一定能够战胜市场，而采用消极的指数化投资由于管理费用低廉，对长期投资的养老金而言是更恰当的投资策略[2]。

孟和普福（Meng and Pfau）对32个国家的养老金资产和资本市场的指标之间的联系的研究发现：在金融市场较发达国家，在金融发展水平和养老金资产之间存在着统计学上显著的关系，养老金资产数量及其流动性对股市产生积极的影响[3]。胡玉玮（Hu，2012）通过对亚洲10个国家养老金资产增长的实证研究发现：养老金资产与银行业的发展呈竞争性的关系，养老金资产与股票市值之间存在很强的正相关性，养老金资产对股票市场的交易额和市场发展产生了长期的积极影响[4]。

在过去几十年间，全球金融创新的主要集中体现在养老金金融领域，如资产证券化、债务重整、金融衍生品、期权、期货等领域的金融创新很多都是为养老金专门设计的，而像零息债券、抵押担保债券、投资担保合同等金融创新产品则几乎就是养老金产品直接推动的，一个主要原因是固定利率的债券和银行存款难以抵御长期的市场波动和通货膨胀风险，而权益类产品又不能提供相对明确的收益率，面对安全性和收益性要求都很高的养老金，创新金融产品应运而生。

养老金投资资本市场也能够防范金融危机，胡继晔（2016）认为"次贷"和欧债两次危机后，美国与希腊为代表的欧债危机国家复苏大不相同，比较其原因，美国的机构投资者如投资基金、保险资金、养老基金处于与其 GDP 大致相

〔1〕 Franklin Allen, Anthony M Santomero, "What do financial intermediaries do?", *Journal of Banking and Finance*, vol. 25, No. 2., 2001, pp. 271-294.

〔2〕 David Blake, "The UK pension system: Key issues", *Pensions: An International Journal*, vol. 8, 2003, pp. 330-375.

〔3〕 Meng, Pfau, "The role of pension funds in capital market development", *GRIPS Discussion Paper*, 2010.

〔4〕 Yuwei Hu, "Growth of Asian Pension Assets: Implications for Financial and Capital Markets", *Adbi Working Papers*, 2012.

似的数量级，成为股市复苏的中流砥柱。而以希腊为代表的深陷欧债危机各国则资本市场不发达，机构投资者弱小，公共财政债务危机短期内难以化解。因此，应支持社会保险基金、企业年金、职业年金、商业保险资金、境外长期资金等机构投资者逐步扩大在资本市场中的投资范围、增加投资规模，成为我国继续城市化的资金推动主力，同时完善对资本市场的监管，稳定金融市场。欧债危机的经验教训告诉我们：哪个国家大力发展私人养老金和养老金融，则其金融体系、财政体系、养老保险体系更为稳固；否则更有可能面临主权债务危机、养老金支付危机、民众骚乱的困境[1]。

目前，随着各国养老金投资资本市场实践的发展，相关的理论问题也变得越来越多维化。布莱克认为，在全世界养老金危机的大背景下，各国需要能为复杂的养老金问题提供恰当且可持续解决方案的"养老金科学家"，他们综合律师、精算师、会计师、理财师和基金经理等各方面专家的智慧[2]。这些"养老金科学家"的研究对象就是养老金金融（Pension Finance），即养老基金如何投资于货币市场证券、债券、股票、集合投资工具、不动产、衍生工具以及另类投资等金融产品。这是能够胜任处理多学科性质养老问题的金融学家，需要广博的法学、经济学、金融学、社会学、统计学等学科背景知识，能够高屋建瓴地综合处理养老金融各领域的多学科交叉的问题。从人们年轻时进行养老金供款、期间金融机构管理运营，再到退休后发放，持续时间长达数十年，对金融体系的安全性、收益性、流动性要求都很高，其中涉及的大量金融问题需要深入研究。

因此，从发展和稳定金融市场的角度，金融服务于养老问题的解决也有其必要性。

---

〔1〕　胡继晔："欧债危机的教训及其对中国发展个人养老金的启示"，载《行政管理改革》2013 年第9 期。

〔2〕　Blake D, *Pension Finance*, Cambridge University Press, 2010.

第五章 养老金投资的精算模型及其修正

第一节 养老金缴费与支付的现金流序列

上一章国内外学者针对养老金和资本市场的论述充分表明：养老金唯有正确投资资本市场方可获得长期的保值增值。而清楚认识养老金供需的现金流特征，掌握适合养老金现金流的资产组合特征，才能够解决养老金供需缺口问题，并根据养老金现金流的资产组合特征，构造相应的法律、法规、政策等制度建设。

一、建立中国未来人口逐年增长的时间序列

建立中国未来养老资金供需增长模型，首先应计算中国未来各个年龄段的人口增长模型。在研究人口增长模型时，必须找到人口增长中相对稳定的量，或者逻辑关系相对稳定的量。在人口增长的所有要素中，相对稳定的量是各年龄段的人群在未来各年的存活率。这一稳定的量在环境或医疗条件没有重大改变之前，不会发生剧烈变化。

人口增长的所有要素中，逻辑关系相对稳定的量是生育率。生育率是新生人口与育龄妇女人口之比。生育率比出生率更加稳定，因为出生率的分母是所有人口，包括男人、老年人、孩子等不能生育的人群，而这类人群的不同比例，将导致出生率不同。但生育率却应该是相对稳定的。

基于以上考虑，计算中国未来各年龄段人口增长时选用莱斯利（Leslie）人口预测模型。

二、Leslie 模型的基本假定

第一，中国人口是封闭系统，将数据中的市、镇合并为城市，与农村（乡）作为两个地区；只考虑农村向城市人口的单向迁移，不考虑与境外的相互移民；

第二，对中短期人口预测，生育率、死亡率及人口迁移等参数用历史数据估计；长期预测考虑总和生育率的控制、城镇化指数的变化趋势等因素；

第三，女性每胎生育一个子女。

设第 i 年龄组女性在 t 时的总人口数量为 $n_i(t)$，b_i 是单位时间内第 i 年龄组的每个女性平均生育儿女的人数。第 i 年龄组的女性在单位时间内的存活率为 s_i，得到 Leslie 矩阵：

$$L = \begin{pmatrix} b_1 & b_2 & b_3 & \cdots & b_{n-1} & b_n \\ s_1 & 0 & 0 & \cdots & 0 & 0 \\ 0 & s_2 & 0 & \cdots & 0 & 0 \\ \cdots & \cdots & \cdots & \cdots & \cdots & \cdots \\ 0 & 0 & 0 & 0 & s_{n-1} & 0 \end{pmatrix} \tag{5-1}$$

$$n(t+1) = \begin{pmatrix} n_0(t+1) \\ n_1(t+1) \\ \cdots \\ n_{n-1}(t+1) \\ n_n(t+1) \end{pmatrix} = \begin{pmatrix} b_0 & b_1 & b_2 & \cdots & b_{n-1} & b_n \\ s_0 & 0 & 0 & \cdots & 0 & 0 \\ 0 & s_1 & 0 & \cdots & 0 & 0 \\ \cdots & \cdots & \cdots & \cdots & \cdots & \cdots \\ 0 & 0 & 0 & 0 & s_{n-1} & 0 \end{pmatrix} ? \begin{pmatrix} n_0(t) \\ n_1(t) \\ \cdots \\ n_{n-1}(t) \\ n_n(t) \end{pmatrix} = Ln(t)$$

$$\tag{5-2}$$

与矩阵模型等价的联合方程为：

$$\begin{cases} n_0(t+1) = \sum_{i=1}^{m} b_i n_i(t) \\ n_i(t+1) = s_i n_i \end{cases} \quad i = 1, 2, \cdots, m-1 \tag{5-3}$$

方程中 5-1 表示所有年龄组的女性在 t+1 时生的 0 岁女性数，5-2 表示 t 时第 i 年龄组女性 $n_i(t)$ 存活到 t+1 时的女性数 $n_i(t+1)$。

根据国家统计局的中国人口普查资料可以得到历年的各年龄的男女总人口，由此可以回归计量出未来中国女性在各年龄段上总人口的时间序列，并计算未来中国男性在各年龄段上总人口的时间序列。在此模型基础上，计算未来中国在各年龄段上总人口的时间序列，包括未来中国在各年龄段上的女性总人口、男性总人口及总人口的时间序列，并计算出人口变动的警戒点。基于此对该模型进一步细化，研究城乡人口增长及迁移数据。

三、建立中国未来养老金缴费和支付现金流序列

（一）养老金体系

目前我国城镇职工基本养老保险采取的是现收现付的筹资模式，其形式上表

现为代际抚养。现收现付制作为养老金模式之一在养老社会化产生之后开始出现，它最早出现于德国俾斯麦时期建立的养老金制度，指的是在职的一代人通过缴费/缴税支付当期已退休老年人养老金的一种制度安排，在职这代人退休后的养老金则由下一代缴费形成，以此逐代延续下去。现收现付制具有易启动、快受益、基金积累风险小、可以实现再分配的特点，世界上许多国家采取了这种养老金模式，如德国、法国等国家，以及美国的第一支柱联邦社保基金。

但是，随着人口老龄化趋势不断加强，现收现付制的养老金制度面临着一系列的挑战。20世纪70年代，在经济危机和人口老龄化的双重影响下，福利国家财政危机不断加剧，养老保险制度改革迫在眉睫并掀起了一场养老金私有化的改革浪潮，有的甚至采取了完全积累制，如智利。完全积累制的养老金制度是指，个人在工作期进行养老金缴费积累并通过市场化的方式进行运作，退休后根据自身缴费积累情况和投资收益领取相应的养老金待遇。它的优点是可以实现自我平衡，无代际负担，缺点是面临替代率风险、投资风险和长寿风险。

（二）现收现付制的优点

（1）初建成本低，并可以迅速建立起养老金领取权；

（2）无须管理巨额基金，管理简便，成本低廉；

（3）具有再分配功能和社会公平的性质；

（4）不受通货膨胀干扰，避免了资本市场的各种高风险；

（5）通过调整制度参数可以缓解人口老龄化下的财务压力。

（三）现收现付制的缺点

（1）易发生"公地悲剧"和"搭便车"问题，缴费与待遇不能对应，激励性不足；

（2）容易鼓励提前退休；

（3）与待遇确定相组合时，人口老龄化使政府陷入巨大的财政压力；

（4）不得不引入提高费率、降低待遇、延长退休等变革，阻力重重伴随着政治风险。

（四）基金积累制的优点

（1）老年人收入不再取决于人口结构，它优于现收现付的代际转移制度；

（2）提高人们缴费积极性，从而提高制度覆盖率减少提前退休；

（3）由于是缴费确定型，政府风险被转移；

（4）它是强制储蓄制度，可以提高国民储蓄率促进经济增长。

（五）基金积累制的缺点

（1）理论上它并不能真正回避人口老龄化问题；

（2）政府风险转移给个人，并未减少或消除风险，社会福利零和游戏；

（3）不具有再分配性质，对低收入者和女性更为不利，拉大老年收入差距；

（4）面临通货膨胀风险、一国的政治经济政策不稳定风险、资本市场中的各种高风险经济周期投资风险、个人投资选择失误风险，即巨大的保值增值压力；

（5）运作管理成本高，运作失败时，政府要承担责任，面临政治风险。

现代社会中，现收现付社会养老保险体系扮演了资源代际转移支付以维持代际公平的功能。但这种制度的可持续性依赖于下一代的赡养能力，包括下一代劳动力的数量增长和质量提升。我国正在经历不断加速的少子化和老龄化趋势，这必然削弱下一代向父母一代转移支付的能力。根据历次人口普查数据，我国的人口出生率已从 1987 年的 23.33‰，降至 2015 年的 12.07‰。城市 50 岁以上人口与 20-49 岁人口的比例则从 1990 年的 1∶3 上升到了 2015 年的 1∶1.7。然而，从另一方面看，少子化伴随着快速的人力资本进步，也就是说，尽管下一代人口数量减少，但质量有显著的提高。

根据《中国人力资本报告（2017）》的数据，2015 年我国城镇人均人力资本为 1985 年的 5.42 倍，年增长率达 7.60%[1]。惠利和赵（Whalley and Zhao, 2013）发现，1978-2008 年间，中国人力资本年增长率高达 7.59%[2]。因此，我国的人口结构并不是简单的少子化、老龄化，而是在沿着一条人口"数量—质量"前沿边界变动，从一个高生育率、低人力资本积累的经济体，变为了低生育率、高人力资本积累的经济体。在这一转换过程中，或许下一代的总赡养能力并没有因生育率下降而降低。所谓"数量—质量"前沿边界是指家庭和社会所面临的在人口数量和质量之间转换的边界。这种转换既是生育政策"控制人口数量、提高人口素质"的目标，也符合人口经济学中的"数量—质量权衡"理论。

四、养老金总缴费收入的时间序列

本章将根据中国未来人口增长和结构变化、工资水平增长、国民生产总值、赋税收入、财政支出及其用于养老资金的比例等因素，建立中国未来财政、企业、个人养老资金缴费和支付的现金流时间序列。

本章取 20% 作为养老金缴费率。根据上文计算的中国未来各年龄层人口、中国统计年鉴上的职工人数、就业率、工资收入等数据，可以统计回归出养老金总缴费收入的时间序列 R_T（不含养老金投资收益）。

$R_T = T$ 期总劳动力人口数 × 就业率 × 平均工资 × 养老金缴费率

---

〔1〕　中国人力资本与劳动经济研究中心："中国人力资本指数报告（2017）"，载 http：//humancapital. cufe. edu. cn/rlzbzsxm/zgrlzbzsxsxm2017/zgrlzbzsbgqw_zw_. htm。

〔2〕　J Whalley, X Zhao, "The contribution of human capital to China´s economic growth", *China Economic Policy Review*, vol. 2, No. 1., 2013, p.24.

$= T$ 期总劳动力人口数 × 就业率 × 基期平均工资 ×(1 + 工资增长率)^T × 20%

（一）养老金替代率

养老金替代率，指劳动者退休后的养老金领取水平与此时社会平均工资收入的比例，是衡量劳动者退休前后生活保障水平差异的基本指标之一。养老金替代率的具体数值，通常是以"某年度新退休人员的平均养老金"除以"同一年度在职职工的平均工资收入"来获得。如：2002 年某一城市新退休人员领取的平均养老金为 650 元/月，而同年该城市在职职工的平均工资收入为 1100 元/月，则：2002 年该市退休人员的养老金替代率为 59.09%[1]。

决定替代率的基本条件，一是社会经济的发展水平，基金的承受能力；二是养老金的计发办法；三是养老金的增长机制。影响养老金替代率的因素包括：养老金计发办法、个人在职时的工资收入和企业缴费工资总额、工作年限和缴费年限、退休年龄等。

（二）养老金总支出的时间序列

2005 年 12 月 3 日，《国务院关于完善企业职工基本养老保险制度的决定》（国发〔2005〕38 号）发布，该决定要求逐步做实做小个人账户，进一步完善鼓励职工参保缴费的激励约束机制，进一步扩大参保范围，并相应对基本养老保险待遇发放办法进行了调整[2]。假设职工缴费年限为 35 年，到 60 岁时退休。在改革前，基本养老保险的目标替代率为 58.5%。其中 20% 为社会统筹账户养老保险目标替代率，38.5% 为个人账户养老保险；在改革后，总体的目标替代率变为59.2%，社会统筹养老保险替代率调整为 35%，个人账户养老保险替代率调整为24.2%。因此，本章选取 59.2% 作为城镇基本养老保险的目标替代率。根据上文计算的中国未来各年龄层人口、工资收入等数据，可以统计回归出养老金总支出的时间序列 E_T：

$E_T = T$ 期退休年龄人口 × 养老覆盖率 × 平均工资 × 养老金替代率 = T 期退休年龄人口 × 养老覆盖率 × 基期工资 ×(1 + 工资增长率)^T × 59.2%

---

〔1〕 养老金替代率的计算方法如下：（650÷1100）×100% = 59.09%。

〔2〕 国务院："国务院关于完善企业职工基本养老保险制度的决定（国发〔2005〕38 号）"，载 http://www.gov.cn/zhuanti/2015-06/13/content_2878967.htm。

第二节　养老金精算模型及跨区域迁移修正

本节研究养老金实际收益率及与之相关的资产组合理论，并对养老金尤其是基础性养老金制度的设计进行修正，使之既方便人才的跨区域流动，又不至于增加地方政府负担。

一、法定养老金支付的精算模型

2005 年，《国务院关于完善企业职工基本养老保险制度的决定》（国发〔2005〕38 号）中提出了养老金计发公式，即：

基础性养老金 =（上年度在岗职工月平均工资 + 本人指数化月平均工资）/ 2 × 缴费年限 × 1%

以数学公式表示为：

$$E_t = \frac{1}{2} \times \left(\bar{W}_{t-1} + \bar{W}_{t-1} \times \frac{\sum_{i=1}^{N} \frac{w_i}{\bar{W}_{i-1}}}{N} \right) \times N(i = 1,\ 2,\ 3,\ \cdots,\ N;\ N \geq 15)$$

(5-4)

（5-4）式中，E_t 为 t 期支付的基础性养老金，$\bar{W}_t$ 为 t 期的平均工资，w_t 为养老金缴纳者在 t 期的实际工资，N 为缴费年限。本式中，如果一个人的工资收入 w_t 始终恰好是平均工资 $\bar{W}_t$，则其基础性养老金为 $\bar{W}_t \times N\% = w_t \times N\%$；若工资收入低于平均工资，则其基础养老金会高于 $w_t \times N\%$；若工资收入高于平均工资，则其基础养老金会低于 $w_t \times N\%$。由此实现一定程度的收入分配功能。

个人账户养老金 = 个人账户储存额度 / 规定领取月数　(5-5)

且个人账户养老金余额可以继承。

（5-4）式中，所有人的基础性养老金收益加总：

$$\sum E_t = \sum \frac{1}{2} \times \left(\bar{W}_{t-1} + \bar{W}_{t-1} \times \frac{\sum_{u=1}^{N} \frac{w_u}{\bar{W}_{u-1}}}{N} \right) \times N\% = \sum \bar{W}_{t-1} N\% \quad (5-6)$$

（5-6）式的结果是显然的：所有人的基础性养老金收益加总，就是平均收益加总，所以为 $\sum \bar{W}_{t-1} N\%$。

则基础养老金替代率为支付给所有人的基础养老金与所有人的工资总额之比：

$$\frac{\sum \bar{W}_{t-1} N\%}{\sum \bar{W}_{t-1}} \qquad\qquad (5-7)$$

若缴费年限均为 35 年，即 $N = 35$，则基础养老金替代率为：

$$\frac{\sum \bar{W}_{t-1} N\%}{\sum \bar{W}_{t-1}} = 35\% \qquad\qquad (5-8)$$

假设工资增长率为 r，养老金投资收益率为 i，w_0 为养老金缴纳者在 0 年的第一月实际月工资，则第 0 年的年工资终值为 $12w_0(1 + r)$，第 u 年第一个月的实际月工资为 $w_n = w_0 \times (1 + r)^n$。由于实际工资 20% 中有 8% 划拨达到个人账户，所以第 u 年基础性养老金账户所获养老金为 $0.12w_n$。故基础性养老金缴纳在第 N 年的终值公式为：

$$F_N = \sum_{u=1}^{N} 0.12 \times 12w_0(1 + r)(1 + r)^{u-1}(1 + i)^{N-u+1} \qquad (5-9)$$

(5-9) 式中，若基础性养老金的收益率为 $i = r$，则有：

$$F_N = \sum_{u=1}^{N} 0.12 \times 12w_0(1 + r)(1 + r)^{u-1}(1 + i)^{N-u+1} = 1.44Nw_N \qquad (5-10)$$

所有人的基础性养老金缴纳终值加总：

$$\sum F_N = \sum 1.44Nw_N = \sum 1.44N\bar{W}_N \qquad\qquad (5-11)$$

基础性养老金缴纳终值与基础养老金月收益之比为：

$$\frac{\sum F_N}{\sum E_N} = \frac{1.44 \sum \bar{W}_N N}{\sum \bar{W}_{N-1} N\%} \approx 144 \qquad\qquad (5-12)$$

144 个月，即可以平均支付 12 年。以 60 岁作为退休计，则当时估计的平均寿命约为 72 岁。

从养老金精算模型 (5-4) 和 (5-5) 来看，国家在制定精算模型以确定养老金的缴纳和支付时，假定了养老金账户的收益率 i 等于储蓄利率，也等于工资增长率 r，然而这很难办到。按风险程度，储蓄利率 i 为无风险收益率，而工资增长率 r 为风险收益率，养老金实际收益率涉及资产组合理论。

二、法定养老金的跨区域迁移修正

如上所述，中国目前的基础性养老金支付精算公式寻求了公正和效率的统一。即当一个人的历史工资很低时，基础性养老金支付的精算公式中有社会平均工资一项可以拉高其养老金，从而具有一定的公平性。但是当养老金在地区经济差异较大的异地转移时，从发达地区向落后地区转移的障碍就出来了，因为参保人领取养老金的基准是转移之后的地区工资平均水平。

本章参考美国跨区转移养老金的国际经验，下文以 62 岁且 2011 年退休为例，具体说明美国退休人员给付的计算步骤。

第一步，平均指数化月收入（Average Indexed Monthly Earnings，AIME）。一般选取退休者 35 个最高纳税收入年份进行计算。本例计算方法是，将 2009 年平均工资指数（AWI）除以 1977–2009 年的各年 AWI，再将得到的序列分别乘以各相应年份的退休者年收入。然后把经指数调整后的 1977–2010 年收入加总平均再除以 12 个月，即得 AIME（本例假设为 5000 美元）。

第二步，偏转点（Bend Points）。偏转点用于计算基本保险额，拟计算的偏转点有两个。具体方法是，以 2009 年的 AWI（40 711.61）除以 1977 年的 AWI（9779.44），得到一个倍数 4.16，再分别乘上 1979 年偏转点 180 美元和 1085 美元，可得 2011 年的两个偏转点 749 美元和 4517 美元。这一计算过程的含义是，2009 年美国工资水平是 1977 年的 4.16 倍，所以 2009 年偏转点也应为 1977 年的同样倍数。由此可见，偏转点计算的基础是 AWI。

第三步，基本保险额（Primary Insurance Amount，PIA）。利用上述两个偏转点，可将 2011 年 AIME 分为低档 A1（749 美元以下）、中档 A2（749–4517 美元）、高档 A3（4517 美元以上）一共三档。将假设的 5000 美元 AIME 按两个偏转点分为三个档值，即 749 美元、3768 美元、483 美元，然而代入公式 PIA = 90%×A1+32%×A2+15%×A3，可算得 PIA 为 1952 美元，替代率约为 39%。式中 90.0%、32.0%、15.0% 为 AIME 的法定分档比例系数。这三个比例系数由国会投票决定，体现出基本养老保险分配在高低收入群体间转移支付的力度大小，也体现基本养老保险的公平程度。根据上述算法，假如退休者的月平均收入不超过 749 美元，则其基本养老保险的替代率应为 90%；假如超过 4517 美元，那么基本养老保险的替代率最高只有 41.6%，超出数额越大，替代率越低。

考虑中国国情，比较合理的修正方式，是参保人从 A 地迁移到 B 地时，依照（5-4）式计算参保人在 A 地的指数化月工资 $\bar{w}_{A,t}$，其中 $\bar{W}_{A,t-1}$ 是 A 地 t-1 年的平均月工资：

$$\bar{w}_{A,t} = \frac{1}{2}(\bar{W}_{A,t-1} + \bar{W}_{A,t-1} \times \frac{\sum_{i=1}^{N}\frac{w_i}{\bar{W}_{A,i-1}}}{N}) \tag{5-13}$$

再将其指数化月工资按照已经缴纳的 N 期计算终值 $F_{A,t}$（折现率为工资增长率）：

$$F_{A,t} = 0.12 \times 12 \times N\bar{w}_{A,t} = 1.44N\bar{w}_{A,t} \tag{5-14}$$

将此终值金额 $F_{A,t}$ 转移到 B 地的基础性养老金账户。在 B 地账户中，转移过来的养老金终值按照工资增长率每年递增。

参保人在 B 地获得的工资收入依照 B 地的社会平均工资水平依照（5-14）计算参保人在 B 地的指数化月工资 $\bar{w}_{B,t}$（其中 $\bar{W}_{B,t-1}$ 是 B 地 t-1 期的平均月工资）：

$$\bar{w}_{B,t} = \frac{1}{2}(\bar{W}_{B,t-1} + \bar{W}_{B,t-1} \times \frac{\sum_{i=1}^{M}\frac{w_i}{\bar{W}_{B,i-1}}}{M}) \tag{5-15}$$

再将其指数化月工资按照在 B 地已经缴纳的 M 期计算终值 $F_{B,t}$（折现率为工资增长率）：

$$F_{B,t} = 0.12 \times 12 \times M\bar{w}_{B,t} = 1.44M\bar{w}_{B,t} \tag{5-16}$$

则参保人在 B 地账户中的养老金终值和 F_t 为（r 为工资增长率）：

$$F_t = F_{A,t-M}(1+r)^M + F_{B,t} \tag{5-17}$$

依照（5-12）式：参保人领取基础性养老金时，每月可领的养老金 E_t 为：

$$E_t = \frac{F_t}{144} \tag{5-18}$$

若再考虑退休以后的社会平均工资增长率，则可将参保人每月可领的养老金在今后按照工资增长率增长。根据中国现实的地区经济差距数据计算跨区域流动养老金对人才自身和地区财政收支的影响，可以针对不同的人群给出更加详细的细化方案。

第三节　全现金流资产组合修正模型下的养老金收益率

一、CAPM 资产组合原理

资本资产定价模型（Capital Asset Pricing Model，CAPM），是由美国学者威廉·夏普（William Sharpe）、林特尔（Lintner）、特里诺（Treynor）和莫辛（Mossin）等人于 1964 年在资产组合理论和资本市场理论的基础上发展起来的，主要研究证券市场中资产的预期收益率与风险资产之间的关系，以及均衡价格是如何形成的，是现代金融市场价格理论的支柱，广泛应用于投资决策和公司理财领域。

（一）基本假设条件

（1）投资者希望财富越多愈好，效用是财富的函数，财富又是投资收益率的函数，因此可以认为效用为收益率的函数；

（2）投资者能事先知道投资收益率的概率分布相同；

（3）投资风险用投资收益率的方差或标准差标识；

（4）影响投资决策的主要因素为期望收益率和风险两项；

（5）投资者都遵守优势原则（Dominance rule），即同一风险水平下，选择收益率较高的证券；同一收益率水平下，选择风险较低的证券。

CAPM 推导的原理是：调整市场风险资产组合与无风险资产的比例，可以获得任意风险及此风险水平下的均衡收益率。因此任何风险偏好的投资者，只要在市场风险资产组合和无风险资产的连线上选择符合自己风险偏好的资产组合即可。此连线称之为资本市场线。又因为任何风险偏好的人都可以在资本市场线上获得自己满意的投资组合，所以市场风险资产组合在任何人那里都是一样的。由此 CAPM 得出结论：市场风险资产组合与投资人的风险偏好无关。进一步地推论：风险资产的均衡价格与投资人的风险偏好无关，而只与风险资产的系统风险有关。

假设风险资产市场组合总的预期收益分布为 R_M，风险资产市场组合收益率的标准差为 σ_M，r 为无风险利率，证券 i 的收益率与风险资产市场组合收益率的协方差为 σ_{iM}，则证券 i 的预期收益 R_i 和风险之间的数学关系可以表述为：

$$E(R_i) = r + \frac{E(R_M) - r}{\sigma_M^2}\sigma_{iM} \tag{5-19}$$

（二）两种风险

（1）系统风险（Systematic Risk）：指市场中无法通过分散投资来消除的风险，也被称作市场风险（Market Risk）。比如利率、经济衰退、战争，这些都属于不可通过分散投资来消除的风险。

（2）非系统风险：也被称作特殊风险（Unique Risk 或 Unsystematic Risk），这是属于个别股票的自有风险，投资者可以通过变更股票投资组合来消除的。从技术的角度来说，非系统风险的回报是股票收益的组成部分，但它所带来的风险是不随市场的变化而变化的。现代投资组合理论（Modern portfolio theory）指出特殊风险是可以通过分散投资（Diversification）来消除的。即使投资组合中包含了所有市场的股票，系统风险亦不会因分散投资而消除，在计算投资回报率的时候，系统风险是投资者最难以计算的。

在式（5-19）中，$\beta = \frac{\sigma_{iM}}{\sigma_M^2}$ 为证券 i 的系统风险，β 系数是用来度量一项资产系统性风险的指针，是用来衡量一种证券或者一种投资组合相对总体市场的波动性的一种风险评估工具。它不可以通过资产组合投资来消除。但是必须要指出的是，CAPM 中只能证明资产的系统风险不可通过资产分散投资来消除，但并不能证明通过其它例如宏观调控方法也不能干预系统风险。这是理解资产组合的系统风险时必须要注意的。只是因为 CAPM 假设资产的收益率分布为既定，其它宏观调控方法就无法对资产的收益率分布产生影响，从而其作用机制无法在 CAPM 中体现出来。

二、中国股市复利收益率对 CAPM 的检验

现在来分析中国金融市场的风险收益率关系。

1991-2021 年间，上证指数基金、国债、银行存款的收益-风险历史数据如表 5-1 所示：

表 5-1 1991-2021 年间上证指数基金、国债、银行存款的收益-风险历史数据

年份	上证指数	三年期国债	一年期银行存款
1991	129.41%	10%	7.56%
1992	166.57%	9.5%	7.56%
1993	6.84%	13.96%	10.98%
1994	−22.3%	13.96%	10.98%
1995	−14.29%	14%	10.98%
1996	65.14%	13.06%	7.47%
1997	30.22%	9.18%	5.67%
1998	−3.97%	7.11%	3.78%
1999	19.18%	3.51%	2.25%
2000	51.73%	2.89%	2.25%
2001	−20.62%	2.89%	2.25%
2002	−17.52%	2.21%	1.98%
2003	10.27%	2.32%	1.98%
2004	−15.4%	2.74%	2.25%
2005	−8.33%	3.33%	2.25%
2006	130.43%	3.2%	2.52%
2007	96.66%	4.4%	4.14%

年份	上证指数	三年期国债	一年期银行存款
2008	−65.39%	5.61%	2.25%
2009	79.98%	3.17%	2.25%
2010	−14.31%	3.68%	2.75%
2011	−21.68%	3.87%	3.5%
2012	3.17%	4.76%	3%
2013	−6.75%	5%	3%
2014	52.87%	5%	2.75%
2015	9.41%	4.92%	1.5%
2016	−12.31%	4%	1.5%
2017	6.56%	3.78%	1.5%
2018	−24.59%	2.87%	1.5%
2019	22.30%	2.73%	1.5%
2020	13.87%	2.82%	1.5%
2021	4.80%	2.46%	1.5%

由于 1991 年股市刚刚开始，股价存在严重低估的现象，所以 1991 年、1992 年上证指数增长迅猛，增长率达到 129.41% 和 166.57%，作为特殊点我们排除出收益率计算。所以下面从 1993 年统计到 2021 年，调整三年期国债的年利率单利为复利利率，如表 5-2 所示。

表 5-2 1991-2021 年间上证指数基金、国债、银行存款的收益-风险历史数据

年份	上证指数	三年期国债	一年期银行存款
1993	6.84%	12.37%	10.98%
1994	−22.3%	12.37%	10.98%
1995	−14.29%	12.4%	10.98%
1996	65.14%	11.65%	7.47%

年份	上证指数	三年期国债	一年期银行存款
1997	30.22%	8.45%	5.67%
1998	−3.97%	6.66%	3.78%
1999	19.18%	3.39%	2.25%
2000	51.73%	2.81%	2.25%
2001	−20.62%	2.81%	2.25%
2002	−17.52%	2.16%	1.98%
2003	10.27%	2.27%	1.98%
2004	−15.4%	2.67%	2.25%
2005	−8.33%	3.22%	2.25%
2006	130.43%	3.1%	2.52%
2007	96.66%	4.22%	4.14%
2008	−65.39%	5.32%	2.25%
2009	79.98%	3.07%	2.25%
2010	−14.31%	3.55%	2.75%
2011	−21.68%	3.73%	3.5%
2012	3.17%	4.55%	3%
2013	−6.75%	4.77%	3%
2014	52.87%	4.77%	2.75%
2015	9.41%	4.7%	1.5%
2016	−12.31%	3.85%	1.5%
2017	6.56%	3.78%	1.5%
2018	−24.59%	3.27%	1.5%
2019	22.30%	3.22%	1.5%
2020	13.87%	3.16%	1.5%
2021	4.80%	3.05%	1.5%

假设上证指数基金的复利平均收益率为 R_1, 有:

$$(1 + R_1)^{29} = (1 + 6.84\%)(1 - 22.3\%)\cdots(1 + 13.87\%)(1 + 1.0480\%)$$

解得:

$$R_1 = 4.90\%$$

假设三年期国债的复利平均收益率为 R_2, 有:

$$(1 + R_2)^{29} = (1 + 12.37\%)(1 + 12.37\%)\cdots(1 + 3.16\%)(1 + 3.05\%)$$

解得:

$$R_2 = 5\%$$

假设一年期银行存款的复利平均收益率为 R_3, 有:

$$(1 + R_3)^{29} = (1 + 12.24\%)(1 + 12.24\%)\cdots(1 + 1.5\%)(1 + 1.5\%)$$

解得:

$$R_3 = 3.47\%$$

以上计算中, 三年期国债的复利平均收益率 R_2 大于股指基金复利平均收益率 R_1, 且股指基金复利的波动率极为巨大。很明显, 这与 CAPM 背道而驰。

三、现金流修正的组合定价

在调整 CAPM 的假设为风险资产的现金流分布既定而不是收益率分布既定后, 经典 CAPM 的资本市场线就再难以存在。在 CAPM 中, 只有一种资产是可以无限供给的, 即无风险资产, 因为中央银行可以作为无风险资产的最后提供人。其它风险资产都是市场中的资产, 其价格虽然不确定但数量有限。如果其它风险资产的数量也可以无限提供的话, 那么资产供给曲线就成为一条水平线, 任何对此风险资产的需求都不足以改变此风险资产的供给价格, 那么 CAPM 定价就无从谈起。CAPM 是均衡定价, 均衡定价的本质是供需定价, 供给数量和需求数量的有限性是供需定价的前提。在现实中, 某风险资产在一定时期内的供给数量可能有所变化, 但这仅仅是在长期内的供给且具有一定弹性, 这与资产的数量在短时间内可以无限供给不是一回事。

所以我们调整 CAPM 的假设, 将其"风险收益率分布及其协方差既定"的假设, 调整为"未来现金流分布及其协方差既定", 可以推导出如下的新结论[1]:

$$p_i = \beta\sigma_{iL_M} + E(j_i)/r \tag{5-20}$$

上式中, p_i 是计算出来的 i 风险资产的均衡价格。β 是风险偏好参数。β 越小于

---

[1] 推导过程参见程碧波:《国计学: 国计民生的系统科学》, 中国社会科学出版社 2015 年版, 第 63 页。

0，市场就越为风险厌恶型；反之市场越为风险偏好型。β 为 0 时，市场为风险中性。j_i 是 i 风险资产的现金流分布。r 是无风险收益率。

σ_{iL_M} 中的 L_M 是风险资产市场组合的现金流 j_M 与现金流期望值 $E(j_M)$ 之比可称之为风险资产市场组合的单位收入，因为 $E(L_M) = 1$，即：

$$L_M = \frac{j_M}{E(j_M)} \tag{5-21}$$

则 σ_{iL_M} 为 i 风险资产的现金流 j_i 与风险资产组合的单位收入的协方差，也可称之为 i 资产的系统风险。

由（5-20）式可以推导出市盈率公式：

$$F_i = \frac{p_i}{E(j_i)} = \beta\sigma_{L_iL_M} + 1/r \tag{5-22}$$

亦可以根据现有市场数据测算出当前市场的风险偏好系数 β：

$$\beta = \frac{F_i - 1/r}{\sigma_{L_iL_M}} \tag{5-23}$$

根据调整后的资产定价模型，从定价方程式（5-20）中可以看到，市场风险偏好 β 也在影响着资产的均衡价格，从而影响着资产的风险收益率及其协方差。这是符合真实市场情况的。

又由（5-23）可知，已知资产市场上风险资产的市盈率，以及风险资产单位收入的系统风险（注意，不是风险资产收益率的系统风险。单位收入中没有价格变量，所以可以独立于价格而测量出来；收益率中有价格变量，所以无法独立于价格而测量出来），可以测量出资产市场上的风险偏好系数 β。

从（5-20）、（5-22）、（5-23）式来看，风险资产的未来现金流分布，取决于资产本身的质量及宏观经济环境的健康程度，提高资产的经营水平和改善宏观经济环境，将有效改善风险资产的现金流，提高风险资产的均衡价格。宏观经济的波动将引起风险资产未来现金流的波动，从而导致风险资产均衡价格的波动。其次，市场风险偏好 β 将导致既定现金流分布下资产均衡价格的变化，对市场的承压能力等心理因素的引导也就必然会影响资产均衡价格的变化。再次，资产价格还与其它资产的现金流相关性有关，这体现了资产之间的结构关系。

本书将基于修正后的资产定价模型，重新评估全国社保基金、企业年金相关投资管理办法所规定的投资清单及其投资比例的合理性，同时建立起市场风险偏好和风险资产系统风险的量度规则，为养老金投资管理机构的投资和监管机构的监管提供合理的量化指标。

四、基于现金流全组合的养老金精算设计

从养老基金精算公式的设计可以看出，公式假定养老基金的投资收益率等于工资增长率。这种假设导致了不少诟病，但这种假设其实是合理的。因为国民经济各部门的增长率，在正常情况下应趋于相同，经济才可能平稳发展。

养老金数额巨大但投资收益率低，这不仅仅是使得养老金账户偏离精算公式，产生养老金意料之外的缺口，也降低了中国养老金在宏观经济层面上的使用效率。当巨额的养老金在银行储蓄起来时，这部分养老金就等价于退出市场流通。市场上的资金循环受到阻碍，信贷资金归还出现困难。为了弥补养老金储蓄的资金不足，政府不得不进行货币扩张政策，这又导致货币总量扩大，银行杠杆率提升。在控制风险的前提下追求远高于工资增长率的投资收益率并不可取。因为这意味着要将养老金的超额投资收益率寄托在养老金投资管理者的投资策略上。还有一个更重要的约束因素是，养老金的规模巨大。

基于以上分析，本书认为，对于养老金投资的收益率目标，应确定为名义工资增长率。低于此目标，养老金账户的缺口会越来越大；而若通过银行储蓄的方式来获得该低收益率，还会增加银行的杠杆率，扩大金融体系风险。而如果高于此目标，则会因为养老金体量过大而受到宏观经济增长率的限制，使得操作风险急剧升高。而由于中国人口老龄化以及扩大养老覆盖范围所导致的资金账户缺口，其不应定位于主要通过养老保险投资收益来弥补，而应通过吸纳养老保险本金和政府财政支出两种方法来弥补。本书将研究吸纳养老保险本金，以及将政府财政支出与吸纳养老保险本金有机地融合在一起，以实现金融市场服务养老的最大效能。

下面首先研究如何实现养老金的目标投资收益率。所谓现金流全组合，就是要将养老金的所有现金流全部组合在一起来考察各种资产的投资比例。当前养老金投资主流理论所谓的养老金投资资产组合，系指养老金投资管理者用养老金购买的资产组合。而本书所说的现金流全组合，不仅仅指养老金投资管理者用养老金购买市场上的资产所获得的现金流收入，还包括养老金支付给参保人而形成的现金流支出，即把现金流收入（即现金流多头）和现金流支出共同考虑为一整个资产组合。

摆在养老金投资面前的首要任务，是在尽可能低风险的情况下，稳定地获得名义工资增长率的投资收益，并且投资策略还要经得起公开的理论论证，这几乎是一个不可能完成的任务。但如果对养老金风险的内部结构进行深入了解，则完成此任务并非不可能。衡量养老金支付质量的是养老金替代率。养老金替代率是指劳动者退休后的养老金领取水平与此时社会平均工资收入的比例，是衡量劳动者退休前后生活保障水平差异的基本指标之一。因此养老金支付的卖空现金流与工资增长率是高度正相关的。按照资产组合原理，养老金收入的买多现金流如果与工资增长率也高度正相关，则卖空现金流与买多现金流就可以相互抵消，共同构成无风险资产组合，使得养老金账户不再有收支风险，或者至少使得收支风险大大削弱。

因此，养老金投资收益率要控制风险，不是要控制投资收益率的波动率到最低，稳定或固定的投资收益率并不会降低养老金资产组合的风险。相反，养老金投资收益率恰好应该有所波动，只不过其波动应该与工资增长率高度正相关。故从风险角度来看，相对于养老金支付的低风险，并非是指养老金支付的增长率不能波动，而是说养老金支付的增长率与工资增长率一致。而工资增长率显然不是稳定不变的，相反是在不断波动的。当工资增长率高时，养老金支付的增长率就高，当工资增长率低时，养老金支付的增长率就低。也就是说，只要保持养老金投资的增长率与工资增长率高度正相关，就能保证养老金替代率始终稳定甚至不变，其对于养老金支付这种需求来说，就是基本无风险的。

金融市场服务养老及中国路径，就是根据中国人口增长和经济增长规律，建立公平而有效的养老金缴纳、支付和投融资制度，提供宏观经济稳定的定海神针，实现宏观经济平衡与微观金融的有机统一。

第四节　基于现金流全组合的养老金投资设计

养老金投资资本市场有主动投资与被动投资两种策略，需要进行相关比较并选取稳定收益的策略，以体现长期投资的价值。

一、主动型投资与被动型投资的制度设计导向

（一）主动投资

主动投资也称为动态投资，基金经理通过主动选择行业、选择个股或选择投资时点等更为主动积极的操作方式，力求超越市场整体平均表现。主动投资的基金经理宛若做菜的大厨，通过精研菜谱，对"菜品、配料"有一套自己的理解（投资研究经历），然后根据自己对"食物、调料"的感受，通过自己的判断做出一道能够适合大众口味的"美味菜肴"。

主动投资者构建不同于市场的投资组合，试图以此超越市场（或基准指数）。主动投资者认为，通过卓越的分析和研究能击败市场。有时候，这些管理者会考虑财务数据或经济统计数据等基本面因素。还有人使用图表对历史价格、交易量或其他指标进行技术分析，从而由此预测未来股票的价格走势。

（二）被动投资

被动投资也称为静态投资，锚定一只特定的指数作为目标，通过买入和该指数配置相同的成分股来复制指数的每日涨跌表现。同样把基金经理比作一位大

厨，被动型基金经理会严格按照菜谱中的"食物与配料"的配比，力求做出与菜谱中味道完全一样的菜肴。

被动投资者则寻求获得市场中某一资产类别或某一板块的回报。为了做到这一点，他们非常广泛地投资于目标资产类别中所有或很大一部分证券。最知名（但并非唯一）的被动投资方法是"指数化投资"（indexing），即完全参照基准指数的权重，买入其包含的所有证券。投资管理者随后追踪（或复制）该基准指数减去运营成本的结果。

养老金投资通常以被动投资为主，最主要的原因是：养老金巨大的规模决定了其难以获得超高收益率，这是受到宏观经济增长率约束的。考虑到养老金的安全性要求，投资风险应当是可控的。由于主动型投资依赖于投资者的天才或特有资源，这些都具有高度的私密性和不可知性，无法纳入理论计算，因此其风险不可控，不符合养老金投资的风险管理要求。此外，主动型投资需要极高的对市场细致分析的成本，这对巨量的养老金投资来说较为困难，在投资收益率受到宏观经济增长率制约的前提下付出如此高的分析成本，可能并不经济。最后，主动型投资为了抓住市场机会，常常需要手头保留大量的现金准备，这意味着大量的资金平时处于闲置状态，在少数市场机会出现时才会全力一搏。这一方面提高了养老金投资的机会成本，另一方面也与养老金入市来稳定宏观经济、服务实体经济、降低银行杠杆等宏观要求背道而驰，而沦为以投机狙击为主的兴风作浪的工具。

基于主动型投资和基于被动型投资的制度设计是不同的。本书将基于被动型投资为主、主动型投资为辅来进行养老金投资的制度设计。

二、中国名义账户制度设计

名义账户制（Notional Defined Contribution），也称名义缴费确定型模式，是集现收现付制与基金积累制、待遇确定型（DB）和缴费确定型（DC）于一体的一种混合模式，是欧亚部分国家在克服养老保险制度转型成本过程中开创的一种社会保障制度模式。

从融资模式来看，名义账户和现收现付制是一致的，即由当期工作者向养老金体系缴费，直接用于当期退休者的养老金给付，但与传统的现收现付又有着明显区别，个人的缴费额度以记账的方式记录在个人账户；从待遇给付方式来看，退休者的养老金标准是根据该账户个人缴费的名义积累额与资金收益之和进行支付的；从运作管理模式来看，该账户仅是一个记账的管理方式，不需要实际存入资金，但是在退休时候，却成为养老金计发的原则。由于该账户没有实际资金投入，因此缴费收益率是由政府设定的，而不是市场投资收益的真实结果。

关于名义账户制改革在学界有不少的争论。支持名义账户制改革的学者主要基于摆脱转轨成本困境、激励缴费等视角的考虑。郑秉文认为名义账户制一方面可以解决我国养老保险面临的巨大转轨成本难题，另一方面可以兼顾"社会互济"和"自我保障"即公平与效率的问题，同时，还有利于提高缴费的比率和扩大保险的覆盖面，应该成为我国养老保险制度改革的一种理性选择[1]。

万树、蔡霞（2014）指出采用名义账户，可以通过个人账户缴费权益记录保障在职劳动者退休后的养老权益，还可以有效解决当前我国资本市场不成熟国情下社会养老保险基金的贬值风险和支付危机[2]。威廉姆森（John B. Williamson）等通过对中国、韩国、新加坡的养老保险制度分析和比较，认为中国适用名义账户制的可行性最强[3]。

也有一些学者从名义账户可能带来的新的风险和挑战的角度提出了一些反对意见，申曙光（2014）认为名义账户制只能短时间解决支付危机，实质是将问题拖到未来，名义账户的本质仍是现收现付制，不能通过个人积累缓解年轻一代的支付压力，在人口老龄化加剧的背景下，基金收支平衡的压力也将越来越大，同时，个人职业流动带来的记账方式改变还将增加制度运行的复杂性，不利于劳动力的流动[4]。韩克庆（2015）认为实行名义账户制是统账结合养老保险制度改革的倒退，如果实行名义账户制，不仅会混淆个人账户产权性质，抑制个人参保动力，还会降低对企业缴费的监督制约，最终导致制度混乱，并带来政府信任危机[5]。鲁全（2015）指出名义账户制在设计上的激励性难以为参保者所接受，还失去了养老保险制度的再分配功能，无法应对长寿风险，也不利于社会团结互助，不是当前中国养老金制度改革的合适方案[6]。

总体来看，对于名义账户制的争议一直存在，深入分析名义账户制国家的实践经验教训及其制度基础，有助于对名义账户在我国的适用性有一个清晰的认识。以瑞典为代表的名义账户优劣并存，本书根据中国法定养老精算公式设计的跨区迁移修正。

〔1〕郑秉文："'名义账户'制：我国养老保障制度的一个理性选择"，载《管理世界》2003年第8期。

〔2〕万树、蔡霞："基本养老保险基金：做实账户制还是名义账户制?"，载《南京审计学院学报》2014年第4期。

〔3〕Williamson, J B, Price, M. Shen, C, "Pension policy in China, Singapore, and South Korea: An assessment of the potential value of the notional defined contribution model", *Journal of Aging Studies*. vol. 25, No. 01. , 2012, pp. 79-89.

〔4〕申曙光、孟醒："社会养老保险模式：名义账户制与部分积累制"，载《行政管理改革》2014年第10期。

〔5〕韩克庆："名义账户制：养老保险制度改革的倒退"，载《探索与争鸣》2015年第5期。

〔6〕鲁全："养老金制度模式选择论——兼论名义账户改革在中国的不可行性"，载《中国人民大学学报》2015年第3期。

名义账户的核心，是养老金统一运营，名义账户作为养老金运营者的负债记录，依照此记录向参保者按期支付养老金，因此又等价于参保者的资金账户。它一方面将养老金收入落实到个人头上，使得一些养老金缴纳的激励机制得以设计；另一方面使得资金可以统一运营而不必像完全积累的个人账户制度那样将资金限制在个人账户中实账化管理。实账化管理由于个人缴费不用于支付当前退休者的养老金，因此无法对冲现金流，导致资金的浪费和投资压力增大，而名义账户可提高资金使用效率。

如何设计收益率，则不是名义账户的核心。通常分析名义账户时，往往把瑞典等国家的名义账户收益分配机制作为考察点，以此作为对名义账户评价的依据，这就有待商榷。事实上，只要把握住名义账户的前述核心，根据本国国情就可以任意设计名义账户的收益机制。这是本书对中国名义账户进行设计的立足点。

在（5-22）中，本书在计算基本账户养老金的跨区域迁移时使用了"终值"的概念如下：

则参保人在 B 地账户中的养老金终值和 F_t 为（r 为工资增长率）：

$$F_t = F_{A, t-M}(1+r)^M + F_{B, t} \tag{5-24}$$

式（5-24）中，参保人从 A 地向 B 地迁移时，迁移走的不是已交费和缴费年限数据，而是迁移走参保人基本账户中的养老金终值，这就是使用了名义账户。基于此养老金收益设计和终值计算公式，可以在资金统一运筹的同时，为参保者建立中国养老金名义账户。

当总名义账户的负债大于资产时，收入指数与记账利率联动的机制会被临时搁置，记账利率将被缩减。当实际投资收益率降低而导致负债率提高时，缩减记账利率是理所当然的。但若是由于政府扩大养老金覆盖面而导致负债率提高，则不应将其责任加在参保人身上，而应通过其它方式来解决本金不足问题。所以应当将养老金实际投资收益首先分摊到已参保账户，然后政府通过财政拨款等方式补足扩大参保账户。将本金变化与本金的投资收益分离，有利于稳定投资策略，降低投资风险，保证基本公平和稳定。

（5-19）式重点在于处理基本账户的资金记录，即第一支柱，但其原理也同样适用于第二支柱与部分第三支柱。未来利用现有养老金统计数据，可以进行名义账户的预测和计算。

第六章 我国养老金金融的建设路径

第一节 国外养老金金融的理念和模式

一、国外养老保障体系研究

人口老龄化是当前和未来一段时间我国的重要国情之一，加快完善养老保障体系是实现老年人幸福美好生活的迫切需要。戴蒙德（Diamond，1977）最早提出强制性养老保险制度的重要意义，他认为构建完整的养老保障制度，有利于刺激消费，同时对社会稳定具有重要意义[1]。辛恩（Sinn，2000）基于隐含成本计算，分析养老基金发挥作用的原因，研究认为养老金支付制度一定程度上平滑了代际税负和育儿成本[2]。霍尔茨曼（Holzmann，2000）通过对发达国家多支柱养老保障制度研究，得出该养老保障制度有利于治理贫困，降低政府财政压力[3]。布莱克（Blake，2003）研究了英国养老保障制度的关键问题，他考察了英国现行养老制度并对养老金计划和养老基金的资产管理的风险和回报进行了评估[4]。吉尔伯特（Gilbert，2006）研究认为养老保障制度应重视年金保护，并

---

〔1〕 Diamond P. A, "A framework for social security analysis", *Journal of Public Economics*, vol. 8, No. 3. , 1977, pp. 275-298.

〔2〕 Sinn, H W, "Why a Funded Pension System is Useful and Why It is Not Useful", *NBER Working Papers*, No. 7592. , 2000, https：//www. nber. org/papers/w7592.

〔3〕 Holzmann R, Palacios R, *Symposium Key issues in introducing pre-funded pension schemes*, Duncker & Humblot Press, 2000.

〔4〕 Blake, David, "The UK pension system：Key issues", *Pensions：An International Journal*, vol. 8. , 2003, pp. 330-375.

对比了美国《养老金保护法案》实施前后对养老金资产配置的影响[1]。格雷迪
（Grady，2015）分析英国养老金保障制度发现，英国的养老金保障制度存在性别
歧视，女性养老金价值下降。他认为，英国的养老金制度存在性别歧视，并且围
绕着种族主义构成，导致了妇女养老金的价值下降，妨碍了养老金筹备中的性别
平等[2]。

关于国外养老金制度改革的相关研究，社会政策专家穆勒等（Müller et al.，
1999）明确指出，东欧国家的福利不仅包括老年收入、疾病、残障和其他意外事
故的保障，还包括工作的权利，以低价格购买基本的食、住、行、能源，接受免
费或给予补贴的文化教育以及得到相对平等的分配收入[3]。阿扎等（Arza et
al.，2008）阐述了东欧和苏联国家养老金计划的内容——它们的退休计划是以
相似的方式组织进行的，当时的中央政策是打造一个一体化的养老金计划，融入
国家预算中并综合补贴其他的支出项目。在大多数东欧国家，员工的缴费都被免
除了，雇主的缴费是养老金筹资的唯一来源[4]。

富尔茨等（Fultz et al.，2010）认为，从原来体制继承下来的养老金制度的
弱点、转轨早期的经济、政策变化对养老金制度的影响和人口老龄化是中东欧国
家改革养老金制度首先考虑的三个因素[5]。祖科夫斯基（Zukowski）和戈利诺
夫斯卡（Golinowska）分析和预测了波兰1990-2030年的人口状况、政治经济状
况、经济改革中的各种影响因素、养老金制度的法律框架结构、制度改革的驱动
因素和妨碍因素，认为转轨期带来的政治、经济方面的问题使养老金制度的改革
成为必然[6]。霍尔茨曼（Holzmann）和古文（Guven）也认为，原有的养老金
制度存在着严重的"设计上的缺陷"[7]，这主要包括：相对较高的缴费率、对

〔1〕　Gilbert R A, Lloyd Levin I, Downie S, "New pension legislation will significantly change US pension and
IRA investments", *Journal of Investment Compliance*, vol, 7, No. 3., 2006, pp. 25-31.

〔2〕　Grady J, "Gendering Pensions: Making Women Visible", *Gender Work & Organization*, vol. 22, No,
5., 2015, pp. 445-458.

〔3〕　Müller, Katharina, Ryll A, Hans-Jürgen Wagener, *Transformation of Social Security: Pensions in Central-Eastern Europe*, Heidelberg: Physica-Verlag, 1999, pp. 125-130.

〔4〕　Arza, C, Kohli M, *Pension Reform in Europe: Politics, Policies and Outcomes*. Abingdon, Oxon: Routledge, 2008.

〔5〕　Fultz, E., Ruck M, "Pension reform in central and eastern Europe: Emerging issues and patterns", *International Labour Review*, vol. 140, No. 1., 2010, pp. 19-43.

〔6〕　Zukowski M., Golinowska S, "Transformation of old-age security in Poland", in: Schmähl, W. /
Horstmann, S.: *Transformation of pension systems in Central and Eastern Europe*, Cheltenham (UK)
&Northampton (USA): Edward Elgar, 2002, pp. 185-222.

〔7〕　Holzmann R, Guven U, *Adequacy of Retirement Income after Pension Reforms in Central, Eastern, and
Southern Europe: Eight Country Studies*, Washington, DC: The World Bank, 2009.

养老保险的不公平承担、提前退休的规定、较低的退休年龄、特殊行业享有的特权、宽松的残障待遇标准和不合理的待遇公式等。以匈牙利为例，1994 年至 1996 年的养老金赤字已占 GDP 的 0.4%-1.7%。若不进行改革，至 2050 年，赤字将达到 GDP 的 6%，这对政府来说将是难以承受的重负。可见，制度遗产的缺陷、财政上的入不敷出、人口的老龄化以及其他多种因素的相互作用，是促成养老金制度改革的直接原因。

关于国外养老金制度改革路径，穆勒等（Müller et al.，1999）指出，虽然中东欧国家继承的政策遗产相当统一，但却选择了不同的路径进行养老金制度改革，其中包括针对现收现付制计划关键特征进行调整的参量式改革和引入了名义账户制计划和积累制计划的制度改革[1]。可以看出，这是中东欧各国基于本国国情和经济状况，经过长时间的酝酿而作出的理性选择。她认为，参量式改革包括消除行业特权、把养老金计划和其他的社保计划从国家预算中剥离出来、严格对待无效退休和提前退休、引入雇员缴费制度这几项，并认为把退休的待遇和终生的收入更紧密地联系起来，可以打造更加横向的平等，以提高人们缴费的积极性。

霍尔茨曼等（Holzmann et al.，2006）认为，参量式改革（parametric reforms）不改变现有的待遇结构、公共管理和非积累制性质，但调整了计划参数，以促进社会和经济目标的实现。参量式改革包括延长初始待遇计算的评估时期（从过去 3 年的收入延长到终生收入）、对提前或延迟退休的待遇根据精算予以减少和增加（通常每年调整 0 或 2.00%-6.00%）、降低年度增长率（如从每年 2.00%降低到 1.25%）、提高退休年龄、把待遇提高的依据从工资指数化改为物价指数化、检查最低养老金担保条款[2]。

虽然在多数情况下，单靠参量式改革不可能实现改良的现代养老金制度，但这些参数改革的意义深远，它们是范式改革的先驱，因为它们减轻了旧制度的债务，从而使其向新制度和待遇结构的转型较为容易。而名义账户制改革（notional defined contribution schemes）则把待遇结构从待遇确定型变成了缴费确定型，但保留了制度的公共管理和非积累制的性质。所有的缴费都记录在个人的账户里，其累积的金额只是名义上的。个人的待遇水平主要取决于过去的缴费情况和名义回报率。将来得到的退休待遇金额与寿命长短和选择的退休年龄相关。如果政府愿意承担缴费，接受高等教育、服兵役和养育子女的年限都会记录在个人的

---

〔1〕 Müller, Katharina, Ryll A, Hans-Jürgen Wagener, *Transformation of Social Security*：*Pensions in Central-Eastern Europe*，Heidelberg，Physica-Verlag press，1999，pp. 125-130.

〔2〕 Holzmann R，Palmer EE，*Pension Reform*：*Issues and Prospects for Non-Financial Defined Contribution*（*NDC*）*Schemes*，Washington，DC：The World Bank，2006.

账户上。名义账户改革将待遇与缴费紧密结合起来，待遇水平会自动地根据缴费期的缩短和/或退休年限的延长而进行调整。同时，威廉姆森（John B. Williamson）等（2011）认为，改革的路径选择并不是单一的，改革路径相互之间也并不是绝对的，制度改革经常会伴随着参量式的改革或由其作为先导[1]。一些国家既选择了名义账户制，也选择了强制积累制。

二、现代资产组合理论

养老资产管理最重要的理论基础之一是现代投资组合理论。现代投资组合理论是养老基金、年金、其他形式的养老金及养老理财产品投资的理论基础。该理论对美国、欧洲、澳大利亚、加拿大的养老金投资及我国《基本养老保险基金投资管理办法》都产生了深远的影响。

现代资产组合理论的提出主要是针对权益类投资风险和收益的权衡，在1952年由哈里·马科维茨（Harry Markowitz）提出。该理论将市场风险分为系统性风险（systematic risk）及非系统性风险（unique risk or unsystematic risk）。降低非系统性风险的主要方式是多样化投资，因为相比起单一投资，投资的多样化可以尽可能多的对冲投资对象风险。系统性风险虽然无法在同一个市场中通过投资组合来降低，但不同市场的投资可以减少投资组合对投资目标的偏离，主要遵循如下理论。

一是分散原理。投资者对于投资活动所最关注的问题是预期收益和预期风险的关系。投资者或"证券组合"管理者的主要意图，是尽可能建立起一个有效组合。那就是在市场上为数众多的证券中，选择若干股票结合起来，以求得单位风险的水平上收益最高，或单位收益的水平上风险最小。

二是不同资产之间相关系数对证券组合风险的影响。相关系数是反映两个随机变量之间共同变动程度的相关关系数量的表示。对证券组合来说，相关系数可以反映一组证券中，每两组证券之间的期望收益作同方向运动或反方向运动的程度。现代投资组合理论是美国1994年《统一审慎投资者法案》的投资多样化规制的核心。在现代投资组合理论中，主要有系统性风险及非系统性风险，降低非系统性风险的方式之一，是通过多样化来降低不能补偿（不能对冲）的风险。尽管一个市场内的多样化不能降低系统性风险，但是发行人及市场的多样化，可以降低投资结果对整体投资组合投资目标的偏离。美国《信托法重述》（Ⅲ）要求投资管理人等负有审慎投资义务的信义义务人，在做出投资管理决策时，须以投资组合为整体，来考虑风险及回报，而非仅考虑单一投资对象的风险。

---

[1] John B. Williamson、申策、房连泉："东亚三国的公共养老金制度改革：名义账户制的应用前景评析"，载《社会保障研究》2011年第5期。

三、严格数量规则和审慎人投资规则

（一）从法定投资清单到审慎人投资规则

经过上百年的发展，养老金投资基本遵循严格数量限制与审慎投资人规则，两项规则演进融合。严格数量规则是养老金投资的重要规则，直到今天仍广泛适用。我国 2016 年《基本养老保险基金投资管理办法》亦采用该规则。严格数量规则的前身是 1869 年金诉塔尔博特案（King v Talbot）确立的法定投资清单规则。在 1869 年金诉塔尔博特案中，纽约州上诉法庭采取了与艾莫里案（Emory Case）不同的态度。由于蓝天法之前美国公众公司的股票声名狼藉，所以，很多信托基金都将股票排除在投资清单之外。投资清单在美国信托基金的投资中长期存在，主要是为了防止经验不足或疏忽大意的信义义务人给受益人造成损失。纽约州法庭认为信义义务人只能将基金投资到被列入清单的债券或其他有固定期限的投资产品中，不能投资于股票，否则就违反了审慎投资人义务。在将近 50 年之间，法定投资清单规则在美国大多数州的法院适用，直到 1929 年金融危机爆发。

审慎投资人规则由 1830 年哈佛学院诉艾莫里案确立。该案中，塞缪尔·普特南（Samuel Putnam）法官在判决中写道："符合善意的信义义务人可以按意愿去投资，因为资产在投资中始终处于有风险状态……信义义务人应当忠诚、谨慎、以富有知识和经验的方式及处理本人事务的注意，去履行投资裁量权。在永久性的处理委托人资产时，不得进行投机，须以资产的安全及收益为标准来衡量其行为。"

养老金基金投资的审慎投资人制度，直到 1974 年《雇员退休收入保障法》出台，才正式确立。该第 1104（a）（1）条（B）&（C）规定，信义义务人仅为了受益人或年金计划参与人的利益行为……同时以审慎人的能力以及具有企业家特征与目的的注意、技能、审慎和智识……去行为的，则不须再承担责任；审慎人应当将投资多样化，从而降低大额风险，除非为了审慎目的而进行非分散化投资。《雇员退休收入保障法》1979 年修正案，直接规定养老金信义义务人必须是现代投资组合理论之下的审慎投资管理者，而非作为普通法信托人含义下的审慎管理者。

1992 年《信托法重述》（Ⅲ）及 1994 年《统一审慎投资者法案》，完成了对现代投资组合理论的吸收，形成现代审慎投资人制度，其制度弹性、信义义务规则及信义义务责任，均被大大强化。1992 年《信托法重述》（Ⅲ）第 227 条规定，在考虑何为信义义务人时，并没有确定资产类型，同时，受托人多样化投资的义务中，也没有规定信托投资组合的基本投资类型。审慎投资人规则是为了让专业受托人可按照非常自由的方式，去进行有挑战性的、高回报的投资，而无须

局限在传统投资类型或法定投资清单中。1994年《统一审慎投资者法案》规定："受托人需要作为审慎投资者投资和管理信托资产，同时要考虑信托的目的、条款、分配要求及其他情况。"为了满足该标准，受托人应当履行合理注意的技能、并按照合理谨慎去行为。统一审慎投资者法案中的审慎投资者，是符合《信托法重述》（Ⅲ）section227的规定的审慎投资者，信义义务在普通法中是审慎投资者的主要义务。

（二）严格数量规则与审慎人规则的演进融合

欧洲大陆的养老金投资一直较为笃信严格数量限制规则，直到1999年欧盟委员会抨击该规则。欧盟委员会指出："严格数量规则人为改变了养老金的负债承担及投资期限，无法对瞬息万变的金融工具市场，尤其是对冲基金投资、金融衍生品投资和主权基金投资等做出反应，妨碍了养老金基金的流动性管理和风险控制，对养老金投资基金经理形成了逆向激励。更为严重的是，欧盟成员国政府也惯用严格数量规则将投资风险转嫁给养老金受益人。"所以，欧盟2009年《保险机构偿付能力规则》（Ⅱ）及2014年《职业养老金机构运行及监管指令》，均将严格数量限制规则仅作为审慎投资人规则的标准之一，确立了以审慎人规则为主的投资运作规则。

2009年《欧盟保险及再保险公司偿付资本监管》颁布（Solvency Ⅱ，也称"偿二代"），它同时也是欧盟从事养老金基金投资的保险机构的监管框架。我国银保监会目前已在我国保险及再保险机构中强制推行偿二代的监管资本、公司治理和信息披露的监管框架。"偿二代"第132条专门规定了保险机构投资的审慎人原则。该条规定，欧盟各成员国需要保证保险公司及再保险公司的投资，符合审慎人原则。保险公司仅能就其可确认、管理、监督、控制、报告及能够计算或评价其总体清偿能力要求的资产投资组合进行投资，从而保证投资组合整体的安全、质量、流动性及营利。投资组合选择上，不能对单一资产、单一发行人、单一发行人集团的依赖度过高。如果出现了利益冲突，保险公司及再保险公司，须仅为参保人或受益人利益而"单一行动"。

四、养老金投资安全网

除了投资数量限制及审慎投资人规则之外，欧盟《职业养老金机构运行及监管指令》（2014年修正案）确立了极为严格的职业养老金投资安全网，这与2010年全球金融危机中欧洲养老金遭受重创不无关联。2014年之后欧洲职业养老金的投资安全网规则与2010年之前瑞典、荷兰等养老金支出负担较重的国家已率先采用的投资安全网规则逐渐融为一体，成为国际养老金投资规则中非常醒目的制度体系。瑞典金融监管局按照该国《交通灯示范法》，要求养老基金投资机构按照养老基金的投资对象的风险权重，提取风险资本。瑞典养老基金的投资对象包括债券、证券及房地产等，这些投资对象的利率风险、价格波动率及汇率风险等，即被视为其风险权重。

丹麦及挪威等国在欧盟规定技术性准备金之前，通过后偿贷款激励养老基金投资机构的审慎性投资。养老基金的后偿贷款，是由第三方向养老基金金融服务机构提供的、在养老金机制的所有负债被清偿之前不能予以偿还的贷款。因而，一般认为后偿贷款对养老基金的投资风险及损失，具有无限吸收能力。

"偿二代"在欧盟内部建立保险业重组和清算机制，以保障保险公司保单持有人和债权人利益。新的保险公司监管资本要求，将结合国际保监会监管协会、国际会计准则及国际精算协会的规则，建立统一的监管机制。"偿二代"要求保险机构（含从事养老基金的保险机构）建立三支柱型监管，包括监管资本要求、公司治理和信息披露三个方面。在第一支柱即保险公司偿付资本监管方面，保险公司应持有足够的满足最低资本要求以及偿付资本要求的资本。还须设置附加监管资本，以保证在其他措施均无法奏效时，仍能够保障最后的风险应对。"偿二代"在技术性准备金等风险要求方面的规定，与欧盟《职业养老金机构运行及监管指令》的规定，差异不大。在第二支柱即保险公司的公司治理方面，欧盟要求保险公司应建立风险管理能力、合规管理能力、内部审计能力和精算管理能力。在第三支柱信息披露方面，保险公司至少每年需向公众披露与其偿付能力和财务状况相关的信息，同时，保险机构还可在自愿基础上披露更多的信息。"偿二代"还结合国际会计准则在金融危机之后的发展，加强了对保险集团的业务和偿付资本的监管。保险集团可以采用合并报表或扣除和加总计算集团的偿付资本，并须及时向监管部门报告重大风险集中和内部交易。

五、养老金投资运营模式

一般而言，国外的养老金投资运营模式分为三种：捆绑式、分拆式和联合式。

（一）捆绑式

"捆绑式"是指企业选择一家专业机构为其提供"一站式"服务，包括受托人、账户管理、基金托管、投资管理等服务内容。"捆绑式"经营主要有三种模式：

第一种是全能银行模式，该模式以德国为典型代表，即在银行内部设置业务部门，全面经营银行、证券、保险、信托等金融业务，是彻底的混业经营模式。

第二种是银行母公司模式，该模式以英国为典型代表，在该模式下，银行作为母公司，通过另外设立独立的机构子公司分别从事银行、保险、证券、信托等业务，子公司作为二级独立法人，在授权范围内有独立决策的权力。

第三种模式是金融控股公司模式，该模式以美国为典型代表，即在相关的金融机构之上建立金融控股公司，通过对银行、证券、保险和信托子公司控股实现业务渗透，各子公司相对独立运作，但在诸如风险管理和投资决策等方面以控股公司为核心。

（二）分拆式

"分拆式"是指企业通过不同的专业机构获得相应的分项服务，即就受托管理、账户管理、基金托管、投资管理等不同服务内容选定各自领域内最适当的方式和机构。换言之，商业银行等金融机构只为企业提供单一的投资运营服务，其优点是企业能因此获得较多选择并享受竞争带来的利益。然而，养老金投资运营具有前期投入大和规模经济的特点，因此金融机构只提供单一的服务，这就使得商业银行整个管理规模很大、市场份额高，这样商业银行的投资运营业务才具有盈利空间。

（三）联合式

"联合式"则是介于"捆绑式"和"分拆式"之间的运作模式，是指企业选择一家专业机构提供企业年金基金的投资管理、资金托管等各项服务。该机构同其它机构形成战略联盟为企业提供完整的企业年金服务。

目前，具有养老金管理资格的商业银行可以选择"托管"、"受托"或"托管受托"三种模式，其中"账户管理托管+受托"为前两种模式的综合。

第二节　国外养老金资产管理发展趋势及对我国的启示

一、主要国家养老资产管理情况

在欧美发达国家，社会养老保障体系建立较早，养老金三支柱体系的建设也走在了世界前列，其在养老金的保值增值问题方面进行了诸多探索。总体来说，虽然养老金的构成、所受的管制和约束、金融市场完善程度、风险偏好有所不同，但大多数国家公共养老金采用市场化投资运作的方式，通过大类资产配置组合投资于股票、债券、基金、货币等各类金融资产，实现养老金的保值增值。运作方式上，通常会成立专门的机构作为受托人来运营管理，如加拿大成立养老金计划投资委托会（CPPIB）作为受托机构、日本公共养老金的受托机构是日本政府退休金投资基金等，主要人员由政府任命，受托机构负责基金的资产配置等重大决策，如制定投资目标、业绩基准、战略资产配置，并对投资管理人定期进行绩效评估等，具体投资管理交由投资能力较强且经验丰富的资产管理公司担任。成立专门机构的目的就是使投资决策制定机构和投资具体执行机构分离，让公共养老金的投资管理可以实现专业化，减少政府对投资运营的干预。

（一）瑞士

瑞士养老基金投资管理经历了 2001-2003 年瑞士金融市场持续熊市的严峻考验，时至 2003 年底，瑞士养老基金资产价值仍低于按最低保证利率测算的养老金资产价值。养老基金投资机构形成了如何在不利投资环境下进行养老金资产负债管理的管理技术和管理方法。瑞士的养老金体系由三个支柱构成，其养老金资产管理制度理念先进，在保障养老金安全运行和稳定经济社会发展方面发挥了重要作用。从完善中国养老金制度建设和资金管理的目的出发，探讨瑞士养老金体系及其资产管理经验可资借鉴之处，以平衡政府、企业和个人责任，对中国实现一个制度公平、覆盖面广、可持续的养老保险体系具有重要的现实意义。

（二）日本

日本是世界上第三支柱商业养老保险发展领先的国家，建立了十分完善的第三支柱养老金资产管理体系。日本所构建的个人养老金储蓄计划和个人型定额供款养老金计划在制度模式的设计和政府的监管上较好兼顾了收入再分配的相对公平性与促进第三支柱养老金计划发展效率的协调问题。另外日本拥有世界上对投资人较为有利的两个第三支柱养老金资产投资工具——个人型定额供款养老金计划（iDeCo）和日本个人储蓄账户计划（NISA），二者可共同为投资人免除每年高达 55 万日元的税收缴费，具有丰富多样的投资产品和较高的收益水平，是日本民众重要的养老储蓄方式。日本第三支柱养老金资产管理通过较为完善的制度设计、高效的市场化运作和有效的风险管理，在较短时间内产生了非常好的效果，为我国更好地推动第三支柱养老金资产运营管理提供了经验借鉴。

国际上关于资产配置对投资业绩影响程度的实证分析有很多，布里森等（Brinson et al.，1995）挑选了 91 家大型养老金公司，对其 10 年来的投资绩效进行分解研究，结果显示总投资回报中的 93.6% 是由资产配置决定，仅有剩下的 6.4% 由市场时机、证券选择和其他因素导致[1]。在接下来的发展过程中，不断地有专家学者对这一课题进行进一步实证研究，证实了布里森的结论，如伊博森（Ibboson）和卡普兰（Kaplan）对资产配置对投资绩效的重要性进行了更为具体的研究。结果表明，在不同基金的绩效差异里，资产配置的解释占比 40%；而同一基金的回报在随时间波动中，资产配置的解释可以达到 90%；在同一基金的总回报中，资产配置的影响达到了 100%[2]。

---

〔1〕 Brinson G P, Randolph H L, Beebower G L, "Determinants of Portfolio Performance", *Financial Analysts Journal*, vol. 51, No. 1., 1995, pp. 133-138.

〔2〕 RG Ibbotson, PD Kaplan, "Does asset allocation policy explain 40, 90, or 100 percent of performance?", *Financial Analysts Journal*, vol. 56, No. 1., 2000, pp. 26-33.

（三）美国

美国养老体系的三支柱的基本情况是：第一支柱是政府强制建立的社会保障计划，即美国社会保障信托基金；第二支柱是雇主养老金计划，由企业主导，雇主雇员共同出资的企业补充养老保险制度；第三支柱为个人自愿建立的个人退休金账户（IRA）及其他个人补充养老计划。雇主养老金计划和个人退休金计划（IRA 计划）的提出有效减轻了美国公共养老金的负担，是美国均衡多支柱养老体系的关键。

1. 联邦退休金制度

联邦退休金制度是美国最基本的养老保险制度，始建于 1935 年，以当年美国国会通过的《社会保障法》为起点，以后经过不断的补充、修订，基本条款沿用至今。美国联邦政府的法律规定，职工退休年龄不分男、女都是 65 岁，目前全美有 60% 的雇员参加了私人年金计划，同时必须纳税 40 个季度（具有 10 年缴费年限），才能享受待遇。养老保险费完全由雇主和雇员缴纳，政府不予负担。养老保险的费用，国家以征收社会保障税的方式筹集，由雇主和雇员按同一税率缴纳。雇员应缴纳的数额，按照本人年薪的多少，采取分段办法计算。

2. 私人年金计划

私人年金计划各企业自愿建立。美国政府向雇主提供税收优惠措施以鼓励雇主为雇员建立"私人年金计划"。如企业从年营业额 100 万美元中提取 10 万美元作为雇员的"私人年金计划"，这 10 万美元可以免税。在这种税收优惠政策之下的"私人年金计划"是美国联邦退休制度的一个强有力的补充。

雇主养老金计划实行个人账户积累制，对于企业和雇员的缴费和投资收益不交税，只有在领取时征收个人所得税。雇员退休后的养老金领取金额取决于缴费的多少以及投资收益状况。

雇主养老金计划养老金领取条件是：年满 59.5 岁；死亡或永久丧失工作能力；55 岁以后离职、下岗、被解雇或提前退休。一旦提前取款，将被征收 10% 的惩罚性税款，允许借款和困难取款（如重大疾病等）。同时雇员在年满 70.5 岁时，必须开始从个人账户中取款，否则将对应取款额征税 50%，这一规定目的在于刺激退休者的当期消费，避免社会落入消费不足的陷阱。

3. 个人退休金计划

个人退休金计划即个人储蓄保险，自愿参加，储金一般个人出 3/4，企业出 1/4；联邦政府通过免征所得税予以扶持和鼓励。在储存时不纳税，在支取时再纳税，也是一种延期纳税办法。此项计划的最高存款额为每年 2000 美元，并且必须在每年的 4 月 15 日前存入。所存款项，连同利息在退休后即可领取，也可继续存入银行，但到达 70 岁时必须启用。对于年薪超过一定数额的，不能参加这项计划。具体标准是：未婚者年薪超过 35 000 美元，已婚者年薪超过 50 000 美元。

个人退休账户 IRA（Individual Retirement Account）是一种资源投资性退休账户，是一种长期性的基金投资，没有包地形收益，由 1974 年福特总统签署《雇员退休收入保障法》后首次确立。是否购买 IRA 完全依赖于居民个人决定，IRA 中的资金只有在投资人退休后能够使用，主要应用于投资人退休后的养老生活。

IRA 账户主要分两种类型，一种是传统的 TRA（Traditional IRA），另一种是罗斯 IRA（Roth IRA），如表 6-1 所示。

表 6-1　IRA 账户类型表

	Traditional IRA	Roth IRA
交税时间	取出后交税	存入前交税
取出年龄限制	59.5 岁以上可以取出本金及利息；70.5 岁后必须往外取钱	59.5 岁以上可以取款；若第一次存入的款项已超过 5 年，可免税
存入金额限制	每年最多 5500 美元，50 岁以上可以放 6500 美元	
收入水平要求	夫妻联合报税≤19.9 万美元	夫妻联合报税≤19.9 万美元；个人≤13.5 万美元
是否可以继承	否	是

从美国的三大支柱来看，美国 85% 的家庭拥有第二支柱，63% 的家庭拥有第三支柱，覆盖面广，第三支柱实际上是其体系中最富有效率的部分，增强了美国养老金的灵活性，是其养老金规模不断扩大的关键。二三支柱发展的核心是通过资本市场投资运作促使基金积累壮大。但是中国却是"一强二弱三空白"的特征，如图 6-1 所示。

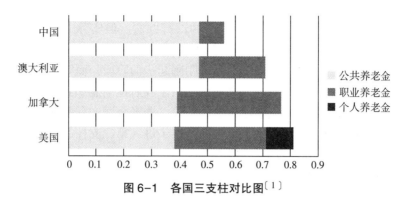

图6-1　各国三支柱对比图[1]

（四）中国

中国的养老三支柱包括，第一支柱的社会统筹和个人账户相结合的基本养老保险，第二支柱是面向企业职工的企业年金和面向机关事业单位的职业年金，第三支柱的个人储蓄养老账户，包括个人储蓄性养老保险和商业保险，如图6-2所示。

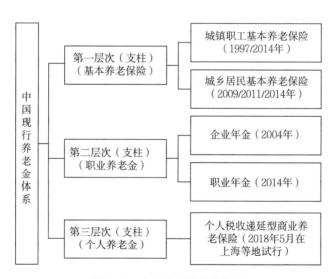

图6-2　中国现行养老金体系

1991年6月，《国务院关于企业职工养老保险制度改革的决定》（国发〔1991〕33号）颁布，提出要"逐步建立起基本养老保险与企业补充养老保险和

---

〔1〕"美国投资公司协会（ICI）年报（Annual Fund-level Superannuation Statistics June 2017）"，载 http：//www.statcan.gc.ca/tables-tableaux/sum-som/l01/cst01/lfss01a。

职工个人储蓄性养老保险相结合"的多层次养老保险体系，后在 1995 年、2004 年和 2011 年都分别提出了针对企业年金的试行办法。但实际上，二十多年来我国政府一直把主要精力放在了公共养老的建设上，给公共财政造成了极大负担；第二支柱的企业年金在我国如今依旧处于刚刚起步的阶段，而第三支柱国家更是一直没有出台明确的指导政策，发展滞后。国家政府逐渐意识到这个问题，正在不断加快第三支柱，随着养老金融市场的繁荣、养老金融产品的提供和相应的制度保障，商业养老保险以外的大量金融品会逐步进入第三支柱的投资范围。

前已述及，养老金投资的合理收益率是工资增长率。此投资收益率主要是保证已经缴纳保险金的收支平衡，并不能大量弥补中国未来养老金供需缺口的时间序列中所算出的国家扩大养老金覆盖范围所带来的本金差异缺口。国家财政直接拨款来弥补养老金本金不足，这主要是面向第一支柱。

第三支柱就是政府引导养老金流入以弥补养老金本金缺口的重要接口。政府 PPP 引导的金融设计，其原理为：政府向特定人群发出养老金购买要约，此类人群每支付 100 元养老金本金，政府按比例配给一定资金。类似的金融可以有多种设计，一种是政府所配给的资金直接充入本金，这要求政府立刻支付相应比例的本金；另一种是政府承诺养老本金投资后，对投资收益按照比例另行增配收益或减免赋税。政府对第二种金融是对收益现金流进行资金配给，因此不必立刻支付大量本金。并且养老金投资管理者在特定人群购买养老金后，可以将此现金流做成金融品在市场上公开销售，将政府承诺的现金流立刻在市场上贴现而获得本金。这两种方式都可以吸纳大量社会资金来充实养老金的本金缺口。

二、国外养老资产运营情况

各国对养老基金受益人的代理投资人的规制，可分为法定投资清单、投资数量限制及多样化投资要求三个主要类型。20 世纪 90 年代至今，养老金资产配置呈现国际化和多元化的趋势，养老金投资品种和比例的限制逐渐被放宽，养老金投资逐渐扩展到股票市场、金融和企业债券、抵押贷款、基础设施和不动产等领域。

针对养老金的投资运营，各国还开发了针对养老金投资的金融产品，如英国的通货膨胀保值证券。英国的通货膨胀保值证券是类似工资指数一类的金融品，因为通货膨胀指数与工资指数通常也具有较高的相关性。英国法律要求养老金收益随着通货膨胀增长而增长是英国通货膨胀保值证券市场最发达的原因。历史上，英国养老金主要投资于权益类证券，但是投资结果并不理想。目前英国养老金资产的主要组成部分正在由权益类证券向包括通货膨胀保值类证券转变。除此之外，还有养老产品的再保险。养老产品的再保险，可以有效地降低养老产品的风险，提高人们对养老产品的信赖度，同时将众多养老产品的风险集中到一个或少数几个保险公司手中，实现有效的风险组合，并且在系统风险发生时方便政府集中处理。

近年来国外的研究主要集中在养老保障制度、养老金资产管理、养老基金市场等方面，理论体系较之国内更为成熟，近年来的研究主要有以下内容包含三个方面：

一是养老金制度的构成及发展趋势。史（Shi）和莫（Mok）探讨了中国内地（大陆）和香港、台湾地区自上世纪 90 年代以来养老金私有化的基本原理和过程，指出来三种情况下的公共/私人养老金组合结构与其各自的政治经济发展有关。为实现国有企业和劳动力市场的改革，中国大陆的养老金改革集中在社会融合和个人账户的结合[1]。亚瑟（Asher）和巴里（Bali）评估了选定的东南亚经济体（印度尼西亚、马来西亚、菲律宾、新加坡、泰国和越南）的公共养老金制度及其面临的关键问题。他们认为加强公共养老金的三个广泛改革方向值得考虑：第一个方向是提高现有公积金和养老基金组织的专业素质，包括其治理实践；第二个方向是加强非经费预算资助养老金（例如社会养恤金）的作用。第三是对养老金改革采取系统的观点，包括补充领域的改革[2]。克莱门特·朱伯特（Clement Joubert，2015）研究了当员工通过非正式工作避缴纳养老金时，在设计养老金制度时所涉及的财政和福利权衡，认为养老金制度对正式就业的支持有限，相反，强制性缴纳养老金大大鼓励了非正规就业的行为，建议提高最低养老金的隐性税率[3]。

二是关于养老金资产选择与投资。萨姆威克（Samwick）和斯金纳（Skinne）通过模拟多个不同人士的广泛收益路径、投资组合和投资组合回报来比较不同计划的养老金福利分配[4]。克拉克（Clark）和根特（Ghent）则以大学教师这一群体为研究对象，分析他们的退休金选择，介绍了受大学老师青睐的养老金计划投资与运营情况[5]。布朗（Brown）和魏斯本纳（Weisbenner）利用伊利诺伊州立大学退休制度的数据来研究养老金的选择，强调金融素养决定养老金资产的投

〔1〕　Shi S J, Mok K H, "Pension privatisation in Greater China: Institutional patterns and policy outcomes", *International Journal of Social Welfare*, vol. 21, No. s1., 2012, pp. S30-S45.

〔2〕　Asher M , Bali A S, "Public Pension Programs in Southeast Asia: An Assessment", *Asian Economic Policy Review*, vol. 10, No. 2., 2015, pp. 225-245.

〔3〕　Clement Joubert, "Pension design with a large informal labor market: Evidence from Chile", *International Economic Review*, vol. 56, No. 2., 2015, pp. 673-694.

〔4〕　Samwick, Andrew A, Skinner, et al, "How Will 401 (k) Pension Plans Affect Retirement Income?", *American Economic Review*, vol. 94, No. 1., 2004, pp. 329-343.

〔5〕　Clark, Gordon L, "Pension Fund Capitalism: A Causal Analysis", Geografiska Annaler Series B, *Human Geography*, vol 80, No 3., 1998, pp. 139-157.

资选择[1]。若昂（João）宝拉（Paula）对养老金的收益及其影响因子进行研究，使用个人养老金选择的微观数据来进行实证分析，认为预期收益增长和风险会影响最终工资定额福利养老金计划的收益[2]。老年人因为老龄化而遭遇很多健康问题，迫使许多退休人员在面临大量医疗费用时需要出售房屋，在这种环境下，针对老年房主的股票借贷产品可能会放宽限制，从而潜在地使许多老年房主在生活中受益，"以房养老"是有利的养老选择（Nakajima and Telyukova，2012）[3]。

三是养老基金对金融市场的影响。雷兹克等（Rezk）（2009）根据20世纪80年代以来在六个拉美国家（阿根廷、智利、哥伦比亚、墨西哥、秘鲁和乌拉圭）实施的个人账户，对完全资助的养老金制度进行了分析，以确定其是否有利于增加国民储蓄，有助于加强国内股市[4]。赞德伯格和斯皮尔戴克（Zandberg and Spierdijk）对经济合作与发展组织国家的养老基金进行研究，发现没有证据能够表明经济合作与发展组织国家的经济增长导致养老基金的投资增加，他们观察到养老基金与经济增长之间没有关系[5]。托马斯和斯帕塔罗（Thomas and Spataro，2016）总结了过去几十年关于养老基金影响市场表现的研究，从时间序列和面板数据两个层面回顾这一研究领域的实证研究进展，认为养老基金对劳动力市场、金融市场和经济增长都产生深刻的影响[6]。

三、国外养老金资产管理的趋势

资产配置是影响养老金长期投资回报的关键。养老金作为长期性资金，其长期投资能力主要体现在资产配置上，资产配置是养老金实现长期投资目标和控制风险的重要手段，发挥着控制风险和稳定收益的重要作用。从国外养老金投资来看，资产配置是核心，是影响长期投资回报的关键因素。从海外公共、补充养老

〔1〕 Brown, J. and Weisbenner, S, "Who Chooses Defined Contribution Plans?", *Social Security Policy in a Changing Environment*, edited by Jeffrey R. Brown, Jeffrey B. Liebman and David A. Wise, Chicago: University of Chicago Press, pp. 131–166.

〔2〕 João F. Cocco, Paula Lopes, "Defined benefit or defined contribution? A study of pension choices", *Journal of Risk and Insurance*, vol. 78, No. 4. , 2011, pp. 931–960.

〔3〕 Nakajima, Makoto and Telyukova, Irina, "Home Equity in Retirement", Available at SSRN: https://ssrn.com/abstract=1898330 or http://dx.doi.org/10.2139/ssrn.1898330, December 27, 2012.

〔4〕 . Rezk E , Irace M , Ricca V, "Pension Funds´ Contribution to the Enhancement of Aggregate Private Saving: A Panel Data Analysis for Emerging Economies", Available at SSRN: https://ssrn.com/abstract=1992440 or http://dx.doi.org/10.2139/ssrn.1992440, March 26, 2009.

〔5〕 Zandberg E , Spierdijk L, "Funding of pensions and economic growth: are they really related?", *Journal of Pension Economics & Finance*, vol. 12, No. 2. , 2013, pp. 151–167.

〔6〕 Thomas A, Spataro L, "The effects of pension funds on markets performance: A review", *Journal of Economic Surveys*, vol. 30, No. 1. , 2016, pp. 1–33.

基金配置趋势看，有如下四个特点。

第一，权益类资产配置比例逐渐提升。一方面，虽然公共养老基金更注重资金的安全性，但是养老金作为长期资金，在权益投资中，可以通过时间换空间减少波动，实现长期稳健回报，另一方面，在增值压力不断增加的情形下，公共养老金必须通过增加权益类资产的配置比例以提高收益率。从 17 个 OECD 国家的公共养老基金和养老储备基金资产配置情况来看，固定收益类资产平均占比从 2010 年的 60.3% 下降至 2014 年的 56.2%，权益类资产配置占比提升至 30.3%[1][2]。补充养老基金作为个人养老的补充和额外保障，风险承受意愿和能力更强，配置于权益的比例较高。此外，2005 之后，补充养老基金加权平均资产配置方面，权益类资产占比最大，维持在 40.0% 左右，固定收益类资产占比 34.0% 左右。此外，由于是长期资金，流动性资产占比一直维持在 3.0% 左右。

第二，另类资产占比逐步上升。金融危机之后，随着利率的持续下行、公开市场收益的走低，为了分散风险和获取更高的投资收益，补充养老基金资产配置逐渐从传统资产类别向另类资产转移。过去十年间，31 个 OECD 国家补充养老基金在另类资产上的配置从 17.0% 增加到了 24.0%[3]，其中英国养老金的增幅最大，从 2005 年的 27.0% 增速上涨 16 个百分点（至 43.0%）；其次是以色列由 5.2% 增速上涨 10.5 个百分点（至 15.7%），加拿大养老金的增幅也有 10.4 个百分点，另外葡萄牙、奥地利对另类资产的配置也超过 8 个百分点。17 个 OECD 国家的公共养老基金（含养老储备基金）对另类资产（含基础设施）的配置也由 2011 年的 11.2% 上升至 13.5%。

这是因为，另类资产投资具有长期投资回报高，与其他传统资产投资相关性较低等优势，对于规模大且具有长期投资特性的养老金资产来说，能提供更好的风险收益匹配。

第三，投资方式直接与委托相结合，以委托为主。由于资本市场环境复杂，资产类别日益多元化，养老金资产的运营管理方式日益市场化，投资方式逐渐转变成以委托投资为主。一方面，国际上大多数公共养老基金的管理机构源于政府授权，其运作机制、薪酬水平与市场化运作的资产管理公司有一定差距。另一方面，养老基金通常规模很大，对安全性要求较高，为了优化风险与收益，取得较好的长期收益水平，通常需要投资多类别资产、跨市场投资，这往往需要借助外

---

〔1〕　OECD. Annual Survey of Large Pension Funds and Public Pension Reserve Funds（2015）. Avaliable at：https：//www. oecd. org/finance/private-pensions/survey-large-pension-funds. htm。

〔2〕　董克用、姚余栋主编：《中国养老金融发展报告（2017）》，社会科学文献出版社 2017 年版。

〔3〕　OECD. Pension Markets in Focus.（2016）. Avaliable at：https：//www. oecd. org/pensions/private-pensions/pensionmarketsinfocus. html。

部专业力量来提高基金的投资收益水平。因此，大部分国家的养老基金管理机构均采用直接投资和委托投资相结合的方式，且近年来随着养老基金投资策略的多元化、投资地域的跨市场化、人口老龄化导致的支付压力日益增大等因素，委托投资的比重逐步增大。

第四，受托机制、决策与执行相分离。从养老机构的运营方式来看，大部分国家采用信托制度，包括公共养老金和私人养老金。通常国家会任命政府部门或成立专门机构作为公共养老金的受托机构，通过制定法律明确其受托管理职责，具有独立的投资决策权，尽可能避免政府对养老基金投资的过多干预，该受托机构履行受托管理和监督职能，负责基金的资产配置等重大决策，而投资决策的执行交由专业的资产管理公司，负责具体的投资运营，实现投资决策和投资执行的分离。

四、国外养老金投资的教训

国外养老金投资也留下了许多教训。首先，是片面追求养老金投资管理者的独立性，使得投资决策制定机构和投资具体执行机构分离，让公共养老金的投资管理可以实现专业化，减少政府对投资运营的干预。审慎人规则的本质，也是让养老金的投资管理者独立操作投资。由于投资管理者的投资组合与养老金委托人的支出现金流相独立，致使投资管理者只能局限在自己的投资组合中追求低风险和高期望收益率这两个难以兼得的目标；审慎人规则认为投资管理者"像一个审慎的普通商人处理自己事务一样去处理受托事务且不与委托人有利益冲突"就可免责[1]，这是将基金管理人"处理自己事务"与事关国家命运的巨量养老金投资置于同一风险水平上，必然高估了养老金投资的风险承受能力。

其次，期望收益率的高风险加剧养老金的缺口。正如前面所述，虽然高期望收益率在概率平均的意义上可能减缓养老金缺口，但随之而来的高风险和养老金低抗风险能力的特性可能置养老金于死地。美国构建了典型、灵活且富有弹性的三支柱养老金体系。其中第二、第三支柱的投资占据绝对主体地位。美国的第二、第三支柱养老金主要投向资本市场，多数时间里股票投资占比在40%以上，比重远高于债券投资。2016年摩根士丹利公布的数据显示，全球最大养老基金之一——日本政府养老投资基金（GPIF）所持股票市值严重缩水接近1000亿美元。日本养老金炒股出现亏损后，美国也步了后尘。美国最大公共部门养老基金加州公务员退休基金（CalPERS）公布了2015-2016财年的回报率，创下金融危机以来新低，主因是股票投资报亏。加州公务员退休基金管理着加州众多公共部

---

[1] 陈建伟："养老金入市相关制度安排的国际比较"，载《衍生品评论》2019年第9期，https://new.qq.com/omn/20191218/20191218A03GGA00.html。

门员工的退休金，约 2950 亿美元，而该财年回报率仅有 0.6%，未能达到 7.5%的投资目标。这是该基金连续第二年投资收益未达标，此前一财年的收益为 2.4%。

第三，关于养老金正统思想。从 20 世纪 90 年代末到 21 世纪初，除了捷克和斯洛文尼亚外，大多数中东欧国家都对养老金制度进行了部分私有化的改造，建立起公私混合的"三个支柱"养老金制度。这种养老金制度的改革呈现出"一边倒"的态势，是"养老金新正统思想"的集中体现。1990 年，基于新自由主义理论的"华盛顿共识"形成，它片面地强调市场机制的功能和作用，轻视国家干预在经济和社会发展进程中的重要性和必要性。它的根本宗旨就是国家作用的最小化、快速的私有化和自由化。

20 世纪 90 年代，有关从公共的现收现付制向私人的积累制转变的"养老金新正统（New pension orthodoxy）"思想开始在中东欧国家盛行。虽然它并不是"华盛顿共识"的一部分，但却受其影响，而成为许多国家经济政策的一部分。这种思想的支持者都期待这种转变能像世界银行所倡导的那样，增加国民储蓄并提高金融市场和劳动市场的效率，从而使经济能够长期增长。世界银行宣称，现存的基于现收现付制的公共养老金计划在中等收入和较高收入国家已经处于失控的境地。这是因为支柱体系单一、缴费和待遇之间的联系松散、易于造成劳动力市场扭曲、易于受政治操控一直都是其固有的弱点。而且，不断上涨的养老金支出会导致国家财政赤字居高不下、通货膨胀率上升，还会挤占医疗和教育方面的社会支出。此外，现收现付制养老金计划很难应对人口变化的挑战，其较高的缴费率也会妨碍经济的增长。因此，世界银行和国际货币基金组织积极向各国推荐三支柱制度模式，希望各国能将其付诸实施。

在这种制度模式中，第一支柱是公共管理的具有再分配性质的支柱，可以提供某种基本的养老金，目的在于消除贫困。第二支柱由强制的私人管理的缴费确定型计划构成，个人缴费和退休后的养老金待遇关联紧密。第三支柱为自愿的养老储蓄支柱。由于把养老金和缴费以精算的方式紧密地联系在一起，不但可以增加养老金的透明度，对鼓励缴费也起到了一定的作用。而且，这个强制性积累的支柱还有望增加国民长期的储蓄、深化资本市场的改革并促进资本市场的增长。这种公私混合的新制度通过资金和管理的多元化，分散了风险、强化了市场的作用，但同时也削弱了国家在老年保障方面的作用。

新自由主义的根本宗旨就是国家作用的最小化、快速的私有化和自由化，因此，世界银行所倡导的对原来公共的养老金制度进行私有化，正是新自由主义思想的集中体现。私人的第二支柱和第三支柱的建立虽然在一定程度上分散了原来单一公共支柱的风险，但同时也将缴费从原来单一的公共支柱分流到其他的支柱，从而削弱了原来公共支柱的主导地位。随着公共第一支柱中国家作用的弱化，其原有的再分配功能也被削弱。而老年保障制度所具有的再分配功能是当初养老保险制度建立时团结互济原则的根本体现，因为这种再分配功能不但有助于弥补贫富分化造成的社会裂痕，而且还可以防止收入差距进一步加大。

第三节　完善我国养老金投资管理制度的政策建议

1995 年，《国务院关于深化企业职工养老保险制度改革的通知》确定了我国基本养老保险制度实行社会统筹与个人账户相结合（简称统账结合）的模式，强调了建立多层次社会保障制度的必要性。1997 年《国务院关于建立统一的企业职工基本养老保险制度的决定》进一步明确了基本养老保险制度的统一。这种统账混合的模式，要求从传统的现收现付制向部分积累制进行制度转轨。1997－2000 年，中国的养老金制度进入到实质性的改革阶段，改革的重点就是继续实行社会统筹和个人账户相结合的养老保险模式，企业缴费率为 20% 左右，个人缴费率调整到 8%，社会统筹和个人账户完全分离，将个人账户做实，避免空账运行。企业缴纳的占工资总额的 20% 的缴费全部进入统筹账户，个人缴纳的占工资总额的 8% 缴费全部划入个人账户。

2014 年，国务院办公厅颁布了《国务院关于建立统一的城乡居民基本养老保险制度的意见》，决定在基本实现新型农村社会养老保险、城镇居民社会养老保险全覆盖的基础上，在全国范围内建立统一的城乡居民基本养老保险制度，并在制度模式、筹资方式、待遇支付等方面与合并前的养老保险制度保持一致。基金筹集采取个人缴纳、集体补助、政府补贴的方式。中央财政将按照基础养老基金标准，对中西部地区给予全额补助，对东部地区给予 50% 的补助。这既有利于促进人口流动、增强社会安全感，也有利于使人民群众对民生的逐步改善有明确的预期，同时对于拉动消费、鼓励创新创业具有重要的意义。2015 年 1 月，国务院发布《国务院关于机关事业单位工作人员养老保险制度改革的决定》，明确提出了改革现行机关事业单位工作人员退休保障制度，并根据职工工资增长和物价变动等情况，统筹安排机关事业单位和企业退休人员的基本养老金调整，逐步建立兼顾各类人员的养老保险待遇正常调整机制，分享经济社会发展成果，保障退休人员基本生活。

一、我国养老金投资方面存在的问题

（一）养老保险资金面临巨大的支付缺口和支付压力

自 20 世纪 90 年代以来，我国的社会养老保险制度从现收现付制向统账结合的部分积累制转变，在支付已退休人员应得养老待遇的同时，为在职职工建立个人账户以积累日后给付所需资金，制度转轨造成了养老资金的严重不足。同时，制度设计上还存在缺陷，致使一些企业逃避参保、瞒报工资总额、低报工资基数、逃避缴费、中断缴费，拖欠养老金缴费，使资金的收入来源减少。

（二）有关养老金制度的立法还不完善，管理不够规范

我国企业的养老保险是在总结各地、各行业实践经验的基础上建立起来的，主要靠政策指导。由于一些地区的政策和做法并不统一、立法不完善、管理不规范，致使养老保险缴费征收困难，对于企业少缴、不缴都没有强有力的法律处罚措施，影响了养老金收入的增长。此外，由于缺少法律约束，很多责任问题划分不清，政府与企业和个人的责任不明晰，企业和个人严重依赖政府、地方依赖中央的现象普遍存在。由于缺乏相关的配套法规和优惠政策，企业年金发展缓慢，多层次的养老金制度尚未完全建立。

（三）统筹层次低，养老基金的调剂能力不足

在社会统筹机制建立的过程中，由于在经济体制改革的过程中形成的不同地方、行业、部门间的利益格局很难打破，为了谋取平稳过渡，养老金的统筹又形成了市、县统筹与行业统筹并存的局面，而养老金的差额缴拨制度又削弱了社会统筹应有的共济和协调功能。目前，各地区间的社会统筹水平仍不均衡。

二、完善养老金投资规则

第一支柱养老金投资的法律规则《基本养老保险基金投资管理办法》于 2015 年推行后，委托人权力与责任严重错位，投资管理机构法律约束过于依赖严格数量控制规则，投管机构的谨慎人规则、资本要求、风险治理、保险制度等审慎投资人规则非常薄弱。第二支柱年金基金投资规则即《企业年金基金管理办法》，在委托人、受托人、投资管理人规则方面依然薄弱。服务于第三支柱的保险产品、银保结合产品异军突起、发展较快、良莠不齐，但无专门法律规则予以支持。《保险法》及《商业银行个人理财业务管理暂行办法》等，对第三支柱保险产品、银保结合产品的结构、质量、发行机构偿付能力、机构说明义务及纠纷解决等方面的规范，也处于不完善状态。与 2017 年 6 月 29 日颁布的《国务院办公厅关于加快发展商业养老保险的若干意见》中对商业养老保险机构加强创新、丰富养老保险产品、推动企业年金计划、提供精算管理和服务等方面的要求相比，还有非常大的差距。

2022 年 4 月，《国务院办公厅关于推动个人养老金发展的意见》发布，个人

养老金实行个人账户制度，缴费完全由参加人个人承担，实行完全积累。个人养老金参加人每年缴纳的上限为 12 000 元。个人养老金资金账户资金可以用于购买符合规定的银行理财、储蓄存款、商业养老保险、公募基金等运作安全、成熟稳定、标的规范、侧重长期保值的满足不同投资者偏好的金融产品，参加人可自主选择。基于该意见，本书需要研究如何完善三支柱养老金投资的审慎人责任。如前述，我国养老基金投资的宽泛投资范围与投资比例限制相结合的方式，借鉴了欧盟投资组合数量限制的集合型投资模式。但现行立法主要以受托机构及投资管理机构的行政责任，替代其审慎投资人义务及责任，导致这两类投资机构的非审慎投资行为无法被归责。

因而，《基本养老保险基金投资管理办法》等规则，应要求直接投资养老基金的受托机构及投资管理机构，在整体考量养老基金投资风险与收益的基础上，本着专业投资人的谨慎、技能、智识、经验及处理本人事务的态度，以养老基金及基金受益人的最大收益为目标，进行投资。对于被纳入风险治理事项的投资风险，应履行启动应急措施、向监管机构报告、向公众披露及计入年度收益报告等义务。所以，尽管我国养老基金可投资于重点改制国企、房地产市场及地方债等，但不论是否有配合产业结构调整及降低政府债务等政策考量，仍应恪守仅以养老基金的最大投资收益为目标，防止养老基金被套牢在部分改制企业或转轨行业内。受托机构在选择投资管理机构时，对投资管理机构的历史性投资回报、声誉及高管等的考察及要求，也应符合审慎投资人标准。同时，可要求投资机构在测算被投资资产的流动性及投资组合的市盈率等指数时，参考欧盟 2014 年《职业养老金机构运行及监管指令修正案》，引入压力测试等方法。欧盟投资组合数量限制型养老基金投资模式，能够替代早期的投资清单模式，与其将金融风险量化技术应用为常规的金融风险监测方法有很大关系。

在受托机构及投资管理机构的审慎投资行为规则的基础上，应建立审慎投资人责任。受托机构或投资管理机构，未按规定提取风险准备金、技术性准备金、自有资本或后偿贷款的，应予提取；给养老基金造成损失的，应承担赔偿责任。这两类投资机构不符合审慎投资人规则的，如违反多样化投资要求或进行利益冲突交易的，应予改正，并将收益归入养老基金；给养老基金造成损失的，须承担赔偿责任。投资机构违反养老基金的风险治理规则，给养老基金造成损失的，应承担赔偿责任，并接受监管部门的处罚。这两类投资机构违反其他的养老基金投资规则、监管规范或触犯刑法，给养老基金造成损失的，应承担赔偿责任，并承担相应的行政责任及刑事责任。

三、研究建立三支柱养老金投资的安全网规则

养老基金投资运行风险，投资机构因决策能力、道德风险、风险治理能力及规避系统性风险或金融危机风险的不足而导致的风险，在政府基金、公共基金及私人基金的投资中，均无法避免。为降低这些风险，审慎投资人规则从早期的投资清单标准，发展为吸收现代投资组合理论、给予投资人较高裁量权、要求其整体考量投资风险及收益并进行多样化投资的标准。

我国《基本养老保险基金投资管理办法》规定的宽泛投资范围与投资比例限制相结合的投资方式，可被视为投资清单标准与多样化投资标准的结合。这一投资方式在更好发挥投资机构商业判断的同时，也增加了衡量投资机构行为的审慎性的难度。因而，内化投资机构的非审慎性投资行为的成本，也成为降低投资风险的重要手段，为弥补养老基金投资的日常损失，可要求受托机构及投资管理机构，按照与目前《基本养老保险基金投资管理办法》相同的比例，从自有资金中提取风险准备金并弥补风险准备金缺口。这是为了改变依据现行立法，投资机构以养老基金为风险准备金来源的做法。

实际上，风险准备金制度激励投资机构恪守审慎投资原则的关键，在于投资机构须持续自行吸收非审慎性投资行为造成的损失。为应对养老基金投资的运行风险、系统性风险及投资机构的道德风险，可在《基本养老保险基金投资管理办法》中补充规定，受托机构及投资管理机构，应以现金或高流动性资产提取技术性准备金。在技术性准备金最大收益率的计算上，可参考欧盟 2014 年《职业养老金机构运行及监管指令》（修正案）第十四（b）条，依据养老基金投资机构的季度投资策略，按各类主要的投资组合及其涵盖金融资产的不同类型，分别测算最大收益率。也可考虑以我国股票或债券等金融商品的平均市盈率，或以房地产及重点改制企业 3-5 年的平均历史回报，作为最大收益率基准。

为应对养老基金投资的顺周期风险，可在《基本养老保险基金投资管理办法》中补充规定，受托机构及投资管理机构应以现金方式提取自有资本。自有资本可用于吸收冲抵技术性准备金的资产或养老基金所持有的其他资产的贬值风险，或用于吸收被投资对象在金融市场动荡时的贬值风险。自有资本可按受托机构及投资管理机构所持有资产最近 3-5 个会计年度内的平均折价率来计算。

四、加快第三支柱养老金投资于证券和保险资管的立法与修法

保险公司及银、保结合的养老金融工具服务模式中，存在可能的机构道德风险，而我国证券及保险资管、第三支柱保险产品、银保结合产品的结构、质量、发行机构偿付能力、机构说明义务及纠纷解决等方面的规范也不完善。同时，实践中，保险公司开发复杂嵌套投资工具、从投资者手中融资、支持杠杆并购等业态也已出现。客观的说，我国保监会引入"偿二代"，在很大程度上预防了保险公司资不抵债、给参保人或受益人造成严重损失的可能性。但与此同时，在我国分业监管模式下，保、银合作，保、基通道等业务模式也大量存在，这些结构性、嵌套和通道交易模式，可以规避"偿二代"及《保险法》的资本要求、公司治理和披露要求。

同时，"偿二代"也仅是保险公司或再保险公司并购、清算及偿付能力的监管框架，对保险公司服务养老金第三支柱的养老保险投资工具的产品结构、质量、通道发行机构的偿付能力、机构说明义务及纠纷解决等方面的问题，均不涉及。因而，我国须建立一套新的保险公司的养老保险投资工具及服务，及银行、信托、证券、基金、保险等机构混合开发的混合型养老保险投资工具及服务的法律规则和监管框架。

第七章　全生命周期养老服务型金融的内涵与外延

第一节　养老服务金融的概念与理论基础

一、养老服务金融的概念

养老服务金融，指的是金融机构围绕社会成员养老相关的消费、投资及衍生需求进行的金融服务活动，养老服务金融是养老金融的重要组成部分，其目标是"养老"，重点在"服务"，落脚是"金融"，其本质就是利用金融为养老服务，通过金融创新保障多元化的养老需求。

养老服务金融包含在养老金融当中，并且是其重要的组成部分。养老金融是指为了应对人口老龄化挑战，围绕着社会成员的各种养老需求所进行的金融活动的总和，其中主要包括三个方面：一是养老金金融，二是养老服务金融，三是养老产业金融[1]。养老金融是金融领域中不可或缺的一部分，也是解决人口老龄化问题中至关重要的一环[2]。养老金融是一个更大的概念，所有与养老有关的金融产业均包括于养老金融之中。而养老服务金融，则是一个更具体的概念，其以"服务"为重点，具体的指向了以养老为目标为大众提供的金融服务。

个人通过生命周期的资产配置来获得相应的养老资产储备，可以通过多元化的渠道实现。一方面，可以通过养老金制度实现养老资产的储备和积累，即通过养老金金融提升相应的养老保障水平；另一方面，除了制度化的养老金安排之外，国民还可以通过更加自由的市场化方式（如养老理财、养老保险、养老信

---

〔1〕　孙博："养老金融，迎来新'蓝海'"，载《金融博览（财富）》2016 年第 12 期。

〔2〕　黄文金、张秋、杨丹虹："人口老龄化背景下我国养老服务金融的现状及对策分析"，载《河南工学院学报》2020 年第 3 期。

托、养老基金等）增加养老储备，而且还可以将自身所拥有的固定资产、权益资产等通过金融化的手段转变为养老资产（如住房反向抵押贷款/保险等），这就是养老服务金融的表现形式。

具体而言，养老服务金融涉及两方面的服务内容，一是养老财富管理，包括工作期以养老为目标的财富积累以及老年期养老资产的管理和消费，旨在开发跨生命周期内平滑消费需求的专业化金融产品，如银行业的养老理财产品、住房反向抵押贷款，基金业的养老目标基金，保险业的商业养老保险、住房反向抵押养老保险以及信托业的养老信托等；二是养老金融便捷性支持，包括适应不同年龄段人群需求的软件设计以及适老化改造等硬件设施的完善，如图7-1所示。

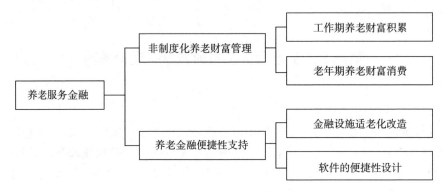

图7-1　养老服务金融概念框架

养老服务金融与人的生命周期过程息息相关。生命周期消费理论认为，人们在生命周期的不同阶段，所处的经济条件和可支配收入水平不同，需要对消费和储蓄进行优化安排与合理配置，以实现个人与家庭效用在整个生命周期最大化的目标。对个人而言，为老年阶段做好资产储备，并保持持久的消费能力，保障老年生活的品质。在这一过程中，为了实现上述个人与家庭效用的最大化目标，选择养老有关的金融服务是一种必须的实现路径，养老服务金融往往也就伴随着人们生命周期的各个阶段，与人的整个生命周期息息相关。

养老服务金融将成为我国社会不同人群或家庭的一个重要选择。养老服务金融涉及的家庭经济资源一般包括金融资产、实物资产和不动产等。而养老服务金融提供的服务就是考虑个人整个生命周期的情况，完成家庭经济资源在不同投资产品上的配置和选择，规划实现养老的关键目标。而现阶段家庭资源配置可以选择的投资产品包括银行存款、银行理财产品、股票、国债、基金、信托、商业保险等，以及商品房等不动产和书画、古董等收藏品等。而这些投资产品为养老服务的业务也就是养老服务金融的业务。

二、养老金融主体的全生命周期消费理论

养老服务金融的产生可以用生命周期理论来解释，该理论认为，人们会根据一生的全部预期收入来安排相应时期的支出，每个人和家庭在任何时刻的消费和储蓄决策都反映其生命周期阶段的理想消费分布，最终目标是实现消费效应的最大化。在理性人前提下，人们会根据其对预期寿命的判断来确定其一生各个时段中的收入用于储蓄和消费的比例，从而将一生的收入做出最好的分配，使得最终的消费额度等于一生的收入，进而实现消费效用最大化。但是，由于人的一生中消费和收入并不同步，在工作期，收入通常会大于消费，产生正储蓄；在退休期，消费则往往大于收入，产生负储蓄。因此，人们往往需要在工作期增加对养老的储蓄，进而平滑一生的消费，如图 7-2 所示。

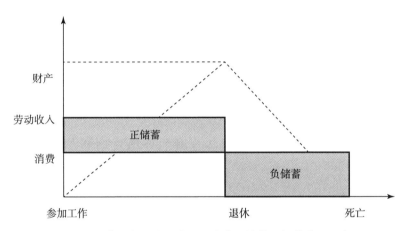

图 7-2 生命周期理论下收入、消费和储蓄之间的关系示意图

1. 养老金融主体全生命周期消费的长期分析

由于寿命期内的消费等于寿命期内的收入，同时每一时期的消费 C 又相等，于是有每一时期消费×寿命＝年收入×工作年限，即：

$$C \times N_L = Y_L \times W_L$$

将上式两边同时除以 N_L 得到每年的计划消费 C，即：

$$C = \frac{W_L}{N_L} \times Y_L$$

其中，W_L 表示工作年限，N_L 表示生活年数，Y_L 表示每年收入水平。可以得出，长期边际消费倾向为 $\frac{W_L}{N_L}$。

2. 养老金融主体全生命周期消费的短期分析

假定消费者在某一时点 T，拥有财富量为 W_R，其在 T 时点以后的工作期 $(W_L - T)$ 年内的收入为 $(W_L - T) \times Y_L$。此时，消费者预期还要过 $(N_L - T)$ 年，因此，此消费者在 T 时点以后寿命期内可能的消费为：

$$C \times (N_L - T) = W_R + (W_L - T) \times Y_L$$

根据公式，每一时期的消费就等于：

$$C = \frac{W_R + (W_L - T) \times Y_L}{(N_L - T)}$$

令 $\alpha = \dfrac{1}{N_L - T}$，$\beta = \dfrac{W_L - T}{N_L - T}$，则上述公式可以写成：

$$C = \alpha W_R + \beta Y_L$$

根据生命周期消费函数，平均消费倾向为：

$$\frac{C}{Y} = \alpha \frac{W}{Y} + \beta$$

其中，参数 α 为实际财富的边际消费倾向，β 为劳动收入的边际消费倾向。

第二节　养老服务金融的分类与功能

一、养老服务金融的分类

养老服务金融是围绕社会成员养老相关的消费、投资及衍生需求，内容十分广泛，涉及的金融产品丰富多样。2016 年 3 月，人民银行等五部委联合发布《关于金融支持养老服务业加快发展的指导意见》，从国家层面第一次对养老服务金融的内容有了明确的界定和功能方面的论述："支持各类金融组织开展养老领域金融业务。鼓励银行、证券、保险、基金等各类金融机构积极应对老龄化社会发展要求，优化内部组织架构和管理体制，增强养老领域金融服务能力。鼓励金融租赁公司开发适合养老服务业特点、价格公允的产品，提供融资租赁等金融服务。鼓励信托公司利用信托制度优势，积极开发各类附带养老保障的信托产品，满足居民养老领域金融服务需求，支持养老服务业发展。"这实际上对于养老金融的界定与分类做出了明确的规定。按照文件的内容，可以大体将养老服务金融按照行业类别分为银行、保险、证券、基金、金融租赁公司和信托公司六大类别：

1. 银行业

银行业的养老服务金融产品主要包括养老储蓄、养老理财、住房反向抵押贷款等产品；发行为老年群体提供特定服务的银行卡等非现金支付工具，同时为个人养老金的缴费、领取提供个人账户。

商业银行作为民众最为熟悉和信任的金融机构，承担了民众绝大部分的金融服务[1]。在退休养老规划方面，商业银行是居民选择退休储蓄方式的重要信息源之一。已退休人员获取信息和接纳新知识的能力弱于未退休人员，除了朋友和家人是第一信息渠道外，商业银行的顾问是退休人员进行财务规划的第二大依赖主体。若按照年龄分组来看，在各类信息源中，随着进入中老年，居民对银行顾问的重视程度明显上升，特别是 70 岁以上的人群将银行顾问排在信息源重要性的第一位[2]。因此，相比于其他金融机构，商业银行更容易对民众宣传新的养老观念，协助其进行养老资金规划，这也是商业银行义不容辞的社会责任。

此外，由于我国的商业银行与西方发达国家的商业银行相比盈利模式较为单一，过度的依赖存贷差的现象十分普遍，因此发展养老服务金融、开发并推广养老产品实际上也是商业银行本身的巨大商机和转型的重点战略方向。一方面，快速增长且具有长期资金规划投资的养老金融产品市场可以为自身未来提供长期可持续的利润增长点，有效改善过度依赖利息差的不合理利润结构，有效降低对银行资本的占用，实现更好的风险管理。另一方面，对新产品、新服务的开发推广，对客户的宣传教育，也能有效帮助中青年群体及早做好养老资产的规划和储备，帮助老年群体利用金融工具更好地满足其多元化的需求，实现健康老龄化。

人民银行等五部委联合发布《关于金融支持养老服务业加快发展的指导意见》中，重点介绍了对于商业银行养老服务金融的发展意见。文件指出，商业银行应当积极创新适合养老服务业特点的信贷产品和服务、完善养老服务业信贷管理机制、加快创新养老服务业贷款方式，以及拓宽养老服务业贷款抵押担保范围等等，这些发展意见对于商业银行发展养老服务金融产业指明了方向。随着中国老龄化进程的推进，商业银行在养老服务金融行业将有着越来越重要的地位。

2. 保险业

保险业的养老服务金融产品主要包括个人与团体商业养老保险、老年人住房反向抵押养老保险等；研发符合养老需求的长期护理保险、健康保险、意外伤害保险等保险产品；养老保障委托管理业务等。

保险业是进行跨个体风险分散、以风险融资为基本职能的行业，这一本质属

---

[1] 刘润心："商业银行发展养老服务金融的必要性和策略分析"，载《石家庄学院学报》2020 年第 2 期。

[2] 清华大学经管学院、同方全球人寿联合课题组："2018 年中国居民退休准备指数调研报告"，载 https：//doc.mbalib.com/view/e32e78741aa0b662f635e962c53edd91.html。

性使得保险业具有参与养老产业发展的一系列良好条件[1]。首先，保险业属于社会保障体系的有机组成部分，能够为养老服务体系的有效运行提供财务支持。其次，保险业拥有大量长期性、稳定性可运用保险资金，与养老产业资金需求的匹配度高。保险业可运用资金规模大，资金可使用周期长。保险资金的这些特点有助于降低养老服务业的融资和运营成本，拉长养老产业链缓解社会养老资源严重不足的矛盾。再次，保险业拥有丰富的客户资源，能够为高端养老服务提供大量高净值客户，为中高端养老服务拓展市场提供便利。最后，保险业具有养老服务所需要的人文情怀。保险业的宗旨是共济互助、扶危济困，与养老服务业的情怀要求高度吻合，能够实现与养老服务业的无缝对接。保险业参与养老服务业所具备的这一系列良好条件，使得其积极参与对于养老服务业的发展来说显得十分重要和珍贵。也可以看出，保险业与养老服务金融有着天然的适配性和战略价值，具有十分广阔的发展前景。

基于这种战略价值，早在 2014 年，国务院就印发了《国务院关于加快发展现代保险服务业的若干意见》。该文件强调：在社会保障体系建设过程中，需要将保险业建设成为该社保体系的重要支柱，在企业主导养老健康保障计划过程中，要将保险业逐步建设成为该计划的关键提供主体，为企业构建商业养老健康保障计划提供有利条件。在养老、医疗保险领域，要积极发挥保险业的补充功能。在 2016 年的《关于金融支持养老服务业加快发展的指导意见》中进一步的强调了保险业养老服务金融的下一步发展方向，对于保险业给出了完善多层次社会养老保险体系、加快保险产品和服务方式创新、创新保险资金运用方式等意见。

3. 证券业

《关于金融支持养老服务业加快发展的指导意见》强调，要推动符合条件的养老服务企业上市融资，支持处于成熟期、经营较为稳定的养老服务企业在主板市场上市，支持符合条件的已上市的养老服务企业通过发行股份等再融资方式进行并购和重组。这也为证券业支持养老服务金融的参与路径提供了指导意见。

实际上，目前证券业养老服务金融的产品主要是养老目标证券投资基金类产品，对于养老服务金融市场的证券化程度严重不足。单纯以养老服务为主业单独上市的公司屈指可数，直到 2017 年 2 月，港交所才迎来养老"第一股"：松龄护老集团（01989.HK）。养老服务金融产业的很多企业盈利能力不足，无法满足上市门槛。而对于养老目标证券投资基金，国内监管当局仍然持谨慎态度。直到 2018 年，证监会才公布并施行《养老目标证券投资基金指引（试行）》。该文件

---

[1] 冯占军、李连芬："保险业与养老服务的融合"，载《中国金融》2018 年第 15 期。

正式规定了养老目标证券投资基金的基金管理人资格、持有期限等条件，并严格规定基金投资于股票、股票型基金、混合型基金和商品基金（包括商品期货基金和黄金 ETF）等品种的比例合计原则上不得超过 30%、60%、80%。但是，随着我国老龄化程度日益加深，养老服务金融的广阔发展前景不断凸显。国内多家证券公司已经开始布局养老服务金融产业链，包括养老基础设施建设、养老理财、医药、老年用品等行业。

总体来说，证券业的养老服务金融产品数量少，监管严，整个行业尚未得到充分的发展，但是证券市场是相关养老企业融资的必由之路，在未来预计将进一步为养老服务，为养老企业的发展提供融资渠道，带动养老基金的投资和流动，同时为三支柱养老金的投资提供场所和渠道，从而为养老服务金融整个行业做出巨大的贡献。

4. 基金业

基金业养老服务金融产品主要包括养老型基金产品，包括生命周期基金、目标风险基金、养老目标日期基金等。

目前，基金业在服务基本养老保险基金的运营中做出了重要贡献。基本养老保险基金是我国社会保障制度重要的组成部分，由国家、企业和劳动者共同承担，由各地社会保险事业中心（养老金局）筹集并管理。根据全国社会保障基金理事会 2021 年 8 月公布的年度报告，2020 年底，基本养老保险基金资产总额为 13 950. 85 亿元，2020 年基本养老保险基金权益投资收益额为 1135. 77 亿元，投资收益率达 10. 95%[1]。截至 2021 年 9 月末，全国 31 个省（自治区、直辖市）和新疆生产建设兵团与全国社保基金理事会签署了《基本养老保险基金委托投资合同》，签约规模 1. 25 万亿元，到账金额 1. 1 万亿元[2]。

基本养老保险基金的投资有着严格的比例限制。2015 年 8 月，国务院发布《基本养老保险基金投资管理办法》，其中规定：

（1）投资银行活期存款，一年期以内（含一年）的定期存款，中央银行票据，剩余期限在一年期以内（含一年）的国债，债券回购，货币型养老金产品，货币市场基金的比例，合计不得低于养老基金资产净值的 5%。清算备付金、证券清算款以及一级市场证券申购资金视为流动性资产。

（2）投资一年期以上的银行定期存款、协议存款、同业存单，剩余期限在一年期以上的国债，政策性、开发性银行债券，金融债，企业（公司）债，地

[1]　全国社会保障基金理事会：“2020 年全国社会保障基金理事会社保基金年度报告”，载 http：//www. ssf. gov. cn/portal/jjcw/sbjjndbg/webinfo/2021/08/1632636003310029. htm。

[2]　参见全国社会保障基金理事会：“2021 年三季度基本养老保险基金受托管理工作情况”，载 http：//www. ssf. gov. cn/portal/yljjgl/webinfo/2022/01/16431 59462847870. htm。

方政府债券，可转换债（含分离交易可转换债），短期融资券，中期票据，资产支持证券，固定收益型养老金产品，混合型养老金产品，债券基金的比例，合计不得高于养老基金资产净值的135%。其中，债券正回购的资金余额在每个交易日均不得高于养老基金资产净值的40%。

（3）投资股票、股票基金、混合基金、股票型养老金产品的比例，合计不得高于养老基金资产净值的30%。养老基金不得用于向他人贷款和提供担保，不得直接投资于权证，但因投资股票、分离交易可转换债等投资品种而衍生获得的权证，应当在权证上市交易之日起10个交易日内卖出。

（4）投资国家重大项目和重点企业股权的比例，合计不得高于养老基金资产净值的20%。由于市场涨跌、资金划拨等原因出现被动投资比例超标的，养老基金投资比例调整应当在合同规定的交易日内完成。

这一规定，实际上限制了养老保险基金投资的方向和比例，从而确保了这一重要的社会保障基金的规范使用和投资，避免了因错误投资而导致的重大金融风险。但是，根据监管划定的30%红线，目前养老金入市距离上限还有很大的空间。因此，已经有声音呼吁更多养老金入市，增加养老保险基金的投资体量。当然，这取决于社保基金会以及更高层的整体考量。

此外，基金业养老服务金融产品还包括一种创新型的公募基金，即养老目标基金。这种基金以养老资产保值为目标，公开向社会募集资金，并鼓励投资人长期持有，通过稳健的资产配置来合理控制组合风险，从而达到养老目标。相较于具有公共性质的养老保险基金来说，养老目标基金在商业化程度、投资效益和灵活程度显然具有一定的优势，随着老龄化的进程，养老目标基金还将有更广阔的发展空间。

根据万得wind数据统计，养老目标日期型基金自2018年问世以来在FOF（投资标的为基金的基金）型基金中的占比也逐年上升，截至2021年12月31日，目标日期型基金规模达到171.60亿元，占比19.6%。该趋势变化说明FOF型基金正在逐步为投资人所接受，且经过疫情等突发情况的检验，目标日期基金和目标风险基金类金融工具，能够更好地匹配不同投资者的生命周期属性和风险偏好属性，类封闭式的管理方式日渐展示出长期投资的优势。

5. 金融租赁公司

金融租赁公司提供的养老服务金融产品，主要包括养老服务设施融资租赁、器械租赁、养老机构融资租赁、社区居家连锁模式等。

金融租赁公司，其最主要的业务即为融资租赁。融资租赁，是目前国际上最为普遍、最基本的一种金融业务。它是指承租人根据需要向出租人申请租赁某设备，出租人出资购买该设备，并将出租物出租给承租人。出租期间该设备的所有权归出租人所有，承租人需要定期向出租人支付租金。到期后，承租人可以向出租人退回设备，也可以选择折价购买该设备。融资租赁是集合融资与融物为一体的新型金融产业，由于出现问题时出租人可以选择提前回收出租设备，因此办理融资对于企业的信用和担保要求不高，非常适合参与养老服务金融行业的发展，并发挥重要作用。根据中国租赁联盟、租赁联合研发中心和天津滨海融资租赁研究院的统计，截至 2020 年 9 月底，全国融资租赁企业总数达到 12 154 家，全国融资租赁合同余额达到了 65 070 亿元人民币，并处于向上增长的趋势。根据证监会统计，国内主要上市公司与新三板挂牌公司承租人所在行业主要分布在制造业、电力、热力、燃气及水生产和供应业、房地产业。可以看到，融资租赁参与养老服务金融行业的份额极少，处于刚刚起步的阶段，尚需要政府的大力支持和政策引导。

实际上，养老服务金融中的融资租赁业务在步入老龄化社会的国家，如日本、北欧等国，早已相当成熟。尤其是日本，日本 90% 的养老器械使用靠租赁实现，其中仅轮椅、护理床等产品的租赁，早已达到数百亿的规模。而中国的人口数量尤其是老龄人口的数量远超日本，毫无疑问，养老服务金融中的融资租赁业务在中国有着极其广阔的发展前景。

6. 信托公司

信托公司提供的养老金融服务产品，包括各类附带养老保障的养老信托产品，以及与养老地产、老年医疗、老年健身、老年旅游等养老产业领域融合的信托产品。

信托业在我国已经发展了四十年，2019 年起一些信托公司开始成立养老服务金融相关部门。在现有的信托业务中，直接涉及养老服务金融的信托产品不多，截至 2019 年底，全国仅有安信信托于 2019 年年内发布了一款信托养老资金计划项目："安信·安颐养老消费信托集合资金计划"，其他的信托公司甚至还没有落地相关养老产品[1]。因此，随着我国老龄化状况的不断恶化，利用信托资金、推进信托行业参与养老服务金融以及研发相关养老产品是十分必要的。一方面，信托行业已经发展成为国内第二大资管子行业，成长不可谓不迅速，并且受大资管新规的限制，信托业在托管资产规模以及盈利能力等方面都受到了冲击，而发展养老服务金融，推动养老信托的发展，能够拓宽资金投资渠道，提高资金流通效率，迎来新的利润增长点，更有利于信托行业本身的发展；另一方面，养老服务金融行业需要信托业的参与，从而保证养老服务机构能够获得更多的投融资渠道，带动资金流通，提高经营水平和盈利能力，从而缓解人口老龄化

---

〔1〕 刘双锋："信托业开展养老金融业务方案设计"，河北金融学院 2020 年硕士学位论文。

带来的社会负面影响。

随着我国老龄化程度的不断加剧，信托行业可以主打以受托服务为核心的服务信托，结合金融服务与养老权益推出信托养老产品；还可以与优质的养老服务供应商合作以实现高端机构养老、居家养老和社区养老等多样化养老方式。此外，信托行业除了开展资金信托外，还能创新其信托供给，通过高效结合金融服务与财富管理，实现多领域服务的结合，如从员工信托、资产证券化信托、家庭信托、家族信托等方面积极开展业务，通过金融科技等高技术工具以更好地满足客户多元化要求。此外，信托公司还能够在公益信托方面加大宣传力度，通过对接扶贫慈善信托将其推广至更广泛的领域，包括教育、医疗、养老、残障特殊人群保障等，通过与慈善组织等公益机构的积极合作，深化公益信托的社会效果。

二、养老服务金融的功能

1. 关注普惠性，提供便利性的金融服务

养老服务金融具有普惠的特征，即可以从金融角度提升社会福利、增强社会保障，向普通居民提供更好、更便捷、更安全的低成本金融服务。一方面，在我国养老保险体制不健全和养老金待遇替代率逐年下滑的环境下，居民的养老金融需求愈加强烈，具有社会普遍性；另一方面，养老是每一个社会成员都要面对的问题，不仅仅在年老时需要，在其年轻时就需要积极进行养老金融规划。养老服务金融的普惠性，更体现在增强老年群体金融服务的便利性和可及性[1]。金融机构优化服务网点布局，服务网点进一步延伸至老年群体集中的区域（比如养老社区、老年公寓等），以提高金融服务的可及性；增加现有营业网点的助老设备和无障碍设施，开辟老年客户服务专区、敬老服务窗口、绿色通道等，对营业网点进行亲老、适老化改造，增强金融服务的便利性。

养老服务金融能够有效地提高老年群体金融服务的可得性和便利性：譬如金融机构优化网点布局，并对营业网点和服务设施进行亲老、适老化改造，提供老年专用窗口、绿色通道等便捷服务；养老服务金融机构应当优化老年客户服务流程，比如银行提供符合老年需求的网上银行、手机银行等，比如保险业提供针对老年人特点的保险理赔服务等；养老服务金融机构探索提供综合性金融服务，将与老年生活密切相关的生活服务与金融产品结合，提高老年人生活便利。

2. 养老服务金融能够提供基础金融支撑和权益保护

养老服务金融机构能够积极地介入社会保险、企业年金、职业年金、员工福利计划等业务，做好支付结算、账户管理、托管和投资等基础服务，从而在整个

---

〔1〕 郑秉文、张笑丽："中国引入'养老金融'的政策基础及其概念界定与内容分析"，载《北京劳动保障职业学院学报》2016年第4期。

社会为老龄人口提供基础金融支撑；应当加强老年金融消费者教育和权益保护，关注老年客户金融权益保护，比如对大额转账进行特别要求、禁止误导销售和错误销售、防范老年人理财诈骗等。

由于中老年客户是养老服务金融的主体，其面临着出行不便、视听力受限等一系列的问题，需要通过硬件和软件的完善满足老年人的基础金融需求并保护老龄人口的权益：在硬件方面，针对老年群体行动不便的特征，不少金融机构进行了网点优化和适老化改造，通过现代化技术实现柜台、座椅等智能化调节，以适应不同群体的需求；此外，还有一些金融机构开始探索完善网点布局来满足客户就近办理业务的需求，以兴业银行为例，为更好地打通金融服务最后一公里，体现"以客户为中心"的宗旨，2013 年兴业银行布局了首家社区银行，随后在全国各地迅速开展了数千家的社区银行网点，兴业银行社区银行的设立以便民为核心，全年 365 天采取"错时服务"将营业时间推迟到晚上 8 点，并且网点还设立了老花镜、血压仪等诸多的方便中老年群体的设备，网点还推出了集金融服务、物业服务和生活服务等为一体的智能化平台，通过网点或者线下平台就可以满足相应的需求；在软件方面，在"互联网+"等现代技术的影响下，中老年群体对于移动支付等现代化的金融服务的接受度有了较大水平的提升，通过线下实现便捷性的支付、购买养老理财等均成为中老年群体的重要选择。

3. 养老服务金融具有长期性，注重稳定性

养老服务金融是在考虑个人整个生命周期的基础上，完成家庭经济资源在不同投资产品上的配置，规划实现养老的关键目标，整个服务过程持续时间长达数十年。而同时各类金融机构提供的养老服务金融产品具有转换成本高、稳定性高的特点。以老年人住房反向抵押养老保险为例，老年人投保后，按月领取养老金，直至身故，这有着长期性特点；在保单生效以后，投保人如果退保，则需要承担退保费和其他手续费，不仅面临资金损失，且操作繁琐，投保人的转换成本非常高。这也就意味着，养老服务金融具有长达数十年的长期性和很高的稳定性。

4. 养老服务金融要求安全性

养老服务金融的安全性要求体现在两个方面：

一是参与养老服务金融的资金，关系到居民的养老目标和养老保障，风险承受能力低，必须在保证安全的基础上追求持续稳健增值。

二是养老服务金融的客户，一般以中老年人为主，他们逐渐退出劳动力市场，在经济上主要依赖养老资产，如果不重视安全性，其老年生活可能面临极大风险。此外，我国中老年人金融投资观念相对保守，同时大多缺乏金融知识，容易被误导或进行不理性投资。因此，在监管、金融机构各个层面需要注重金融安

全，防止风险事件发生。

在金融诈骗等风险普遍存在的情况下，广大中老年群体又表现出对资金安全性的担忧。因此不少金融机构开始探索专门针对老年群体的金融服务技术，如上海银行于 2016 年开发了国内首款针对老年客户的手机银行，综合考虑老年客户的实际需求、使用特征和使用习惯等因素，重点关注"安全、简单、好用"的理念，以解决老年客户担心的"不安全"、"不会用"和"不方便"等问题，极大地解决了老年人的安全性需求。

第三节　养老服务金融的发展机遇与意义

一、发展养老服务金融的机遇

我国老年人口数量快速增长，将产生巨大的养老消费需求，而金融服务将是重要一环。在未来养老服务金融实际上有着巨大的发展前景，而这种广阔的前景实际上是由于多重机遇构成的：

（一）老龄化程度加重

国内早有多位学者利用中国人口发展特点，对于中国老龄化程度的加重速度进行了预测。黄毅、佟晓光认为，中国的人口老龄化发展趋势可以划分为三个阶段：第一阶段，从 2001 年到 2020 年是快速老龄化阶段；第二阶段，从 2021 年到 2050 年是加速老龄化阶段；第三阶段，从 2051 年到 2100 年是稳定的重度老龄化阶段。到 2051 年，中国老龄化人口将达到历史峰值 4.37 亿，这一数字约为少儿人口数量的两倍，老年人口规模将稳定在 3 亿-4 亿。[1]而实际上中国老龄化速度甚至远远超过了他们的预测。从 2010 年中国老年人口（65 岁以上）的 1.44 亿人，到 2021 年底中国老龄化人口如前文所述已经超过了 2 亿，老龄人口快速增长，开始将进入加速老龄化阶段。在我国老龄化过程中，小型化、高龄化、空巢化、失能化等问题日益凸显，传统的家庭养老模式受到冲击，广大国民逐步认识到养儿防老已经难以满足年老生活需求，亟需通过金融化的养老储备来应对老龄化带来的挑战，由此产生了越来越旺盛的养老金融需求。但是在这种严峻的老龄化状况下，国内养老服务金融甚至用刚起步来形容也毫不过分。国内养老服务金融行业的发展严重滞后于老龄化速度，从而市场需求远远大于市场供给，这也意味着养老服务金融的发展前景十分广阔，潜力巨大。

---

〔1〕　黄毅、佟晓光："中国人口老龄化现状分析"，载《中国老年学杂志》2012 年第 21 期。

（二）经济高速增长

改革开放以来，我国提出了"三步走"的社会主义现代化国家建设的战略目标。随着我国社会主义市场经济逐步完善，经济实现了数十年的高速发展，GDP 总量持续提升，目前已经位居世界第二位，人均 GDP 也不断攀升。根据国家统计局数据，截至 2021 年底，我国人均 GDP 达 80 976 元，[1] 折合约 1.2 万美元，完成脱贫攻坚，实现了总体小康的目标，为老年人多元化养老需求的满足提供了经济保障。2020 年开始的新冠疫情冲击之下，世界经济陷入了衰退，而中国则逆流而上，成为世界经济发展引擎。在世界各主要经济体中，中国经济是恢复得最快、发展得最好的。世界银行等多个国际机构也都纷纷上调对我国经济增长预期。而中国经济的快速发展，为老年人多元化养老需求的满足提供了经济保障，国内养老服务金融的市场需求会进一步加大。

（三）深化金融改革，促进金融创新的必要性

胡继晔（2013）在界定养老金融概念，分析国内养老金融发展的必要性中指出：发展养老金融可以降低我国金融体系过于依赖银行的风险。发展养老金融的重点是将积存的个人账户养老金从财政专户中分离出来，规范地进入资本市场，参与企业股票、债券发行的直接融资，这一方面解决了我国融资结构中轻直接融资、重间接融资的不均衡状况，另一方面也为自身的保值增值创造了条件。并且在当前严监管的背景下金融机构面临业务转型，养老服务金融是其重要抓手[2]。作为人口老龄化背景下的国家重要战略支持行业，养老服务金融是金融机构创新金融产品，满足广大国民需求，促进金融机构战略转型的重要抓手。可以看出养老服务金融对于我国深化金融改革的进程、促进金融创新具有不可忽视的作用。因此养老服务金融具有巨大的发展前景。

二、发展养老服务金融的意义

养老服务金融的发展，对于解决我国老龄化加重过程中面临的种种社会问题、促进金融体系健康发展具有重大意义。

（一）老龄化逐渐加重，养老金融本身面临挑战

一方面老龄化程度步步加深，老龄人口不断增加；居民收入不断增长，消费热情攀升，导致在其生命周期内对于养老的投入与消费不断增加。另一方面，社会养老服务金融业发展较慢，无法满足巨大的养老需求。在这种情况之下，大量犯罪分子盯上了老年人的养老需求，从而产生了形形色色的非法集资、虚假宣传

---

〔1〕　国家统计局："中华人民共和国 2021 年国民经济和社会发展统计公报"，载《中国统计》2022年第 3 期。

〔2〕　胡继晔："养老金融：理论界定及若干实践问题探讨"，载《财贸经济》2013 年第 6 期。

等犯罪行为。这些不法行为的滋生，产生大量的社会争端，对社会稳定造成冲击。这类犯罪行为往往涉及金额巨大，案情严重，导致人们对于养老金融行业的不信任，从而对整个养老服务金融行业造成冲击。根据金信网银公司的"冒烟指数"对全国的监测，截至 2021 年 2 月 9 日，金融风险监测预警云平台常态监测养老类企业 9600 家，按照冒烟指数分级标准，对企业进行分级监测，发现：红色预警企业（60≤冒烟指数≤99）136 家，占比 1.42%；橙色预警企业（40≤冒烟指数<60）165 家，占比 1.72%；黄色预警企业（20≤冒烟指数<40）450 家，占比 4.69%；蓝色预警企业（1≤冒烟指数<20）7 873 家，占比 82.01%；工商注销或吊销企业 890 家，立案企业 86 家，共占比 10.17%[1]。因此，促进养老金融发展有利于解决社会问题、减少社会冲突，使得民众老有所依，投资有所回报，从而增长市场信心。

（二）发展养老服务金融可以为金融行业的发展注入新的血液

养老服务金融带动了金融创新，加快了深化金融体制改革的进程。同时，良好的养老金融服务能够满足国民对于满足其生命周期的资产配置需求，能够使得民众根据自己的资产状况选择安全、多元化的养老金融产品，从而带动了全社会的消费和投资，并促进了资金的流动。这也就意味着为中国金融注入了新鲜的血液，使得我国经济得到进一步发展。

（三）养老服务金融能够通过现代信息技术实现金融服务养老的便捷性和高效性

随着"互联网+"、大数据、人工智能、区块链等现代信息技术的快速发展，金融行业发生了巨大变化，网上银行、支付宝等便捷性的金融服务开始融入广大国民的日常生活中，大大提高了金融服务养老的便捷性和高效性。一方面，广大国民可以通过各种金融信息平台及时获取金融机构所提供的养老金融产品，可以快捷地根据自身的需求选择相应的养老金融产品，既可以节约金融机构的运营成本，也可以降低消费者的时间成本和经济成本；另一方面，通过养老服务金融技术手段（如人脸识别等）的完善，可以有效保障养老金融的安全性，同时可以支持老年群体及时、便捷地获取相应的养老保障待遇等[2]。

（四）养老服务金融能够带动金融机构战略转型

严监管背景下金融机构面临业务转型，养老服务金融是其重要抓手。在经过相当长时期的金融自由化后，中国金融资产有了迅速的积累，但同时也面临着资

---

〔1〕 北京金信网银金融信息服务有限公司：《养老行业企业金融风险监测报告》，2021 年内部报告。
〔2〕 张栋、孙博："养老服务金融：严监管背景下的跨行业探索与创新"，载《养老金融评论（2019年第六辑）》。

金脱实向虚的问题，催生了资产泡沫，产生了巨大的金融风险，十九大报告也明确将化解重大金融风险作为 2020 年前三大攻坚工作之一。2017 年开始，以银监会"三三四"检查[1]、保监会"1+4"系列文件[2] 以及央行资管新规《关于规范金融机构资产管理业务的指导意见》等为代表的一系列严监管政策不断出台，给金融机构的业务转型带来了诸多的挑战。严监管的根本目的是强化金融服务实体经济的目标，在此背景下金融机构的很多业务将受到限制，但与实体经济以及与国家战略支持相关的金融服务仍然具有相当大的发展潜力。作为人口老龄化背景下的国家重要战略支持行业，养老服务金融是金融机构创新金融产品，满足广大国民需求，促进金融机构战略转型的重要抓手。

（五）养老服务金融能够满足国民生命周期资产配置的需求，提高老年生活保障水平

通过生命周期资产配置平滑一生的收入是每个国民实现消费效用最大化的关键，除制度化的养老金制度之外，当国民个人希望获得更高的老年生活保障时，还可以通过其他的金融资产、实物资产积累等方式优化生命周期资产配置，这就属于养老金融服务的范畴，这也是有效实现个人养老规划目标的重要选择。一方面，国民个人可以根据自己的收入情况，选择市场上多元化的养老服务金融产品，以此为自己年老后持久的消费能力储备相应的资产，从而满足其生命周期的资产配置需求；另一方面，通过养老服务金融增加养老资产储备，意味着为养老生活提供更多一层的保障，降低制度化养老金供给不足带来的风险，从而更好地提高老年生活水平。

---

〔1〕 "三违反"出自银监会《银行业金融机构国别风险管理指引》，"三套利"出自银监会《关于开展银行业"监管套利、空转套利、关联套利"专项治理工作的通知》，"四不当"出自银监会《关于开展银行业"不当创新、不当交易、不当激励、不当收费"专项整治工作的通知》。

〔2〕 出自保监会《关于进一步加强保险监管维护保险业稳定健康发展的通知》、《关于进一步加强保险业风险防控工作的通知》、《中国保监会关于强化保险监管打击违法违规行为整治市场乱象的通知》、《中国保监会关于保险业支持实体经济发展的指导意见》、《中国保监会关于弥补监管短板构建严密有效保险监管体系的通知》。

第八章　全生命周期养老服务金融产品分析

第一节　银行业养老服务金融的产品分析

截至 2022 年一季度末，我国银行业金融机构本外币总资产 357.9 万亿元，同比增长 8.6%[1]，占金融业总资产的 90%以上。因此在服务养老的各金融机构中，商业银行当仁不让地成为养老金融的基础，应当有所担当。

一、银行业在服务养老中的新发展

（一）服务养老是银行业发展的新蓝海

随着利率市场化之后商业银行的利差收窄，银行的传统业务发展面临很大的发展压力，以往靠自有资本和融资推动的发展模式难以持续。在人口老龄化背景下，商业银行拓展养老金融将是金融机构主动优化经营结构、对传统金融业态进行转型升级的一个重要推手。实际上，养老问题本质上是重大的金融问题。从客户角度来看，养老实质上是人在年轻时代通过金融工具储备自己的劳动价值，再运用跨时空的金融配置手段，在老年后用储备的金融资产置换生活所需的产品和服务。从商业银行层面看，随着我国人口老龄化的不断加剧，老年客户已经成为商业银行重要的客户群体。商业银行在国家人口老龄化的进程中以及具体服务老年人的过程中必须有所担当，应根据老年客户在生理、心理上的特殊性，运用现代金融手段提供差异化的服务，通过金融服务使客户的资产保值增值，提升老年人的生活品质。养老金融不仅是一家有社会责任感的商业银行在经营过程中需要面对与考量的，同时，也能够为商业银行在经营管理过程开辟新的视角，拓展新

---

[1]　中国人民银行："2022 年一季度末金融业机构资产负债统计表"，载 http://www.pbc.gov.cn/diaochatongjisi/resource/cms/2022/06/20220614161333250039.htm。

的领域，成为商业银行在养老金融领域经营实践的重要机会。

由于银行业服务养老目前尚处于初步创新阶段，这里主要以兴业银行的"安愉人生"计划和中国建设银行设立建信养老金公司为例来探讨银行业如何服务养老，并在养老服务中实现金融创新。

（二）银行服务养老案例：兴业银行——"安愉人生"[1]

服务养老产业已经成为商业银行的重要共识，也是商业银行新的利润增长点。受年龄的影响，老年客户对于金融产品与服务的需求有别于普通的年轻客户。在产品上，老年客户习惯于使用存单、存折等传统介质办理储蓄、国债等保本类业务，很难接受银行卡、外汇、黄金、基金等新生事物；在渠道上，老年客户习惯于到银行网点柜面现场办理业务，难以驾驭网上银行、手机银行等相对复杂的自助渠道；在服务诉求上，老年客户通常需要反复咨询、了解业务的基本流程和存期、利率等相对简单的问题，对于突发的意外情况缺乏应变能力与自我保护意识。

中老年客户上述独特的需求成为兴业银行量身定制专属服务方案的契机。老年客户的主要收入是退休金与子女的赡养费，因此必须选择低风险的金融产品，加大定期储蓄的比重，凸显资金的安全性与流动性。在功能设计上，"安愉人生"以"安全、适用"为原则，提供专属的存折、一本通等，并关闭通存通兑等部分个性化功能，营销保本理财产品和国债、货币基金，以方便老年客户使用。

除了提供有针对性的金融服务之外，兴业银行还在健康管理、财产保障、法律顾问等方面提供符合老年客户需求的专项增值服务。集"产品定制、健康管理、法律顾问、财产保障"于一身的"安愉人生"综合金融服务方案急客户之所急，针对老年人的电信金融诈骗案件时有发生的现实，尽管媒体和相关部门一再呼吁提高警惕，但不法分子频频变换手段，还是让人防不胜防。2015年兴业银行针对电信诈骗升级了"个人存款账户资金损失保险"的保障范围，强化了对客户资金的安全保障。在保障期内，凡年满50周岁的"安愉人生"客户，且层级达到兴业银行VIP的相应标准，则自动享受该项服务，最高赔付额度将高达5万元。

"安愉人生"法律保障服务经过几年的实践，体系已较为完善，不仅可以为客户提供线上法律咨询服务，还能够通过线下的法律讲座为社区客户提供面对面

---

[1]　本部分内容部分来源于兴业银行向中国人民银行关于养老金融业务开办情况的报告，部分内容来源于作者于2016年5月21日至23日参加中国养老金融50人论坛秘书长董克用教授带队，会同中国人民银行、民政部等相关部门研究人员组成的调研小组赴福州市对相关行业养老金融业务的作用及其影响所进行的实地考察、调研和访谈。

的沟通咨询。兴业银行的"安愉人生"免费法律讲座用一个个生动鲜活的案例，向老年客户普及生活中常用的法律常识，提高了老人对自身权益的保护能力，更能享受真正的"安愉"晚年。此外，该行开通了 24 小时服务热线，由专业客服人员在线答疑解惑，指导老年客户从容办理金融业务，并提高他们的自我保护意识，防范不法侵害。

由于历史原因，兴业银行业务结构偏重批发类业务，零售业务一直是相对"短板"。而发展小微金融、社区便民金融，既可以服务大众，又有助于走特色化、差异化发展道路，实现兴业银行零售业务转型突破。从 2013 年起，兴业银行在全国相继设立了一千多个"社区银行"，社区银行不仅向客户提供差异化和个性化的服务，而且在客户定位和产品服务上与传统支行也有所差别。在渠道整合上，社区银行从物理上解决了"最后一公里"金融服务问题，银行不仅打造了"线上"、"线下"相结合的体系，还充分利用贴近社区的人缘和地缘优势，以及拥有大量软信息的特点，有人情味地服务社区民众。老年客户不仅仅在社区银行里办理"安愉人生"老年金融服务方案，也成为老年人社交活动的重要场所，甚至还可以把社区银行提供的蔬菜种子拿回家种在自家阳台，社区银行成为兴业银行服务老年客户的重要载体。

从创新性上看，兴业银行"安愉人生"综合金融方案主要有三方面创新：

一是经营理念的创新。目前国内养老金融产业相对处于比较薄弱的阶段，与日益老龄化的趋势不相匹配。在这一背景下，兴业银行率先布局养老金融市场，推出国内首个养老金融方案"安愉人生"，以创新的经营理念开拓市场、服务客户；

二是金融运作机制的创新。即通过市场化金融服务工具，把金融服务差异化与社会人口老龄化有机整合，针对老年客户财富支配、健康保障、日常生活打理等需求，提供多元化的服务，促进老年人生活品质的提高；

三是社会责任实践方式的创新。兴业银行始终倡导"寓义于利"的社会责任实践方式，以商业行为承担社会责任，在成为全国首家"赤道银行"的基础上又首家推出"安愉人生"养老金融计划，通过商业模式的突破，将履行社会责任与自身业务发展相结合，体现银行对老年人的关爱，自身也通过"安愉人生"计划实现了业务创新。

正是"安愉人生"的成功落实，兴业银行已经将养老金融作为发展产业金融、强化专业经营的重要抓手之一，强化对养老金融的产业研究，针对性地提高该行养老行业客户专业化服务能力，有效应对我国老龄产业结构调整的机遇与挑战。首先，兴业银行加强对养老产业的系统性研究，跟踪养老产业政策更新，研究养老医疗、养老地产、养老旅游等细分行业的最新动向及发展趋势，充分把握市场趋势和客户需求，掌握行业规律、发现业务机遇、研究发展对策，为养老产业营销推动提供决策支持。同时，以养老服务为主线，探讨金融创新的思路，通过规划建设养老基地、申请企业年金相关资质、论证成立寿险公司等重点课题的研究工作。在研究的基础上，兴业银行制定重点产业营销指引，围绕该行养老金融重点拓展产业，出台养老医疗、养老地产、养老旅游等重点行业营销指引，明确客户选择、项目选择、需求挖掘要点、产品应用、风险控制措施等内容，细化营销推动方案及机制安排，配合全行做好养老金融业务的营销推动、提高业务实质落地。与此同时，该行拟定养老行业综合金融服务解决方案，根据养老金融重点产业的运行特征及客户主要业务诉求，发挥总行多牌照集团化经营优势，有效整合集团内部各条线、各子公司的资源，强化"企业+零售"、"银行+子公司"在客户及业务方面的联动，加快产品创新，制定老年医疗产业、老年医药产业、养老房地产、养老旅游等行业通用金融服务方案模板，明确产品配置方案和服务模式安排。

围绕五部委65号文提出的新要求，兴业银行根据养老产业特征，立足现有产品体系，加快产品创新，积极完善养老金融产品体系，发挥集团化多业务牌照的优势，联合金融租赁公司推广售后回租、设备租赁等业务，联合兴业基金、兴业信托办理产业基金、企业资产证券化等创新产品，联合华福证券为新兴的养老产业客户提供新三板挂牌等资本业务服务。养老金融业务已经成为兴业银行金融创新、综合经营的重要抓手，抓住国家鼓励养老产业拓展上市融资、债券融资、政府和社会资本合作等多元化融资渠道的政策机遇，加快开发顺应养老产业并购整合趋势的产业基金、并购贷款等产品，解决产业整合过程中的融资难问题。

针对养老产业投资回收期长、前期运营资金压力大的特点，兴业银行尝试开发针对养老产业建设周期长、经营周转缓慢特点的特色信贷产品，重点创新企业资产证券化产品，有效帮助企业盘活存量资产、提前获取资产收益。为了有效联动居民养老领域，兴业银行企金条线与零售条线强化业务联动，如在养老地产方面，利用"安愉人生"客户的资源优势，提高该行对养老地产客户的吸引力；在老年旅游产业方面，借助"安愉人生"客户群拓展老年旅游专业服务中介机构，同时以旅游服务中介机构为渠道，推广零售金融产品等。

可以看出，在银行业服务养老方面，兴业银行走到了不少商业银行的前面，以"安愉人生"计划为代表的服务于养老的理念已经深入人心，在服务客户的同时银行自身的业务也得到了很大发展，金融创新产品的经验值得推广。

（三）银行服务养老案例：中国建设银行设立专业的养老金公司[1]

我国四大行之一的中国建设银行在 2015 年 11 月设立的建信养老金管理有限责任公司是国务院批准试点设立的国内首家专业养老金管理机构，由中国建设银行发起，引入全国社会保障基金理事会作为战略投资者共同设立，注册资本 23 亿元人民币，中国建设银行、全国社会保障基金理事会分别持股 85%、15%。建设银行作为我国四大商业银行之一，拥有强大的研究能力、完善的产品体系和风险控制体系、丰富的客户资源和广泛的营销服务渠道。刚刚成立的建信公司依托集团平台，通过加强传统业务与养老金融服务的整合，构建全面覆盖养老金产品的各类销售和服务平台，提供养老综合金融服务。建信公司可以通过加强与建行集团其他子公司的协同合作，充分发挥各自牌照和比较优势，在产品创新、项目评估、资源共享和精算团队等方面开展联动合作，实现协同优势，实现了建行内设部门为服务主体到建行集团专业子公司为服务主体的提升，实现了受托管理、账户管理、托管业务向投资管理服务的提升，为客户提供一站式综合养老金融服务，实现了从机构类客户养老金融服务向个人客户养老产品服务的延伸，全面覆盖养老保障体系三支柱。

建信养老金管理有限责任公司是国务院批准试点设立的国内首家专业养老金管理机构。按照机构监管与业务监管相结合的原则，由中国银行业监督管理委员会作为机构监管主体，负责日常审慎监管和有关消费者权益保护等工作，并会同人力资源和社会保障部、中国保险监督管理委员会开展机构准入工作。人力资源和社会保障部、中国保险监督管理委员会按照职责分工，依法对相关经营业务实施监管。

建信公司投资管理的三大目标是本金绝对安全，稳定适度回报，长期收益最大化，即将养老金的安全、保值作为投资管理的第一目标；加强风险管理，谋求适度稳健的风险调整后收益，保证养老金资产稳健增值；坚持价值投资，获取超过业绩比较基准的长期绝对回报。公司坚持"绝对收益，稳健增值"的投资管理方法，通过风险模型计算出"安全垫"，在力争本金不出现总体损失的前提下确定大类资产配置比例；组合根据宏观经济运行状况、盈利增长趋势、估值、流动性状况、政策形势、利率走势及信用状况等的综合判断，决定各类资产的配置比例随着组合净值和各类资产风险收益特征的相对变化，适时进行动态调整，主要采取右侧交易的方式投资。公司始终把风险控制放在首位，坚持全面风险管理，事前、事中、事后风险管理相结合，建立一套适合养老金管理特点的，对各类风险、业务品种、流程环节实施全面覆盖和有效风险管理的体系，实现合规经

---

[1] 本部分内容主要参考建信养老金有限责任公司设立的有关文件。

营、规范运作，各类养老金资产的安全投资、稳健增值，树立公司良好信誉和市场形象。

建信养老金管理有限责任公司是中国建设银行"综合性、多功能、集约化"转型发展战略的重要成果。自 2005 年中国建设银行开办养老金业务以来，以综合养老金融服务方案为抓手，以标准化、流程化、自动化的运营系统为支撑，加快产品创新，深化业务转型，攻坚克难，砥砺奋进，从无到有，从弱到强，实现了养老金业务的跨越式发展，市场份额稳居同业前列，市场竞争力和影响力不断提升。经过多年发展和积淀，服务范围已从企业年金拓展到了职业年金、企事业单位综合养老保障基金、各类员工福利计划、养老金理财等诸多领域；服务对象从企业客户拓展到政府机构、事业单位、社会法人团体及个人客户，遍布铁路、金融、烟草、能源、化工、钢铁等各个行业；已经初步形成服务体系化、客户多元化、需求市场化和产品个性化，为未来公司业务发展奠定了坚实的基础。建信养老金管理有限责任公司将在承继中国建设银行养老金业务的基础上，以投资管理为核心，积极构建覆盖基本养老保险、补充养老金与个人养老金产品的全链条养老保障服务体系，打造第一支柱的核心投资管理人，成为第二支柱综合解决方案的主要提供商，发挥在第三支柱中的创新先导作用，建设养老产业投资和养老社区的价值品牌。

建信公司成立以后，依托建行的品牌和客户优势，借鉴国际养老金管理的先进经验，通过和国内保险系养老金管理公司的良性竞争，充分发挥银行系统客户面广、声誉卓著的优势，通过自身不断努力，2016 年，公司成立仅一年资产管理规模就达到 1175 亿元；2017 年，资产管理规模 3918 亿元；2018 年，资产管理规模达到 4421 亿元；截至 2020 年末，管理资产总规模达到 13 600 亿元。与养老金管理同业相比，公司资产管理规模位居前位。随着管理资产规模持续壮大和投资管理能力不断提升，公司盈利能力逐渐显现。公司实现了国有资本的保值增值，为股东和社会创造了价值，并得到外部战略投资者的认可。

二、银行业在服务养老中的核心问题

（一）"最后一公里"服务不到位

由于历史原因，银行业的总体业务结构偏重批发类业务，零售业务一直是相对"短板"。发展社区银行和便民金融，服务老人，有助于走特色化、差异化发展道路，是银行业零售业务转型的突破口。商业银行在全国拥有最多的物理网点，而且深得老年人信赖。老年人贴近社区，流动性小，物理上需要"最后一公里"的人情味金融服务。同时，老年人缺乏社交场所，因行动不便，无法到繁华地带休闲娱乐，必须打造身边的一体化金融消费服务体系。在开发老年人的社区金融服务方面，商业银行尚未充分发挥自己的优势。

大力发展社区银行是提高养老服务质量、支持居家养老的重要保障，但是我国社区银行的发展忽视了对养老功能的定位：一方面社区银行提供的金融服务忽视对老年人金融需求的调查，导致开展的业务难以满足居家养老的需求。例如商业银行举办的社区银行其功能主要是存取资金为主，缺乏对老年人的健康投资、财产保障等方面的需求；另一方面社区银行的数量较少，覆盖面较低。

（二）老年人金融风险防范意识欠缺

由于老年人理财知识缺乏，风险意识不足，同时养老服务金融的相关监管机制缺失，加上近几年，由于市场机制不健全，民间投融资渠道狭窄，民间借贷市场活跃，而现有监管体系对非法融资中介机构缺乏有效监管，导致了老年人投资理财受骗事件多发。在涉老案件中，约 21% 为老年人是涉众型经济犯罪受害人，被骗老人经济损失最高达 300 万元人民币，52% 的老年人因为害怕被子女埋怨不敢告诉子女[1]。而企业、理财、养老项目、艺术品等方面投资的涉众型犯罪，共同特点是虚构高收益、高回报，引诱老人上当受骗。

养老服务金融监管不足是重要原因之一。近几年相关部门出台了一系列涉及养老服务金融的政策，但多数偏于宏观指导，缺乏详细的操作指引与落实细则，导致养老服务金融的政策支持效率较低。同时，关于养老服务金融的大部分政策也比较分散，分布于各种支持养老服务业、保险业等的政策之中，仅有《关于金融支持养老服务业加快发展的指导意见》较为系统和完整。另外，我国尚没有专门针对养老服务金融的专门法规，在养老服务金融方面也没有监管机构出台专门的指导规定，对其业务范围、从业机构、服务标准、业务流程等内容进行界定和规范，导致养老服务金融的监管不足。

央行等五部委 65 号文中明确提出：要积极发展服务居民养老的专业化金融产品。鼓励银行、证券、信托、基金、保险等各类金融机构针对不同年龄群体的养老保障需求，积极开发可提供长期稳定收益、符合养老跨生命周期需求的差异化养老金融产品。目前，保险与证券行业已经完成了对养老金融产品的细分，并建立了相应的管理制度。例如：保监会于 2015 年出台了《养老保障管理业务管理办法》（保监发〔2015〕73 号）；证监会也于 2017 年 5 月份下发了《养老型公开募集证券投资基金指引（试行）》，旨在规范养老保障产品及养老型公募基金产品的运行，但在银行业务领域中尚未对此进行细分。

（三）养老社区服务严重不足

银行业占据中国金融资产的绝大多数份额，需要在养老基础设施服务中承担

---

〔1〕 数据参见致诚公益·北京老年维权服务工作站："老年人涉众型经济犯罪被害风险调研报告"，载 https：//www.sohu.com/a/115660427_ 155403。

主要义务。养老社区服务主要是面向日间暂时无人或者无力照护老年人的家庭提供的多样化的养老服务设施，包括城市社区的日间照料中心、老年食堂、社区医疗机构、老年活动中心、老年大学和养老服务信息平台等，以及农村的托老所、老年活动站、幸福院等农村养老服务设施。以养老服务设施为例，我国养老社区的养老服务和养老机构存在床位严重不足，设施较为简陋、功能单一，区域、城乡发展不平衡等一系列问题。"十三五"期间，全国各类养老服务机构和设施从11.6万个增加到32.9万个，床位数从672.7万张增加到821万张[1]，每百名老年人拥有4张，低于发达国家5-7张的平均水平。截至2020年年底，全国具备医疗机构执业许可或备案，并进行养老机构备案的医养结合机构5857家，床位总数158.5万张，超过90%的养老机构以不同形式为入住老年人提供医疗卫生服务[2]。随着需要照料的失能、半失能老人数量的剧增，养老服务设施严重不足，亟待进一步发展养老服务业。

三、银行业在服务养老中的新展望

（一）提供便利性的社区银行服务

目前我国养老压力持续上升，但具备长周期、相对稳定收益、能够跑赢通胀等基本特点的养老金融产品比较稀缺。商业银行作为距离老年客户最近的金融机构，需要服务好老年客户的全生命周期需求，为其提供二三十年甚至更长时间的资金支持。银行类金融机构要更好地理解客群，通过数字化手段为老年人的特质化需求提供更有针对性的服务。在服务养老领域的技术、理念上要注重创新。一方面，要借助技术与数据不断优化服务；另一方面，要做到真正关心并满足老年人长周期之所需。比如，在产品设计时充分考虑不同生命周期对产品的不同偏好，如何帮助失能失智老人维护其合法权益等，让养老金融产品名实相符。

中老年客户普遍有着身体移动能力弱、收入来源单一、偏好低风险储蓄、缺乏金融知识等特点。以银行为代表的金融机构率先优化营业网点布局，围绕中老年人口集中的社区建设社区银行、养老支行等，提供专属养老金融服务产品和方案。部分银行结合老年客户特点，对网点或社区银行进行适老性改造，采用更加符合老人需求的柜台、座椅、便利设施，优化业务服务流程，打造养老专属网点。比如，兴业银行针对社区银行客户以老年人为主的特点，对社区银行的柜台、座椅等都进行了适老化改造等，从细节解决老年客户需求。

随着"互联网+"时代来临，老年客户对手机的接受度不断提升，对办理金

---

〔1〕"国务院关于印发'十四五'国家老龄事业发展和养老服务体系规划的通知（国发〔2021〕35号）"，载 http://www.gov.cn/zhengce/zhengceku/2022-02/21/content_5674844.htm。

〔2〕国家卫健委老龄健康司"2020年度国家老龄事业发展公报"，载 http://www.nhc.gov.cn/lljks/pqt/202110/c794a6b1a2084964a7ef45f69bef5423.shtml。

融业务的渠道偏好也逐渐由线下向线上迁移，同时老年人使用移动支付的比例不断提高。商业银行在养老服务金融的探索和创新中更进一步，将涉及个人养老的金融服务产品进行整合，形成养老综合金融服务方案，扩大养老服务金融的内涵和外延。银行对内整合集团资源，研发符合老年需求的银行卡、理财产品、商业保险等金融产品；对外借助养老服务公司，将养老客户增值服务内容外延，围绕生活缴费、健康管理、旅游休闲、医疗挂号等搭建综合化的养老服务平台。

（二）提供养老金融产品及权益保护机制

商业银行为社会养老保险机构提供代收代付、存款、资产归集等服务，同时为数千万离退休人员提供养老金代发服务——在代发养老金的业务基础上，银行提供养老储蓄、养老理财等产品，扩大养老服务金融范围。银行在账户管理、资金托管、投资管理、支付结算等专业系统方面投入大量资源，已经基本建成完善的服务平台。以企业年金为例，金融机构特别是商业银行，依托受托管理、账户管理、托管等系统，保障个人的企业年金安全高效的运作，并实现保值增值，同时为个人提供多渠道账户查询、年金领取等服务。银行一直不遗余力推动居民的金融消费者教育和权益保护，老年客户是其重点关注对象。银行利用网点、互联网、微信公众号等各种方式，加大理财产品等新型金融业务的宣传和知识普及。

针对不同年龄群体的养老保障需求，银行机构积极开发可提供长期稳定收益、符合养老需求的差异化金融产品，加快老年医疗、健身、娱乐、旅游等领域消费信贷。积极探索住房反向抵押贷款业务、代际养老、预防式养老、第三方付费养老等养老模式和产品，提高居民养老财富储备和养老服务支付能力。

（三）整合养老社区产业链

养老社区具有涉及产业跨度大，金融服务链条长的特点。但目前无论是国内的房地产开发商、保险机构、私募基金，还是国际知名养老投资运营机构作为养老社区的主体，在实体养老社区的项目开发运营中尚不能形成产业整合的力量。需要作为主体的机构，联合整个产业链，通过关键环节深入与金融的结合，发挥金融的中介功能，实现养老社区从投资、开发、持有、运营、服务、管理、退出各阶段的金融化，形成完整的金融生态链，助推养老社区的建设与运营；另一方面，则以"捆绑"方式支持养老机构、养老设施、康复护理、家政服务以及与养老社区紧密相关的上下游产业链市场化运作，形成在养老产业上下游之间的资本良性循环，为搭建多区域、差异化、连锁式养老社区提供支持，实现金融与养老产业一体化发展。

围绕养老社区实体项目相关领域通过老龄储蓄投资理财产品、地产倒按揭、养老地产的证券化产权，实现对养老社区产业链条资源的整合。通过开发养老机构责任保险等险种，提高养老机构抵御风险的能力。在养老社区周边，金融机构要合理布局服务网点，对于现有机构要进行适老化改造，设置专人、绿色通道为老年群体提供服务。针对目前部分信贷及保险相关政策对于老年人的限制，金融机构与养老社区联合积极开发结合养老生命周期需求同时可提供养老社区服务权益的金融产品；结合网络和移动互联技术的发展和移动终端的普及，金融机构要发挥前瞻性，创新适合老年群体的通用型金融产品和特殊型金融产品。通过"一卡通"金融媒介，实现老年人在养老社区范围内生活、医疗文化娱乐等多方面需求，方便便捷。而对于高龄和失能、半失能老人，则可开发指纹识别系统或人像识别系统类的特殊金融产品，为这一老年群体提供既周到又安全的金融服务。

（四）开发养老信托产品

养老信托作为养老金融的子类，其拥有受托财产独立、信托收益确定与持续以及保障信托财产等金融特征，较好契合了养老理财具有的未来性、保障性以及持续性等特点。因此，养老信托应当并能够成为应对老龄化挑战、发展养老金融产业的可行路径。兴业银行推出的"安愉信托"计划就是其中的一例，为高净值人士利用信托渠道解决自己和父母的养老问题提供了新的信托产品选择。

当前，我国在养老产业方面已出台系列鼓励扶助政策，促进养老事业发展。信托业近年来的实践有：特定养老安排的集合资金信托、消费权益类集合资金信托计划、"现金回报+消费权益"养老信托集合资金计划、家族信托、养老产业发展投资信托等。然而，这些实践有待完善，在未来养老信托业务发展中有必要消除一些制度障碍，促进养老产业和信托业的共赢发展。

第二节　证券、基金业养老服务金融的产品分析

人民银行等五部委的 65 号文提出要提升居民养老财富储备和养老服务支付能力，而权益类的资产是提升居民养老财富储备能力的核心，证券和基金业当仁不让地成为服务养老金融的主体。

一、证券、基金业服务养老的发展现状及特点

（一）证券、基金业服务养老的发展现状

根据金融学理论，资本市场是指证券融资和经营一年以上中长期资金借贷的金融市场，包括股票市场、债券市场、基金市场和中长期信贷市场等。1990 年上海、深圳证券交易所相继成立，中国资本市场开始进入普通民众的视野，股票债券等融资工具的出现使资本市场的规模日益扩大。在目前资本市场还不健全的情况下我国绝大多数居民的投资渠道非常有限，银行存款和购买国债被认为是最安全的资产存在形式，也成为养老金投资的最主要渠道。资本市场的不完善延缓

了我国养老金进入资本市场的进程，但由于人口老龄化速度加快，国家财政负担越来越沉重，与此同时，相关部门又不能脱离开养老保险的传统管理制度，国家在养老金管理体制改革中出现了很多严重的问题，"寅吃卯粮"的做法加剧了国家养老保险制度的不可持续。

我国养老金投资资本市场的具体措施可以借鉴美国的 401（k）和个人退休账户（IRA）发展经验，尝试开展创新型个人养老投资产品，推动我国从"储蓄养老"向"投资养老"转化，以满足养老金投资的独特性和个人养老保障需求的多样化。根据美国投资协会（ICI）在 2019 年底的调查统计，几乎所有的（91%）共同基金投资者的投资目标是养老。2010 年以来，67% 的共同基金拥有者所购买的基金都是基于雇主支持的养老金计划［例如 401（k）、403B、457等］。一个新的趋势是相对年轻一代（X 一代，主体是 65 后和 70 后）开始投资于雇主支持的养老金计划的年龄中位数是 26 岁，而比他们年长的婴儿潮后期一代（50 年代后期至 60 年代前期）的年龄中位数是 31 岁，民众开始提前了养老金投资的步伐。全美有 5 070 万个家庭拥有税收递延的缴费确定型（DC）养老金账户或者个人退休账户（IRA）。从投资公司协会 2020 年第四季度公布的有关美国人退休金总资产报告显示的数据看（如图 8-1 所示），在 34.9 万亿美元的退休总资产中，个人退休账户（IRA）为 12.2 万亿、定额供款计划［401（k）］为 9.6 万亿美元，IRA 总资产超过了著名的 401K。[1]

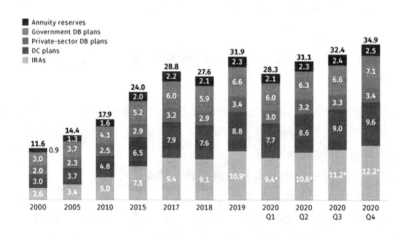

图 8-1　美国总退休市场资产图

　　〔1〕美国投资公司协会（ICI）：2020 年第四季度报告（Quarterly Retirement Market Data, 4th Quarter 2020），载 https://www.ici.org/research/stats/retirement/ret_20_q4。

由此可见美国的养老金投资资本市场已经深入人心，401（k）、403B、457等雇主支持的养老金计划和 IRA 投资的主要优势在于享有税收延递或免税等多种税收优惠政策，大部分计划参与者每年可将一定免税额度的资金存入账户，根据自身的风险收益喜好，自主、灵活地配置资产；投资收益免税，退休领取时缴纳个人所得税。这将不仅有利于促进资本市场健康发展，减少资本市场短期波动，为资本市场提供长期稳定资金；更有利于推动金融创新，满足养老金投资的独特性和个人养老保障需求的多样化。

为了保障养老金资产的安全，美国于 2006 年通过了《养老金保护法案》，推出了默认自动加入（Auto-enrolled）模式，人性化的安排大大提高了参与率。与此同时，合格默认投资选择（QDIA）的安排解决了参加者选择产品的困难，在个人选择困难的情况下，默认将养老金投向其中任何一种产品，包括生命周期基金、生活方式基金这两类公募基金和定制专户。美国劳工部选择 QDIA 产品的标准是长期表现比较稳健、有合理的收益前景以及能够抵御通货膨胀，美国劳工部调研发现，基金在抵御通胀风险和长寿风险上具有较明显的优势。

美国的调查发现，通过专业的投资安排，能够使养老金的参与者坚持长期投资理念。90%的 401（k）计划投资者认为养老金账户为他们的养老金储蓄想得更长远，2008 年金融危机后，美国政府想接管养老金投资者的个人账户，他们经过调查之后发现，其实 87%的人都反对由政府接管。整个危机过程中，只有3.7%人从养老金账户提现，只有 3%的人停止了相关的缴费[1]。可以看出，养老金、资本市场和实体经济构成了一个良性的循环。养老金由专业机构管理，公募基金等机构投资者发展壮大，改善资本市场结构、完善定价机制，优化资源配置，使金融更好地服务实体经济，支持创业创新，提高国民收入水平。在这其中，财税政策是重中之重。养老金作为最重要的长期资金，把"短钱"变"长钱"，能够发挥价值投资优势，改善资本市场的投机性和波动性，支持实体经济和科技创新，既是社会发展的稳定器，也是资本市场良性发展的压舱石。

在美国基金服务于养老的各类计划中，一个比较值得我国借鉴的就是目标日期基金。20 世纪 90 年代，美国经济复苏带动股票市场繁荣、基金行业发展，伴随社会老龄化及养老金制度改革，目标日期基金应运而生，并在此后的二十多年里快速发展。目标日期基金将在本书的后续章节中具体阐述。

（二）养老金对资本市场的重要作用

在以美国为代表的西方发达国家，养老金进入资本市场是保值增值的必然选

---

〔1〕　钟蓉萨："共建养老金融生态，助力基金服务个人养老"，载 http：//finance.ce.cn/rolling/201607/11/t20160711_13700239.shtml。

择，养老金已经成为资本市场最重要的投资者。根据经济合作与发展组织（OECD）2014 年发布的机构投资者报告，美国共同基金、保险资金和养老金三大类机构投资者投资股票的总市值高达 19.48 万亿美元，占股票总市值的 81%；而根据中国证券投资基金业协会、保监会、人保部、全国社保基金理事会的统计，按照美国同样口径计算同期中国的证券投资基金、保险资金、企业年金和全国社保基金这些资本市场的机构投资者拥有股票总市值 2.87 万亿人民币，占比 12%。这鲜明的对比充分表明美国是以机构投资者为主的股市，而中国是以散户为主的股市。作为机构投资者的养老金对资本市场的发展所起的作用是不可替代的，主要表现在以下几个方面：

第一，促进资本市场稳定发展。与一般的共同基金不同，由于养老保险基金是在职职工和企业缴纳的、专门用于支付职工年老退休后的基本生活费用，由养老保险制度运行过程中沉淀下来的闲置的资本金以及大部分准备金转化而来，从而使其具有稳定的资金来源，并且面对的是相对稳定、同时可予以精算的现金支付结构，而其投资业绩的表现通常又是以每年收益或几年的平均收益来衡量的，这从根本上决定了养老金具有长期性、稳定性、规模大的特点，能够成为市场中最稳健的力量，在促进资本市场稳定性发展方面发挥更为重要的作用。因此，有足够的理由认为，中国的养老金完全可以成为资本市场上真正的长期机构投资者。尤其是对于已经获得初步发展的中国证券市场来说，其进一步完善能够带来一个更为稳定、更具活力的金融体系，显然，这需要一个牢固的投资者基础，并且这一基础在很大程度上通常由需要长期金融工具的机构投资者构成。基于养老金的特殊性质及在资本市场稳定发展中的重要作用，如养老金能够合法有序地进入资本市场，就可以扩大机构投资者的基础，进一步促进资本市场健康发展。

第二，改进资本市场运行机制。养老金通过投资，将对资本市场的供求机制、价格机制和竞争机制产生重要的影响。首先，如果养老金大量购买某一证券，将使该证券的需求大幅上升，由此导致证券价格的上升，从而对该证券一级市场的发展起到鼓励作用；反之，则会产生抑制作用。因此，养老金的资本交易能够强化价格机制的作用，促使社会资金随价格的波动达到最优配置，提高资金的使用效率，实现产业结构的优化调整。其次，养老金进入资本市场，通过刺激证券需求的增加，导致证券供给的增加，从而使更多的企业、银行等为资本市场的高收益所吸引，促进资本市场供给的竞争，完善证券市场发行制度，实现优胜劣汰，建立客观、科学、高效的资本市场评价机制。这种价格发现的作用要求总体供求关系比较平衡，不能有太多的钱追逐太少的产品，否则价格发现功能就很难发挥，因此要营造一个大体供求平衡的局面。

第三，促进金融创新和证券市场的不断发展成熟。养老金进入资本市场直接丰富了金融投资工具，为市场和广大投资者提供了新的金融品种。而各种不同类型的非银行金融机构的产生和发展，将大大有利于各个养老基金管理机构的竞争。以道德风险、逆向选择和信息不对称形式出现的激励问题增加了金融合同的成本，养老基金通过它们对引进金融创新的影响有助于减少激励问题。养老基金降低了合同签订和信息处理的费用，因为它聘请投资顾问的费用比单个投资人直接去聘请要便宜，还因为它管理的资产规模大，其顾问费用较低，而且减少了寻找投资基金经理的费用和获得证券信息的费用，还能在交易费用和托管费用谈判过程中有效地利用其金融实力，降低证券交易的费用。为了保证在长期内能够支付养老金收益的需要，养老金要求投资具有相当大的安全性，这就使它对资本市场中各种金融工具的风险分布以及回报分布产生了重新归整的内在要求，要求具有多样化的投资机构和投资工具以供选择，这就为金融结构的多元化提供了动力，也推动了金融工具的创新。按照美国著名金融专家博迪的研究，养老基金是促进美国金融创新的最主要力量，资产抵押债券的发展、结构性金融工具和金融衍生产品的广泛运用以及指数基金零息债券的出现都受益于此[1]。

（三）我国养老金投资资本市场的实践

也正是认识到养老金必须投资资本市场才能保值增值，我国政府出台了一系列政策法规来规范养老金在资本市场的投资。2015 年 3 月 27 日，国务院通过《机关事业单位职业年金办法》，明确职业年金所需费用由单位和工作人员个人共同承担，费率分别为工资的 8%、4%，缴费基数与机关事业单位工作人员基本养老保险缴费基数一致。对实账积累形成的职业年金基金，实行市场化投资运营，按实际收益计息。对于职业年金的管理方式，该《办法》提出将采用个人账户方式管理，单位、个人缴费都计入职业年金个人账户。其中，个人缴费实行实账积累；而单位缴费方面，对财政全额供款的单位，单位缴费根据单位提供的信息采取记账方式，每年按照国家统一公布的记账利率计算利息；对非财政全额供款的单位，单位缴费实行实账积累。根据人社部公布的最新工资标准，年人均工资约 8 万元，则个人账户缴费和职业年金人均缴费将达到 1.6 万元，全国每年缴费规模达到几千亿元。该《办法》的出台，标志着我国强制性的职业年金制度正式开始形成，职业年金的市场化运营将催生养老金投资资本市场，加快养老金融发展的步伐。

2015 年 8 月，人力资源社会保障部和财政部发布《基本养老保险基金投资管理办法》，基本养老保险基金可以投资不高于基金资产净值 30% 的股票、基金

---

〔1〕 Zvi Bodie, "Pensions as Retirement Income Insurance", *Journal of Economic Literature*, vol. 28, No. 1., 1990, pp. 28-49.

等权益类资产，在国有重点企业改制、上市时养老基金可以进行股权投资，比例合计不高于养老基金资产净值的 20%。以 2015 年末基本养老保险基金累计结存 3.99 万亿元计算，未来基本养老保险投资权益类资产最高可达近 1.2 万亿，国有重点企业改制投资最多可达 8000 亿。

与此同时，由于基本养老保险基金可以投资一年期以上的银行定期存款、协议存款、同业存单、剩余期限在一年期以上的国债、政策性（开发性）银行债券、金融债、企业（公司）债、地方政府债券、可转换债（含分离交易可转换债）、短期融资券、中期票据、资产支持证券、国家重大项目和重点企业股权、股票、基金、股指期货、国债期货等几乎全部金融产品，养老基金将与金融市场深度融合，成为金融市场的真正长期战略投资者，资本市场将成为养老金融发展的主体。加上企业年金、职业年金，我国每年第一、第二支柱养老金合计投资股市 1 万亿元的目标可期。根据过去若干年全国社保基金和企业年金的投资经验，以及发达资本市场长期投资收益率，假设未来养老金年均投资收益率为 6%，则未来第一、第二支柱养老金的积累规模将稳步上升，预计 2050 年养老金累计结余占 GDP 比重将上升至 20%-23%，实现资本市场与养老金的双赢。

65 号文还提出，要推动符合条件的养老服务企业上市融资，支持不同类型和发展阶段的养老服务企业、项目通过债券市场融资，完善养老保险体系建设，为养老服务企业及项目提供中长期、低成本资金支持。在目前数百家企业在证监会排队等待上市、发行债券的情况下，这个规定为养老服务企业提供了实实在在的长期利好。希望资本市场服务养老的诸多措施能够落到实处，吸引更多企业参与到我国的养老服务业中来。

1. 建立养老房地产信托投资基金 REITs（Real Estate Investment Trusts）

房地产信托投资基金（REITs）是房地产证券化的重要手段。房地产证券化就是把流动性较低的、非证券形态的房地产投资，直接转化为资本市场上的证券资产的金融交易过程。房地产证券化包括房地产项目融资证券化和房地产抵押贷款证券化两种基本形式。

REITs 的魅力在于：通过资金的"集合"，为中小投资者提供了投资于利润丰厚的房地产业的机会；专业化的管理人员将募集的资金用于房地产投资组合，分散了房地产投资风险；投资人所拥有的股权可以转让，具有较好的变现性。

针对我国目前医养结合难、老龄照护政府支出大、个人负担重、社区养老服务住房、资金和专业服务人员短缺等问题，我国应建立并大力发展养老房地产信托投资基金 REITs，涵盖养老院、护理中心、疗养院、康复中心、医院、社区养老中心等多种类型的物业。REITs 基金全称是房地产信托投资基金，是伴随地产的繁荣而延伸出的金融产品，是资产证券化的重要手段。通过 REITs 基金，可以把流动性较低的、非证券形态的地产投资直接转化成资本市场上具备流动性的证券资产。

从我国大型养老地产的转型发展来看，不管是万达进军医疗行业还是万科、华夏幸福等大型地产企业大举布局养老产业的举措来看，养老地产的发展思维正在由"卖房子"走向"卖服务"；从初期的地产概念运作，到重视养老服务的养老+地产模式；从以区位为重到区位、服务双轮驱动，这一切说明养老地产正摆脱传统地产思维，走向以消费者需求为核心的服务化。但同时，养老地产也面临运营困境，如果只是依靠提供的养老服务，难以覆盖地产公司前期的拿地成本和建设成本，同时养老服务的微利性和长期性拉长了地产项目的投资回收期。这使得前期投资资金长期被占用，因此，找到长期稳定的投资资金成为制约养老地产前期建设的关键因素，而 REITs 基金正好能解决养老地产的长期资金需求。

所以，有必要针对 REITs 通过专门的"房地产投资信托基金条例"立法，来对 REITs 的设立条件、物业估值、投资标的、收入来源、分红比例、信息披露、税收要求、监管职责等信息进行规范。同时，REITs 的收入应该大部分来源于房地产经营收入，同时需要将经营收入的大部分以分红的形式分配给投资人以保护投资人利益；信息披露相关内容可参照目前我国公募基金的要求进行设定，进而解决我国目前《信托法》《证券法》《证券投资基金法》《合伙企业法》及《信托投资公司管理办法》等多部法律法规对 REITs 多龙治水却妨碍了养老 REITs 的设立和运行的问题。

2. 扩大医保基金和医疗救助资金的适用范围，为老年人购买医养、长期照护服务

养老 REITs 的商业化经营及资本市场运作，与老年照护和消费的公益性及微利性之间，存在一定的矛盾。这就需要发挥医保基金和医疗救助基金的"集体购买"及"政府协商"的优势。将医保和医疗救助资金使用到非纯医疗领域，既可以解决当前老龄化社会来临，老年人的医养和长期照护的棘手问题；也可以拓展医保资金的适用范围、遏制医疗浪费；通过医疗救助资金为无医保老年人的养老和长期照护兜底，有助于实现社会公平、减少社会矛盾。同时，医保资金和医疗救助资金的长期购买，也有助于吸引更多社会资本参与到养老 REITs 中，并提高养老 REITs 公司的收益，让其证券在二级市场可以获得投资者的青睐。

3. 发展养老 REITs 的净租赁模式和委托经营模式

允许 REITs 公司把养老医疗物业租赁给运营商，由运营商支付租金、税、保险、保养费及其他维修费等费用，REITs 公司收取每年固定的租金，减少 REITs 公司的风险。在养老 REITs 运行初期，这种经营方式应当广泛推广。在养老 REITs 较为成熟之后，可以赋予 REITs 公司管理其自身物业的权利、委托运营商经

营模式、承担经营风险并获取较高利润。

4. 为养老 REITs 提供税收支持

养老 REITs 具有微利性、准公益性、长期性和一定程度的风险经营及资本市场运作的特点，因而，税收优惠是养老 REITs 的主要推动力。可以考虑由国家税务总局在现有整体税制模式的基础上，针对 REITs 约定特殊条款，从而减轻 RE-ITs 在信托法律关系及《公司法》框架下可能产生的重复征税问题。一般来说，我国 REITs 自持物业出租时租金需缴纳 5.5% 营业税，从租计征 12% 的房产税，扣除费用后缴纳 25% 的企业所得税，公司股东分红后须缴纳个人所得税，另须缴纳房地产交易增值税和资产转让所得税。在这样的税收体系下，养老 REITs 无法达到其理想的收益率、形成有效的竞争力和对投资者的吸引力，因此出台税收优惠政策是推动 REITs 参与养老建设的必要条件。

具体制度可以参考美国、澳大利亚、新加坡等国家和地区的规定。在公司所得税层面，如 REITs 公司向股东做了税前收益分配，则处于法定标准之下的已分配部分不再计入应税收入。在个人所得税方面，如养老 REITs 公司的股东分红及投资者收益，在法定标准之下，则不计入应税收入，或给予税额减免或抵免。同时，养老 REITs 证券不征收二级市场交易印花税，基金管理部缴纳增值税。养老 REITs 房产转让免除从租计征的房产税，而房地产交易增值税和资产转让所得税，减半征收。

第三节 保险业养老服务金融的产品分析

养老保险和商业保险都是基于保险学中的"大数法则"而通过生命表、精算等技术建立的精妙制度，因而商业保险在整个金融体系中天然地就和养老保险共享"保险"的机理。由于和养老保险的天然关系，保险业中寿险又是直接服务于养老，保险业因而成为养老金融的主要实践者。

一、保险业是养老金第二支柱投资管理的主力

保险业在第二支柱企业年金管理中已经成为主力。根据人力资源社会保障部社会保险基金监管局发布的《全国企业年金基金业务数据摘要（2019）》报告，截至 2019 年底，当前市场上企业年金受托人 13 家、账户管理人 18 家、托管人 10 家、投资管理人 22 家[1]。国寿养老在受托管理资产规模、管理的企业账户数

---

[1] 人力资源社会保障部："2019 年度全国企业年金基金业务数据摘要"，载 http：//www.mohrss.gov.cn/shbxjjjds/SHBXJDSgongzuodongtai/202003/t20200331_364056.html。

量上遥遥领先，而泰康资产、平安养老作为投资管理人所管理的组合资产规模均超过了 2000 亿元，分别为 2668.07 亿元、2220.97 亿元。就企业年金基金投资管理情况看，各类投资管理人所管理的组合资产金额相较 2018 年变化不大，投资管理人仍以保险类机构为主导，包括保险资管机构、养老保险公司以及专业养老金管理机构，其中保险资管机构作为投资管理人的组合资产规模为 2833.42 亿元，占全部投资管理人所管理的组合资产规模的 17.25%。

除了企业年金之外，《机关事业单位职业年金办法》第 9 条规定，机关事业单位工作人员在达到国家规定的退休条件并依法办理退休手续后，由本人选择按月领取职业年金待遇的方式，可选择按照本人退休时对应的计发月数计发职业年金月待遇标准，发完为止；也可一次性用于购买商业养老保险产品，依据保险协议领取待遇并享受相应的继承权。由于商业养老保险产品也是第三支柱投资选择范围，这里在领取阶段给予机关事业单位职工投入商业养老保险的选择权，打通了养老金的第二和第三支柱，进一步促进养老金金融化。发展职业年金不仅造就了资本市场的长期机构投资者，也为保险市场增添了新的资金来源和业务拓展空间，将在养老金融发展中发挥更重要的作用。保险业在服务养老金第二支柱方面已经取得很大成就，未来的新蓝海在第三支柱。

二、保险业促进养老金融新发展：参与第三支柱个人养老金

我国社会保障体系的纲领性文件《关于建立统一的企业职工基本养老保险制度的决定》（国发〔1997〕26 号）提出"把改革企业职工养老保险制度与建立多层次的社会保障体系紧密结合起来……要在国家政策指导下大力发展企业补充养老保险，同时发挥商业保险的补充作用"，这是在国务院有关文件中首次定位商业保险的补充作用，为保险业参与此后企业年金、职业年金奠定了政策和法律基础。

商业养老保险的税优政策问题是在 2007 年正式公开提出来的，至今已有整整 10 年的历史。2021 年 9 月中国保险业协会正式发布《商业补充养老保障体系建设（第三支柱养老保险）研究报告》，认为第三支柱养老保险制度的建设涉及政策支持、产品标准和创新、风险管理、运作模式等完整体系设计，期待国家顶层设计长效引导，金融机构持续创新，社会大众养老金融意识不断提升，从而有效推进我国多层次、多支柱养老保险体系的结构性改革，共同落实、实施积极应对人口老龄化国家战略的举措。

该报告指出，建立以账户制为基础的第三支柱养老保险制度具有现实意义，具有供款便利、实现税优方便、投资选择范围广等优势。特别是第三支柱进入门槛低，通过财税激励、长期专业化投资、个人账户自由转移等机制，有利于为第一、二支柱覆盖率较低的平台经济灵活就业群体和新兴职业劳动者建立养老规划。同时，在账户制下应当研究探索多种形式的激励政策，通过提高税优支持力度（如降低整体税率，设置差异税率）、简化抵税操作流程（如将抵扣限额改为固定限额标准）、二三支柱合并计量（如允许个人选择将企业年金余额转入个人养老年金保险产品时暂不征税）等举措，鼓励各类群体参与，引导第三支柱长期积累。立足于中国国情和防范风险，应综合考虑产品设计经验、风险控制能力、投资管理水平等，对第三支柱养老保险的各类市场参与主体和合格产品设置一定的准入门槛和规范标准。未来我国养老保障的发展将呈现多元竞争的格局，在第三支柱养老保险制度建设初期，可考虑对个人养老金的投资管理人准入设置一定门槛，从公司实力、投资能力和养老金管理经验等方面遴选出合格投资管理人，发行产品进入第三支柱个人养老金产品库。同时，满足不同群体需求，按照长期性、安全性和领取约束性的原则，统一养老金产品标准，可考虑采取严进宽出、分步走、多次试点等分阶段调整机制，有序将符合规定的各类金融产品纳入第三支柱养老金投资范围，在具体制度设计中可通过转滚存等机制提高灵活性。在适老化标准的具体实践上，可考虑给予金融机构一定的弹性以鼓励创新。在产品端通过不同类型的契约型产品和中长期信托产品相结合，可充分兼顾积累期长期增值需求和领取期灵活支取合理增值的需求；在资产配置层面，可考虑放宽养老保险的投资范围和投资比例，以及纳入 REITs 等创新金融工具等。

由于健康、养老服务与养老金天然契合，围绕全生命周期养老保障开展的金融服务有必要向涉老产业链延伸，这也是参与第三支柱养老保险的金融机构未来必须考虑的重点服务领域，但在当前实践中仍面临服务标准化、养老服务供需周期错配、风险传导等挑战。

长寿风险和投资风险被认为是第三支柱养老保险发展中面临的主要风险，借鉴国际经验，商业保险业可以通过引入死亡率改善因子、对接人寿保险产品对冲风险等举措探索长寿风险解决方案，通过建立情景模拟等风险管理工具、布局长期产业等方式探索投资风险解决方案。各国为推动第三支柱个人养老金计划发展，无一例外给予了强有力税收优惠支持。以美国为例，IRA 计划税收优惠额度经过多次上调，2015 年 50 岁以下参加者缴费税收优惠额度 5500 美元，50 岁以上参加者为 6500 美元，约占当年美国人平均年工资的 12%~15%。在符合一定要求的情况下，IRA 的缴费缴款可以完全排除在当期应税收入之外。美国的税收比率并不低，不考虑各州的税收，仅联邦税就达到 15%。若以 5 万美元应税收入计算，抵扣 IRA 缴纳的 5500 美元后，应税收入就减少为 44 500 美元，对于中等收入家庭来说，降低幅度不小。而且，后续投资产生的资本利得、红利、投资收益还不包括在应税收入内，长期计算下来，能够节省的税费比达到 15%~20%。同时，2006 年后 IRA 账户资金具有免税继承的特性，相较于 401（k）等雇主退休计划具有遗产转移的优势。由于 2/3 持有 IRA 账户的家庭年收入其实少于 5 万美元，因此这一缴款额度会更高[1]。

实际上，为了防止投资人在不同的金融机构开设多个 IRA，美国税务总局要求接受开设账户的金融机构将一定格式的表格发给税务总局，进行总体监督，防止缴款人超过 5500 美元，这从另一个侧面显示出税收优惠的力度。此外，根据美国税法，当储户将资产从雇主发起的退休计划转入个人退休账户中，这些资产享有与其存于雇主退休计划时相同的税务优惠。可以说，美国日益增加的纳税额已成为居民的沉重负担，利用税收优惠刺激居民为退休收入储蓄的 IRA，成为第三支柱建立并发展的最佳途径。

借鉴美国 IRA，我国应当适时引入和建立自己的"个人养老金账户"，这将是个人自愿建立第三支柱养老保险的载体，是体现当前延税和未来纳税的记录平台，所有的养老产品的购买和投资，都可以在账户内进行和完成，账户的后台与税务记录系统链接。一旦基于"个人养老金账户"的养老保险税优政策面世，三支柱养老保险的税收优惠政策将全部覆盖，多层次养老保障的税收政策就可以实现。第三支柱养老金制度为每个社会成员提供一个养老储蓄账户，允许个人自愿向该账户缴费；该账户在一定限额内享有税收优惠。个人账户编码、缴费、投资、提取、税收等信息由全国统一的授权机构管理，账户运行和监管均依托该机构的信息实现，以降低税收成本和管理成本，向个人账户统一提供经认可的投资产品并实行低费率。该账户可以借鉴英国的国家职业储蓄信托（National Employment Savings Trust，NEST）计划，来管理个人的养老金投资计划账户。

在私人养老金计划发展方面，英国高昂的管理成本和销售佣金严重打击了雇员信心，也背离了政府推出私人养老金计划旨在提高养老金计划覆盖率的初衷。高昂的管理费用使得低收入雇员加入个人养老金计划后得到的养老年金不足以维持正常的生活，侵蚀了养老金积累，社会上出现了数量可观的领取养老金的老年贫困人口。建立于 2012 年的英国国家职业储蓄信托 NEST 管理年费率远低于普通的私人养老金、共同基金和盈利性质的寿险养老金，仅为 0.3%。如果我国的"个人养老金账户"管理费用低至英国 NEST 的水平，吸引力将大大增加[2]。与此同时，还应当开放个人选择权，推动养老产品住房反向抵押贷款市场化竞争，允许参加者根据自身风险偏好，在商业保险产品、养老型基金产品中自主选择，建立养老金管理机构和养老产品监管机制，保证养老金管理机构忠实尽责，产品

---

〔1〕　林羿："美国个人退休账户制度及市场介绍"，载《养老金融品论（2019 年第一辑）》。
〔2〕　胡继晔："养老金体系在富裕国家的变化——以英国为例"，载《国际经济评论》2011 年第 6 期。

的设计简单易懂、风险收益特征符合个人账户的需要，控制好管理费费率。

三、保险业养老金融创新产品：住房反向抵押贷款

随着欧美发达国家老龄化的加剧，住房反向抵押贷款产品自 20 世纪 90 年代以来发展迅速，越来越多的老人逐渐接受以房养老的模式。由于传统经济理论中的储蓄都具有预防性动机，而在西方发达国家社会保障制度比较完善的情况下，储蓄的预防动机不够，容易导致老年贫困化。房屋作为贫困老年人最大宗的资产，为缓解"房子富翁、现金穷人"现象，欧美各国政府也相继推出了住房反向抵押贷款的支持计划，以减少老年贫困为目标的以房养老应运而生。

2013 年，《国务院关于加快发展养老服务业的若干意见》指出："开展老年人住房反向抵押养老保险试点"，开以房养老政策之先河。2014 年 6 月 17 日，中国保监会发布《关于开展老年人住房反向抵押养老保险试点的指导意见》（保监发〔2014〕53 号），使得我国保险业在服务以房养老方面走到了前列。该文件指出："反向抵押养老保险是一种将住房抵押与终身养老年金保险相结合的创新型商业养老保险业务，即拥有房屋完全产权的老年人，将其房产抵押给保险公司，继续拥有房屋占有、使用、收益和经抵押人同意的处置权，并按照约定条件领取养老金直至身故；老年人身故后，保险公司获得抵押房产处置权，处置所得将优先用于偿付养老保险相关费用。"[1] 明确将以房养老定义为一种创新型的商业保险的试点，以房养老不是政府在推卸责任，只是有房屋产权的老人的自愿行为。

从此后两年多的试点情况看，虽然参与者不多，但该业务每单平均能够提供每月 9000 多元的养老金，有效提高了老年人的可支配收入，显著提升了参保老人的养老水平，获得了参保老人的较高评价。2016 年 7 月，中国保监会进一步发布了《中国保监会关于延长老年人住房反向抵押养老保险试点期间并扩大试点范围的通知》（保监发〔2016〕55 号），将老年人住房反向抵押养老保险试点期间延长至 2018 年 6 月 30 日，并将试点范围扩大至各直辖市、省会城市（自治区首府）、计划单列市，以及江苏省、浙江省、山东省、广东省的部分地级市。此次扩大试点通过延长试点期间、扩大试点范围的方式，探索反向抵押保险在不同地域、不同层级市场发展的有效路径。保监会决定延长试点期间并扩大试点范围，加强与相关部委的沟通协调，推动完善配套政策，深入探索业务经营规律，鼓励更多保险公司参与，扩大和优化保险产品供给，并进一步积累经验、完善监管。在扩大试点中，保监会将继续鼓励支持保险公司开展老年人住房反向抵押养老保

---

〔1〕《保监会关于开展老年人住房反向抵押养老保险试点的指导意见》（保监发〔2014〕53 号），载 http://www.gov.cn/gongbao/content/2014/content_2775523.htm。

险业务，并将坚持维护保险消费者合法权益，逐步建立规范有序的反向抵押养老保险市场，为广大老年人提供更加丰富的养老服务，更加灵活的投保选择。

在我国，对广大的民众而言，基于家产传后的传统观念，房屋留给儿孙已经有数千年的传统，不能也不应当成为养老的主体工具。以房养老真正的需求者可能是孤寡老人、近年来出现的数百万个"失独家庭"以及部分老年贫困者。特别是失独者作为国家独生30多年子女政策的牺牲品，单靠微薄的政府补助不足以慰藉他们的生活和心灵，如果"失独家庭"及孤寡老人这些社会的弱势群体有以房养老的需求，政府应当支持，并在税收、交易费用等方面给予他们更多的优惠和帮助。基于此，未来在中国的养老保险体系中，以房养老只是少数人锦上添花的补充养老，只能是养老保险的第三支柱的一部分，不能也不应该成为养老保险的主体，养老保险的主体还是政府主导的第一支柱基本养老，雇主和雇员共同缴费的第二支柱企业年金、职业年金。

从欧美发达国家几十年的住房反向抵押贷款历程来看，以房养老只是"小众产品"，相当于一款面向老人的金融创新产品，一直也没有成为养老保险的主体，我国将来也不例外。作为一项广受关注的创新型小众业务，反向抵押保险也遇到了传统养老观念、政策环境、市场环境等方面的问题和挑战。由于该项业务流程复杂，存续期长，涉及房地产、金融、财税等多个领域，除传统保险业务需要应对的长寿风险和利率风险外，还增加了房地产市场波动风险、房产处置风险、法律风险等，特别是法律法规尚不健全，政策基础仍较为薄弱，业务流程管理和风险管控难度较大。借鉴国外的经验和中国数千年家产传后的传统，未来中国特色的以房养老应当注意以下几个方面：

一是以房养老的主体，必须贯彻完全自愿、尊重老人需求的原则。《老年人权益保障法》规定："老年人自有的或者承租的住房，子女或者其他亲属不得侵占，不得擅自改变产权关系或者租赁关系"，老年人有对自己房屋完全的处置权。保险形式的以房养老必须确保老人在继续拥有房屋的占有、使用、收益和经抵押权人同意的处置权的同时，能够按照约定条件领取养老金直至身故，从而把固定的房产转化为流动资金，提高老人消费能力。以房养老的主要对象应当是失独家庭、孤寡老人、老年贫困者，以及其他任何有以房养老需求的老年人，金融企业以房养老产品设计、政府相关部门的监管都应当贯彻尊重老人意愿的基本原则。

二是根据实际情况选择以房养老的承办机构，保险公司须防范长寿风险。银行经营的主要是固定期限类金融产品，具有住房抵押贷款的长期经验，对房屋评估、房价下跌的压力测试等方面有独到的风险控制经验，美国反向抵押贷款中大部分是一次性从银行类金融机构获得现金就是明证。因此，在中国以房养老中同样的一次性获取资金的需求可以由银行来承办。而保险业经营寿险业务与以房养老模式"与生命等长"的要求更加吻合，保险公司强大的精算能力和长期保障性质更符合老人的需求。但对保险公司而言，以年金的方式发放的养老金本息之和净现值如超出了房屋自身价值，保险公司无法追偿，将面临亏损。和银行类住房反向抵押机构一次性发放贷款相比，保险公司所面临的长期不确定性风险更高，审慎经营尤为重要。

三是充分发挥政府在住房反向抵押贷款中的政策导向和监管作用。保监会的53号文提出适时指导中国保险行业协会建立反向抵押养老保险销售人员资格考试制度，是政府监管该行业的良好开端。借鉴美国金融消费者保护局为住房反向抵押贷款者提供保护、住房与城市发展部支持机构为贷款提供担保的做法，未来应当由我国的中央政府主管部门—保监会、银监会、住房和城乡建设部联合出台住房反向抵押贷款相关担保与金融消费者保护的法规、规章。特别对于可能中途退出的参保人，应当通过精算，事先在合同中进行约定，确保老年人在住房反向抵押贷款中的权益不受侵害。

四是审慎试点。目前我国以房养老初步试点限于一线城市，扩展试点也都限于省会城市和东部发达地区地级市等二线城市，一方面这些城市的房价相对坚挺，房价波动风险相对较小；另外一方面这些一线、二线城市也往往是老龄化严重的地区，城市的聚集效应使得寻找潜在的客户群相对容易。在试点过程中不仅仅需要保险业及其监管部门参与，也需要银行业及其监管部门参与，尤其是那些希望一次性获得现金的老人，银行类金融机构能够提供更适合的服务。保监会已经发布了53号、55号文，银监会也应当制定一次性获取资金的以房养老模式的规章，共同促进我国以房养老事业的发展，保护老年人的合法权益。

老年人的金融需求广泛，除了传统的储蓄、保险、贷款等业务外，还包括针对养老的理财业务、反向按揭养老、遗嘱信托等新业务。养老服务金融专门服务老年人各方面需求，能够提升服务针对性和有效性，增加老年人效用。此外，养老服务金融不同于传统金融业务，因为国民养老需求的最终目的是合理安排其老年生活，包括了老年理财、养老信贷、养老保险、老年医护、老年家居、养老机构等多方面需求，客观上需要有机构能够链接老年人的金融与实体消费，提供更为精细化的服务，这就要求金融机构随之转型，将虚拟金融服务与实体经济相结合。

创新保险类产品和服务、增加保险服务养老产品的供给。随着经济和社会的不断发展，人们收入水平的提升，居民养老储备意识开始增强，从而推动了近年来养老服务金融产品的探索与发展，但总体来看，养老服务金融发展还处于起步阶段，发展经验不足。一方面，养老服务金融产品同质化严重，以养老理财类产品为例，银行提供的养老理财产品以保证收益型为主，和非养老型产品没有实质性区别，保险业提供的养老保障委托管理产品同样以短期理财为主，这些同质化的产品难以满足公众多元化的需求；另一方面，养老服务金融产品供给不足，人口老龄化的大背景下，老年人存在巨大的金融需求，但目前金融机构能够提供的相应产品严重不足。比如老年人偏好传统网点、社区银行的服务，但进行适老改造、提供老年专属服务的银行仍是少数。金融机构提供的养老理财产品，以中短期为主，难以满足居民养老的长期需要，信托业目前仅推出一两款养老信托产品，基金业的"养老型"基金尚在讨论之中，已经推出的"养老"主题基金数量也仅有十几只。

加强保险服务老年照护和消费监管，保障老年人权益。由于目前我国没有专门针对金融服务老年照护和消费的专门法规，现有的制度规定也主要零散分布在各个部委出台的各种支持养老服务业、保险业等政策之中，相关监管机构也没有出台专门的指导规定，对其业务范围、从业机构、服务标准、业务流程等内容进行界定和规范，从而导致我国养老服务金融市场监管机制有所缺失。在此情况下，由于老年人金融知识缺乏，风险意识不足，加上近几年，由于市场机制不健全，而现有监管体系对非法融资中介机构缺乏有效监管，一些非法机构以养老理财为幌子进行非法集资等活动，导致了国民养老投资理财受骗事件逐渐多发。

挖掘保险服务老年照护和消费的商业模式，完善保险服务老年照护和消费的金融业态。近年来，我国养老服务市场逐步打开，已被视为未来金融行业的一片蓝海，能为金融行业带来新的业务机会和利润来源。然而金融服务老年照护和消费尚未形成成熟业态，目前金融机构提供的与养老服务相关的金融产品主要包括养老银行理财、养老信托、养老保障管理产品、老年信用卡等在内的自主养老服务金融产品探索，尽管形式比较多样，但是无论哪个类别产品，都未能实现长足发展，规模增长有限，对于金融机构来说并未形成真正的商业模式和业务生态。

第四节　信托业养老服务金融的产品分析

全世界养老金在组织形式上大都选择了信托，例如服务数亿美国人、结余资产近 3 万亿美元的美国联邦老年、遗属和伤残人士保险信托基金（Federal Old-Ageand Survivors Insurance And Disability Insurance Trust Funds）就采取了 Trust（信托）的形式，而第二支柱的私人养老金更是几乎全部采用信托基金的模式，信托因而成为养老金金融化过程中的"标准模式"。只有信托制度可以覆盖个人从工作到退休乃至死亡的全过程，银行体系无法匹配如此长期的资金，证券、保险同样难以满足作为单一角色终其一生的资产配置，唯信托可以实现养老金的终生金融服务。也正是因为信托的这一独特特征，成为养老基金组织形式的主流。

一、信托业服务养老的理论基础

英国信托制度是现代信托制度的发源地。在 13 世纪初英国教徒为回避《没收条例》中英王朝限制教徒向教会遗赠土地的条款而创立了"尤斯制"（USE）（拉丁文"Opus"，即"代之"或"为之"的意思）。"尤斯制"被普遍认为是现代信托制度的雏形。"尤斯制"的基本做法是：教徒在生前遗嘱中将自己的土地赠与第三人，而不直接赠与教会，但明确规定赠与的目的是保障教会对土地的使用权和受益权。由于不是直接赠与教会，政府便不能根据《没收条例》没收赠与的土地，但却同样达到了使教会获得土地利益的目的。尤斯制已形成了比较完整的信托关系，遗嘱人是委托人，受赠人是遗产土地的受托人，在法律上掌握土地的所有权，教会是土地的受益人。只不过这时的受托人还仅是名义上的，他并不对信托财产（遗赠的土地）负管理责任，在这一点上与真正的信托关系是有区别的，故此人们将其称为"虚设信托"或"消极信托"。作为转移和管理财产的一种重要方式，信托制度是英国法律之园中的一朵奇葩，该制度所体现的道德原则和灵活性赢得了众多学者的广泛赞誉。

信托，"信"即信用，"托"即委托，合二为一即基于信任的托付。委托人是指具有完全民事行为能力的自然人、法人或者依法成立的其他组织。受托人在我国一般指的是信托投资公司，它是主要经营各种财产的信托业务、发挥受托理财功能、以手续费、佣金为主要收入来源的金融机构。受益人是在信托中享有信托受益权的自然人、法人或者依法成立的其他组织。受益人和委托人可以是同一人，也可以不是同一人。与《物权法》不同，物权法明确资产的归属，而信托则明确受益人是谁，这便是英国的普通法体系形成的信托体系，委托的标的是其他能够带来利益的资产。信托解决资金跨行业、跨周期的问题。例如：在职工作人员（委托人）将养老金委托给养老金公司（受托人）进行资金管理，工作人员退休后变成受益人。由于信托可以完成一个长时间的资金管理，目前世界上95%的养老金采用信托形式进行管理。信托制度同时具备财产转移和财产管理的功能，投资范围广泛，产品设计灵活，可以充分实现委托人的意愿，因此信托产品形式多样，信托利益划分具有弹性，业务范围涉足货币市场、资本市场和实体市场三大领域，是一款全能型投资工具。

信托制度设计忠实义务的原因在于人性的自私，法律默认人都是自私的，因此克制受托人的"利己"进而做到"利（受益）人"正是信托中忠实义务的设计目的，倘若受托人对受益人的忠实程度非常低或者根本不存在，信托关系将无从谈起。美国《信托法重述》（1959）提出"solely in the interests of the beneficia-ries"，即要求受托人应忠实地为受益人利益处理信托事务，不得将自身置于与受益人的利益相冲突的地位，哪怕潜在的冲突也不可以。虽然在典型的信托关系中有三方主体，但受托人与受益人之间的关系是最重要的部分，在养老金信托中即基金管理人和养老金待遇领取者之间的关系。养老基金管理人作为受托人的忠实义务贯穿养老金管理的全过程，可以长达数十年，如果不是把受益人（养老金待遇领取者）的利益放在首位，受益人的利益就难以保障。英美等国私人养老金发展已经有一百多年的历史，管理中的丑闻比较少见，主要就是受托人忠实义务履行得较好。信托是英美普通法系给全世界金融业带来的重要思想来源，也为养老金投资、监管模式提供了重要参照。

美国 1974 年通过的《雇员退休收入保障法案（ERISA）》就是基于信托法的原则而对养老金管理人进行规制的，该法第 401（1）条规定：（A）"……受托人根据参与人和受益人的利益履行自身的职责……，（B）必须以必要的注意、技能、谨慎和勤勉。这种必要的注意、技能、谨慎、勤勉是指在当时的情况下，一个以同样的能力和同样熟悉相关事物的谨慎的人，在经营一个同样性质和同样目的的事业时会使用的注意、技能、谨慎和勤勉；（C）通过养老计划的投资多样化，以实现主要损失的风险的最小化，此外，在其它情况下能够确信其它的行动方式是谨慎的……"

信托法中的审慎人规则（Prudent Person Rule）在英美信托法理论中处于核心的位置，该规则衍生于英美法系信托法中受托人必须履行的注意义务（duty of care）和忠实义务（duty of loyalty），前者要求受托人管理信托事务必须采取合理的审慎和注意，即应当像一个谨慎的普通商人处理自己事务一样去处理受托的各项事务；后者要求受托人应忠实地为受益人利益处理信托事务，不得将自身置于与受益人的利益相冲突的地位。受托人的审慎标准是客观的，发生争议时法院只是把受托人管理信托事务的现实行为所达到的谨慎标准与他应该达到的标准进行比较来确定受托人的责任，不去考虑受托人本身的实际技能和审慎程度。

在 19 世纪中叶之前，审慎人规则要求受托人必须依照注意标准代表其受益人履行忠实义务、管理信托义务及归还信托财产的义务。在英国，受托人的投资范围仅限于"法定投资表（legal list）"上列举的种类，而且主要限于政府债券，1859 年增加了东印度公司的股票，一直到了 1961 年英国颁布《受托人投资法》，原则上才允许受托人投资于公司的普通股，以信托本金的一半为限。美国 1830 年的哈佛学院诉阿莫里（Harvard College v. Amory）是审慎人规则发展历史上具有划时代意义的经典判例，马萨诸塞州法院（Massachusetts courts）裁定：受托人应当"遵守谨慎、明智和聪明的人管理自己事务的方式，无关于投机，而是关于他们财产的永久处分，同时考虑可能的收益以及投资的本金安全。"亦即只要受托人诚信投资，投资于私人证券也是合法的，摈弃了原来"法定投资表"

限制投资种类的做法，形成了哈佛学院规则（Harvard College Rule）[1]。二战后，哈佛学院规则的影响更加深入，由于马克维兹投资组合理论的迅速传播，审慎人规则出现了新的法律标准，即为了遵从现代投资组合理论，受托人有义务将投资组合分散化，从而达到规避风险前提下收益最大化的投资目标[2]。

新的审慎人规则采纳了现代投资组合理论，这也是美国法学界在立法、修法中开放性地积极采纳经济学研究成果的范例。基于审慎人规则，出现了新的法律标准：美国司法部在制定新的谨慎投资人的法律标准时采用了弹性标准，即将所有投资视为投资组合的一部分，而不能在单个资产品种的基础上做出判断。养老金管理人在其投资组合中能够贯彻分散投资的原则，履行完整注意义务和忠实义务，就达到了信托法中作为受托人应当履行的义务。

新审慎投资者规则根植于《信托法重述》（Ⅲ）[Restatement（Third）of Trusts］和《统一审慎投资者法》（Uniform Prudent Investor Act），这两者都采纳了现代投资组合理论，认为受托人有义务将投资组合分散化，从而达到规避风险前提下收益最大化的投资目标。我们的近邻日本作为引进信托制度最早的民法国家之一也于2006年重修《信托法》，将受托人忠实义务设置为任意性规定，有助于信托关系中当事人的意思自治，具体表现在明确了概括性的忠实义务内容，增加了可以解除忠实义务的适用条件，还对利益冲突的例外情形以列举的形式加以规定等。日本的修法使受托人忠实义务的法律规定呈现出更加灵活的趋势，扩大了信托当事人意思自治的空间，为我国重修《信托法》提供了范本[3]。

正是信托作为养老金融重要组织形态的特征，未来我国养老金融发展中信托业不应当缺席，也必然不会缺席。目前我国的公募证券投资基金虽然其监管在证券业监管机构，但本质上的信托治理模式未变，作为资产管理领域运作最规范、信息最透明的行业，具有业绩基准清晰、产品类别丰富、竞争性强、市场容量大等优势，是养老金进行大规模资产配置与调整的最佳工具；而寿险公司、企业年金管理公司、职业年金管理公司在承担养老金管理人角色时也不仅仅是保险公司，其作为受托人更受《信托法》的监管。因此，未来我国养老金管理人作为养老金信托的受托人地位必将更进一步明确，养老金领取者作为受益人将受信托法的保护，信托法在金融服务养老中将发挥不可替代的重要作用。

二、信托业服务养老的创新模式：兴业银行的"安愉信托"产品

人口老龄化问题本质上是金融问题。要解决养老保障问题，还得依靠发展多

---

〔1〕 *Harvard College v Amory*（1830）26 Mass（9 Pick）446.

〔2〕 Markowitz H，"Portfolio selection"，*The Journal of Finance*，vol. 7，No. 1.，1952，pp. 77-91.

〔3〕 赵廉慧："《日本信托法》修改及其信托观念的发展"，载《中国商法年刊》2008年第00期。

层次、市场化的养老金融，开发针对不同需求者、多功能的创新养老产品。个人养老市场化意味着通过市场机制构建金融产品规则，经过市场化的资产管理方式解决风险承担和收益享有，这是解决我国养老金缺口问题的一种创新和尝试。信托具备的财产独立和风险隔离的法律功能，可以充分保障受益人的权益，具有其他金融产品不可比拟的优势。

"安愉信托"是由兴业银行与专业信托公司联合推出的信托类养老金融产品。主要特色是专属财产，保障权益。客户将自有现金资产交付给信托公司管理，由银行帮助投资，定期披露收益。信托公司按照客户的意愿和信托文件约定，在规定时间给付给委托人所选定的受益人，用于个人养老保障和传承家族财富。设立信托后，通过银行专门账户管理，实现信托财产独立运作，并按照信托文件的约定向受益人支付信托利益，保障养老及其他需求。信托财产由投资顾问、受托人等专业金融机构提供投资建议并操作，同时定期向委托人或受益人详细披露信托运行的整体情况。

"安愉信托"产品运行期间，若发生特定触发事件，可将信托财产按照信托文件传承给委托人指定的人，由于信托文件约定明晰，因此有利于避免相关财产权利主张的纠纷。信托运行期间，投资管理及信托利益分配相对灵活，并可按照委托人的意愿进行调整，有利于实现委托人的意愿，保障受益人的利益。

"安愉信托"在操作方式上体现了"我的老年生活我做主"的自立养老现代理念。客户将资金投入信托，指定信托财产的分配规则。子女也可以将现金投入信托，指定父母受益以体现孝道。父母还可以提前为子女安排未来的养老保障。

"安愉信托"的委托人必须年满 30 岁，系认购金额 600 万元（含）以上的金融产品合格投资者。受托人是兴业银行，而受益人则可由委托人灵活指定初始受益人与后备受益人。如果初始受益人放弃信托利益或去世，则由后备受益人享有。分配方式为自认购 3 年封闭期后的任何一年开始，可选择一次性支付或按季度支付，直至信托结束。若选择按季度支付，每季度支付金额 3 万元起，以 3 万元为单位进行更改调整。

该信托的期限约定为 3+N 年，同时约定分配条款。在信托封闭期满 3 年后的每年开放日内，委托人可选择赎回或者继续持有。如果不到约定期限，信托利益即分配完毕，则信托结束。如果信托约定期满，信托财产仍有剩余，则由初始受益人享有；如果初始受益人放弃权利或去世，则信托利益可指定给后备受益人。

该信托项目的投资范围主要为中低风险配置，包括境内外依法设立的现金类、固定收益类、类固定收益类（信托产品、类信托产品等）、策略投资类、权益投资类、另类投资类等金融工具及法律法规或中国银监会、证监会、保监会允许投资的其他金融工具。其中固定收益类金融工具和资产如债券［国债、金融债、企业（公司）债、次级债、可转换债券（含分离交易可转债）、央行票据、短期融资券、超短期融资券、中期票据等]等；类固定收益类金融工具和资产，如资产支持证券（优先次级）、债券回购、信托理财产品、券商专项资管计划、证券基金子公司专户资产管理计划、保险资管管理计划等；策略投资类包括结构性存款、对冲基金，以及采用量化投资、CPPI 等投资策略的银行理财产品；权益投资类包括可转债、普通股、股票基金、混合基金，以及各种通过信托、证券、保险等机构发行的投资于资本市场二级市场的产品；另类投资类主要包括贵金属、大宗商品、金融衍生品、房地产信托基金、分级基金劣后级、私募股权投资基金、保险等非固定收益类产品。可以看出，安愉信托的投资方向基本上涵盖了我国现有货币市场、资本市场上几乎所有的投资品种。

每单"安愉信托"成立后，由受托人、投资顾问共同协商确认，将托管资金投资于相关金融理财产品。所有具体约定以合同约定为准，信托财产管理过程中面临的市场风险由信托财产承担风险责任，受托人、投资管理机构、投资顾问、托管机构对管理、运用和处分信托财产的盈亏不作任何承诺。

信托是国际上通行的养老金运营模式，而"安愉信托"的诞生，是国内信托领域的突破性尝试，弥补了社保和商业养老保险等传统养老保障的不足，是在信托领域重要的金融创新。而 600 万起的合格投资者才能参与的高门槛，又符合投资者适当性管理的原则，为防范风险奠定了基础，是创新与风险防范平衡的较好范例。

三、信托业金融创新服务养老：消费养老试点

在多层次、多支柱养老金体系中，消费养老成为越来越引人瞩目的一环。2019 年 11 月，在中国社会保险学会退休人员社会化管理服务专业委员会、中国社会保险学会养老保险专业委员会、中国劳动学会薪酬专业委员会和世研智库消费养老研究院的指导下，由中信银行、中信云网、中信公证处主办、卓越质胜（北京）科技发展有限公司承办的"全国消费养老联盟"正式成立，希望开辟增加养老金的新渠道，在不增加财政负担和消费者支出的前提下，发动全社会积极参与养老保险，从市场经济的良性循环中提取养老金，从而有效化解老龄化社会面临的巨大压力，为解决全社会养老难题带来新的希望。"全国消费养老联盟"的宗旨是：在国家政策的指引下，在国家和各级政府的监督和指导下，在现有法律、法规框架内，推动企业规范和科学的实施消费养老创新模式，加强行业自律，规范其健康发展。将助力消费养老金全国统筹，使中国在短时间内实现养老保障弯道超车。该联盟关注老龄化，构筑健康可持续的全民消费养老新时代，以"统筹资源、开放平台、合作共赢"为目标，携手全国各地优秀服务商、聚合本地优势商家、社会服务机构及相关权益组织为主体，集合优质资源，引领消费养

老产业健康发展。

　　作为有别于社保体系第一支柱基本养老保险、第二支柱企业年金、第三支柱商业保险的全新养老金来源，消费养老金利用信托打通实体经济和金融体系的特点，在服务养老方面创新出全新模式。该模式的主要特点是在"互联网+"时代，充分挖掘个人消费的剩余价值，集腋成裘，经过长期积累形成补充养老金。用户（消费者）可以增加未来养老金来源，降低养老压力；对参与项目的商户可以引导用户持续消费，增加消费额；对养老金融事业则开创了个人养老金账户资产的信托服务养老新模式，从而实现个人的第四种养老金补充，促进养老金融事业的发展。消费养老项目发起人可以通过服务养老来发展壮大，信托项目受托人、托管人、管理人均可以利用自身优势来服务客户，发展养老金融事业。

第九章　金融创新推动养老服务金融发展：以目标基金为例

第一节　目标日期基金发展概况

一、权益类和固收类产品长期持有的收益-风险特征

判断金融产品的一个基本原则是：高收益对应高风险，低收益对应低风险。以国际资本市场上的罗素 3000 指数为例，1980-2018 年的 39 年间股票的年化平均收益率为 11.5%，标准差为 15.1%，而国债平均收益率为每年 7.2%，标准差为 5.3%，[1] 可见长期来看，股票的平均收益和风险均大于债券，这也符合"风险与收益成正比"的一般金融学理论。

如果某种资产持有期不同，其风险结构会发生变化，长期持有的股票和国债风险会更低，如图 9-1 所示。横轴为持有期（单位：年），纵轴上半部分为标准差（波动率），代表了资产价格的波动程度，波动率越高，资产收益率的不确定性就越强，反之则风险越低。纵轴的下半部分是条件在险价值（Conditional Value at Risk，CVaR），是指投资组合的损失大于某个给定的在险价值（VaR）条件下，该投资组合损失的平均值，CVaR 越偏离 0 风险越高，越接近 0 风险越低。可以看出：权益类产品的股票和固收类产品的债券均会随着持有期的增加而风险趋于下降，其中股票相对债券风险下降更快。在持有期限较短时，股票的风险要远大于债券，但持有更长期的话两者的风险趋于接近，比如持有期在 8-10 年之后，权益类和固收类二者的风险程度就非常接近了。这就意味着：相对于短期股票和

---

[1]　相关数据来源，载 https：//baijiahao.baidu.com/s？id＝1640272864153477414&wfr＝spider&for＝pc.

债券的风险状况，二者长期风险程度有趋同的趋势。因此，如果投资期限足够长，资本市场波动的绝大部分风险可以被规避。考虑到收益率的较大差距，长期持有股票比债券的收益-风险比要好的多。

图 9-1 可以解释人们对权益类产品价格波动风险规避的最佳手段是长期持有。也正是由于长期持有带来的高收益、低风险，美国养老金自 20 世纪 80 年代开始大规模进入权益类市场投资，为资本市场带来了源源不断的"活水"，资本市场的高速发展也为养老金赚取了丰厚的回报。

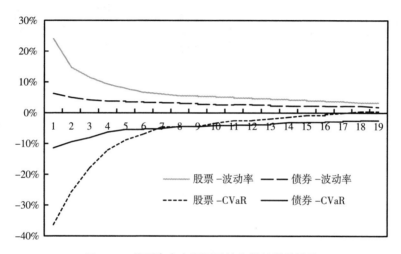

图 9-1　美国资本市场不同持有期的股债风险

数据来源：Wind 资讯，海通证券研究所

二、共同基金投资的国际经验

在 2012-2021 的十年里，共同基金在美国、欧洲、亚太地区和世界其他地区的净资产总额都出现了强劲的增长。各地投资者都表现出对受监管的开放式共同基金的强烈需求。过去 10 年，全球共同基金的净销售总额达到 20.1 万亿美元，基金供应商推出了逾 13.1 万只基金，全球基金净资产总额的增加反映了基金所持有的基础证券价值的大幅增加，如图 9-2 所示。

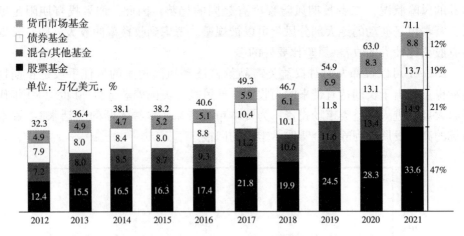

图 9-2　近 10 年间世界范围内基金净资产规模（单位：万亿美元）

数据来源：美国投资协会 ICI：美国基金业 2022 年鉴（2022 Investment company fact book），https：//www.ici.org/system/files/2022-05/2022_factbook.pdf 除特别注明外，本节数据均来自该年鉴。

　　2018 年，全球股票市场大幅走低，拖累了世界范围内基金净资产增长，在连续七年增长后，2018 年世界范围内基金净资产规模较 2017 年减少了 2.6 万亿美元。2018 年基金净资产的下降受压于全球股票市场和外汇市场，最主要的原因是对于全球经济增长严重放缓的担忧，尤其是对中国经济增长低于预期和中美贸易关系恶化的担心。

　　2019 年，全球股价大幅上涨，全球基金的净资产增加了 8.2 万亿美元，达到 54.9 万亿美元。股票基金（即主要投资于公开交易的股票）是最大的基金类别，占 2019 年底净资产的 45%。债券基金（主要投资于固定收益证券）和混合/其他基金各占净资产的 21%。货币市场基金在全球范围内被普遍定义为受监管的基金，仅限于持有短期、高质量的货币市场工具，占净资产的 13%。

　　世界各地基金净资产规模差异很大，这些差异反映了不同的资产偏好、风险承受力、资本市场的发展程度、人口结构、宏观经济发展等因素。美国和欧洲拥有全球最大的受监管基金市场。2021 年，美国保持了全球最大基金市场的地位，如图 9-2 所示，基金总净资产 34.2 万亿美元，占全球的 48.1%，接近一半，是美国 GDP 的 1.48 倍；欧洲基金总净资产 23.2 万亿美元，占全球总额的 32.6%；亚太地区基金总净资产 10 万亿美元，其他地区基金总净资产 3.6 万亿美元。

　　多种因素共同成就了美国基金市场在全球独树一帜。其一，美国基金市场已发展近百年，历史悠久，早在 20 世纪 20 年代美国就诞生了共同基金。其二，

1929 年股市崩盘和大萧条后，美国建立起了强有力的证券市场和基金监管框架，其中最具代表性的是《1933 年证券法》、《1934 年证券交易法》和《1940 年投资公司法》，投资者对于证券市场和基金重拾信心，促使美国基金资产规模稳步增长。1974 年《雇员退休收入保障法案》、1978 年税法修正案设立的 401（k）条款所确立的递延纳税为养老金投资者铺平进入资本市场的坦途，共同基金成为养老金投资的首选。近几十年来，基金成为税收优惠账户的投资选项、基金类型增多（如 ETF 和目标日期基金）、股票市场上涨、基金红利再投资等因素共同推动了美国基金资产规模的增长。此外，过去十年中，股票市场的升值和股息红利进一步推动了基金市场增长。

二、目标日期基金发展状况

1993 年，巴克利全球投资（Barclays Global Investors）在美国市场推出第一只目标日期基金（BGI 2000 Fund），产品需求对象锁定在以 401（k）计划参与者为代表的养老金市场。

1996 年 10 月，富达基金（Fidelity）发行了旗下第一只目标日期基金——Fidelity Freedom 2000 Fund，此后普信（T. Rowe Price）、先锋（Vanguard）分别于 2002、2003 年发行各自旗下的目标日期基金。

目标日期基金的持续发展增加了 2021 年流入债券型共同基金的资金。目标日期基金投资于不断变化的股票和固定收益投资组合。随着基金接近并超过其目标日期，基金逐渐将资产从股票重新配置到包括债券在内的固收类投资。过去 10 年，目标日期共同基金的资金净流入为 4620 亿美元。到 2021 年 9 月底，目标日期共同基金的总净资产达到 1.8 万亿美元。作为常见的投资选择，近 85% 的大型 401（k）计划平均提供 10 只目标日期基金。

从图 9-3 中可以看到，美国市场目标日期基金除 2018 年受全球经济危机的影响规模略有下降外，每年均呈现正增长。2008 年的市场大幅波动使目标日期基金规模受到了负面影响，但自 2008 年后多数基金管理人吸取了金融危机的经验教训，对目标日期基金的投资策略进行了优化，如设计更加稳健的下滑曲线（Glide path），或根据市场环境进行必要的主动资产配置调整。因此，自金融危机之后，目标日期基金进一步实现了快速增长。

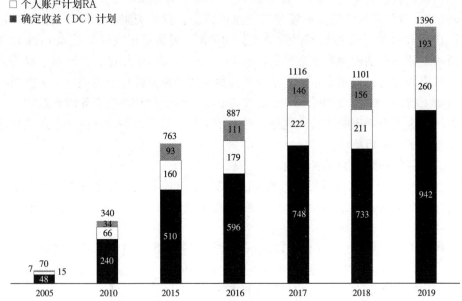

■ 其他计划
□ 个人账户计划RA
■ 确定收益（DC）计划

图9-3　美国市场目标日期基金规模历年变化趋势（2005-2019）[1]

　　1993年，巴克利全球投资（Barclays Global Investors）在美国市场推出第一只目标日期基金（Target Date Fund，TDF），产品需求对象锁定在以401（k）计划参与者为代表的养老金市场，此后逐步成为养老金投资标的首选。养老目标日期基金通常以退休年份命名，比如"目标日期2045基金"就是为在2045年前后退休的人群设置的基金，投资策略是根据全生命周期动态调整权益类产品和固收类产品的投资比例，年轻时权益类资产占比较高（比如80%），到退休时下滑到较低比例（比如20%），形成的下滑轨道是目标日期基金的核心要素。以年龄为横坐标、权益类资产配置比例为纵坐标，基金管理人调整权益类资产资产配置比例的下降的策略，既能够享受权益类产品的高收益，又因持有期较长而规避了高风险，等到个人临近退休时以风险较低的固收类产品为主，实现了全生命周期养老财富储备的保值增值。自目标日期基金诞生之后，其全生命周期特性得到了投资者、金融业界、政府的认可。美国国会2006年通过了《养老金计划保护法案》，要求员工"自动加入"（Auto-enrollment）企业年金计划，鼓励在雇主支持

────────────────

〔1〕 "美国养老金市场（2019Q4）Report：The US Retirement Market，4th Quarter 2019（xls）"，载 https：//www.ici.org/research/stats/retirement。

的固定缴款（DC）养老金计划中使用目标日期基金作为默认投资工具。该法案通过之后，2006 年至 2009 年间，共同基金管理的 TDF 资产增加了一倍多，从 1105 亿美元增加到 2454 亿美元，数量从 27 只增加到 44 只（Balduzzi and Reuter，2011）。2012-2021 年的 10 年间，目标日期基金的资金净流入为 4620 亿美元。到 2021 年 9 月底，目标日期基金的总净资产达到 1.8 万亿美元。作为常见的投资选择，近 85% 的大型 401（k）计划平均提供 10 只目标日期基金[1]。

在中国，2018 年 3 月 2 日，证监会正式发布《养老目标证券投资基金指引（试行）》，首次将养老基金单独列出，提出养老目标基金应当采用基金中基金形式和成熟稳健的资产配置策略，控制基金下行风险，追求基金长期稳健增值。投资策略包括目标日期策略、目标风险策略等；同时特别指出，"采用目标日期策略的基金，应当随着所设定目标日期的临近，逐步降低权益类资产的配置比例，增加非权益类资产的配置比例。权益类资产包括股票、股票型基金和混合型基金"。因此，目标日期基金也成为我国专为养老金市场而设的特殊公募基金产品。

2018 年 4 月 2 日，财政部、税务总局、人力资源社会保障部、中国银行保险监督管理委员会和证监会联合发布了《关于开展个人税收递延型商业养老保险试点的通知》（财税〔2018〕22 号），标志着我国养老保障三支柱体系的第三支柱——"个人商业养老资金账户"正式开启。目标日期基金的主要形式是 FOF（Fund of Funds），即专门投资于其他投资基金的基金。FOF 通过持有其他证券投资基金而间接持有股票、债券等资产，它是结合基金产品创新和销售渠道创新的基金新品种。根据万得 Wind 数据统计，我国 FOF 型基金数量及规模逐年稳步上升，其中养老目标日期型基金自 2018 年问世以来在 FOF 型基金中的占比也逐年上升，截至 2021 年 12 月 31 日，目标日期型基金规模达到 171.60 亿元，占比 19.6%。这说明 FOF 型基金正在逐步为投资人所接受，且经过疫情等突发情况的检验，目标日期基金和目标风险基金类金融工具，能够更好的匹配不同投资者的生命周期属性和风险偏好属性，类封闭式的管理方式日渐展示出长期投资的优势。

根据万得 Wind 资讯数据统计，截至 2022 年 6 月 17 日，我国资本市场上共有 418 只公募 FOF 产品，其中有 193 只基金名称中明确标注"养老"字样，成立已满一年的公募 FOF 产品均实现正收益，其中以养老目标基金为代表的 FOF 业绩靠前。养老目标基金包括养老目标日期基金和养老目标风险基金两种类别，

---

〔1〕 美国投资协会 ICI："美国基金业 2022 年鉴（2022 Investment company fact book）"，载 https：//www.ici.org/system/files/2022-05/2022_factbook.pdf。

目前共有养老目标日期基金 87 只、养老目标风险基金 111 只，养老目标基金成立至今平均净值增长率为 43%，最高净值增长率 65.27%，净值增长率超过 50%的有 10 只。在 2021 年的结构性行情中，养老目标基金的平均回报率为 5.11%，其中目标日期基金的收益率普遍高于目标风险基金。

养老目标日期基金通常包括四个核心要素，即目标日期、下滑轨道、运作方式和业绩比较基准。基金初创时，权益类资产的配置比例偏高，呈现股票型基金的特点，高风险高回报；随着"目标日期"的临近，基金管理人的资产配置策略由投资增值转向注重当期收益。这类金融工具致力于为个人投资者量身打造专项养老计划，发挥普惠金融属性，在资本市场和养老投资领域具有日益重要的作用。通过整理我国已发行目标日期基金的数据和招募说明书，归纳出养老目标日期基金具有如下明显优势：

第一，产品类型多样化。目标日期基金产品设计多以 5 年为一梯度，其中工银瑞信养老目标日期基金实现 2035-2060 年退休日全覆盖，除常规的 5 年梯度外，易方达养老推出了目标日期为 2033、2038、2043 的基金产品。目前的养老目标日期产品中，最近目标日期为 2025 年，最远为 2060 年，其中以 2030-2045年为目标日期的金融工具居多，以男性 60 岁、女性 55 岁退休年龄推算，目标客户群体的年龄为 32-47 岁。根据《中国养老财富储备调查报告（2021）》调查数据显示，受访者认为规划养老的理想开始时间为 30-49 岁之间，目前市场主流目标日期设定与该调查数据结果相符。系列化基金产品的时间间隔设置是定位精准和运营经济之间平衡的结果，目标日期基金产品的多梯度设计为各年龄段的投资者提供了适龄化的权益类金融工具选择，同时该种设计将年轻群体纳入其中，有利于投资养老理念的普及和实现。

第二，资产配置灵活化。目标日期基金可充分利用金融市场中的多样化资产构建投资组合，实现灵活化资产配置。同时，目标日期基金的资产配置策略，尤其是下滑轨道设计，在提高收益和分散风险方面具有关键性作用。资产配置策略主要包括三个部分：一是顶层设计，对各家基金的资产配置风格和底层资产类型进行深入调查；二是设定下滑轨道，掌握各资产的投资属性，平衡风险和收益之间的关系；三是具体投资，对资本市场中的金融工具进行基本面分析和价值投资分析，最大化分散风险，实现个人养老财富储备收益最大化，同时在具体投资过程中，基金管理人要对各底层资产和下滑轨道及时调整，根据投资人的养老投资理念和风险承受度，有针对性的调整权益类资产配置比例，保证目标日期基金能够发挥其长期规划养老的属性。

第三，投资收益显著化。2018 年 9 月 13 日，华夏养老目标日期 2040 三年持有期混合型基金中基金成立，标志着养老目标基金正式成立。同年，13 只产品相继成立，其中包括 8 只目标日期型产品，该批产品经过三年时间沉淀，最能代表国内养老目标基金的业绩表现和中长期投资能力，对其相关数据进行整理可知，首批成立的目标日期基金自成立以来的累计收益均值为 53.27%，自成立以来的最大回撤均值为 11.625%，投资表现优于上证指数、沪深 300 等主流指数，投资收益显著。

第四，个人占比常态化。据万得 Wind 数据统计，目前养老 FOF 的投资者构成中，个人投资者占比达九成，高于普通基金产品。同时，通过整理成立一年以上的养老目标日期基金 2021 年中期报告可知，除易方达养老 2033、2038、2043 三只目标日期基金外，其余目标日期基金的个人投资者占比均超过 50%，大于机构投资者占比，甚至中欧预见养老 2035 三年和中欧预见养老 2025 一年的个人投资者占比达 100%。个人投资者的高占比反映出投资者逐渐由储蓄养老向投资养老转化，目标日期基金的普惠金融属性进一步加强。

三、目标日期基金核心要素

目标日期基金通过设定目标日期、下滑曲线、资产配置策略等一系列核心产品要素，以力争实现最优化的退休后的收入替代目标。本部分通过对具有代表性的目标日期基金的招募说明书的分析，归纳了主流的目标日期基金的产品设计条款：先锋领航（Vanguard）、富达基金（Fidelity）、普信（T. Rowe Price）、美国基金（American Funds）、摩根大通（JPMorgan）、美国教师退休基金会（TIAA-CREF）、信安集团（Principal）、贝莱德集团（Blackrock）等美国市场规模排名靠前 9 的目标日期基金管理人旗下的目标日期基金。

（一）目标日期

目标日期是目标日期基金最鲜明的产品要素，通常在基金名称中体现，代表预计的退休年份。美国市场上的目标日期基金一般假设退休年龄为 65 岁，投资者可以直接通过目标日期选择适合自己预计退休年份的目标日期基金，简洁且直观。

主流目标日期基金的目标日期采取以 5 年为间隔，是在营销精准性和运营经济性之间取平衡的结果。间隔越小，每只目标日期基金针对的目标人群的年龄会越明确；间隔越大，目标日期基金系列所需管理的基金数目越少。

从本书研究的目标日期基金来看，随着各家基金公司推出的目标日期基金系列覆盖的目标日期的逐步完善，目前各家基金公司一般会在距离退休日期 44-48 年时推出一只对应最新目标日期的目标日期基金，如表 9-1 所示。在美国平均 65 岁退休的假设下，提前 44 年推出目标日期基金可使 21 岁的年轻人（基本对应大学本科毕业）从开始工作即能够选择大致适合自身退休时间的目标日期基金进行养老投资；而提前 48 年推出目标日期基金则更具有前瞻性，可使 17 岁的年轻人（基本对应高中毕业）从开始工作即能够选择大致适合自身退休时间的目标日期基金进行养老投资。

表9-1　代表性基金公司目标日期基金成立日距目标日期的时间长度[1]

基金名称	基金成立日	时间长度
Vanguard Target Retirement 2065	2017.07.12	48 年
Fidelity Freedom 2060 Fund	2014.08.05	46 年
T. Rowe Price Retirement 2060 Fund	2014.06.23	46 年
American 2060 Target Date Retirement Fund	2015.03.27	45 年
JPMorgan Smart Retirement 2060 Fund	2016.08.31	44 年
TIAA-CREF Lifecycle 2060 Fund	2014.09.26	46 年
Principal Lifetime 2065 Fund	2017.09.06	48 年

（二）下滑曲线

目标日期基金的另一个核心产品要素为下滑曲线（Glide Path）。下滑曲线可以理解为目标日期基金遵循的权益类资产长期配置比例随时间调整的路径。目标日期基金遵循下滑曲线的指导在整个生命周期跨度下进行战略资产配置，为养老金投资者在各个年龄段平衡风险承受能力和预期收益，使得基金的投资效果能符合长期的养老投资目标。

本章研究了7家基金公司目标日期基金的下滑曲线，都是以时间为横轴，以大类资产配置比例为纵轴。有的下滑曲线只将资产划分为权益和固定收益两大类（如Vanguard和T. Rowe Price）。其余下滑曲线将资产类别进行了更细致的划分，例如，Fidelity将权益资产又细分为美国国内权益资产和海外权益资产，将固定收益资产又细分为债券资产和短期现金资产；JPMorgan单独列示了商品资产；TIAA-CREF单独列示了房地产资产。如只按权益和固定收益两大类资产进行划分，表9-2统计了7家基金公司目标日期基金的下滑曲线有如下几个核心要素：初始权益比例、退休日期时的权益比例、最终稳定时的权益比例、退休日期后权益比例继续下降的时间。可以看到各家基金公司的下滑曲线在初始权益比例上都采取了高比例（均超过85%），而在退休日期时的权益比例、最终稳定的权益比例以及退休日期后权益比例继续下降的时间都有较大差异，这些差异体现了各家

---

[1]　资料来源：各相关基金公司网站。

基金公司对目标日期基金核心资产配置思路的差异。

表 9-2　代表性目标日期基金下滑曲线核心要素比较

基金公司	初始权益比例	退休日期时的权益比例	最终稳定的权益比例	退休日期后权益比例继续下降的时间
Vanguard	90%	50%	30%	7 年
Fidelity	90%	50%-60%	24%	10-19 年
T. Rowe Price Retirement[1]	90%	55%	20%	30 年
T. RowePrice Target	90%	42.5%	20%	30 年
American Funds	95%	55%	40%	25 年
JPMorgan	86%	36%	36%	0 年
TIAA-CREF	95%	45%	35%	7-10 年
Principal	90%	45%	20%	15 年

数据来源：根据各家基金公司招募说明书整理

　　根据不同的到期理念，目标日期基金可分为"到点型（To）"和"穿点型（Through）"（如图 9-4 所示）。其中"到点型"在目标日期时股债比例即达到最终稳定，保持不变；而"穿点型"下滑曲线在目标日期后股债比例仍旧持续调整。"穿点型"的下滑曲线主要是为了降低长寿风险，考虑到实际情况中投资者退休后会逐步从基金账户中提取资金作为退休养老金，而不是在退休时点一次性提取。同时按照美国人的平均寿命，在目标日期达到退休年龄后，通常还有20 年甚至更长的退休期间，因此为了满足整个退休周期内的养老需求，基金管理人会相对缓慢地调整权益类资产的配比直至达到最终稳定的配置比例，而不会在到达目标日期时迅速降低权益类资产的配比，以追求更长生命周期的相对较高的收益。而设置"到点型"下滑曲线的基金则更为保守，此类基金一般会在基金招募说明书中明确"主要是面向退休后追求当期收益和有限的资本增值，而不

---

　　〔1〕　虽然其余基金公司也不乏多个系列目标日期基金的，但一般同一公司旗下下滑曲线形态通常是一样的。但 T. Rowe Price 旗下两个目标日期基金系列的下滑曲线形态不同，此处特别列出，分别为 T. Rowe Price Retirement Fund 系列（2002 年成立）和 T. Rowe Price Target Fund 系列（2013 年成立）。某种程度上可能反映出 2008 年金融危机对目标日期基金造成一定冲击后，部分基金公司倾向更保守的下滑曲线的变化。

再追求较高的总收益的投资者"。

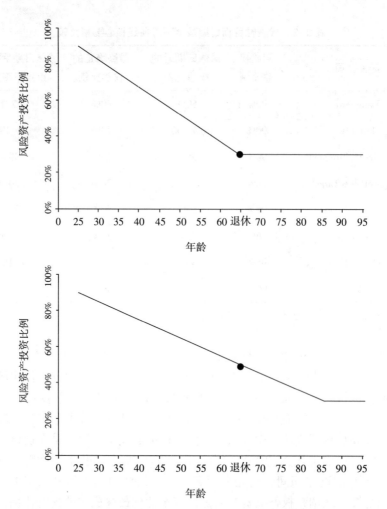

图 9-4　到点型（To）和穿点型（Through）

从本书研究的 7 家基金公司目标日期基金的下滑曲线来看，"穿点型"下滑曲线占据主流，包括 Vanguard、Fidelity、T. Rowe Price、American Funds、TIAA-CREF、Principal 等；而"到点型"下滑曲线仅有 JPMorgan 采用。

（三）运作方式

目标日期基金的运作方式包括 FOF 和非 FOF 两种模式，以 FOF 模式为主。根据美国投资公司协会（ICI）的统计，97%的目标日期基金主要采用 FOF 模式，例如，Vanguard、Fidelity 和 T Rowe Price 的目标日期基金都在其招募说明书的主要投资策略中提到"本基金主要通过投资自身旗下的其他基金来实现投资目标"。采用非 FOF 模式的代表有美国富国银行（Wells Fargo）旗下的目标日期基金，该系列基金采用了一种类联接基金的 Master/Gateway 结构来实现投资目标。具体而言，在这种运作方式下，每一只目标日期基金均为一只 Gateway 基金，每一只 Gateway 基金几乎将其全部资产投资于一只或多只 Wells Fargo 专设的 Master 信托组合，每一只 Master 组合投资于一篮子证券（如债券、股票或短期工具等）以代表对应资产类别的投资。Master 信托组合只面向 Gateway 基金销售，不面向大众销售。

1. 母基金的管理模式：主动型 vs 被动型

按是否进行主动管理，目标日期基金母基金层面的管理模式可分为主动型和被动型两种，其中主动型为主流。

目标日期基金在母基金层面采取主动型运作意味着资产配置可进行适时的调整以应对市场的变化，更有利于兼顾长期的战略资产配置和中短期的战术资产调整。此类目标日期基金通常在招募说明书中约定长期的战略资产配置在市场中性情形下将遵循下滑曲线描述的资产配置结构，但基金管理人仍可根据对短期市场的判断，有限度地在下滑曲线描述的资产配置结构的基础上进行适当的调整。主动型基金的优势是基金管理人可以主动调整权益类产品的仓位，在牛市加大，在熊市减少；不足之处是市场瞬息万变，难以踏准节奏。被动型管理主要是购入指数基金，如标普 500 指数基金，优点是成本较低，不足之处是不易调整仓位。在母基金层面采用被动管理模式的目标日期基金相对较少，主要是从分散风险，降低运作成本的角度出发，追踪某一个目标日期指数。

2. 子基金的运作方式：主动型 vs 被动型

根据投资理念不同，以 FOF 形式运作的目标日期基金挑选的子基金又可分为主动型和被动型。传统上，目标日期基金子基金选择以主动管理型为主。但近些年由于管理成本低、透明度高，被动型子基金的目标日期基金更受到投资者的青睐，规模增长更快，如表 9-3 所示。

表 9-3　选择被动型子基金为主的目标日期基金[1]

基金公司	目标日期基金	成立日期	子基金类型
Vanguard	Vanguard Target Retirement Fund	2003. 10. 27	被动
Fidelity	Fidelity Freedom Fund	1996. 10. 17	主动
	Fidelity Freedom Index Fund	2009. 10. 02	被动
TIAA	TIAA-CREF Lifecycle Fund	2004. 10. 15	主动
	TIAA-CREF Lifecycle Index Fund	2009. 09. 30	被动
JPMorgan	JPMorgan Smart Retirement Fund	2006. 05. 15	主动
	JPMorgan Smart Retirement Blend	2012. 07. 02	被动（权益）
Principal	Principal Lifetime Fund	2001. 03. 01	主动
	Principal LifeLifetimerid Fund	2014. 09. 30	被动为主

（四）业绩比较基准

目标日期基金的业绩比较基准通常包括普通市场指数基准和基于下滑曲线的复合指数基准。

从本书研究的 7 家基金公司目标日期基金来看，一般都会选取一个或多个普通市场指数作为其业绩比较基准。不同基金公司选取的指数不尽相同，但基本都涵盖了权益市场指数和债券市场指数，如表 9-4 所示。

表 9-4　普通市场指数基准[2]

基金公司	普通市场指数基准	指数描述
Vanguard	MSCI US Broad Market Index	美国权益
	Bloomberg BarclaysU. S. Aggregate Bond Index	美国债券
Fidelity	S&P 500 Index	美国权益
	Bloomberg Barclays U. S. Aggregate Bond Index	美国债券

〔1〕　资料来源：根据各家基金公司招募说明书整理。
〔2〕　资料来源：根据各家基金公司招募说明书整理。

续表

基金公司	普通市场指数基准	指数描述
T. Rowe Price	S&P Target Date Index	目标日期
	S&P 500 Index	美国权益
	MSCI All Country World ex USA Index	海外权益
American Fund	Bloomberg Barclays U. S. Aggregate Index	美国债券
	S&P Target Date Index	目标日期
	Lipper Mixed-Asset Target Date Funds Index	目标日期
JPMorgan	S&P Target Date Index	目标日期
	Lipper Mixed-Asset Target Date Funds Index	目标日期
	Russell 3000 Index	美国权益
TIAA	Bloomberg Barclays U. S. Aggregate Bond Index	美国债券
	S&P Target Date Index	目标日期
Principal	S&P Target Date Index	目标日期

同时，不少目标日期基金还会从子基金包含的资产类别中选取有代表性的市场指数，并结合自身的下滑曲线形态，构建复合业绩比较基准。每个复合基准对各子市场指数的权重在不同的时点会随自身下滑曲线资产配置比例的变化而动态变化。

第二节　助力全生命周期养老金融的理论分析

本节从投资的视角出发，通过资本市场这一投资场所，结合金融创新这一投资途径，运用目标基金这一投资工具，提出了养老目标日期基金助力个人养老财富储备保值增值的理论基础。

一、金融创新——目标日期基金的应用

美国目标日期基金的资金来源主要为个人养老金账户资金，近十年来稳定维持在九成的水平。美国目标日期基金资产规模的快速增长得益于个人养老金资产的增长；同时目标日期基金的广泛应用优化了个人养老金的资产配置；预期未来

目标日期基金在个人养老金账户中还将发挥更加重要的作用。

（一）发展迅速

目标日期基金近年来在美国的个人养老金账户中实现了快速发展。

一方面，受益于 2006 年《养老金保护法案》（PPA 法案）的推动，过去 10 年美国目标日期基金规模和来自于个人养老金账户资金推动的规模增长实现了同步的高速增长。PPA 法案推出了合格默认投资选择（Qualified Default Investment Alternatives，简称 QDIA）机制：约定雇主向雇员提供 QDIA 产品，可对其投资损失免于承担受托责任，而目标日期基金则属于 QDIA 四类产品中的一种。自此，美国市场越来越多的养老金资产选择目标日期基金作为投资对象，推动了美国市场目标日期基金资产规模的快速增长。

根据美国投资公司协会（ICI）的统计，截至 2021 年底，美国市场目标日期基金规模为 1.8 万亿美元，而 PPA 法案推出前的 2005 年，美国市场目标日期基金规模总规模为 70 亿美元，其中来自于个人养老金账户的资金为 64 亿美元。可以看到，2005-2019 年期间，美国市场目标日期基金规模增长了 15.9 倍，年复合增长率高达 26.0%；而同期来自于个人养老金账户资金推动的规模增长是 15.2 倍，年复合增长率为 25.4%，和目标日期基金规模的增长基本同步。另一方面，目标日期基金在美国个人养老金配置的共同基金的占比在近 10 年也实现了快速提高，已成为个人养老金所持共同基金的核心。根据 ICI 和雇员福利研究所（EBRI）的研究，在 DC 型计划配置的共同基金资产中，目标日期基金的占比在 2005 年至 2018 年间从 3.0% 增加至 16.0%。401（k）参与者的资产配置随着年龄的变化而表现不同。2019 年底 20 多岁的 401（k）计划参与者将他们的 401（k）资产的 31% 投资于股票基金，54% 投资于目标日期基金，5% 投资于非目标日期的平衡基金，2% 直接投资于公司股票。[1] 由此可见，目标日期基金已经成为美国年轻雇员养老金投资的主流工具。

（二）优化资产配置结构

目标日期基金降低了个人养老金账户极端配置的比例，优化了个人养老金账户资产配置结构。

我国的养老目标基金主要使用 FOF 的模式进行投资，因此对养老目标基金的布局其实可以和 FOF 基金在我国的发展结合起来。2016 年 9 月，证监会发布了《公开募集证券投资基金运作指引第二号—基金中基金指引》，并在次年 4 月

---

[1] "美国基金业年鉴（2020 Investment company fact book）"，载 https：//www.ici.org/fact-book；Tabulations from EBRI/ICI ParticipantDirected Retirement Plan Data Collection Project. See *ICI Research Perspective*, 401（k）Plan Asset Allocation，Account Balances，and Loan Activity in 2019.

发布了《基金中基金（FOF）审核指引》。除此之外，基金业协会在 2017 年 5 月发布了《基金中基金估值业务指引（试行）》。2018 年 3 月，证监会正式发布了《养老目标证券投资基金指引（试行）》（以下简称《指引》），规定养老目标基金应采用基金中基金（FOF）的形式运作，故此也需要满足 FOF 相关法律法规的要求。综合以上政策法规和《指引》的内容，我们可以总结出我国养老目标基金的重点，如表 9-5 所示：

表 9-5　养老目标基金相关法规要点

类别	要点
产品定义	养老资产稳健增值、鼓励长期持有和长期投资、资产配置策略成熟、公募基金
投资策略	成熟稳健的资产配置策略、逐步降低权益类资产的配置比例
运作方式	定期开放，有最短持有期限制
投资限制	限制较多，下文详细说明
子基金要求	子基金为指数基金、ETF 和商品期货基金的，运作期限≥1 年，最新基金净资产≥1 亿元；子基金运作期限≥2 年，近 2 年平均季末基金净资产应当≥2 亿元
基金管理人	2 年内无重大违法违规
费用	优惠费率、差异化费率（长期更优）

可以看出，养老目标基金和一般 FOF 产品的最大区别就是前者更加着重于资产配置这个理念的贯彻。相对于普通 FOF 产品，养老目标 FOF 产品一方面从顶层解决资产配置的问题，将再平衡功能蕴含其中，使得个人投资者能借助机构投资的专业优势；另一方面从底层解决选基金的问题，聚焦稳定型基金而非短期的明星产品，更有助于实现长期稳定的收益。

证监会发布《指引》后，国内基金机构纷纷开始谋划布局，积极推出养老目标基金产品。为了将养老目标基金的资产配置优势更好地发挥出来，各基金公司采用的资产配置策略不尽相同，主要分为以下几个方面：其一，运用公司战略性资产配置模型，自上而下对不同资产类别进行深入的分析与研究，发挥投资决策委员会的作用，决定不同资产类别的配置比例；其二，从行业、风格、久期、杠杆等层面分别进行权益类资产和固收类资产的战术配置；其三，从估值分析、增长质量分析、信用分析和流动性分析等方面，积极主动精选个股和个券，在适度分散性的原则下进行具体投资标的选择；其四，基于市场变化情况以及组合的风控绩效表现，对投资组合进行动态调整。

由于我国的养老目标基金的发展处于起步阶段，为了保证养老目标基金的投资收益，使其真正发挥出弥补我国养老体系第三支柱不足的作用，相关政策部门为养老目标基金的投资范围提出了一系列限制，防止过于集中投资的风险。具体在《指引》中体现如下：第一，养老目标基金定期开放的封闭运作期或投资者最短持有期限不短于 1 年、3 年或 5 年的，基金投资于股票、股票型基金、混合型基金和商品基金（含商品期货基金和黄金 ETF）的比例不超过 30%、60%、80%；第二，FOF 持有单只基金的市值不得高于净值的 20%，且不能持有其他 FOF；同一管理人的全部 FOF 持有单只基金不得超过被投资基金净资产的 20%。第三，FOF 投资其他基金时，被投资基金运作期限应当大于等于 1 年，最新基金净资产应当大于等于 1 亿元（ETF 联接基金除外）；第四，可以通过 QDII 投资境外资本市场，但不能投资于分级基金、股指期货、国债期货、股票期权，且投资流通受限的基金须设置合理比例。

从实践的角度来看，我国养老目标基金的资产配置除了要受到政策的指引和要求之外，还要受到每只基金的基金规模、投资期限、风险等级等基础要素的限制，并且要结合大类资产的市场表现情况来动态调整，最终表现在每个基金的收益和风险指标上面。

二、目标基金——该助力渠道设立的必要性

（一）我国 A 股"散户化"市场现状

目前，全球股市大致有两类结构：一是以机构投资者为主体的机构市，例如我国香港股市及欧美发达股市均属此类；二是以个体投资者为主体的散户市，我国 A 股市场就是最典型的散户市，在每天的市场交易额中，散户的份额约占 90%。

以公募基金为代表的机构投资者，拥有人才、资金、信息优势，这些因素的集成就是规模优势；相反，以中小散户为主的个体投资者资金少，只能将鸡蛋放在一个篮子里，由于信息匮乏，只能跟庄、跟机构抬轿、炒概念，这决定了他们只能短炒投机、快进快出，追逐短期收益。因此，这也形成了 A 股市场特有的"牛市一哄而上，熊市一哄而散"的牛熊交替格局。

实际上，在欧美发达国家，大多数家庭或个人不会直接参与炒股。首先，他们会做足养老保障，将相当大比例的家庭资产投放在养老金储备上；其次，他们相信公募基金的集合投资功能，愿意拱手将家庭财富交由公募基金打理。

美国公募基金规模占世界总规模的一半，如此庞大的公募基金市场不但成就了强大的美国资本市场，而且也成为养老金保值增值及家庭理财的最重要选择。

美国公募基金一半以上是由养老金计划持有，其余则大多为美国家庭所持有。

养老目标基金具有双重属性，它既是公募基金的一员，也是个人养老金的重要组成部分。因此，无论是站在公募基金的角度，抑或是站在个人养老金的角度，它都将是 A 股市场未来去散户化的一股重要力量，为散户投资者提供新的投资渠道，使个人养老金保值增值，助力个人养老财富储备的形成、发展、壮大。

（二）养老金融体系发展不均衡

目前，我国居民退休收入主要有三方面，即第一支柱基本养老保险基金、第二支柱企业（职业）年金、第三支柱个人商业养老保险或者储蓄。目前三大支柱的发展情况极不均衡：作为我国养老体系基础的第一支柱——社会基本养老保险虽然覆盖率较高，覆盖了绝大多数固定就业人员，但我国的企业年金覆盖面相当有限，与欧美发达国家相比存在较大差距，几乎无法实现养老保险支柱的应有功能；而个人商业养老保险发展缓慢，由于我国的社会基本养老保险支付负担相对较高，支付能力不强的老人难以支付个人商业养老保险产品，导致其无法对社会基本养老保险起到应有的补充作用。

2014 年我国住房反向抵押养老保险（俗称以房养老）已开始试点，但社会接受程度及市场反应并不如意。在中国，以房养老只是小众市场，主要适合中低收入家庭、失独家庭、空巢家庭和单身高龄老人，尤其是不存在房产继承问题的无子女老人，因此不具备普遍推广性。

2014 年 8 月 10 日，国务院发布《关于加快发展现代保险服务业的若干意见》，该意见不仅提出要开展住房反向抵押养老保险试点，也提出要适时开展个人税收递延型商业养老保险试点[1]。2017 年 6 月 29 日，国务院办公厅发布《关于加快发展商业养老保险的若干意见》明确指出，2017 年年底前启动个人税收递延型商业养老保险试点[2]。其实，个人税收递延商业养老保险（以下简称税延养老保险）的最大优势是个税递延的政策优惠或政策激励，然而，这同时也是该产品最大的尴尬所在。由于个人所得税在我国税收总额中占比极低，民众也没有收入申报习惯，个人纳税意识淡漠，甚至还存在大量个税漏缴、少缴或不缴的现象，再加上个税递延并非免税，因此，税延养老保险产生的边际效用并不大。

商业养老保险如果以个税递延为卖点，那么，这一标准的养老金产品可能也会沦为普通的保险产品，甚至形同虚设，市场空间无法拓展。2018 年 5 月 1 日，税延养老保险在上海市、福建省（含厦门市）和苏州工业园区三地正式开启为期一年的试点，两年后的 2020 年 4 月底，税收递延型商业养老保险试点累计实

---

〔1〕《国务院关于加快发展现代保险服务业的若干意见》国发〔2014〕29 号。

〔2〕《国务院办公厅关于加快发展商业养老保险的若干意见》国办发〔2017〕59 号。

现保费收入 3 亿元，参保人数仅 4.76 万人，[1] 税延养老保险虽然热度高，却遭遇"叫好不叫座"，显示出试点的尴尬。

相比之下，公募基金更贴近百姓投资理财的习惯，而且公募基金交易免印花税。更重要的是，我国目前对个人投资者的基金红利和资本利得暂未征收所得税，因此，公募基金更容易受到家庭理财的青睐和认可，这在一定程度上为养老目标基金助力个人养老财富储备发展奠定了深厚的群众基础和良好的市场氛围。

三、资本市场——养老目标基金的优势

（一）投资人可灵活选择投资方案

养老目标基金即以追求养老资产的长期稳健增值为目的，鼓励投资者长期持有，采用成熟的资产配置策略，合理控制投资组合波动风险的公开募集证券投资基金。养老投资的目的是追求资产的长期增值，保障居民老有所依。通过观察境内外实践战略，资产配置结合战术资产配置的现代资产配置理论框架，在跨经济周期的长期限内，确实能够为养老计划参与人提供理想的收益。虽然牺牲了主动承担风险带来的超额收益，但同时也去除了额外的投资风险，充分利用复利效应，实现长期优异业绩。

养老目标基金的投资策略主要包含目标日期基金和目标风险基金两类。目标日期基金，针对某一段特定时间内达到退休年龄的投资者发售。目标风险基金主要通过权益仓位或波动率等指标定义基金的风险等级，一般也是以一个系列的形式存在，系列中每只基金对应不同的风险等级，投资者根据自身的风险承受能力选择适合自己的基金。从投资者的角度来说，如果能够明确某一阶段的风险偏好，可以选择目标风险基金；如果明确退休时点，可以选择对应期限的目标日期基金。

（二）底层资产多样化

《指引》中提出：养老目标基金可投资的资产类型基本上涵盖了所有适当的资产，除了股票基金、债券基金、混合基金等传统基金外，还包含了商品基金，比例限制方面将其与股票与混合型基金混同管理。由于各类资产之间的相关性是动态变化的，丰富的资产类型有助于基金经理对风险的敞口管理，从而提升资产配置策略的执行效果，更好满足居民养老的需求。

（三）发挥长期资金优势

养老资金由于其特殊的用途，一般情况下，居民的支取行为有较强的可预测性，负债端相对稳定，具有较强的长期性特征。而根据期限不同，养老目标基金

---

〔1〕江帆："保费收入和参保人数远低于市场预期——税延养老险为何叫好不叫座"，载《甘肃经济日报》2020 年 7 月 7 日，第 6 版。

投资于股票型基金等权益类方向的资产比例最高可达80%。因此，在各类养老投资工具中，养老目标基金是一种非常符合养老需求的投资品种。一方面能够充分发挥长期资金消化短期波动的优势，力争为投资者获取较高收益；另一方面，其有效对接第二支柱或第三支柱的需求，投资目标不同于第一支柱，主动承担风险，有助于达到养老参与人退休前制定的目标替代率，更好地满足其养老需求。

（四）行业监管保障

养老目标基金属于公募基金产品，而公募基金在投研、风控、产品等方面具有显著优势。一是投资决策流程严谨，优秀的投资管理人才具备丰富的投资经验；二是丰富的产品线为养老目标基金提供了丰富的底层可配置资产；三是其具备较强的合规管理和风控能力，有利于防范各类风险事件，更好地维护投资人的合法权益；四是其较为完备的法律体系，《证券投资基金法》明确规定，公募基金的资金需托管于独立的第三方托管机构（以商业银行为代表），资金安全有绝对保障，值得养老等长期资金的信赖。

四、主动投资理念得到投资者认可

养老金融将是中国老龄产业的核心引擎，中国也将成为未来全球最大的养老金融市场。而养老目标基金的落地将有力地补充我国养老金融市场的产品空缺，完善社会养老保障体系，为养老金融产业的可持续发展提供资金融通和资本输血。

在我国，居民养老储蓄与养老投资的观念仍较淡漠，家庭金融资产大多分布在银行存款、股票或"囤房"上，而养老目标基金的出现，将有望促进家庭理财模式转型。养老目标基金同时具有家庭理财、养老目标的双重属性，而且投资免税，其长期且稳定的收益是一大亮点，必将获得个人投资者的追捧，有望改变家庭理财的资产配置结构，而资产配置结构的优化又将大幅度降低投资者的投资风险。

目标日期基金定位明确、简单易懂，投资者只需根据自己的退休日期购买目标日期基金，而其余的问题，包括如何进行资产配置、如何进行基金挑选、如何进行动态调整等，则全部由目标日期基金管理人一站式完成，基本上实现了养老资产合理分散、自动再平衡、组合风险随年龄下降等核心诉求，解决了投资者不知道如何选择基金的问题。因此从投资者的角度获得了认可。

养老金参与者中，年轻人比年老者更认可目标日期基金，预示未来目标日期基金在个人养老金账户中的重要性有望进一步提高。美国目标日期基金在年轻人中的广泛认可得益于PPA法案鼓励雇主发起401（k）计划时设立"自动加入"机制并将目标日期基金作为默认投资选择，从而大大提高了年轻人的养老金参与率和对目标日期基金的投资。

第三节　助力全生命周期养老金融的实证分析

美国目标日期基金近年来的大发展和我国 2018 年以来证监会的批准和推出，目标日期基金未来将在全生命周期养老准备中发挥更大作用。本节以 HX 养老目标日期基金 2040（006289.OF）为例，对目标日期基金单位净值进行预测，探讨投资者是否自愿持有目标日期基金并助力个人养老财富储备的问题。选取 HX 养老 2040（006289.OF）自成立以来的全部数据，综合利用 EViews，SPSS，EXCEL 等软件，采取 Holt 线性趋势模型和 ARIMA 模型对目标日期基金单位净值进行预测。

一、HX 养老 2040（006289.OF）概况

（一）基金产品概况

基金产品概况如表 9-6 所示。

表 9-6　HX 养老 2040 目标日期基金（006289.OF）概况[1]

运作方式	契约型开放式
投资目标	在控制风险的前提下，通过资产配置、基金优选，力求基金资产稳定增值。
资产配置策略	在资产配置策略上，本基金属于养老目标日期基金。本基金资产根据华夏目标日期型基金下滑曲线模型进行动态资产配置，随着投资人生命周期的延续和目标日期的临近，基金的投资风格相应的从"进取"，转变为"稳健"，再转变为"保守"，权益类资产比例逐步下降，而非权益类资产比例逐步上升。
业绩比较基准	本基金的业绩比较基准：X×沪深 300 指数收益率+（1-X）×上证国债指数收益率。目标日期 2040 年 12 月 31 日之前（含当日），X 取值范围如下：2018 年-2020 年，X = 50%；2021 年-2025 年，X = 50%；2026 年-2030 年，X = 50%；2031 年-2035 年，X = 45%；2036 年-2040 年，X = 26%。

---

[1]　资料来源：WIND 数据库，《HX 养老 2040（006289.OF）2022 年第一季度报告》。

续表

运作方式	契约型开放式
风险收益特征	本基金属于混合型基金中基金（FOF），是目标日期型基金，风险与收益高于债券基金与货币市场基金，低于股票基金，属于中等风险的品种。

（二）基金净值表现

基金净值表现如表9-7所示。

表9-7　基金份额净值增长率及其与同期业绩比较基准收益率的比较（截至2022年）[1]

阶段	净值增长率①	净值增长率标准差②	业绩比较基准收益率③	业绩比较基准收益率标准差④	①-③	②-④
过去三个月	-8.63%	0.62%	-6.97%	0.73%	-1.66%	-0.11%
过去六个月	-6.37%	0.67%	-5.74%	0.59%	-0.63%	0.08%
过去一年	2.92%	0.77%	-6.20%	0.57%	9.12%	0.20%
过去三年	45.76%	0.88%	12.40%	0.64%	33.36%	0.24%
自基金合同生效起至今	50.52%	0.81%	26.14%	0.66%	24.38%	0.15%

二、实证分析

（一）基于Holt线性趋势法对基金净值的趋势预测

Holt线性趋势法适用于仅含有线性趋势变化而不含季节变化趋势的时间序列，它在考虑水平变化的同时也考虑趋势发展信息。由于HX养老2040目标日期基金（006289.OF）的时间序列数据存在明显的线性趋势但不存在季节性变动，属于非平稳时间序列，故适用于Holt线性趋势预测模型来进行预测，从而减少每个值之间的约束。

该模型由预测公式和平滑公式组成，即为预测公式、线性平滑公式、趋势平滑公式，即：

---

[1]　数据来源：WIND数据库，《HX养老2040（006289.OF）2022年第一季度报告》。

$$\begin{cases} \widehat{Y_{t+?}} = F_t + ?\, b_t \\ F_t = aY_t + (1-a)(F_{t-1}+b_{t-1}) \\ b_t = \beta(F_t - F_{t-1}) + (1-\beta)b_{t-1} \end{cases} \qquad (9-1)$$

其中 a，β 为平滑系数。

利用 EXCEL 软件，可以自动选取最优的系数，使得预测值和观测值之间的误差最小，得到最优化的模型。图 9-5 为 99% 置信水平下基金净值趋势预测图，呈向上趋势。

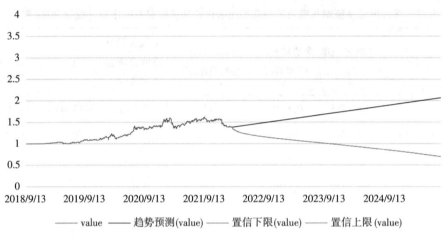

图 9-5　基金净值趋势预测图[1]

（二）基于差分自回归移动平均（ARIMA）模型对基金净值的数值预测

1. ARIMA 模型

差分自回归移动平均模型又称 ARIMA（Autoregressive Integrated Moving Average model）模型，在二十世纪初由 Box（博克斯）和 Jenkins（詹金斯）提出，因此又被称为博克斯-詹金斯模型（Box-Jenkins Model）或博克斯-詹金斯法（Box-Jenkins Method）。它的建模思路是将时间序列看作一个随机过程，利用其历史值建立数学模型来拟合这一随机过程，进而对未来进行预测。

ARIMA 模型是在自回归滑动平均（Autoregressive Moving Average Model，AR-MA）模型基础上建立的。将非平稳序列经过一阶或多阶差分转化为平稳序列之

〔1〕　数据来源：WIND 数据库，2020 年。

后，ARIM（Autoregressive Integrated Moving Model）模型就可以转变为 ARMA 模型。因此，需要对 ARMA 模型的原理做一个基本介绍。

ARMA 模型是由自回归模型（Autoregressive Model，AR）模型和移动平均模型（Moving Average Model，MA）模型组成，其中，AR 模型的随机过程可以表达为：

$$X_t = \varphi_1 X_{t-1} + \varphi_2 X_{t-2} + \cdots + \varphi_p X_{t-p} + \mu_t \tag{9-2}$$

其中 φ_1，φ_2，$\cdots$，φ_p 为自回归系数，指模型需要估计的变量。任意干扰项 μ_t 是互不相关的白噪声参数且 $\mu_t \sim WN(0, \sigma_\mu^2)$。随机项 μ_t 与滞后变量 X_{t-1}，X_{t-2}，$\cdots$，X_{t-p} 不相关。我们称 X_t 为 p 阶自回归过程，用 $AR(p)$ 表示。

MA 模型可以表达为：

$$X_t = \mu + \theta_1 \varepsilon_{t-1} + \theta_2 \varepsilon_{t-2} + \cdots + \theta_q \varepsilon_{t-q} \tag{9-3}$$

其中 θ_1，θ_2，$\cdots$，θ_q 为移动平均系数，指模型需要估计的变量。ε_t 是白噪声过程，μ 为常数项，上式是 q 阶移动平均模型，用 $MA(q)$ 表示。

基于 AR 和 MA 的定义，ARMA（p，q）模型可表达为：

$$X_t = \varphi_1 X_{t-1} + \varphi_2 X_{t-2} + \cdots + \varphi_p X_{t-p} + \varepsilon_t + \theta_1 \varepsilon_{t-1} + \theta_2 \varepsilon_{t-2} + \cdots + \theta_q \varepsilon_{t-q} \tag{9-4}$$

其中 φ_1，φ_2，$\cdots$，φ_p 为自回归系数，θ_1，θ_2，$\cdots$，θ_q 为移动平均系数，均指模型需要估计的变量。

ARIMA 模型的具体操作步骤为：①通过单位根检验判断时间序列的平稳性，当检验结果拒绝零假设时，此时间序列为平稳的。②通过差分对非平稳的时间序列进行平稳化处理。③计算相关的统计量（例如自相关系数、偏自相关系数、Q 统计量等），确定 p 和 q，对模型定阶。④对模型进行估计，一般用到的方法有 OLS 估计、矩估计、极大似然估计。⑤对模型的残差进行白噪声检验，检验合格后，运用所建立的模型对时间序列进行预测。

2. ARIMA 模型实证过程

选取 HX 养老 2040（006289. OF）自成立以来的全部数据，数据来源于万得（Wind）数据库，所有的计算过程均采用 SPSS21.0 软件完成。

图 9-6 为 HX 养老 2040（006289. OF）时间序列图，从图中可以看出，只存在一个明显的变化，序列没有明显的季节成分，因此没有必要做季节分解。

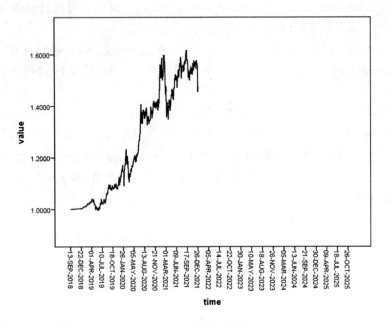

图 9-6　时间序列图

此外，ARIMA 模型要求序列是平稳序列，因此要对数据进行平稳性分析。

从图 9-7 中可以看出，序列的自相关图（ACF）和偏自相关图（PACF）都是拖尾的，说明序列是非平稳的。基金数据序列通常不是平稳序列，但一般一阶差分都是平稳的，因此可以通过差分做进一步分析。

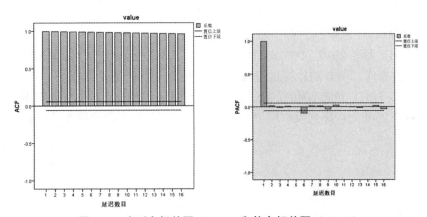

图 9-7　序列自相关图（ACF）和偏自相关图（PACF）

绘制股票序列差分序列图，观察其平稳性，再看差分序列的 ACF 和 PACF 图

9-8。

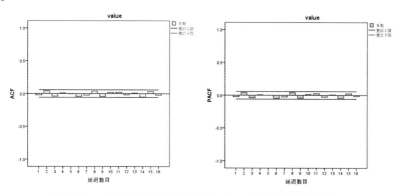

图 9-8　一阶差分序列自相关图（ACF）和偏自相关图（PACF）

差分序列的 ACF 和 PACF 都是拖尾的，因此，可对原始序列建立 ARIMA（p，1，q）模型。经过反复试验，确定模型为 ARIMA（1，1，1），如表 9-8 和表 9-9 所示。

表 9-8　模型描述

			模型类型
模型 ID	单位净值	模型_1	ARIMA（1，1，1）

表 9-9　ARIMA 模型参数

				估计	SE	t	Sig.
单位净值	无转换	常数		.021	.127	.162	.871
		AR	滞后 1	-.916	.111	-8.279	.000
		差分		1			
		MA	滞后 1	-.895	.120	-7.477	.000
时间	无转换	分子	滞后 0	-1.563E-012	9.300E-012	-.159	.874

模型拟合统计量 R 方为 0.998，AR、MA 的系数显著性水平都小于 0.01，同时，残差的 ACF 和 PACF 图均平稳。因此，构建的 ARIMA（1，1，1）模型是合理的。ARIMA 模型预测趋势图及数值结果见图 9-9、图 9-10 和表 9-10。

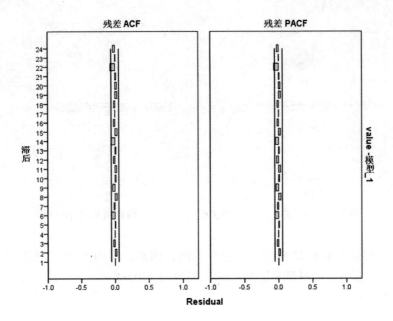

图9-9　残差的自相关图（ACF）和偏自相关图（PACF）

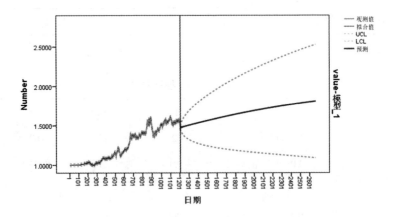

图9-10　ARIMA模型预测趋势图

表 9-10　预测数值结果

时间	单位净值	预测净值	时间	单位净值	预测净值
2021-12-29	1.4544	1.4616	2023-12-31	N	1.6764
2021-12-30	1.4674	1.4564	……	N	……
2021-12-31	1.4761	1.4660	2024-12-31	N	1.7512
……	N	……	……	N	……
2022-12-31	N	1.5850	…….	N	……

3. 结果分析

基于 Holt 线性趋势法对基金净值进行预测，测算出到 2025 年时在 99% 置信水平下基金净值稳步上升；基于 ARIMA 模型对基金净值的数值进行预测，测算出到 2024 年 12 月时，基金净值稳步增长至 1.7512。通过两种不同预测方法的预测结果比较，可以发现，两类预测方法均说明 HX 养老 2040（006289. OF）在未来有逐渐升高的趋势，预测结果较为合理，对今后基金净值变动趋势具有参考作用。投资者持续持有目标日期基金可以实现个人养老财富储备保值增值目标。

从投资者为什么自愿买入、为什么自愿持有的逻辑出发，运用历史数据和 ARIMA 预测的方法，测算该投资方式实现的个人养老财富储备增量，通过数据客观说明了目标日期基金具有稳健的投资价值，可以成为养老投资的新渠道，助力全生命周期养老。

通过上述对养老目标日期基金进行实证分析，可以发现未来更多养老目标基金产品的投放市场，对于公募基金行业的健康持续发展有着极其重大的意义。资本市场中养老金长期的供给，可以对资本市场发挥一种强大的支撑作用。一方面，市场对股票和债券的投资需求增加，从而激发资本市场活力；另一方面，公募基金的发展与资金供给的安全性，有助于金融机构之良性的竞争，有助于中国资本市场的持续发展。相对应地，公募基金又可以为投资者个人的养老提供产品与服务的选择，为养老问题提供有效的解决方案，进而在供给和需求两侧推进我国养老金的市场化改革。

第十章　我国养老服务金融的建设路径

第一节　我国养老服务金融的现状

随着我国经济社会快速发展，居民财富不断增加，老年群体收入不断提高，养老服务金融需求日趋旺盛。近年来，养老服务金融相关政策陆续出台，发展路径逐步明晰，各类金融机构进行积极探索。

一、养老服务金融的相关政策纷纷出台

截至 2021 年底，中国 65 岁以上老年人数量已超过 2 亿，我国已经进入深度老龄化社会。与发达国家相比，中国进入老龄化社会的周期特别短，面对的问题也愈加严峻。中国人口出生率日益降低，妇女的生育率徘徊在 1.6 的低位，大大低于 2.1 的生育更替率。"老龄化"和"少子化"双重趋势的叠加，使传统中国的家庭养老模式难以维持。

商业养老离不开商业机构，各类型商业机构已通过不同角色定位切入商业养老金融市场。中国第二支柱年金业务采取牌照准入制，在受托机制下获得准入资格的各类金融机构各司其职。

养老问题的核心就是金融问题，成熟的养老金融体系不仅有助于增加国家的养老资产储备，也能够提升居民未来购买养老服务的支付能力，养老金融成为应对老龄化社会的关键。

中国的"三支柱"养老金体系始于 1991 年，主要依赖第一支柱国家基本养老保险，责任主体为政府。截至 2021 年底，基本养老保险基金累计结存 63 970 亿元，其中基金投资运营规模 1.46 万亿元，当年投资收益额 632 亿元；第二支柱国有 11.75 万户企业建立企业年金，参加职工 2875 万人。年末企业年金投资运营规模 2.61 万亿元，当年投资收益额 1242 亿元；职业年金基金投资运营规模

1.79 万亿元，当年投资收益额 932 亿元[1]。可以看出，第一、第二支柱养老金仅投资收益就合计 2806 亿元，投资效益凸显。第三支柱个人商业养老金刚起步，占比很小。

发展至今，第一支柱基本养老保险的总量和金额不断提升，但替代率仍不足50%，政府负担持续加重且面临着收入放缓、支出加快、部分地区基金耗尽等挑战。财政对第一支柱的补贴力度逐年增加，长期来看很难持续。中国养老金体系的商业化改革迫在眉睫，第二和第三支柱亟待快速均衡发展。

2020 年 11 月，中国保险行业协会发布的《中国养老金第三支柱研究报告》预测：未来 5-10 年时间，中国预计会有 8-10 万亿的养老金缺口。此后《中共中央关于制定国民经济和社会发展第十四个五年规划和二〇三五年远景目标的建议》发布，一句"实现基本养老保险全国统筹，实施渐进式延迟法定退休年龄"，预示着提及了十余年之久的"延迟退休"渐入落地阶段。

来自中国基金业协会的数据显示，截至 2021 年底，我国基金市场上已成立养老目标基金 152 只，资产规模 1132.5 亿元，持有人户数 302 万户[2]，投资者对于养老目标基金这一新生事物的认知和接受程度在不断提升。参考表 10-1，主要政策显示，金融在养老领域正发挥着越来越大的作用。

表 10-1　支持养老服务金融的主要政策一览[3]

时间	出台单位	政策名称	涉及养老服务金融部分
2011 年	国务院	《社会养老服务体系建设规划（2011-2015）》	鼓励和引导各类金融机构创新金融产品和服务方式，改进和完善对社会养老服务产业的金融服务
2013 年	国务院	《关于加快发展养老服务业的若干意见》	将"老年金融服务"列为养老服务业的一部分，提出引导和规范各类金融机构开发适合老年人的理财、信贷、保险等金融产品

---

〔1〕　"2021 年度人力资源和社会保障事业发展统计公报"，载 https：//www.gov.cn/xinwen/2022-06/07/content_5694419.htm。

〔2〕　"21 世纪经济报道独家专访中国证券投资基金业协会：公募基金行业应力争在服务国家养老事业上取得更大作为"，载 https：//www.amac.org.cn/businessservices_2025/pensionbusiness/yljyw_grylj/yljzc_gsdyyljzc/202205/t20220512_13582.html。

〔3〕　资料来源：中国政府网、中国保监会官网等。

时间	出台单位	政策名称	涉及养老服务金融部分
2014 年	保监会	《关于开展老年人住房反向抵押养老保险试点的指导意见》	在北京、上海、广州、武汉启动"以房养老"试点
2015 年	民政部、国家开发银行	《关于开发性金融支持社会化养老服务体系建设的实施意见》	允许国家开发银行以开发性金融支持社会养老服务体系建设
2015 年	民政部等十部委	《关于鼓励民间资本参与养老服务业发展的实施意见》	完善养老服务业投融资政策，采取鼓励措施，支持金融机构加快创新。
2016 年	人民银行等五部委	《关于金融支持养老服务业加快发展的指导意见》	从国家层面做出金融支持养老服务业发展的顶层设计方案
2016 年	保监会	《关于延长老年人住房反向抵押养老保险试点期间并扩大试点范围的通知》	延长"以房养老"试点时间，扩大试点省市范围
2017 年	国务院	《国务院办公厅关于加快发展商业养老保险的若干意见》	深化商业养老保险体制机制改革，增加养老保障产品和服务供给
2017 年	发改委	《服务业创新发展大纲（2017-2025 年）》	全面放开养老服务市场，支持社会力量举办养老服务机构，鼓励发展智慧养老
2018 年	民政部	《民政部办公厅关于进一步做好养老服务领域防范和处置非法集资有关工作的通知》	针对老年人的非法集资行为进行规范要求，保障老年人合法权益
2019 年	财政部等五部委	《关于养老、托育、家政等社区家庭服务业税费优惠政策的公告》	对提供社区养老服务的，其收入免征增值税，并在计算应纳税所得额时，减按 90% 计入收入总额，免征 6 项行政事业性收费

时间	出台单位	政策名称	涉及养老服务金融部分
2020 年	银保监会等十三部委	《关于促进社会服务领域商业保险发展的意见》	明确要求发挥保险资金期限长、稳定性高等优势，支持保险资金投资健康、养老等社会服务领域，为社会服务领域提供更多长期股本融资

二、养老服务金融产品逐步多元化

在政策鼓励和支持下，金融机构加快在养老服务金融领域的探索和创新，银行、保险、信托、基金等机构逐渐提供更加丰富多样的金融产品，养老金融服务内容不断丰富。

（一）专业化的养老金融产品不断丰富

1. 银行业

银行业具有最为广泛的客户群体，也是我国居民在养老方面信赖的金融机构，在养老金融产品上有以下类别：

（1）养老储蓄产品，即以养老为目的的存款，是我国居民最普遍的养老理财方式，具有低风险、收益稳定、操作简便等特点。清华大学经管学院与同方全球人寿联合推出的《2020 中国居民退休准备指数调研报告》指出，五成以上受访者将银行储蓄作为主要的退休收入来源[1]。而根据国家统计局数据，我国国民总储蓄率 2010 年达到 50.9%，2019 年虽然降至 44.6%[2]，但在世界上仍然居于前列。

（2）养老理财产品，是指由商业银行设计发行的，以追求养老资产长期稳健增值为目的，鼓励客户长期持有的银行理财产品。截至 2020 年 7 月 31 日，市场上共发行了 64 228 款银行理财产品，其中养老型理财产品仅有 149 款，占比不足百分之一。其中有 42 款来自银行理财子公司，除 40 款全部来自国有商业银行理财子公司外，其余两款分别来自宁银理财和光大理财。发行数量上，与 2019 年同期相比，增加了 55 款。

银行养老理财产品可以分成三大类，第一类是针对单独的养老客户群体，比如为持有养老专属银行卡的老年客户或在银行办理企业年金、养老金业务的职工

---

〔1〕　清华大学经管学院与同方全球人寿联合课题组："2020 中国居民退休准备指数调研报告发布"，载 http：//www. ccirm. org/ccirm/news/detail. php? i=eFZDTSRhVFIxNjRhcHZuZlVOQw==。

〔2〕　国家统计局："'十一五'经济社会发展成就系列报告之九：全国城镇居民收支持续增长生活质量显著改善"，载 http：//www. stats. gov. cn/zt_18555/ztfx/sywcj/202303/t20230301_1920369. html。

群体提供专属性质的理财产品；第二类，仅重点面向企业年金等养老金客户以及薪酬福利客户、公团险客户等机构类客户，满足此类客户资金管理需求；第三类，客户群体不限定，仅是带有"养老"字样的普通银行理财产品。

（3）住房反向抵押贷款，是一种以住房为抵押的商业贷款，主要客户群体是有住房产权的老年人，目的是满足老年人的融资需求，解决养老资金短缺难题。近年来，国内少数商业银行提供住房反向抵押贷款业务，譬如 2011 年中信银行率先在北京、上海等地开展"养老按揭贷款"，[1] 2013 年兴业银行在"安愉人生"的基础上也推出了"以房养老"业务，上海银行同年也提出探索"倒按揭"的养老金融产品。

住房反向抵押贷款与传统住房抵押贷款相比，资金流向是相反的，即客户从银行得到资金，而非每月需要用资金向银行偿还贷款。其主要操作模式是：具有住房产权的老年人作为借款人，将住房产权抵押给银行，银行根据住房的当前价值和未来的增值或折旧、老人的身体状况和预期寿命等信息综合评估，核定一定的贷款额度，按月或按年将现金支付给借款人。国内银行提供的住房反向抵押贷款并非实质上的"以房养老"，贷款并非一直支付至借款人死亡，而是约定固定期限，到期后需要还清本息。譬如中信银行曾推出的养老按揭贷款，要求贷款周期不超过十年，贷款到期后必须还清本息，否则银行会处置其房产。从实际运作成效来看，由于业务限制较多、缺乏政策支持、住房价格增长较快等多重因素限制，住房反向抵押贷款业务量很少：笔者调研的中信银行甚至只完成了一例，此后就不再开展此业务。这充分说明我国的养老金融教育、养老金融市场仍然需要进一步开发，在探索中前进。

（4）养老专属银行卡，主要有两个类型。第一种，根据人社部 2011 年发布的《关于社会保障卡加载金融功能的通知》，银行向社会保障卡持有人提供的专属卡片，除了具有信息记录、信息查询、业务办理等传统社会保障卡功能，还可以提供现金存取、转账、消费等金融功能。第二种，银行向老年客户群体提供的专属卡片，譬如中国银行的常青树借记 IC 卡、上海银行的美好生活卡等。以上两种卡片，银行一般都给予费用优惠，减免开卡工本费、年费、小额账户管理费等相关费用。

2. 保险业

2014 年 8 月，国务院发布了《关于加快发展现代保险服务业的若干意见》，明确了保险业在完善多层次社会保障体系中的定位，把商业保险建成社会保障体

---

〔1〕 尤畅："中信银行首推养老按揭 起贷年龄 55 岁"，载 http：//finance. sina. com. cn/money/bank/ywycp/20111123/163410869139. shtml。

系的重要支柱，创新养老产品和服务。一直以来，保险业持续在个人养老服务金融领域进行深入的挖掘和实践。

（1）商业养老保险，是指商业保险机构提供的，以养老风险保障、养老资金管理等为主要内容的保险产品和服务，是养老保障体系的重要组成部分。由于我国居民退休收入主要依靠政府主导的基本养老保险、缺乏税收激励等因素，居民在个人商业养老保险方面投入严重不足。根据2019年5月14日麦肯锡发布的《各就其位，蓄势待发——制胜中国养老金融市场》报告，中国目前正加速进入老龄化、少子化社会，传统养老模式面临挑战。

不过近年来，以年金保险为代表的商业养老保险保持了稳健发展的态势，但整体规模仍然偏小。根据中国保监会数据，2016年具备养老功能的人身保险（主要为年金保险）保费收入为8600亿元，在人身保险保费收入中的占比仅为25.0%。但真正意义上的商业养老保险（退休后分期领取的养老年金保险）的保费收入为1500亿元，占比仅为4.4%，有效保单件数只有1348万件，有效承保人次只有1707万。相比而言，国际上具有养老保险功能的人身保险的保费收入占比大概50.0%，即使是养老年金保险的占比也超过35.0%，所以我国商业养老保险发展仍然相对滞后。

2017年6月，《关于加快发展商业养老保险的若干意见》发布，提出鼓励发展商业养老保险的多种措施，譬如鼓励支持商业保险机构创新商业养老保险产品和服务、投资并促进养老服务产业发展、推进商业养老保险资金安全稳健运营、提升管理服务水平等。

（2）住房反向抵押养老保险，为有房产但养老资金短缺的老人提供了一种新的养老融资途径，与银行提供的住房反向抵押贷款类似，同样增加了老年人的养老选择，满足了老年人居家养老和增加养老收入两大核心需求，尤其适合中低收入家庭、失独家庭、"空巢"家庭及单身高龄老人。

2014年6月，保监会正式公布《关于开展老年人住房反向抵押养老保险试点的指导意见》，宣布自2014年7月1日起的两年，在北京等四个城市开展住房反向抵押养老保险试点。2015年3月25日，幸福人寿《幸福房来宝老年人住房反向抵押养老保险》获批，成为首款保险版"以房养老"产品。"以房养老"虽然是一种突破传统养老理念的创新型养老方式，也是一个小众业务，遇到了传统养老观念、政策环境、市场环境等方面的问题和挑战，因而试点效果并不理想。据中国经济网报道，截至2019年9月末，共有幸福人寿、人民人寿两家公司经营个人住房养老反向抵押保险的业务。反向抵押保险期末有效保单129件，共有129户家庭191位老人参保，参保老人平均年龄71岁，户均月领养老金7000余元，最高一户月领养老金超过 3 万元[1]。

（3）养老保障管理产品，根据保监会规定，是指养老保险公司或者养老金管理公司作为受托人，接受政府部门、企事业单位等团体客户的委托，为其提供有关养老保障方案设计、账户管理、投资管理、待遇支付等服务，发行的相关金融产品。

养老保障管理业务最早开展于 2009 年，仅有团体型产品，最初主要定位为企业年金计划的替代方案或补充方案，具有非常明显的类年金属性。2013 年 5月，《养老保障管理业务管理暂行办法》出台，允许养老保障管理产品可以面向个人销售，引起市场广泛关注。2015 年《养老保障管理业务管理办法》发布，提出养老保险公司三年期及以下封闭式个人养老保障管理产品年度新增业务规模应与公司的资本实力相匹配，并允许养老金管理公司开展业务。2016 年 11 月，《关于进一步加强养老保障管理业务监管有关问题的通知》则进一步提高养老保障管理业务经营门槛要求，提出强化投资管理、加强产品备案等要求。

截至 2020 年 6 月，具有养老保障管理业务资格机构共有 8 家养老险公司和建信养老金管理公司。银保监会并未对外披露养老保障管理业务的详细情况，根据各家管理人官网的年度信息披露报告数据整理，截至 2018 年底，养老保障管理产品的市场规模已达到 6483.33 亿元[2]。

3. 信托业

信托业在养老服务金融方面刚刚起步，部分信托公司开展养老信托业务。信托在养老方面具有其他行业不具备的优点，比如可以保证资产隔离、实现养老特定目的、投资范围广泛等。

养老信托，可以看作信托机制在养老领域的应用，是委托人将资产委托给受托人（国内一般是信托公司），受托人对资产进行管理和处分，信托的目的是实现受益人的养老保障，或是为受益人提供养老服务，也可以是将养老资产用于养老产业的投资、开发与建设等。养老信托的概念比较宽泛，从养老的需求端看，涉及养老资产的管理与养老消费服务，可以分为养老金融信托、养老消费信托等；若是从养老产业供给端看，涵盖养老医疗服务提供、养老社区建设或养老基础设施建设等，可分为养老地产信托、养老基础设施信托等。

截至 2020 年 11 月底，养老信托在国内刚刚起步，市场上相关产品供给较少，仅有中信信托、外贸信托等公司的数个产品。中信信托推出的中信和信居家

---

〔1〕 "银保监会谈'以房养老'：是个小众业务"，载 http://www.ce.cn/xwzx/gnsz/gdxw/201910/21/t20191021_33397592.shtml。

〔2〕 宣华："养老保障管理产品市场十年回顾及展望"，载《上海保险》2020 年第 1 期。

养老消费信托产品，门槛较低，针对居家养老客户，可提供健康数据管理、紧急救援等服务，产品期限仅为一年，缴费有 1 万、2 万、3 万等几种，分别享受对应级别服务。外贸信托则是与兴业银行共同推出"安愉人生"养老金融信托，最低门槛高达 600 万元，目标客群是私人银行高端客户，受益人首先必须是老年人，通过信托制度安排实现养老保障和财富传承的目的。

4. 基金业

近年来，基金行业在服务养老方面也进行了积极探索：一方面，早在 2006 年，汇丰晋信发行了我国首只具有养老属性的混合型目标日期基金，随后大成基金、工银瑞信也发行了混合型和债券型目标日期基金。另一方面，2012 年天弘基金推出了我国首只养老主题基金一天弘安康养老混合型基金，随着养老主题持续升温，养老主题基金发行逐渐增多，随着养老需求的提升，养老目标基金如雨后春笋般茁壮成长，成为公募基金中基金（FOF）市场的主力军队，极大推动了公募 FOF 市场的发展。公募基金服务养老第三支柱的阵容日益强大，2020 年 7 月 2 日，第五批 15 只养老目标基金已获批，至此，获批的养老目标基金数量达到 74 只。

2016 年 3 月，《关于金融支持养老服务业加快发展的指导意见》首次提出：大力发展养老型基金产品，鼓励个人通过各类专业化金融产品投资增加财产性收入，提高自我养老保障能力。这是在国家层面首次提出养老型基金的概念，此后对于基金参与养老，基金行业及相关部门进行了深入研究。2017 年 5 月，《养老型公开募集证券投资基金指引（试行）》征求意见，意味着真正的"养老型"基金即将诞生。"养老型"基金是指以追求养老资产的长期稳健增值为目的，鼓励投资者长期持有，采用成熟的资产配置策略，合理控制投资组合波动风险的公开募集证券投资基金。

《养老型公开募集证券投资基金指引（试行）》初稿，分别对养老型基金的立法依据、产品定义、产品类型、投资策略、投资比例、基金管理人和基金经理要求、运作方式和费用、销售适当性、存量产品变更等多个方面做出了详细规定。该指引初稿仅是征求意见状态，未来有可能进一步完善。

当前，基金行业提供的"养老"基金，可分为生命周期基金和养老主题基金，数量和规模相对较小。按照指引的规定，未来基金名称中已经包含"养老"字样的公募基金，如果其投资运作、风险控制等不符合指引要求，则基金管理人应当履行程序修改基金名称；存量基金产品符合审核政策要求的，履行程序后可变更为养老型基金。

（二）提供便利性的金融服务

1. 金融机构实体网点布局优化和改造

中老年客户普遍有着身体移动能力弱、收入来源单一、偏好低风险储蓄、缺乏金融知识等特点。以银行为代表的金融机构率先优化营业网点布局，围绕中老年人口集中的社区建设社区银行、养老支行等，提供专属养老金融服务产品和方案。部分银行结合老年客户特点，对网点或社区银行进行适老性改造，采用更加符合老人需求的柜台、座椅、便利设施方面，优化业务服务流程，打造养老专属网点。比如，兴业银行针对社区银行客户以老年人为主的特点，对社区银行的柜台、座椅等都进行了适老化改造等，从细节解决老年客户需求。

2. 提供便利性的网上银行、移动支付服务

随着"互联网+"时代来临，老年客户对手机的接受度不断提升，对办理金融业务的渠道偏好也逐渐由线下向线上迁移，同时老年人使用移动支付的比例不断提高。

上海银行综合考虑老年客户的实际需求，在 2016 年 8 月推出专为老年客户量身定制的"美好生活版"手机银行。与普通版手机银行相比，"美好生活版"手机银行具有"资金安全转不走""操作便捷易上手""超大字体轻松用""专属优惠全拥有"等四大特点及优势，解决了老年客户在使用手机银行所担心的"不安全""不会用""不方便"等问题。

3. 养老综合金融服务

商业银行在养老服务金融的探索和创新中更进一步，将涉及个人养老的金融服务产品进行整合，形成养老综合金融服务方案，扩大养老服务金融的内涵和外延。银行对内整合集团资源，研发符合老年需求的银行卡、理财产品、商业保险等金融产品；对外借助养老服务公司，将养老客户增值服务内容外延，围绕生活缴费、健康管理、旅游休闲、医疗挂号等搭建综合化的养老服务平台。

兴业银行 2012 年推出的"安愉人生"综合金融服务方案，充分考虑老年客户金融投资理财的安全性及业务办理的便利性，提供专属理财产品、专属储蓄存款、便利结算和优惠资费等内容；在增值服务上，分为老有所保、老有所医、老有所乐、老有所养、老有所为五个板块，包含老年保险、健康管理、日常活动、高端异地养老等服务。比如针对老年人健康医疗需求多的特点，推出的专家预约挂号、全程导医、体检等健康服务，以及 24 小时法律顾问、保险服务等。

（三）金融基础服务

1. 介入社会保险、企业年金等业务，建设养老服务金融基础设施

国内现有从事养老金融服务的金融机构，多数起源于参与社会养老保险、企业年金、全国社会保障基金等相关业务，随后逐渐拓展至养老服务金融等相关的

领域。以商业银行为例，为社会养老保险机构提供代收代付、存款、资产归集等服务，同时为数千万离退休人员提供养老金代发服务——在代发养老金的业务基础上，银行提供养老储蓄、养老理财等产品，扩大养老服务金融范围。

金融机构在社会保险、企业年金等业务方面深耕多年，拥有丰富的服务经验，特别是在账户管理、资金托管、投资管理、支付结算等专业系统方面投入大量资源，已经基本建成完善的服务平台。以企业年金为例，金融机构特别是商业银行，依托受托管理、账户管理、托管等系统，保障个人的企业年金安全高效的运作，并实现保值增值，同时为个人提供多渠道账户查询、年金领取等服务。

2. 推动老年客户金融教育和权益保护

金融机构一直不遗余力地推动居民的金融消费者教育和权益保护，老年客户是重点关注对象。以银行为例，银行利用网点、互联网、微信公众号等各种方式，加大理财产品等新型金融业务的宣传和知识普及。在防范老年人被金融诈骗上，根据《关于防范和打击电信网络诈骗犯罪的通告》，自 2016 年 12 月 1 日起，个人通过银行自助柜员机向非同名账户转账的，资金 24 小时后到账。

三、国民的资产总量不足，养老服务金融缺乏财富基础

养老服务金融实现发展壮大的一个重要前提是国民有一定的资产积累，但我国却未富先老，国民资产总量不足，使得养老服务金融的发展缺乏财富基础。

（一）中国老龄化速度过快，呈现未富先老难题

2000 年我国 60 岁以上人口占比超过 10%，同时 65 岁以上人口也达到 7%，按照联合国统计标准[1]，我国当时已经进入老龄化社会。我国人口老龄化呈现加速趋势，老龄化速度远远超过发达国家，比如 65 岁以上人口从占比 7% 到 10%，美国用了 30 年（1942-1972 年），中国仅花了 14 年（2000-2014 年）。国际上多数发达国家均在财富积累到较高阶段才进入老龄化社会，而我国呈现未富先老的局面。2000 年我国人均 GDP 为 7 912 元，按照当时汇率计算，折合约 955.8 美元，而美国进入老龄化社会在 1942 年，按照不变价人均 GDP 为 13 138 美元。

同时单就我国老年人口而言，存在贫困率较高的现象，并且城乡差距较大。根据中国健康与养老追踪调查（China Health and Retirement Longitudinal Study, CHARLS）2013 年公布的数据[2]，对老年人的经济状况调查后发现，我国有

---

〔1〕 根据 1956 年联合国《人口老龄化及其社会经济后果》确定的划分标准，当一个国家或地区 65 岁及以上老年人口数量占总人口比例超过 7% 时，则意味着该国家或地区进入老龄化。1982 年维也纳老龄问题世界大会，确定 60 岁及以上老年人口占总人口比例超过 10%，表示该国家或地区进入严重老龄化。

〔2〕 中国健康与养老追踪调查（CHARLS）："中国健康与退休纵向研究（China Health and Retirement Longitudinal Study 2013 wave2）"，载 https：//opendata. pku. edu. cn/dataverse/CHARLS。

4240 万的 60 岁以上老年人的消费水平位于贫困线以下，占比约 22.9%，其中农村老年人口的贫困率为 28.9%，远高于城镇老年人口（9.5%）。联合国驻华系统发布的报告《老年公平在中国》[1] 同样指出，我国在老年人口收入保障方面的排名最低（第 75 位），原因是我国老年人的贫困率较高。

（二）国民家庭资产配置金融资产比例低

我国国民家庭资产配置呈现出以房产为主、金融资产为辅的特点，在金融资产投资上，两极分化特征明显，专门用于养老的资产严重不足。据《2019 年中国城镇居民家庭资产负债情况调查》[2] 显示，我国城镇居民家庭户均总资产 317.9 万元。其中，家庭资产以实物资产为主，住房占比近七成，住房拥有率达 96%；金融资产占比较低，仅为 20.4%。另一方面，在金融资产的配置上也缺乏合理性，要么不投资股票，要么投入较多资金在股票上，居民家庭更偏好无风险金融资产，直接导致了我国家庭金融资产组合风险分布的两极分化。

（三）老年人口收入来源单一，消费支出持续增加

我国老年人口普遍收入来源单一。《第四次中国城乡老年人生活状况抽样调查》[3] 结果显示：2014 年，城镇老年人保障性收入比例为 79.4%，农村老年人则仅有 36%，其余的为经营性收入、财产性收入、家庭转移性收入。原因在于，城镇老年人口的主要收入来源是养老金，并且养老金水平较高，而农村老年人口仍需通过工作获得收入，或是依靠子女养老，二者的收入来源都非常单一。同时城乡之间也存在很大差距，2014 年城镇老年人人均收入 23 930 元，农村老年人人均收入 7621 元，城镇老年人年人均收入是农村老年人的 3.1 倍。

老年人口的消费支出也在大幅增加。老年人口由于年龄增长，身体健康状况下降，在日常照护、老龄用品、医疗消费等方面的支出将大幅增加。2014 年，我国城乡老年人人均消费支出为 14 764 元，其中日常支出、非经常性支出、医疗费用分别占比 56.5%、17.3%、12.9%，三者合计达到 86.7%。

（四）国民对金融认知不足，利用金融工具进行养老储备不充分

我国居民整体对养老金融缺乏认知，在养老资产准备方面存在较大不足。花旗银行、友邦保险在 2015 年 11 月发布的《中国居民养老准备洞察报告》[4] 指

---

〔1〕 康宁："报告：中国老年人的贫困率较高，相对福利水平较低"，载 http：//www.thepaper.cn/newsDetail_forward_1573529。

〔2〕 中国金融杂志："2019 年中国城镇居民家庭资产负债情况调查"，载 https：//baijiahao.baidu.com/s? id=1664830535681198027&wfr=spider&for=pc。

〔3〕 民政部："第四次中国城乡老年人生活状况抽样调查成果"，载 https：//www.gov.cn/xinwen/2016-10/10/content_5116538.htm。

〔4〕 花旗银行、友邦保险："中国居民养老准备指数及洞察报告"，载 https：//www.aia.com.cn/zh-cn/aia/media/news/2015/tuixiuyanglao.html。

出，中国居民普遍对养老金融产品缺乏认识，对理财产品普遍要求"低风险"和"高收益"。选择金融理财产品时考虑的三大因素为安全稳健保值增收、收益明确保证、运作机构口碑好值得信赖，而且对"养老金融产品"的平均预期收益率高达7.9％。

老年人对金融的认知不足现象尤为突出。一方面，老年人口具有非常保守的金融观念，特别在养老理财规划时，有很高的储蓄倾向，非常重视投资理财的安全性、稳定性。退休老人在领取养老金后，普遍倾向于存在银行，对银行理财、理财型保险、互联网金融等金融产品接受度较低。另一方面，老年人口文化程度低，普遍存在金融知识匮乏、理财风险意识偏差的现状。多数老人对投资、理财的概念分不清楚，对市场上复杂的金融投资工具缺乏了解。此外，金融行业的投资者教育又很难惠及老年人口，导致老年人口难以充分利用金融工具，进一步限制了养老服务金融的发展空间。

四、养老理财乱象渐生，养老服务金融监管不足

由于老年人理财知识缺乏，风险意识不足，同时养老服务金融的相关监管机制缺失，加上近几年，由于市场机制不健全，民间投融资渠道狭窄，民间借贷市场活跃，而现有监管体系对非法融资中介机构缺乏有效监管，导致了老年人投资理财受骗事件逐渐多发。

2016年10月，致诚公益·北京老年维权服务工作站发布的《老年人涉众型经济犯罪被害风险调研报告》[1] 显示，在老年人咨询案件中，约21％为老年人涉众型经济犯罪，被骗老人经济损失最高达300万元人民币，52％的老年人因为害怕被子女埋怨而不愿意告诉子女。而企业、理财、养老项目、艺术品等方面投资的涉众型犯罪，共同特点是虚构高收益、高回报，引诱老人上当受骗。

针对养老服务金融监管不足是重要原因之一。近几年相关部门出台了一系列涉及养老服务金融的政策，但多数偏于宏观指导，缺乏详细的操作指引与落实细则，导致养老服务金融的政策支持效率较低。同时，关于养老服务金融的大部分政策也比较分散，分布于各种支持养老服务业、保险业等的政策之中，仅有《关于金融支持养老服务业加快发展的指导意见》较为系统和完整。另外，我国尚没有专门针对养老服务金融的专门法规，在养老服务金融方面也没有监管机构出台专门的指导规定，对其业务范围、从业机构、服务标准、业务流程等内容进行界定和规范，导致养老服务金融的监管不足。

---

〔1〕　致诚公益·北京老年维权服务工作站："老年人涉众型经济犯罪被害风险调研报告"，载 https：//www.sohu.com/a/115660427_155403。

五、养老服务金融尚需门槛，商业模式有待挖掘

虽然养老服务金融或者更高范围的养老金融被视为未来金融行业的蓝海，能为金融行业带来新的业务机会和利润来源，而目前金融机构提供养老金融服务尚需门槛，同时养老服务金融难以带来较好回报，可持续盈利的商业模式有待发掘。

（一）养老金融领域的审批和牌照制度，限制了金融机构进入市场的能力

养老金融各个领域具有显著的协同效应，养老金金融、养老服务金融与养老产业金融相辅相成，互相促进，金融机构将养老金融作为一个整体战略加以推进。其中养老金金融业务普遍具有严格的准入政策，以企业年金业务为例，有受托人、账户管理人、托管人、投资管理人四类业务资格，均在人社部基金监督局审批。截至 2021 年 10 月 18 日，共有 35 家机构 62 个企业年金基金管理资格，包括 12 个企业年金基金法人受托机构资格、18 个企业年金基金账户管理机构资格、10 个企业年金基金托管机构资格、22 个企业年金基金投资管理机构资格。[1]

上述四类资格的监管模式与养老金发达国家的模式并不相同，2006 年 OECD 与人社部研讨中就提出建议，简化过多的资格监管，更多注重功能监管，实际上，工行、农行、招行同时拥有法人受托、账户管理、基金托管的资格。机构监管部门在 2005 年、2007 年评选了两批企业年金管理人资格，之后十多年几乎没有增加过管理人数额。缺少业务牌照，很大程度上限制了金融机构在养老金融上的业务和产品布局，难以形成协同效应，在养老服务金融的产品供给上缺乏基础。同时，部分养老服务金融产品也存在审批或限制，比如养老保障管理产品业务，目前只允许养老保险公司、养老金管理公司开展。

（二）养老服务金融尚未形成良好发展业态

目前，各个金融机构在养老服务金融领域进行许多尝试与探索，其提供的养老服务相关的金融产品，主要分为两类：一是养老金资产管理服务的延伸或者银行传统业务整合后的增值服务，但是与养老人群的实际需求可能存在一定的偏差，导致很多养老服务金融产品发展缓慢，在为金融机构贡献利润方面作用有限。二是金融机构自主的养老服务金融产品探索，目前来看形式比较多样，比如针对养老银行理财，养老信托、养老保障管理产品、老年信用卡等，但是无论哪个类别产品，都未能实现长足发展，规模增长有限，对于金融机构来说并未形成真正的商业模式和业务生态，需要未来进一步发展。

---

〔1〕 "人力资源社会保障部关于企业年金基金管理机构资格延续的通告（人社部函〔2021〕139号）"，载 http://www. mohrss. gov. cn/SYrlzyhshbzb/shehuibaozhang/zcwj/jijinjiandu/202110/t20211018_425626. html。

第二节　养老服务金融发展趋势

一、人口老龄化，将带来养老服务金融需求爆发

在我国的老龄化进程中，伴随着家庭小型化、高龄化、空巢化、失能化等问题，传统的家庭养老模式受到冲击，家庭之外养老服务需求继续增长。特别是随着我国城镇化进程的加速，人口迁移和流动导致中国传统家庭逐步解体，家庭规模不断减小，"养儿防老"的传统难以为继，寻求外部养老服务成为大势所趋。国家层面愈发重视养老体系建设规划，养老服务业成为未来发展重点，甚至成为我国经济发展的一个重要引擎。

另一方面，伴随着我国经济连续 30 年的高速增长，社会成员在此过程中分享了社会经济发展的成果，国民财富有了大幅度提高，为进行养老金融消费提供了坚实的经济基础。根据全国老龄办数据，2014-2050 年间中国老年人口的消费潜力将从 4 万亿左右增长至 106 万亿左右，占 GDP 的比例将从 8% 增长至 33%，这将为中国养老产业的发展提供有力支撑。养老产业涉及衣食住行、生活照料、用品生产、医疗服务、文化健身娱乐等多个领域，每个方面都离不开金融服务的支持，养老服务金融需求将面临爆发。

二、养老服务金融成为金融改革新动力

2017 年全国经济体制改革工作会议提出，"深化金融机构和金融监管体制改革，完善多层次资本市场，为实体经济发展营造良好环境"。在金融改革深化，金融市场化、国际化和多元化的趋势下，金融机构传统业务和发展模式面临严峻挑战，金融行业进入转型升级的重要发展阶段。

大力发展养老金融将为金融机构的改革发展提供新机遇和新空间。一方面，养老金融将成为金融机构业务发展的"新蓝海"，为金融机构带来长期稳定的业务收入来源和新的利润增长点。另一方面，养老金融将成为金融机构转型升级的"助推器"，推进金融机构的服务模式和产品创新。

养老服务金融业务将会为商业银行带来发展新动力，带动银行"大资产管理业务"的发展，拓展新的收入来源和盈利模式。养老服务金融对于保险公司、证券公司、基金公司、信托公司等金融机构具有类似的作用。未来将有愈来愈多的金融机构把养老服务金融作为重点发展战略，采取整合内外部资源，创新组织结构等措施，努力改善和提升金融服务水平，实现养老服务金融发展与自身转型的良性互动。

三、产品创新和综合化，养老服务金融领域不断拓展

养老服务金融产品的创新，核心在于提供真正符合居民养老需求的金融服务，长期目标是建立完善的养老服务金融产品体系，拓宽金融机构服务养老的领域。我们认为，养老服务金融产品的创新未来将在如下几方面展开：

第一，产品创新围绕客户的养老需求出发，更具针对性。金融机构将对客户群体进行深入调查分析，根据客户群体的年龄、地区、经济状态、投资经验、风险偏好等因素，研发设计个性化、多元化、多层次的养老服务金融产品，满足不同群体的养老需求。

第二，不同业态融合推动产品创新，特别是将养老服务金融与养老产业结合发展。养老产业初期投入高、投资回报低，需要长期资金的支持，而参与养老服务金融的资金也有长周期特点，因此金融机构可以开发与养老产业匹配的保险、理财、基金等新型产品，用金融连结养老供需端。一方面养老产业获得长周期的资金支持，另一方面居民获得长期稳定的投资回报，并且通过金融创新享受养老服务，达到长期资金投资长期资产的双赢效果。

第三，由单一产品向综合化产品方案转变。产品的综合化体现在两个层次，第一层在金融服务上，将理财、储蓄、保险、基金等金融产品整合，为不同年龄、收入的客户提供包含家庭资产配置、养老规划、退休后理财规划等在内的全生命周期的服务；第二层，由金融外延至养老服务，提供居民养老密切相关的养老陪护、养老社区、休闲娱乐、教育咨询、法律等配套增值服务，搭建养老综合服务平台。目前有能力提供综合养老金融方案的仅有少数金融机构，但在未来将成为主要发展趋势。这是因为对金融机构而言，提供综合化产品，一方面为客户提供便利，加强客户粘性，另一方面综合化产品能为金融机构带来更多收益。

四、金融科技将助推养老服务金融快速发展

金融科技以数据和技术为驱动力，以技术驱动金融创新，不断创造新的业务模式、应用、流程或者产品，从而对金融市场、金融机构或金融服务的提供方式造成重大影响。可以预见，金融科技的快速发展，将夯实养老服务金融的发展基础，甚至为养老服务金融的跨越式发展提供契机。主要表现在如下几方面：

（一）互联网和移动支付的普及，能提高中老年人获取金融服务的便利性

2021年3月的《中国互联网络发展状况统计报告》指出，截至2020年12月，我国网民规模达9.89亿（其中农村网民规模3.09亿，城镇网民规模6.80亿），全年新增网民8540万，已占全球网民的五分之一；互联网普及率达70.4%，较2020年3月提升5.9%，高于全球平均水平。我国手机网民规模达9.86亿，全年新增手机网民8885万；网民中使用手机上网的比例由2020年3月

的 99.3% 提升至 2020 年 12 月的 99.7%，手机上网已成为最常用的上网渠道之一[1]。

互联网的发展和智能手机的普及，大大提高了中老年人获取金融服务的便利性。金融机构可以通过官方网站、网上银行、手机 APP、第三方平台等互联网平台，为中老年人提供丰富多样的金融产品，普及金融理财知识。同时，互联网的发展，缩短了空间距离，金融机构可以为农村居民提供养老服务金融，降低了金融机构的成本，也进一步扩大客户群体，体现养老服务金融的普惠性特点。中老年群体的网民群体正在日益扩大，对网上支付、移动支付的接受度不断提高。

（二）智能投顾，将助力提升养老金投资科学性和专业性

智能投顾依托大数据分析、量化金融模型和智能化算法，结合投资者的风险承受水平、财务状况、预期收益目标和投资风险偏好等多种因素，提供个性化、多元化的智能理财服务。在美国，作为新型科技化金融工具，智能投顾改变着传统财富管理行业，并且快速崛起，2015 年底管理资产规模达到 1000 亿美元。智能投顾具有低成本、分散投资风险等特征，为传统的养老金管理模式提供了创新思路，特别是能解决个人的非理性投资难题。根据行为经济学理论，个人在进行投资时，有过度自信、自我归因偏向、损失厌恶等非理性行为。而智能投顾通过大数据和人工智能分析个人投资偏好，结合长期投资目标进行个性化资产配置。同时，智能投顾提供投资组合自动再平衡策略，控制投资风险和减少不理性交易，坚守长期投资目标，实现养老金的保值增值。

（三）区块链技术将提升养老服务金融的精细化和安全性

区块链是分布式数据存储、点对点传输、共识机制、加密算法等计算机技术的新型应用模式，被公认为金融科技领域中根本性、颠覆性的技术，具有去中心化、开放性、自治性、信息不可篡改、匿名性等特征。区块链技术有望在养老服务金融领域得到应用，比如区块链技术可以整合各个层面的大数据，对居民个人的思想观念、行为习惯、投资偏好、财富传承情况、健康状态进行归类和分析，金融机构可以用来研发设计精细化、个性化的产品，来满足居民的养老需求。同时区块链的去中心化、账簿设计和信息的不可撤销性等，有助于养老服务金融的安全性提升。

---

[1]　国信办："第 47 次中国互联网络发展状况统计报告"，载 http：//www.cac.gov.cn/2021-02/03/c_1613923423079314.htm。

第三节　养老服务金融发展的核心：增加养老财富储备

一、我国养老服务的短板亟需金融助力

我国社会保障制度改革的总目标是建立公平可持续的多层次社会保障体系，可持续性将成为我国养老金体系建设工作的重中之重。随着我国人口老龄化进程的加速以及独生子女造成的年轻人口断崖式下跌，我国劳动年龄人口数量持续下降，社会保障支出压力加大，养老金体系的可持续性堪忧。

近年来，第一支柱基本养老保险缴费增长率均低于基金支出增长率。以 2018 年为例，全国社会保险基金收支结余 11 622 亿元，剔除财政补贴后的实际盈余为−6033 亿元，连续 6 年为负。由于是省级统筹，结余主要来源于少数劳动力流入地如珠三角、长三角，其余亏欠省份靠财政补贴，第一支柱基本养老保险本身已经难以持续了，更无法形成财富储备。

我国第二支柱的企业年金到 2021 年底的参与者也才仅仅 2925 万人，积累资金 2.63 万亿[1]，参加者占全国城镇职工基本养老保险人数不足 6%。第二支柱的机关事业单位职业年金 2015 年才开始建立，第三支柱则建立更晚。我国这样的"三支柱"养老金体系的可持续性的确较差，国际评分远远落后也在情理之中，我国必须正视差距，奋起直追，通过金融市场来增加家庭和个人的养老财富储备是一个重要的路径，在解决养老金体系的可持续性问题方面还有很长的路要走。社会各界都已经认识到单纯依靠第一支柱的基本养老保险制度是远远不够的，各支柱均衡发展才能增强可持续性。

二、我国积极应对老龄化、提高养老财富储备的实践

积极应对人口老龄化是一项重大的国家战略，金融业率先推出了支持养老的举措。中国人民银行等五部委于 2016 年 3 月联合出台了《关于金融支持养老服务业加快发展的指导意见》（银发〔2016〕65 号），指出有必要积极开发服务于居民养老金的专业金融产品。在此背景下，各类金融机构为满足不同的养老金融需求，在制度化的养老金之外，积极开发能够提供长期稳定收益、满足生命周期需求的差异化养老金融产品，提高居民养老财富储备和养老服务支付能力。这个文件首次在中央层面正式提出了"养老服务金融"和"养老财富储备"的概念，对学界的研究极富引导价值。

---

〔1〕　基金监管局"2022 年 1 季度企业年金基金业务数据摘要"，载 http：//www. mohrss. gov. cn/sh-bxjjjds/SHBXJDSzhengcewenjian/202205/t20220524_449691. html。

在地方政府层面，已经开始建立养老产业引导基金和养老领域的 PPP（Public-Private Partnership，即政府和社会资本合作），以吸引各类社会资本，如创业投资基金、产业投资基金、私募股权基金等直接投资养老产业，以更好发挥引导基金的战略性、引导性、杠杆性和管理性功能。

除了上述中央和地方政府在应对老龄化方面的金融举措外，我国金融业界在服务实体经济活动中已经积累了不少经验，面对人口老龄化带来的新问题、新机遇也开始建立起金融实践新思维，力求在竞争中实现突破和创新。

目前诸多银行和其他金融机构纷纷成立养老金融子公司，打通养老金融业务链上下游，为客户提供专业的一站式全面服务。这些超值的服务获得了老年客户的信赖。

三、养老财富储备对金融理论创新的要求

改革开放 40 年来，金融学理论是中国的经济学理论研究发展最显著的领域之一，而金融实践的快速发展也推动金融理论不断创新。当前的中国经济发展进入新常态，最基本的特征就是经济已由高速增长向高质量发展阶段迈进，积极应对老龄化也恰恰需要高质量的内涵式发展。

我国理论界较早意识到养老金与资本市场的结合是大势所趋，但社会保障研究学者对金融问题的关注较少；金融学者大多将养老金视为金融产品和金融服务的一小部分，结果使得应对老龄化的金融创新理论研究远远落后于养老金融的实践，大量理论问题需要深入研究。而在《国家积极应对人口老龄化中长期规划》中增加养老财富储备的中长期战略落地后，学界应当及时提出相应的创新理论框架，为积极应对老龄化的金融实践、养老财富储备实践提供理论基础。十九大报告所提出要着力加快建设实体经济与现代金融协同发展的产业体系，必须从理论创新角度，融合社会学、经济学、社会保障、金融学等学科的学术范式进行研究，即把金融业和养老产业作为互动交融发展的双轮，其中包括涉及"钱"的问题的养老金资产管理、"物"的问题的养老产业投融资、"人"的问题的养老服务业等三个细分产业领域，与金融产业的细分领域银行业、保险业、证券基金业、信托业、融资租赁业等进行深度融合。

而应对老龄化的养老金资产管理、养老金融产业、养老金融服务业，这三者不是孤立的，宏观代际养老收支平衡的全生命周期养老准备和微观层面养老财富储备的资产组合是贯穿这三者的核心。养老金作为资本市场重要机构投资者支持实体经济发展，也间接推动了新兴产业涌现和产业创新升级，有助于促进经济转型。我国国民消费动力始终不足，其中很重要的原因是我国社会保障体制，特别是养老体制不完善，导致国民将大量收入用于预防性储蓄。而《国家积极应对人口老龄化中长期规划》提出的养老财富储备应当是权益类资产的储备，储蓄类资产储备主要应用于满足日常流动性要求，也正基于此，养老金资产管理将成为一个日益重要的行业。养老金作为资本市场的重要机构投资者，可以支持实体经济的发展，间接促进新兴产业的出现和产业的创新升级。与此同时，为应对老龄化而开展金融业务的金融资产管理将有助于促进经济转型。

养老金资产不足是中国居民不敢消费的重要原因。相比之下，美国足够的养老金资产部分降低了居民的储蓄意愿，媒体报道中所谓美国人不存钱其实只是以养老金投资的形式部分替代了存银行。美联储颁布的全美金融资产数据表明：截至2022年一季度末，美国居民的金融资产达到117.7万亿美元，其中各类储蓄18.2万亿，债券2.7万亿，股票32万亿，基金12.7万亿，寿险1.94万亿，私人养老金总资产31.68万亿美元，特别是私人养老金相当于GDP总额24.38万亿的130%。[1] 如果我国的养老金资产管理能够如美国一样带来长期稳定而较高的回报，居民储蓄养老的理念可以向投资养老过渡，通过基金、个人养老金来进行养老财富储备，那么我国养老保障体系的可持续性将得到增强。

老年照护和消费事关老年人福祉，需要金融业支持。《国家积极应对人口老龄化中长期规划》在发展银发经济上做出部署安排，推动老年产品市场提质扩容，推动养老服务业融合发展，这些举措都需要金融市场的参与。高龄和失能失智老年人的照护面临着越来越庞大的需求，普通老年人的金融服务需求也很广泛，除了传统的储蓄、保险、贷款等业务外，还包括针对养老的理财业务、住房反向抵押按揭、遗嘱信托等新业务。此外，金融服务老年照护和消费不同于传统金融业务，因为国民养老需求的最终目的是合理安排其老年生活，特别是经过40多年的改革开放之后，当期和未来老年居民的个人财富快速增加，呈现出与以往不同的财富管理特征，客观上需要有机构能够连接老年人的金融与实体消费，提供更为精细化老年理财的服务。

可以看出，全生命周期养老准备的落脚点就是增加养老财富储备，金融理论的创新可以建构积极应对老龄化金融实践的理论框架，借鉴和吸收应对老龄化的国际经验与教训，为研究和探索应对老龄化的金融实践提供中国路径建设方案。

---

〔1〕 数据参见：Financial Accounts of the United States, 9 June 2022, Flow of Funds, Balance Sheets, and Integrated Macroeconomic Accounts, 1st Quarter 2022, BOARD OF GOVERNORS OF THE FEDERAL RESERVE SYSTEM.

第四节　完善养老服务金融的政策建议

一、完善政策，推动养老金融落地

养老服务领域兼具社会效益和经济效益，需要政府与商业机构共同参与。因此，应该首先明确政府与市场的边界及各自职能范围，比如政府提供基本养老服务，通过财政支出满足基本服务需要，而中高端市场则由政府引导，市场机构予以补充。因此，推动养老服务金融发展，需要政府进行相应的顶层制度设计与相应配套细则。

从我国实践来看，国家通过《关于加快发展养老服务业的若干意见》《关于金融支持养老服务业加快发展的指导意见》等政策对养老金融在顶层设计进行了相应规划，下一步应加强养老金融体系构建的政策导向与配套细则，鼓励更多金融机构参与养老金融。在此基础上，集合政府、社会力量构建养老金融服务体系，特别是监管部门应及早出台落实"金融支持养老"意见的操作细则和规定。同时，各地政府和部门出台配套政策，通过财政贴息、专项补助资金、成立政府引导基金等方式，为金融机构发展养老金融提供良好的政策环境。

二、完善养老金制度，扩大老年收入来源

目前，随着我国城镇职工养老金体制的改革完善，多支柱体系正在逐步形成，但体系结构存在突出的失衡问题，第一支柱基本养老保险基金结余占养老金资产的比例高达70%，第二支柱的企业年金发展趋于停滞，第三支柱个人养老金制度尚未落地。这导致国民养老主要依靠基本养老保险，根据人社部发布的《2021年人力资源和社会保障事业发展统计公报》显示，2021年城镇职工共有离退休人员13 157万人，养老金支出56 481亿元，人均每月养老金待遇3577元，替代率水平稳定在60%左右。而一般认为70%养老金替代率才能保证老年人维持与工作期间相同生活水平，我国的养老金替代率已低于国际"警戒线"。城乡居民的养老金水平更是严重不足，城乡居民养老保险参加人数54 797万人，领取人数16 231万人，支出3715亿元，[1] 平均每人每月仅179元。

因此，有必要进一步完善我国的养老保险制度，增加老年人收入来源，为养老服务需求提供经济支撑，提升消费能力。在基本养老保险方面，继续扩大覆盖人群，提高基本养老保险基金统筹层次，加快推动养老基金市场化运营，完善个

---

〔1〕　人社部："2021年人力资源和社会保障事业发展统计公报"，载 http://www.mohrss.gov.cn/xxgk2020/fdzdgknr/ghtj/tj/ndtj/202206/t20220607_452104.html。

人账户制度。针对企业年金，扩大企业年金覆盖面和投资范围、放开投资选择权，同上提高企业与个人的参与率，扩大企业年金的覆盖范围。尽快推出第三支柱个税递延养老金制度，鼓励个人参与养老规划。多方努力，推动完善健全多层次的养老保险体系，为养老服务金融市场的发展奠定基础。

2022年我国再次调整养老金制度，这也是我国自2005年以来连续第18年调整企业退休人员基本养老金，总体调整水平为退休人员月人均基本养老金的4%。此次采取定额调整、挂钩调整与适当倾斜相结合的办法，并实现企业和机关事业单位退休人员调整办法统一。定额调整体现了公平原则；挂钩调整则体现多缴多得、长缴多得的激励机制，与退休人员本人缴费年限（或工作年限）和基本养老金水平挂钩；对高龄退休人员、艰苦边远地区退休人员，可适当提高调整水平；继续确保安置到地方工作且已参加基本养老保险的企业退休军转干部基本养老金不低于当地企业退休人员基本养老金平均水平。[1]

三、完善法律制度和税收制度，促进养老金融市场发展

我国养老金融领域的法律法规存在层级较低、数量有限、力量分散等问题，急需制定一系列针对性、权威性较强的行政法律法规。

完善相关法律制度，为养老金资产管理、"以房养老"、养老产业投融资等养老金融相关业务提供法律支持和保障，确保养老金资产的安全和保值增值，确保养老金融市场的长期和平稳运行。如"以房养老"涉及产品政策、税收等法规，应明确规定土地使用权的续期和处置政策，完善物业税、遗产税、房产税的规定，防范金融机构处置房产时的法律风险；完善农村宅基地的流转政策，推动"以房养老"在农村的实施，扩大农村老年人口收入来源。

其次，完善养老相关行业的税收政策，促进养老金融的市场发展。首先是完善养老金制度方面的税收优惠制度。对于企业年金，应考虑提高税收优惠比例，提高企业和职工参与率。针对个人养老金，应尽快出台税收优惠政策，落实个税递延型养老金账户制度的试点，允许各类金融产品公平竞争，共同参与养老金第三支柱建设。针对提供养老金融服务的参与主体，对于其参与养老基础设施的投资和建设、提供养老金融产品等取得的业务收入给予一定的税收减免，提高金融机构参与养老金融业务的积极性。

四、明晰监管框架，促进行业健康稳定发展

我国的金融监管采用的是分业监管的框架，以提供金融产品和服务的不同机构作为划分监管权限的依据。比如传统的银行、证券、保险等行业分属银监会、

---

[1] 参见"人力资源社会保障部 财政部关于2022年调整退休人员基本养老金的通知"，载 http://www.mohrss.gov.cn/xxgk2020/fdzdgknr/zcfg/gfxwj/shbx/202205/t20220526_450148.html。

证监会、保监会监管。

然而，养老服务金融则具有典型的混业经营特征，所以针对养老金融的监管职能，分散于银监会、保监会和证监会等多个市场机构监管主体，还涉及人社部、民政部等部委。目前，我国养老金融整体处于起步阶段，相应的监管也处于实践摸索阶段，因此，明确养老金融的监管框架将成为行业健康有序发展的关键。包括探索适应养老金融发展的监管体系，加强市场监管和行业监管，有针对新制定养老服务金融的行业标准、服务流程、风险监控等。比如针对老年人金融欺诈事件多发的情况，我国应加强对养老服务业金融理财、非法集资的整治，为老年人提供安全、可靠的投资环境。国务院《防范和处置非法集资条例》自2021年5月1日起施行，重在加强事前的防范，加强系统建设，实现社会综合治理、金融管理、互联网信息管理、市场监督管理等的深度协同，将对针对老人的金融欺诈行为实现精准打击。

此外，对于参与养老服务金融的金融机构，监管上应要求其健全内部风险控制体系和流程，完善外部设计、信息披露制度和内控机制，防范内部机构和从业人员的操作风险，保障金融消费者的合法权益。

五、引导养老退休规划，加强金融教育

我国国民养老退休规划意识淡薄，金融知识比较匮乏，不利于养老服务金融发展，需要发挥政府、金融机构、个人相结合的作用，合理加以改善。

第一，政府应加强养老规划的引导，提高居民的养老准备意识。各地政府部门应当紧密结合所在地区的老年人口情况，制定较为合理的居民投资理财培训机制，培养居民的养老规划意识和金融知识储备。

第二，金融机构应通过行业协会等组织整合并发挥行业力量，加强养老服务金融知识的普及，扩大养老服务金融的影响力，增强公众对金融养老的认知。

第三，居民个人也应该主动了解我国老龄化趋势，学习金融知识，结合自身经济情况与家庭人口结构情况，提高养老意识，及早进行养老规划，进行相关养老财富储备。这其中，特别要注意的是拒绝非法理财、非法集资等行为，提高警惕、防止受骗。

第十一章　养老产业理论、实践与国际经验

第一节　养老产业的特点：社会性和经济性

随着我国人口老龄化的加剧，养老成为事关重大的社会问题。党的十九大报告将养老产业发展提升至国家层面，主要包括以下几个部分：

第一，要积极应对人口老龄化，推进健康老龄化。

第二，要构建养老、孝老、敬老的政策体系和社会环境，加强社会软环境的建设。养老是基础，政策体系建设是积极应对人口老龄化的基础；孝老是中华民族传统文化的精华，孝老更重要的是针对家庭，孝老能够让家庭更幸福；而敬老是针对社会的，敬老、爱老是良好的社会风气和和谐的社会环境。

第三，积极应对人口老龄化的具体措施：一是推进医养结合，老年人需要有医疗保障，更需要医疗和养老的结合，以更好地服务老年人。十九大对养老服务的发展方向做出了进一步明确：加快老龄事业和产业发展。十九大之前，我国养老服务业主要以政策提供公共服务为主，以社会资本捐助为主，以非营利性为主。十九大以后，在继续发展老龄事业的同时，强调要发展养老产业，只有养老事业和产业都发展了，才算是真正建立起了完善的养老服务体系。养老事业，主要是承担社会基本责任，提供基本的兜底的养老服务。随着经济社会的发展，人们需要更高质量的养老服务，多层次的养老服务，这是养老产业未来的发展方向。而养老产业的发展，将为社会提供高质量的养老服务，同时推动社会服务体系的发展，有效降低养老服务的提供成本。

一、金融服务养老产业发展具有显著的社会效益

人口老龄化已成为我国面临的最重要的民生问题之一。在人口老龄化形势下，大力发展养老产业具有重要的社会价值和经济效益。从根本上有利于应对人

口老龄化问题，使老年人的"老有所养、老有所依、老有所为、老有所学、老有所乐"等问题得到解决；有利于提高全社会的劳动生产率；有利于调节产业结构，使一、二、三产业协调发展；有利于拉动就业，促进经济增长；有利于充分利用市场、社会组织、个人等社会资源，弥补政府投入不足的问题，减轻财政负担。

发展养老产业，建立和完善社会养老服务体系，满足老年人不断增长的物质文化生活需要，促进经济社会的协调发展，是关系国计民生和国家长治久安的一个重大社会问题。大力发展养老产业，解决老年人"老有所依、老有所教、老有所学、老有所为、老有所乐"的问题，让老年人共享经济建设和社会发展的成果，关系到经济、政治和社会的协调发展。

养老产业具有福利性。养老产业服务对象是经济收入下降、消费能力不足的老年人，为了保证服务可及性，国家会对部分养老产业进行价格限制，因此养老产业具有一定福利性。养老产业属于社会公益事业，能减轻政府、家庭负担，有利于社会稳定，真正使老年人这一弱势群体实现"老有所养、老有所依、老有所为、老有所学、老有所乐"，其主要变现形式有：老年大学、医疗养老护理中心、养老中心等。

按照马斯洛的需求层次理论（Hierarchical Theory of Needs），通过对老年人生活和消费习惯的分析，老年人有基本的生理需要、安全需要、关爱需要、尊重需要和自我实现的需要。归纳总结来看，老年人有以下几个重点需求：

（一）老有所养，老有所依

满足老年人的生理需求和安全需求，是养老产业最重要的核心服务理念。人口红利的消失和经济社会的快速发展，使现代社会家庭规模向小型化、精致化方向发展，直接导致了家庭养老功能减弱的问题，对老年人的照顾养护成为有待解决的重要问题。养老产业的出现为解决该问题提供了可行思路。大力发展养老产业，有利于缓解社会和国民直面的养老压力。

（二）老有所乐

在满足基本养老需求的基础上进行老年人精神文化建设，有利于改善养老条件，不断丰富老年人的精神文化生活。在发展养老产业的同时，通常会配套建设"老年活动室"、"老年文化中心"等适合老年人活动的场所，在实现文化资产投入的同时，可以为养老产业和文娱产业同步创收，实现双赢。

（三）老有所为

年老并不等同于无用，应根据实际情况积极为老年人提供合适的就业岗位。尤其在中国老龄化社会的背景下，充分发挥老年人中可配置的劳动力作用，进行市场资源优化配置，可以促进经济社会更好地发展。老有所为不仅可以满足老年人参与社会生活的需求，同时为社会生产提供了规模庞大且大有作用的劳动力，是助力养老产业大力发展的重要因素。

（四）老有所学

老有所学是老年人实现自我价值的主要途径，体现了老年人对新时代新理念新知识的追求。对于老年人来说，通过继续学习，不仅可以丰富个人知识储备，而且有利于自己更好地融入社会，获得精神的满足。教育是民生之根本，教育不应局限于青少年教育，老年教育和持续教育尤其重要。促进养老产业中养老教育的发展，对行业、社会和国家都有显著效益。

二、金融服务养老产业发展具有显著的经济效益

据预测，2014-2050 年间，中国老年人口的消费潜力将从 4 万亿元左右增长到 106 万亿元左右，占 GDP 的比例将从 8%左右增长到 33%左右[1]。可以预见，未来我国将成长为全球老龄产业市场潜力最大的国家。

这样的巨大的蛋糕中所蕴含的就业机会和经济规模注定也将是巨大的，尤其是在我国早已明确将养老消费列为新消费热点加以培育的政策风口的背景下，养老服务业势必将伴随政策发展环境的逐步完善，在兼具经济与社会效益的同时，走上快速、良性的发展轨道。养老地产是养老产业经济效益的重要表现形式，具体表现形式为：老年社区、老年住宅、老年公寓、养老院和托老所等类型。

大力发展养老产业，有利于发掘经济增长空间，有利于实现我国经济的可持续发展。近年来，受经济结构调整与资源环境压力剧增等因素的影响，我国经济增长下行压力倍增，从过去的持续高速增长转变到现在及未来的中速增长，而数以亿计的老年人群体所需要的服务得不到满足，意味着一个持续的、巨大的经济增长空间在闲置。例如，如果老年人每年人均购买相关服务的花费增长 1000 元，其产生的直接经济效益将达到 2000 多亿元，这一产业链条所创造的经济价值将以万亿元计，它对国民经济增长的贡献将是不可估量的。同时，因为普遍性养老金制度的建立与养老金水平的逐年增长，老年人群体不仅是一个有服务需求的庞大群体，也是一个消费能力不断提升的庞大群体。只有持续不断地满足这个不断壮大的群体的生活服务需求，才能开拓巨大的经济增长空间。

大力发展养老产业，有利于开拓新增就业岗位领域，有利于优化就业结构、提升就业质量。就业是民生之本，也是支撑国民经济发展的基本要素。尽管我国劳动年龄人口数量已经越过了峰值并逐年下降，局部地区与局部领域甚至出现了招工难的现象，但劳动力供给总量仍然很大，每年数百万高校毕业生就业难就是

---

〔1〕 陈郁："2050 年我国老年人口消费潜力将达 106 万亿元左右"，载 http://politics.people.com.cn/n/2014/1203/c70731-26137323.html。

一个严重的社会问题。并且伴随第二、三产业的不断升级，在一些地区已经出现了机器替代人工的现象，要真正解决好就业问题必须开拓新的就业空间。目前，第一产业的劳动力还在往非农领域转移，第二产业及第三产业中的生产性服务业则受到科技进步、产业升级与劳动生产率持续提升的影响，很难大规模消化新增劳动力，甚至还会逐步减少对劳动力的需求。

与此形势相反，养老服务业所需要的人员数量却在直线上升，且难以用机器替代。在一些发达国家，一个失能或半失能老人，平均需要 0.5～1 个劳动力照料；一些收养高龄老人、失能半失能老人的养老机构甚至需要给每个老年人配备一名服务人员。据统计，全日本现有 120 万名专业护理人员在养老机构工作，而这支庞大的专业护理队伍还不能完全满足需求，日本政府因此制定了老年护理人才的培养计划，目标是到 2025 年时建立起 250 万人的护理人员队伍。相比之下，我国目前养老机构的护理人员只有 30 多万人，其中获得职业资格证书的还不足 10 万人，专业护理人才缺口巨大，养老服务业吸纳就业的潜在空间巨大。如果以日本为参照系，即大多数老年人都由专业人员护理，我国养老服务所需的劳动力也应当以千万计。不仅如此，养老服务业以提供人工服务为主，需要相应的专业技能，这对于优化就业结构并提升就业质量无疑是非常有益的。

对于已经进入老龄化社会并快速走向纵深的我国而言，大力发展养老产业不仅是保障与改善民生的重要着力点，也是"转方式、调结构"的重要方向和具有远大发展前景的国民经济新增长点，同时还能创造数以千万计的就业岗位。因此，养老服务业值得引起政府高度重视，特别需要积极、理性地促使其得到大发展。

三、养老产业已经发展成为独立的经济门类

为积极应对人口老龄化，加快推进养老产业发展，科学界定养老产业统计范围，准确反映养老产业发展状况，依据《老年人权益保障法》和党中央、国务院关于发展养老产业的决策部署，以《国民经济行业分类》（GB/T 4754-2017）为基础，国家统计局于 2021 年 8 月发布了《养老产业统计分类（2020）》（国家统计局令第 30 号），首次制定了我国的养老产业分类。

根据该分类的定义，养老产业是以保障和改善老年人生活、健康、安全以及参与社会发展，实现老有所养、老有所医、老有所为、老有所学、老有所乐、老有所安等为目的，为社会公众提供各种养老及相关产品（货物和服务）的生产活动集合，包括专门为养老或老年人提供产品的活动，以及适合老年人的养老用品和相关产品制造活动。该分类将养老产业范围确定为：养老照护服务、老年医疗卫生服务、老年健康促进与社会参与、老年社会保障、养老教育培训和人力资源服务、养老金融服务、养老科技和智慧养老服务、养老公共管理、其他养老服

务、老年用品及相关产品制造、老年用品及相关产品销售和租赁、养老设施建设等12个大类。该分类采用线分类法和分层次编码方法，将养老产业划分为三层，第一层为上述12个大类；第二层为中类，共有51个中类；第三层为小类，共有79个小类。

该分类是对国民经济行业分类中符合养老产业特征相关活动的再分类，突出养老服务和我国应对人口老龄化的养老及相关产品供给状况。该分类以反映我国应对人口老龄化的养老及相关产品供给为基础，充分考虑了提升养老服务质量等养老产业发展政策要求和养老产业新业态、新模式，前9个大类主要是养老服务，后3个大类主要是生产、制造、设施建设。这12个大类涵盖了第二产业、第三产业中涉及养老产业的全部内容，将成为我国未来养老产业发展的重要指导。

第二节　养老产业的投融资基础

2019年11月，中共中央、国务院发布《国家积极应对人口老龄化中长期规划》，对养老机构的发展进行了定位。一方面，要强化公办养老机构保障作用。进一步明确公办养老机构"兜底线、保基本"的职能定位，加快推进公办养老机构入住综合评估和轮候制度的落实，鼓励公办养老机构优先向计划生育特殊家庭、做出特殊贡献的老年人以及经济困难的孤寡、失能、残疾、高龄老年人提供服务。鼓励有条件的党政机关和国有企事业单位举办的培训中心、疗养院及其他具有教育培训或疗养休养功能的各类机构经过一定程序整合改造为养老服务设施。另一方面，要大力发展民办养老机构。逐步形成以社会力量为主体的养老服务格局。全面放开养老服务市场，支持社会资本投资兴办养老机构，落实同等优惠政策。提高对护理型、连锁型民办养老机构的扶持力度。引导规范金融、地产企业进入养老市场，鼓励养老机构探索各类跨界养老商业模式。推动养老机构将服务逐步延伸至居护。

央行等五部委的65号文也提出要创新专业金融组织形式和服务专营机构，创新贷款方式、拓宽养老服务业贷款抵押担保范围，推动符合条件的养老服务企业通过股市或债市直接融资，开发符合养老跨生命周期需求、可提供长期稳定收益的金融产品[1]。结合我国国情，在中国发展养老金融，还应当包括养老金投

---

[1] 中国养老网："金融服务养老需要创新"，载 http：//www.yidianzixun.com/article/0I2yzbDQ？s＝4。

资于基础设施信托类产品、股指期货等金融产品，并通过住房反向抵押实现补充养老，以及对养老金筹集、运营和发放全过程进行有效监管。养老产业、养老服务业属于实体经济发展的新业态，需要各金融机构以创新的思维、创新的金融产品、创新的服务模式来面对这个新业态的蓝海。创新成为金融业服务养老区别于传统的最重要标志，同时也成为金融业在市场竞争中的利器。

同时，养老产业是养老金重要投资领域。养老金存续时间长达几十年，在此过程中必须进行合理投资以实现保值增值。但是养老金作为老年人的养命钱，对安全性的要求较高。而养老产业，比如养老社区等，在运营良好的情况下能提供稳定现金流，与养老资金投资风险偏好契合，是养老资金投资的较好对象。随着养老产业的逐渐壮大，涉及范围不断扩展，推动了资本市场的发展，养老产业发挥了重要的作用。养老金体系改革将推动债券市场的发展，并降低资本成本，进而推动金融体系的发展。

一、有利于降低资本成本

随着人口老龄化的进程加快，政府将对养老金进行改革，这将对家庭储蓄产生积极作用，储蓄资金的投向更趋多元化。投资方向更多，意味着各金融机构吸收社会资金的范围更大，从而降低公司的资本成本。一方面养老金的预期投资时间相对金融机构和个人来说较长，使得期限溢价降低；另一方面养老金资产池的建立和专业化的管理使得风险溢价降低。两方面的共同作用使得资本平均成本降低。资本市场在养老金改革的推动下变得更加发达，证券的发行成本也随之降低。

二、养老产业促使金融由虚转实

养老产业是为夕阳人群服务的朝阳产业，未来发展潜力巨大。2020 年全国保险保费收入 4.53 万亿元[1]，跻身世界第二位，成为全球最重要的新兴保险大国。为应对我国老龄化的诸多问题，首先要加大养老基础设施的投入力度，兴建各类养老社区、日间照料中心等。一方面可以增加养老服务供给，推动养老服务体系建设，缓解社会养老资源严重不足的矛盾，为老龄群众对幸福养老的追求提供更好服务，具有重大的社会意义。另一方面可以助推金融机构拓展传统业务空间，由虚拟经济向实体经济转型，延伸产业链，改善资产负债匹配状况，实现行业的持续健康发展。

三、促进金融市场快速发展

随着我国人均收入的提高，发展养老产业现在已经上升为国家层面的战略。然而，目前我国养老产业的发展面对巨大的社会养老需求依然显得滞后。2016

---

〔1〕 中国网财经："保险业 2020 年原保费收入 4.53 万亿元 同比增长 6.12%"，载 https：//baijiahao.baidu.com/s？id＝16904678298136807088&wfr＝spider&for＝pc。

年我国的养老产业规模约为 5 万亿元左右，占 GDP 的 6.7%，而美国养老服务消费占 GDP 的比例为 22.3%，欧洲养老产业占 GDP 的比例达到 28.5%。到 2030 年，我国养老产业规模有预计达到 22 万亿元。我国养老产业发展空间巨大，蕴含着无限商机，但目前仍存在很多不足，包括：养老产品供给不足，金融衍生品种类较少，养老基础设施落后，差别化养老服务选择较少。作为金融市场的投资方向，养老产业巨大的市场前景吸引着金融市场不断进行行业内部调整，以适应养老产业的发展及满足日益增长的需求。

第三节　金融支持养老产业发展的国际经验

一、国外养老产业发展现状

20 世纪 80 年代以来，社会人口老龄化逐渐成为世界各国关注的焦点，进入老龄化社会较早的国家对此做了很多探索。尽管各国政府所采取的政策、措施有所差异，但在养老产业模式上所主张的理念是相对一致的。西方发达国家由于有经济实力的支撑和西方居家形态诸多方面的因素，这些国家养老对策的共同之处是依赖"社会养老"功能：在社会保障体制中，老年人被赋予了独立生活的经济能力；在福利设施、服务体系以及居住环境等方面，针对老年人的生理情况，采用不同层次、不同类别的设计。

（一）美国

1965 年美国国会通过的《美国老年人法》规定联邦政府要设立联邦老年署，1973 年又通过了该法的修正案，进一步规定各州要设立地方老龄局。政府老年管理机构的设立有力地推动了养老健康产业的发展。在政府老年管理机构的推动下，发展出了非常有效的政府"购买养老服务合同"等养老健康产业形式。当前，美国养老健康产业发展主要有三种形式：一是个人或团体投资，政府雇人管理提供服务；二是由政府、团体、个人共同投资，由个人或团体管理提供服务；三是完全由政府投资，个人或团体管理。这些养老机构均要受到政府的考核和监督，政府利用价格杠杆把营利养老机构的利润率控制在 15% 以内。[1]

美国是各国中率先开始老龄化相关技术研发的国家。从 1999 年开始，美国各大城市根据美国人居住分散的特点，陆续建立了老年人医疗服务车队（移动医联网）。通过采用市场化运作和专业化经营管理的方式，共享服务资源，降低了老年人养老健康服务的成本。同时将城市与专业的医疗机构对接，通过物联网技

---

〔1〕 冯佺光等：《养老产业开发与运营管理》，人民出版社 2013 年版。

术提高服务效率，弥补了急救医疗服务的不足。[1]

美国在 1981 年就推行了家庭医疗补助和社区服务计划。主要措施有：完善法律法规、鼓励社会力量兴办养老机构、实施老年保障计划、对老年群体制定普遍适用的优惠政策、设立专门的老年福利养老院（老人日间托养中心）等政策措施保障养老产业发展。

（二）日本

20 世纪八九十年代，日本开始进入老年型社会。日本非常注重法律法规对老龄事业和养老健康产业的规范化，出台了一系列法律法规，如：《老年保健法》（1982）、《护理保险法》（1997）、《高龄居住法》（2001）、《高龄者虐待防治法》（2006）、《日本年金机构法》（2007）等一系列法律法规，并根据经济社会的发展不断修改和完善这些法律法规。日本"老龄商务发展协会"还制定了《老龄商务伦理纲领》，"银色标志认证委员会"据此纲领，对符合条件的社会养老机构、老龄产品和服务及其厂商、服务提供者的行为等进行认证，旨在加强行业和企业自律。

日本提供的是以家庭或亲属照顾为主体、辅之以公共福利服务和社会化服务。主要措施有：建立社区老年服务制度、推出"介护保险"、颁布与修订法律法规、建立专业队伍，大力发展老年教育。

（三）法国

法国属于高福利国家，养老产业以居家养老为主，养老保险制度实行现收现付制。在促进养老产业发展方面，法国主要采取利用优惠政策引导市场发展、加强养老产业发展规划和人员培训、加强监督和规范养老产业市场、发挥企业在养老产业市场中的作用等措施。

（四）瑞典

瑞典建立的是"从摇篮到坟墓"的普惠制福利保障制度，实行高福利的养老保障模式。同时，通过建立社区养老服务网络、重视并鼓励老年护理机构商业化经营、鼓励慈善团体或非营利机构兴办公益事业等措施，充分发挥社会资本在养老产业发展中的作用。

（五）澳大利亚

澳大利亚建立了由雇主和雇员分别缴费的养老保障体系，实行老年照顾项目（HACC），并以家庭为中心强化养老服务。此外政府购买服务的方式为向服务机构进行拨款，而服务机构则要通过竞标获得拨款并受政府监督。

（六）英国

英国的社会服务体系主要由地方政府组织管理，注重监督机制的建立和完

---

〔1〕 朱勇：《智能养老》，社会科学文献出版社 2014 年版。

善，主要措施有：设置服务监督员、引导私人或志愿组织开办养老机构、开办"托老所、好街坊"活动、享受免费公费医疗并设置专门老年医院。

二、国外养老金融体系支持养老产业发展的模式

（一）美国金融支持养老产业

养老金融在美国发展较早。1875 年，美国运通公司创建了全球第一个私人养老金。1974 年，通过《雇员退休收入保障法案（ERISA）》为美国私人养老金计划的大规模发展和安全奠定了坚实基础。1978 年税法修订后所诞生的 401（k）计划为私人养老金大发展铺平了道路。20 世纪 80 年代新技术革命的"第三次浪潮"中，以微软、IBM、苹果等为代表的 IT 业发展成为新技术革命的领头羊，造就了美国企业的核心竞争力。这些企业的"种子资金"大多数来源于资本市场的私人养老金。

1974 年底全美养老金资产仅 1 500 亿美元，而据美联储季报，2022 年美国的私人养老金总资产 31. 68 万亿美元，是 48 年前的 200 多倍。养老金资产占家庭财富的比例中，美国的数据为 48%，德国为 61%[1]。以英美为代表的部分工业化国家，养老金资产对 GDP、银行资产的比重接近 100%，被称之为"养老基金新时代"、"养老金融新时代"。

美国 401（k）计划的相关流程和参与者情况如图 11-1 和图 11-2 所示：

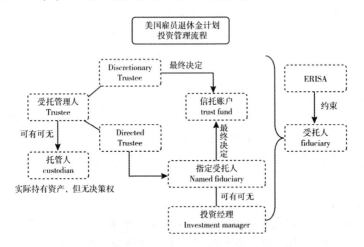

图 11-1　美国 401（k）计划投资管理流程[2]

〔1〕　T Bönke, D Kemptner, H Lüthen, "Effectiveness of Early Retirement Disincentives", *DIW Berlin Discussion Paper*. No. 1639. , 2017, Available at SSRN：https：//papers. ssrn. com/sol3/papers. cfm? abstract_id = 2914223.

〔2〕　美国劳工部（U. S. Department Of Labor）：载 https：//www. dol. gov/.

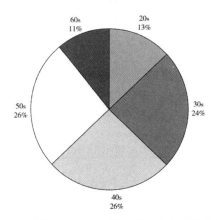

图 11-2　美国 401（k）计划参与者年龄分布情况[1]

美国的住房反向抵押贷款起源于 20 世纪 60 年代，美国的住房反向抵押贷款模式是世界范围内最成熟、具有代表性的"以房养老"模式，主要有三种形式：

1. 房产抵押反按揭贷款

美国住房与都市发展部（Department of Housing and Urban Development）提供的房屋价值转换抵押贷款（Home Equity Conversion Mortgage，HECM）是主流的房产抵押反按揭贷款，HECM 的提供者主要为银行和抵押贷款公司等，其保险项目由联邦住房管理局和美国住房与城市发展部支持，并接受国会的监督。由于HECM 具有贷款申请无需提供收入证明、贷款发放和偿还的方式选择较多、贷款的正常发放由政府机构提供保障且所申请的贷款可自由支配等多种优点，此种反向抵押贷款模式成为美国使用最广最多的一种方式，大约占房屋反向抵押市场的95%[2]。

2. 住房持有者（Home-Keeper）贷款

住房持有者贷款由联邦国民抵押贷款协会（房利美）提供，项目的风险自行承担，贷款上限一般高于 HECM 的限额。

3. 财务自由（Financial Freedom）贷款

这是财务自由基金公司（Financial Freedom Senior Funding Corp）提供的产品，与前两种产品按月支付不同，这种贷款模式下借款人将一次性获得大额贷款资金，且由于申请门槛较高，贷款限额高至 70 万美元。财务自由贷款模式实行

---

〔1〕　EBRI（Employee Benefit Research Institute）：载 https：//www.ebri.org/.

〔2〕　吴锡扬、黄灿云："国际养老金融发展经验及启示"，载《福建金融》2016 年第 5 期。

范围较窄，仅在印第安纳州、加利福尼亚州等 24 个州实行。

在上述三种方式中，政府主导的 HECM 目前遍布全美各州，在反向抵押贷款市场中占据了 90% 以上的份额，而根据 2010 年《华尔街改革与金融消费者保护法案》新成立的金融消费者保护局正式成为住房反向抵押贷款的监管机构。

美国的住房反向抵押贷款是金融支持养老的典型，可以很大程度上解决"房屋富人，现金穷人"的问题。住房反向抵押贷款应当引起我国政府足够的重视，并进行顶层设计。住房反向抵押贷款由于涉及普通老年人，市场经济最发达的美国由政府深入介入并提供担保：以联邦政府住房与城市发展部提供的 HECM 项目为主体，政府支持机构房利美、房地美、吉利美又提供了相应的贷款担保，金融消费者保护局则将住房反向抵押贷款者视为重要的金融消费者提供足够保护，可见由政府出面消除了绝大部分的系统性风险，贷款人和借款人只承担了少部分市场风险。未来我国在保险公司主导的以房养老试点基础上，应当由中央政府主管部门——银保监会、住房和城乡建设部、财政部共同设立国家层面的住房反向抵押贷款保险基金，国家提供税收减免和部分补贴，同时所有提供住房反向抵押贷款的金融机构都强制性地缴纳保险基金，以部分抵御未来住房反向抵押贷款市场波动和长寿的风险。特别对于可能中途退出的参保人，应当通过精算，事先在合同中进行约定，确保合同双方的权益。

（二）日本金融支持养老产业

金融业开拓现代养老产业，就是要打造一个全新的"现代养老金融市场"。现代养老金融市场可以分为 3 个细分市场，一是面向产业领域的市场，二是面向企业客户的市场，三是面向个人客户的市场。日本金融业开拓现代养老金融市场的实践与经验可以简单概括如下。在产业领域，日本的银行、证券公司和保险公司，有的单枪匹马，有的跨界联合共同打造"现代养老产业发展基金"，在资金上支持现代养老产业的发展；有的开展"健康养老住宅投资信托"发展养老住宅，也有的金融机构投资并购养老服务机构，直接参与养老服务机构的运营管理。在面向企业客户的领域，银行或是向养老产业提供低息贷款，或是从事债权回收的代理服务，保险公司则在为养老服务企业提供赔偿责任保险的业务上，以及企业年金运作上拓展业务空间。

在面向个人客户的领域，银行可以向个人客户提供长期护理贷款或是开展住房反向抵押贷款，保险公司则开展个人年金业务、提供商业的长期护理保险，以及开发设计包括认知症保险在内的各种养老保险新商品。日本的保险业早在 20 世纪 70 年代就开发销售了养老保险商品，但是，日本的养老保险市场正式启动是在 20 世纪 90 年代中期，从 1996 年开始，个人年金保险等商品和相关的服务逐渐应市。由于早期的日本养老社保体系"公助"力度大、"大包大揽"的待遇比较丰厚，所以，日本的商业医疗保险的家庭参保比率为92.4%，而商业的长期护理保险的家庭参保比率只有16.0%。但是，随着日本的养老社保体系从重视"公助"、"大包大揽"的特色向鼓励个人"自助"的方向过渡，今后日本政府和财政在养老社保上将采取"收缩"的战略，个人自助的领域将逐步扩大，这就为日本保险业发展商业养老保险提供了更加大的空间。而且，日本保险业在个人年金保险以及长期护理保险以外的养老保险商品的设计开发上已经攻克了许多技术难点，积累了宝贵的数据和市场应用的经验。

可以看出，美国、日本等发达国家在金融支持养老产业发展领域都已经有了一些成熟的经验，值得我国借鉴。

第四节　金融支持养老产业的发展方向

在全球经济形势日益复杂和国内全面深化改革迈入"三期叠加"的背景下，在全国统一市场建设和经济内循环促进宏观经济企稳向好的时代条件下，人口老龄化既带来一系列挑战，更带来不可多得的重大发展机遇。如何开发养老产业，大力发展老龄经济，这是未来宏观经济的重要主攻方向，也是未来各类企业保持可持续核心竞争力的重要战略制高点。党的十八大以来，党中央高度重视应对人口老龄化，将积极应对人口老龄化上升为国家战略，坚持双轮驱动，不断推动老龄事业和产业快速发展。在一系列政策的扶持和引导下，我国养老产业快速发展，各类企业相继转场介入，投资规模不断加大，产品和服务内容不断丰富，正在成为未来经济和未来产业一个投资空间大、成长性好的长期风口。但与快速发展的人口老龄化带来的结构性、规模性需求相比，我国养老产业发展起步较晚，产业政策、关键制度和市场环境明显发展滞后，特别是在中长期产业取向上还缺乏顶层设计，对于未来一段时期内养老产业的发展阶段、发展目标、发展模式、发展路径以及优先重点领域还不明确，迫切需要在落实积极应对人口老龄化国家战略的框架下，由国家层面作出统筹安排。

目前养老产业业界已经进行了诸多实践，政府和学界应当进行养老健康产业、养老制造产业、养老宜居产业、养老服务产业、养老金融产业、养老文化旅游产业等相关重点优先产业领域的中长期发展研究。同时，根据养老产业的整体发展现状，结合未来我国人口养老化的重大变动，提出养老产业中长期的重大需求、发展阶段与发展目标，分析在后疫情时代、经济下行压力加大以及国内外形势日益严峻等背景下，养老产业发展面临的突出问题，针对性地提出中长期我国养老产业的指导思想、发展目标、发展建议、保障措施以及重大工程。

未来全面开发养老产业，大力发展养老经济，这是关系未来养老社会条件下宏观经济健康运行的大事，不仅符合长寿时代条件下保障全体人民福祉的现实需要，更是落实积极应对人口养老化国家战略、构建新发展格局、建设全国统一大市场和实现共同富裕目标的重要战略性举措。研究中国养老产业中长期发展相关问题，不仅具有重要的现实意义，也有利于推动经济运行和产业发展顺应老龄社会的长远需要。希望相关部门加快研究出台中国养老产业中长期发展规划，加强养老产业顶层设计，全面推动养老产业发展。老龄经济是人本经济，也是人民经济。从规模经济和范围经济以及成长性来说，老龄经济远远大于银发经济。从全球来看，转场开发养老产业、发展老龄经济，是人类经济因应老龄社会和长寿时代要求的一场新的产业革命。从国内来说，如何实现共同富裕宏伟目标，让大多数人和家庭跻身中等收入阶层，让年轻人有钱可花，让中老年人有能力为自己花钱，这是未来经济内循环的重中之重，也是未来发展老龄经济的根基，更是推动年轻社会的经济产业体系顺应老龄社会要求的根本，需要政府、市场、社会三大部门树立经济新思维，共同行动，为老龄社会和长寿时代条件下的经济繁荣奠定长远基础。

为完善金融支持养老产业发展，应当从以下几个方面着力。

（一）加强对养老金融体系构建的政策导向与配套保障

政策支持是养老金融稳健发展的保障。首先，应制定开放、动态、分阶段的长期规划，在顶层设计上保证养老金融推进的方向和进度；其次，政府应逐步完善在土地供应、税收优惠和补贴支持等方面相应的政策；最后，在养老金融政策的落地方面，政府应加强后续监督，尽快出台实施细则。

同时，应当强化养老产业金融的政策支持，并提高养老产业建设的吸引力。养老产业服务对象是消费能力相对较弱的老年人，大众化的养老产业价格一般不会太高，政府也通常对部分养老产业定价进行限制，这表明养老产业具有一定程度的福利性特征。政府可以参照国家事业单位的组织运作模式探索设立公立养老机构，给予相应的政策优惠，从而降低该类机构以营利为导向的利益驱动，并在此基础上对私营养老机构进行相应的要求或引导，以确保养老产业的福利性特征，避免过度商业化、逐利化。

（二）拓宽有利于养老产业发展的多元化融资渠道

首先，政府在履行社会责任的同时，要坚持市场化和产业化方向，鼓励更多社会资本参与，要积极发挥财政税收的引导作用，在市场准入方面进一步放宽，鼓励和推动更多社会资本、多元化投资主体进入养老产业，逐渐扭转目前政府运营养老机构独大的局面；其次，对于银行业金融机构，应创新适应养老产业特点的信贷政策、承贷主体。如对建设周期长、现金流稳定的养老服务项目，适当延长贷款期限，采取循环贷款、年审制、分期分段式等多种还款方式；最后，除了依靠银行信贷，应发挥资本市场的重要作用，推动符合条件的养老服务企业利用主板、中小板、全国中小企业股份转让系统等上市融资，探索运用股权投资等多种形式，加大对养老服务企业、机构和项目的融资支持。

（三）扶持养老产业金融，创造良好的养老生活环境

随着老年群体多元化需求的增加，旨在实现健康养老、幸福养老的各种养老产业应运而生。由于养老产业通常开发周期长、资金投入大、回报率低，单纯依靠企业的自有资金往往难以保障养老产业的快速发展，需要通过各方面的投融资支持。因此，需要鼓励社会资本参与养老产业发展，拓展养老产业融资渠道。鼓励社会资本、多元化投资主体参与到养老产业建设中是拓展养老产业融资渠道的有力手段。一方面，可以通过 PPP 引导社会资本参与养老社区、养老机构和照护服务等养老产业的核心领域，改变政府类机构一家独大且低效的局面；另一方面，通过政策优惠，鼓励金融机构加大对养老产业发展的支持力度，同时可以借鉴美国发行 REITs 等多元化融资方式，拓宽养老产业的融资渠道。

第十二章　金融创新推动养老产业发展：以上海、贵州为例

第一节　上海老龄化现状和养老产业发展前景

上海作为我国的特大城市，也是老龄化程度最高的城市，因此养老服务产业的存在巨大的需求。资源跨期优化配置的核心问题决定了金融和养老之间存在内在联系，上海作为我国金融最发达的城市，探寻金融服务养老的内在逻辑规律，建立和完善金融服务养老的理论框架应当走到全国的前列。

一、上海市人口老龄化问题现状

上海是我国建设国际金融中心的重点城市，各类金融机构大量集聚。上海也是老龄化程度最高的城市，2020 年，全市常住人口中，60 岁及以上老年人口数量为 581.55 万、占 23.4%；全市户籍人口中，60 岁及以上老年人口数量为 533.49 万、占 36.1%。预计到 2025 年，全市 60 岁及以上常住和户籍老年人口分别将超过 680 万和 570 万。[1] 以作为中心城区的黄浦区为例，截至 2021 年底，黄浦区 60 周岁及以上户籍老年人口 32.8 万，占户籍人口总数的近 44%；80 周岁及以上户籍老年人口 5.1 万，占比超 6%；每 10 万人口拥有百岁老人数近 43 人，人口结构呈现出老年群体绝对基数大与快速老龄化共存、家庭结构小型化与高龄化发展迅速等趋势和特征。[2]

---

〔1〕　数据参见：上海市人民政府办公厅关于印发《上海市老龄事业发展"十四五"规划》的通知（沪府办发〔2021〕3 号）。

〔2〕　数据参见："全国人大代表、上海市黄浦区委书记杲云：探索'三养融合'的大城养老之路"，载 https：//news.cnstock.com/news，yw-202203-4838648.htm。

　　由于上海金融发展程度居全国前列，因此成为税收递延型养老保险的四个试点地区之一。上海在探索养老产业发展方面也走在比较前面，早就出台了"9073"养老事业发展的规划格局，并用政策引导社会资本进入养老设施的建设和参与养老服务。2014年2月25日上海市第十四届人民代表大会常务委员会通过《上海市养老机构条例》；2018年9月上海民政出台《关于鼓励和引导本市养老机构提供社区居家照护服务的实施方案》；2018年11月上海市医疗保障局出台《上海市长期护理保险社区居家和养老机构护理服务规程（试行）》。从这些文件中可以看出：上海市目前主要的养老模式有社区养老、机构养老和居家养老，并将进一步完善"十三五"提出的"以居家养老为基础、社区养老为依托、机构养老为补充、医养相结合的养老服务体系。"

　　在积极应对老龄化的过程中，上海市养老模式经历了较为明显的变化。一是养老形态逐步向多元化发展，主要表现为养老服务走向个性化与多元化，养老院软硬件发生翻天覆地的变化，新建养老机构开始注重老人的人文关怀。二是"9073"养老格局初步形成，3%的机构养老的实现从"十一五"规划开始，上海以市政府实事项目的形式提出每年增加一万张床位的建设目标，从2000年的2万多张快速增加到2017年底的14万多张，迄今已基本达到3%的目标。7%社区居家养老服务的目标制订，同样也是经过了严格的考察后确定的合适比例。90%的居家养老人群是最大的养老群体，也是被社会基本忽略的群体。三是"五个一体"社会化养老服务体系更新养老理念。2014年，上海首次提出"五个一体"社会化养老服务体系，即政策支撑体系、保障体系、监管体系、评估体系、服务体系。四是因地制宜推出小微养老机构、"老吾老"照料增能计划和综合为老服务中心。五是养老服务从业人员的素质不断提升。在解决养老服务需求的过程中，养老人才的培养也越来越得到重视。

　　上海市政府在政策制定方面已经走在了前列，如何发挥金融创新对于上海市养老产业的作用，还较为欠缺。综合考虑养老社区和为这些老人提供照料的人群的缺乏等问题，可以借鉴发达国家的经验，实现"他山之石，可以攻玉"。

　　（一）上海现有养老模式的特点

　　目前上海的养老模式包括机构养老、社区养老、金融养老、以房养老、旅居养老、以房养老、抱团养老、居家养老、智慧养老、嵌入式养老、医养结合养老。三大基本养老模式分别为：一是机构养老，如养老院、敬老院、护理院等。二是社区养老，如嵌入式社区养老、社区老年人活动服务中心等等。三是居家养老，以居家为生活中心的养老方式。

　　（二）现有养老模式存在的问题

　　在机构养老方面，一是政策双重性造成不公平竞争。上海公办养老医疗机构由政府主办，政府全额拨款，其大部分人员都有政府编制，在财政政策及其他优惠政策上具有得天独厚的优势。其起步早，在硬件设施建设、经营管理、服务水平以及地理位置上较民办养老医疗院都略胜一筹。民办养老医疗机构起步较晚，硬软件设施建设不足，相关优惠政策也比较少。目前大多数民营养老医疗机构均处于亏本状态，要完全收回成本最快也要5-6年时间。民办养老医疗机构中服务人员的工资偏低，人员的流动性大。

二是社会资本投入不足，行业缺乏竞争与监督。我国养老产业是近年来新崛起的朝阳产业，前景广阔，因此吸引了很多民间资本纷纷涉足医疗服务行业。事实上民间资本在养老医疗行业的投资比重不大，数量少，比例也小。与此同时，没有建立与整个养老医疗机构的发展相适应的竞争与监督机制。养老医疗机构的供不应求，使得不同养老医疗机构之间缺乏竞争，同时供给者必定会抬高价格，所以由政府主办、价格适中的公办养老医疗机构床位缺乏，而价格较高的民办养老医疗机构则出现一定程度的床位闲置。再者，由于公办养老医疗机构的排队信息未实现公开化、透明化，为寻租、创租制造了机会，从而降低了整个行业的效率与公平。

三是养老医疗机构缺乏专业性从业人员，服务水平低。虽然公办养老医疗机构与民办养老医疗机构相比，无论是在服务水平还是专业人员上，均要略强一筹，但总体而言，上海养老医疗机构普遍存在专业从业人员缺乏、服务水平低下的现象。养老医疗机构的从业人员中获得相应从业资格证书的人数很少，这意味着大多数上岗人员都属于未持证上岗。尤其是民办养老医疗机构，由于工资低、待遇差，无法吸引高素质的服务人员，很多人没有参加过正规的岗前培训，往往是就业后边干边学，服务质量很难保证，甚至有的从业人员是农村妇女，缺乏专业知识和专业技能，从而降低了整个行业的服务水平。

在社区养老方面，一是嵌入式养老机构，其中有少量运行得不错，但基本不提供上门服务。二是大部分社区养老机构，经营不好，盈利难，难以提高服务内容和质量。三是上海大部分街道，表面看起来都有了社区养老场所，但缺乏真正的社区养老服务。在居家养老方面，96%以上的居家养老的老人，基本得不到上门服务，只能靠自己。

二、金融创新推动上海市养老产业发展的三个维度

作为我国老龄化最严重的城市，上海金融创新的具体举措对于推动养老产业的发展具有重要价值。金融创新推动养老产业又需要法律规范，在研究过程中应当充分利用法学工具，从而使金融创新推动养老产业能够在制度实践层面具有落脚点，使得理论研究成果更能够贴合实际，综合运用相关学科理论知识，提出适合上海实际的法律法规文件。在借鉴国际经验基础上，注重结合上海市的具体情况，从基金公司、养老金管理公司、养老服务机构的等机构特点出发，从金融创新推动养老金资产管理、养老产业投融资、老年照护和消费三个维度，提出切实可行的上海市金融创新推动养老产业的实施路径和建设方案，如图12-1所示。

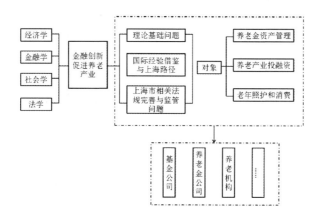

图12-1　上海市养老产业发展金融创新的框架

（一）通过金融创新推动养老资产管理，促进养老金体系可持续发展

上海市人口老龄化的加速到来，退休人口占比不断上升，工作人口占比逐渐下降，已经使得基本养老金收支压力进一步加剧。近十年来基本养老金缴费增速始终小于养老金支出增速，未来基本养老金当期收支缺口还将进一步扩大，财政的补贴压力也将持续增加。目前我国养老金面临收支压力的原因除人口老龄化之外，另一个原因是上海市养老金体系面临着结构性矛盾，养老金给付主要依赖于第一支柱基本养老保险，政府压力过大，而第二支柱职业养老金发展缓慢，第三支柱个人养老金2022年刚刚落地。完善养老金体系，一方面是要尽快出台第三支柱个人养老金政策，另一方面，也要加快培育养老金资产管理行业，实现养老金积累壮大和保值增值。

（二）助力金融创新支持养老产业投融资体系，促进养老产业发展壮大

在人口老龄化的影响下，老年人的养老需求也不断增加，衍生出一系列的养老产业，一是以老年人为主要对象的行业，比如养老机构和养老社区，二是老年人是服务对象之一的行业，比如家政服务、居家照护。养老产业中部分行业先天性对金融资本的吸引力不足，主要因为老年人消费能力有限，决定了大部分养老行业只能微利经营，对金融资本而言缺乏吸引力。从我国实践来看，养老产业处于发展早期，盈利状况具有较大不确定性，这也导致资本的参与意愿下降。因此，上海市养老产业无论是和国际发展程度相比，还是和上海市养老产业的需求

相比,都处于滞后状态。相关部门需要发展相关政策性金融工具,同时给予税收减免优惠等激励对养老产业的投融资活动,从而促进养老产业的发展,满足广大居民的多元化养老需求。

(三) 推动金融更好服务国民养老金融消费,满足国民多方面老龄需求

随着老龄化趋势加剧,上海市金融行业开始重视老年金融消费服务。部分银行开发了针对老年人金融服务方案,涵盖理财产品、养老增值服务、便利结算等内容。保险业除了提供传统保险业务外,还介入养老社区、养老照护服务等领域,但仍然不能满足老年人需求。建议通过财税政策优惠、监管政策差异化引导,鼓励金融机构发展老年金融消费服务。主要包括:鼓励银行为老年人提供一揽子金融消费服务,鼓励保险机构开展针对老年人意外险、大病险等。鼓励信托和资产管理机构开展安全稳健老年人理财及老年信托等业务。通过金融服务提高老年人的金融资产安全程度,防范金融诈骗活动,从而有效提高居民财富管理能力。

三、金融和养老产业融合的制度建设方向和措施

金融和养老产业的融合,是上海面临的重大问题。从上海的现状而言,金融和养老产业融合还存在不少问题。一是养老事业和养老产业没有明确界定;二是养老机构类别和标准尚不明确;三是老年人分层分类情况包括资产、收入、身体状况、能力状况、家庭情况等并不细化,需求捕捉尚不精准,事业性养老机构"一床难求",而高端养老机构少人问津,呈现机构发展和老人需求不匹配的矛盾;四是上海人工成本较高,养老人才队伍建设尚存较大缺口,上海虽然发展了AI产业园,智能化养老的研究同现实尚有较大差距。归根结底涉及金融和养老产业融合的制度建设的方向和措施。

研究金融和养老产业融合的制度建设方向和措施主要研究两大方面问题。一是研究政府以什么为方向来创新构建金融和养老产业服务的体制机制;二是研究促进金融和养老产业融合的具体措施。

(一) 金融和养老产业融合的建设方向

制度是政府推进金融和养老产业融合的根本性措施,在现实中金融和养老产业的多种融合方式已经萌芽,但怎样从制度建设角度全面推进金融和养老产业的融合却并不明晰。金融和养老产业融合的核心问题:一是把握制度建设方向,金融和养老产业融合实际包含了"两侧"和"五方";二是制度建设的措施关键是体制和机制,融合"两侧""五方"新的体制和机制,如图12-2所示。

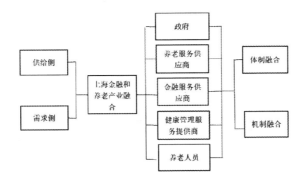

图 12-2　上海市养老产业金融创新"两侧五方"改革

所谓"两侧"，即供给侧和需求侧；所谓"五方"，包括政府、养老服务供应商、金融服务提供商、健康管理服务提供商、养老人员：

1. "五方"之一：政府部门

政府部门包括发改、规划、土地、金融、社保、医保、民政、卫健、旅游、教育等职能部门和各地区及社区。

上海一直高度重视养老服务产业的发展，根据中央关于发展养老服务产业的精神，结合城市自身的社会经济发展特点，颁布了一系列政策文件。2014 年，《上海市人民政府关于加快发展养老服务业推进社会养老服务体系建设的实施意见》指出，"到 2020 年，上海市全面建成涵盖养老服务供给体系、保障体系、政策支撑体系、需求评估体系、行业监管体系'五位一体'的社会养老服务体系"，鼓励社会力量参与养老服务体系建设。2015 年，上海市人民政府提出要"积极推广政府与社会资本合作（PPP）模式"，鼓励社会力量发展居家、社区专业养老服务。2018 年 3 月上海市人民政府发布了《上海市人民政府办公厅贯彻〈国务院办公厅关于加快发展商业养老保险的若干意见〉的实施意见》（沪府办发〔2018〕7 号）。按照"市场为主、政府引导，鼓励创新、优化服务，管控风险、加强监管"的原则，推动商业养老保险加快创新突破、扩大有效供给、拓宽服务领域、优化资产配置、提高运营效率，从而推动养老服务产业多样化发展，促进政府、单位、家庭承担的养老保障责任进一步合理化，不断充实和完善本市养老保障体系。此后修订发布《上海市老年人权益保障条例》，发布《上海市养老服务条例》，出台《上海市老年医疗护理服务体系发展"十三五"规划》等文件，老龄事业发展顶层设计进一步加强。印发《上海市长期护理保险试点办法》《上海市深化养老服务实施方案（2019-2022）》《关于全面推进本市医养结合发展的若干意见》《关于推进本市"十三五"期间养老服务设施建设的实施意见》《关于加快推进本市养老护理人员队伍建设的实施意见》等系列文件，相关制度稳步推进落实。

2021年，上海市政府发布《上海市老龄事业发展"十四五"规划》，在养老产业发展领域提出推动老龄产业高质量供给。坚持老龄事业和老龄产业双轮驱动，推动养老产业与其他产业融合发展，多渠道、宽领域扩大适老产品和服务供给。把老龄产业纳入经济社会发展总体规划，定期公布相关扶持政策措施清单和投资指南。优化老龄产业市场竞争环境，建立健全老龄产业相关产品和服务的标准规范。提升融资能力，加强财税支持，加大对养老服务、智慧养老、生物医药等企业和项目的支持。大力发展辅具用品产业，加快发展老年人服装服饰、日用辅助产品、生活护理产品、康复训练及健康促进辅具等老年用品产业，培育一批"专精特新"小巨人企业。夯实老年用品产业发展基础，提高产业创新能力，提升质量保障水平，推动智能产品应用。发展一批养老产品和服务特色街区、园区，鼓励服务机构专业化、连锁化、品牌化发展。支持新城引进或培育一批社会化养老机构和连锁品牌。

可以看出："五方"中的政府不是简单的一方而已，而是在养老产业规划、引导方面发挥主导作用。

2. "五方"之二：养老服务供应商

养老服务供应商包括养老设施建设和开发商、养老服务提供商、养老用品研发和提供商。新形势下，大众对养老的需求催生新的养老模式：要立足居家、就近社区；需要专业机构和团队；能方便子女，环境熟悉；可以为养老服务供应商带来合理盈利、持续发展养老产业；构建网络监护，发生危险时可以进行及时救助；惠泽大众，按需服务。养老服务供应商借助"互联网+物联网+实体店"，构建以养老为核心、面向全体居民的养老、健康、消费大数据，建立以养老为龙头、带动家政、新零售、共享、教育、旅游等生态产业圈的健康生态产业链，提供"监护+呼叫+照料+康养+娱乐"等方面的养老服务，所以一站式社居智慧养老模式应运而生。

3. "五方"之三：金融服务提供商

养老资金管理运营方面，上海金融机构在参与养老资金管理方面处于全国领先地位。全国基本养老保险基金托管机构共有4家银行入选，上海市入选的有交通银行，2018年托管资金突破9000亿元。全国基本养老保险基金证券投资管理机构共有21家获得批准，上海有8家入选。全国共14家机构获批为企业年金受托人，受托管理资产金额9330亿元，上海有4家，受托管理资产金额规模达37.48亿元，占全国40.17%。全国共18家机构获批为账户管理人，上海占6家。

全国共 10 家机构获批为托管人，受托管理资产金额 14 223 亿元，上海占 2 家，管理资产金额约为 1344 亿元，资金规模占全国 9.45%。全国共 21 家机构投资管理人，资金规模 13 820 亿元，上海共有 9 家机构投资管理人，组合资产规模占全国 50%。

养老保障产品研发方面：一是税延养老保险产品。税延养老险产品和养老目标基金产品种类多样，多种收益结算方式满足了老年人不同的养老需求。上海市各金融服务提供商在养老保障产品研发方面表现活跃。就税延养老险产品而言，提供该业务的上海保险公司共 5 家，占全国的 42%。同时，上海地区市场活跃，保费收入占全国 74.1%。二是养老目标基金。2018 年成立的 12 只基金中，由上海基金公司发行的基金占三分之一，基金规模也达 41.35%，规模大于其他地区。三是老年人房产价值。2014 年 7 月，原保监会在上海正式开展老年人住房反向抵押养老保险试点，是全国 4 大试点之一。但是"以房养老"进展缓慢，仅一家保险公司开展业务，累计承保 139 单（99 户）。随后，上海综合考虑了国外成功先例和本国市场的对养老产业的探索，推出"存房+养老"新模式。存房养老无需办理产权转移和抵押。实现金融、养老产业相互循环，帮助老年人管理资产。

养老服务支付管理方面：一是养老金支付管理。职工达到法定退休年龄，并已办理退休手续，且累计缴纳养老保险满 15 年，可以按月领取，由上海市社会保险事业基金结算管理中心负责基金征集和支付管理。二是老年综合津贴。2016 年上海市建立老年综合津贴制度，上海市户籍年满 65 岁的老年人可申请。综合津贴按季度预拨，发放具有金融功能的借记卡"上海市敬老卡"。三是企业年金支付管理。企业年金采用信托型管理模式，委托资金由第三方托管并独立于委托人。企业可一次性或者分期向金融服务提供商领取托管的企业年金。四是职业年金支付管理。职工退休后，可选择按月领取职业年金待遇的方式，或一次性用于购买商业养老保险产品，依据保险契约领取待遇并享受相应的继承权。

4. "五方"之四：健康管理服务提供商

健康管理服务提供商以改善老年人生活质量、丰富老年人精神生活为目的，为老年人提供新型的健康管理服务为目标的服务体系。运用医学、管理学等相关学科的理论、技术和方法，对老年人健康状况进行全面的检测、评估和干预，促进老年人健康的健康管理新服务模式，建立包括身体健康的关爱管理、心理健康的关爱管理，主要有疾病管理、康复管理、饮食管理、活动设计及管理、学习和情感需求管理、老人状况和服务需求评估管理等，通过不断地跟踪服务过程形成一个健康管理服务的封闭循环，整个服务需要在一个管理体系下完成，是一套运用全新的理念来提供健康管理新体系。

5. "五方"之五：养老人员

老年人是养老产业的服务对象。根据《上海蓝皮书》（2017 版）记载，半失能失智老人、失能失智老人约占沪籍老年人口的 6.7%，共有失能失智老人约 41 万（其中：失智老人 17 万），2020 年，上海市长护险试点共服务失能老人 39.1 万人。[1]

为做好上海金融和养老产业融合的研究，重点在于"两侧"与"五方"的融合。在体制方面：一是建立产融结合的联席会议制度，加强统筹协调和相互配合，形成部门协同、上下联动、有机衔接的工作机制，协调解决上海金融和养老产业融合中跨部门、跨行业的重大问题；研究建立深化商事制度，强化金融养老产业融合重大政策措施的贯彻落实，及时总结各部门、各行业的实施成效，推广先进做法和经验。二是建立产融结合的联合实验基地，开展金融综合监管试点，将最新金融养老产品进行试行，鼓励符合企业开展富有含金量的改革措施进一步提升金融服务养老产业实体经济的能力。三是建立产融结合的统计分析制度。制定一套科学合理的统计报表，以填报统计报表为基础，全面、准确、及时地统计汇总数据，建立运作灵活、科学求是的统计分析制度是掌握工作情况，为金融融合养老产业提供扎实、有效的数据，是指导全局工作的重要途径。

在机制方面，一是构建一个大平台连接"两侧""五方"。构建一个大型平台来融合"五方"是实现金融和养老产业融合的供给侧改革、推动需求侧响应的关键，也是未来产业发展的重点。只有协调好"五方"，使供给需求"双侧"契合才能实现完全融合。二是形成创新养老服务方式的规划。以规划先行，用规划指引道路，确定时间表、路线图，科学制定养老服务产业规划，创新融资渠道，准确测算养老服务需求规模，制定符合养老服务产业发展要求的创新机制。三是形成推进更加有效的养老服务金融政策，积极引导大量社会资本真正投向养老服务产业，大力推动金融组织、产品和服务创新，满足养老服务需求。四是完善养老需求的评估分析机制。建立养老需求评估制度，规范评估工具，将养老需求评估制度覆盖到居家养老和机构养老两大主流养老方式上，在评估工具使用的指标上不仅要包含老人的自理能力，而且要涵盖老人心理健康程度和社交能力缺乏等指标；将养老服务需求评估纳入政府购买服务范畴；依托社区、社工开展需求评估，并培养专业化、职业化的评估人员。五是设立养老产业发展的引领基金。养老产业引导基金作为一种财政资金创新使用模式，将政府支持与市场化融资相结合，充分发挥公私合营优势，是养老产业融资中极具发展潜力的新型融资渠道。

---

[1] "截至上半年，上海市长护险试点服务失能老人 39.1 万人"，载 https://www.sohu.com/a/421249923_260616。

第二节　上海养老产业发展的具体措施

一、建立健全养老金资金管理和服务的金融体系

（一）上海市养老全资产管理市场现状及存在问题

保险系是养老金融产品的主力军。作为养老金融产品的主力，保险机构在投资者心中已形成路径依赖效应。商业养老保险分为养老保险业务和养老保障管理。养老保险业务包括个人养老保险业务、团体养老年金保险业务和企业年金管理等业务，其中个人养老保险业务是大众最熟悉的养老金融产品，各大人寿保险机构均有此类产品。养老保障产品更多体现的是财富管理属性，目前市面上的产品均没有保险功能。平安养老率先开展面向个人的养老保障产品，于 2013 年推出国内首个个人养老保障产品，也是发行产品最多的保险机构。个税递延商业养老保险政策试点是对我国第三支柱建设的有益探索。为贯彻落实党的十九大精神，推进多层次养老保险体系建设，财政部等五部门下发《关于开展个人税收递延型商业养老保险试点的通知》，自 2018 年 5 月 1 日起，在上海市、福建省（含厦门市）和苏州工业园区实施个人税收递延型商业养老保险试点。全国获批经营税延养老保险业务的 12 家保险公司中上海市占 5 家，截至 2018 年 10 月底，上海税延养老保险业务累计承保保单 22 852 件，实现保费收入 3400 余万元，全国占比 74.1%，充分说明上海市在居民金融素养方面走到了全国前列。但该险种"叫好不叫座"：截至 2020 年 4 月底，共有 23 家保险公司参与个人税收递延型商业养老保险试点，其中 19 家公司出单，累计实现保费收入 3 亿元，参保人数 4.76 万人。[1]

银行系养老金融产品以养老理财产品为主。银行主要向投资者提供养老储蓄和养老理财产品。养老理财产品是利率市场化背景下的创新产品，但养老理财产品和普通的银行理财并无实质区别，仅带有"养老"标签。从全国范围看，股份制银行、城商行和农商行无论是产品数量还是规模都超过五大行，上海地区交通银行、上海农村商业银行、上海浦东发展银行、上海银行等均有发行养老理财产品，其中上海银行是整个银行养老理财市场的主力军，产品数量占整个银行系 70% 以上，规模近 2000 亿。

基金系推出的养老基金产品以创新型为主要特点。过去十年，公募基金在养

〔1〕中国经济网："税收养老险为何叫好不叫座"，载 https：//baijiahao.baidu.com/s？id=1671426016925751410&wfr=spider&for=pc。

老领域主要体现在社保和企业年金的投资管理中，目前公募基金已成为养老金管理的主力军，在全国社保、基本养老、企业年金等各类养老金委托投资管理人中占据多数席位，市场份额占比超过50%。2018年3月2日证监会正式发布《养老目标证券投资基金指引（试行）》，首次明确养老目标基金这一创新型养老金融产品，并从产品结构、投资策略、投资者定位等多方面进行优化，规定封闭运作周期，引导投资者关注养老目标，鼓励和强调基金的长期持有。值得一提的是，早在2006年，总部在上海的汇丰晋信基金首次对养老目标基金做了探索，推出汇丰晋信2016生命周期开放式证券投资基金。上海市发行养老目标基金的基金公司，共4家，分别为万家基金、富国基金、中欧基金和汇添富基金。

信托系养老理财产品数量少且门槛高。信托系对于养老产业更多作用在产业链融资上，面向个人的养老金融信托产品相对较少。兴业银行和外贸信托合作在国内推出首款养老金融信托产品"安愉信托"，该产品由委托人一次性交付信托财产，兴业银行定期定额向指定受益人分配信托利益，且财产权利全部归于指定受益人。

综合看来，养老理财产品存在的问题主要体现在两个方面：一方面，产品同质化现象严重，多为"养老"概念。银行养老理财产品和保险养老保障产品主要以保证收益型产品为主，其"养老"属性更适合退休人群，而从养老生命周期及长期投资角度看并未能真正实现养老资金的保值增值，与普通理财产品并无实质差异。且随着资管新规的落地，银行保证收益性产品将会明显收缩。另一方面，产品期限较短，中长期产品缺乏。国内投资者缺乏长期投资的理念，金融机构推出的创新产品更多的是迎合投资者当下需求，并未真正从长期出发，各类养老理财产品期限多数在一年以内。信托产品期限较长但因门槛较高，普通投资者无法参与。而新推出的养老目标基金则因有3-5年的封闭期，普遍面临发行困难的窘境。

（二）上海市与养老相关的服务金融市场现状及存在问题

在养老投资服务方面，一是金融机构提供养老金融综合服务方案。银行业最初的服务是养老金代发业务。兴业银行自2012年起面向市场推出的业内首个养老金融综合服务方案"安愉人生"，以关爱老年人、服务老年人为出发点，提供"产品定制、健康管理、法律顾问、财产保障"四项专属服务，为老龄客户提供高品质、专属化的金融服务，受到了广大老年客户的青睐。当前仅上海地区已拥有17万客户数，占全国10%的比例，在全国排名第一。

二是智能投顾兴起。智能投顾为传统的养老金管理模式提供了创新思路。主要模式是提供公募基金的投资组合推荐，由不同投资期限和不同风险等级构成的多种投资组合或投资策略。商业银行、基金公司及第三方平台均已推出各有特色的个性化理财服务。

三是投资者教育展开。各金融机构已利用线上线下各种渠道预热养老投资教育活动。比如在线上线下开展养老投教活动，在官微或网站开辟养老专区，发布养老投教文章及养老小知识等；有的机构举办投资者交流活动，开发上线养老计算器等小工具。

在养老消费服务方面，一是以房养老保险试点。2014 年 6 月 23 日，中国保监会发布了《中国保监会关于开展老年人住房反向抵押养老保险试点的指导意见》，自 2014 年 7 月 1 日起至 2016 年 6 月 30 日起在北京、上海、广州、武汉试点实施老年人住房反向抵押养老保险。该保险是意在补充中国传统养老方式的金融创新型产品服务。2016 年扩大过试点范围，并要进一步扩大到全国范围内，但截至 2018 年 6 月底，尽管有多家保险公司获得了试点资格，但只有一家保险公司开展了业务，共有 98 户家庭 139 位老人完成承保手续，仍然是"叫好不叫座"。

二是保险产品与养老社区结合模式。近年来，大型保险机构积极探索实践保险产品与养老社区结合的新型商业模式，即购买制定养老保险产品的老年客户可享受相应的高端养老社区入住权以及相应的服务。"泰康之家·申园"是保险行业第一个养老社区投资试点，该养老社区实现了虚拟金融产品与实体养老服务的结合，标志着我国全新的商业养老模式在上海正式落地。目前上海地区共有三家由大型保险公司开发的养老社区。

三是银行业的"利息养老"模式，即酒店式老年公寓与银行合作，老年人以押金形式存入指定银行的公司账户，就可以免费享受若干年的老年公寓居住。

（三）各类金融机构参与养老金管理与服务金融的路径

一是保险业。从养老金第一支柱看，保险业应当积极参与社会保险经办和基本养老保险的投资运营。商业保险参与社会养老保险经办服务，既是必要的，也是可行的。从第二支柱看，保险业在第二支柱企业年金管理中已经成为主力。从第三支柱看，保险业已经积极参与第三支柱个人账户养老金制度的建立和完善。

二是证券业、基金业。为完善证券业、基金业服务养老资产管理机制，须完善养老金投资和养老资管产品投资。实现养老金第一支柱的保值增值，促进第二、第三支柱的壮大，并规范各金融业态下的养老资管。这同时也是金融市场化、国际化和多元化趋势下，金融机构传统业务和发展模式面临挑战之后，增加资本市场中长期资金供给，促进金融市场发展和金融结构优化的重要手段。

三是商业银行、信托业。研究银行业和信托业如何服务于养老金资产管理。此问题又可以分为两个层面，一是提升银行养老金账户综合管理能力。银行业在中国各支柱养老基金的法人受托机构、账户管理人和托管人市场中都发挥着重要作用，提高银行的账户综合管理能力将成为银行业服务养老金资产管理的核心竞争力。二是提升养老金资产管理能力。后者又涉及两个问题，一个是银行如何开发出养老型银行理财产品，服务于养老金的保值增值，另一个问题则是，银行系的养老基金公司，应如何发挥其作用。

（四）建立健全上海金融创新支持养老产业发展的法律保障机制

除了养老金资产管理，养老金融另外两项重要内容和目标即是通过金融服务来发展养老产业和养老服务业。为了实现这一目标，必须建立保障金融支持养老产业和养老服务业的监管制度与法律体系，完善上海金融支持养老产业和养老服务业，选择适合我国国情的养老服务模式路径选择和法律约束机制。

明晰上海都市养老服务模式的定位。与传统的三分法不同的是，居家养老和社区养老具有天然的亲和性，不易区分，同时也没必要严格界定和区分，这样可以让两者的优势得到互补，而不是相互割裂。在理论上，新型老年照料体系是根据个人、亲属、社区和组织等四个环节组合起来的闭合系统，每一个部分和角色、环节都不可或缺。首先是老年人的自我照料和相互照料，尤其是老年人之间根据年龄结构的自我互助照料是解决子女在身边或工作较忙的一种良性方式。对于健康的老年人来说，老年照料就是一个能否生活自理的问题。其次是亲属网络，包括了配偶、子女（含孙子女）和其他亲属。再次是社区的有偿服务或者志愿者服务。最后是来自所在组织的支持和照料。即以老年人自助互助为原则，以家庭照料为基础，以社区服务为依托，以国家和政府的法律、法规、政策为保障。

二、上海市社区和居家养老服务发展存在问题及解决的建议

上海市作为我国老龄化最严重的特大城市，率先在国内提出了"9073"的理念。通过对相关社区居家养老的调查，发现发展不平衡的问题比较突出，主要表现在：嵌入式社区养老不够完善，社区老年人活动中心功能单一，日间照料定位模糊、助餐服务质量不高。主要原因在于政府投入的公共养老基础设施未充分发挥作用，养老服务企业鱼目混杂。建议市政府转变观念，加强部门间沟通，引入政府支持养老企业的淘汰机制，拓宽政府购买服务渠道和长护险的运用机制，真正把政府居家养老的政策红利实实在在送到老人手中。

（一）嵌入式社区养老不够完善

社区养老是上海市政府在国内最早开始实施的创新社区治理的举措，以解决"老小旧远"的问题，是增加群众福祉的民生项目。政府前期投入了大量资源，将建好的基础设施托管给企业，虽然工程形象叫好，但营运效果并不叫座。另外，社区养老覆盖面较小，调研中发现部分网点甚至停业，造成大部分资源闲置，未发挥应有的社区养老作用。同时，很多拿到政府优质资源的养老服务公司

因成本较高、盈利较低，未按约定提供上门服务。

（二）社区老年人活动中心功能单一

社区老年活动仅提供简单的健康检测和供老年人娱乐的场所，比规划中提供的读书阅览、文娱活动、体育健身、医疗健康咨询、旅游和文化娱乐活动信息等服务差距较远，远远满足不了老年人日益增长的养老物质文化需要。以闵行区为例，无论是社区的老年人活动服务中心，还是政府投资兴建的邻里中心，情况大多如此。

（三）日间照料定位模糊、助餐服务质量不高

社区日间照料中心应重点对高龄老人、空巢老人、残疾老人、优抚老人、低保或低收入等需要日间照料的老年人提供个人助餐相关服务项目，但大多数日间照料中心还是以提供给健康老人的娱乐场地为主，简单地供老人聊天、下棋、打牌，未对需要日间照料的老人提供服务，同时供应的餐食标准较低、质量较差，满足不了老年人的需求。调研中闵行区某镇共有 22 个社区，仅有一家政府支持的智慧养老机构，但实际为一家软件公司，其仅提供了软件平台模型，没有支持智慧养老的相关平台、设备。

综上所述，上海市享受养老服务的老年人除了能够在养老机构进行养老服务的之外，需要社区和居家养老服务的居家老人，基本上享受不到相关服务。

为解决上述问题，建议从以下三方面着手：

（一）转变观念，加强部门间沟通

政府有关部门应当提高认识，充分意识到当前面临的养老严峻形势，充分发挥主观能动性，增强服务意识，以公益和微盈利为目标，引导养老服务企业通过规范服务获得盈利。切实加强部门间联系沟通，建立部门联席会议制度，定期对新发生的问题进行梳理研究，提出基于综合层面的解决方案。

（二）畅通养老渠道，引入淘汰机制

贯彻落实中央有关养老的政策，以《关于运用政府和社会资本合作模式支持养老服务业发展的实施意见》（财金〔2017〕86 号）为基础，畅通养老投融资渠道，积极引入社会资本，发挥政府性资金示范作用，以政府资金为基础，以社会资金为配套，起到四两拨千斤的效应。建立公开、透明的"评估+监督+淘汰"机制，调动企业积极性，对符合条件的企业进行进入前的评估，在项目运行中实时监督监管，同时启动淘汰机制，使资源能够有效配置。同时，利用有限的优质资源，不仅要做好面子上的"示范"作用，还要扩大覆盖面，让更多的老人获得优质的服务。

（三）拓宽政府购买服务渠道和长护险的运用机制

拓宽政府购买养老服务渠道，通过公开招标、定向委托、邀标等形式将原本

由自身承担的养老服务转交给社会组织、企事业单位履行。建立相对刚性的、可评估的标准，让可以达标、并真正为老人服务的企业获得资格。对于超出普通服务的高端需求项目，鼓励用户自行购买，满足个性化需求，也为政府分忧、减轻了政府负担。继续发展长护险的运行机制，确保长护险服务均等化，进一步破解"养老机构不能医、医疗机构不能养、家庭成员无力护"的养老困局，以达到"患者家庭能减负担、护理机构能得发展、医疗资源更优化配置"等多方共赢的效果。

三、符合上海特点的养老产业具体建议

（一）加快"1+N"智慧养老社区建设

为提升养老产业升级，在积极发展传统养老模式的同时，结合社区智慧养老促进养老产业供给侧结构性改革，满足不同人群的需求是妥善解决上海养老难题的趋势之一。在推进上海市其他各区建设智慧养老过程中，需要创建多种金融知识宣传渠道，提升居民金融素养，通过金融创新解决养老问题，同时建议政府投入一定的资金支持推进辖区智慧信息化服务建设，通过"1+N"智慧养老社区的创新举措，来解决上海的养老难题。

1. 上海市智慧养老发展现状

上海市智慧养老已经开始初见成效。智慧养老社区建设最主要的影响因素是居民金融素养和辖区智慧信息化水平，二者水平越高则智慧养老建设程度越好。截至 2020 年 6 月底，全市 16 个区中有 8 个区已经建成智慧养老服务信息平台，有 6 个区正在建设智慧养老服务平台，还有 2 个区没有智慧养老服务平台。

上海市第四社会福利院智慧养老平台创建"系统+服务+老人+终端"的智慧养老服务模式，通过跨终端的数据互联及同步，连通各部门及角色，形成一个完整的智慧管理闭环，满足老人对生活、健康、安全、娱乐等各方面需求。奉贤区致力于通过科技化手段提升居家养老生活品质的"养老精细化"项目：线上通过智慧管理平台实时采集智慧设备信息，线下利用积分融合活动为老年人提供丰富的社区活动。目前上海各区在建设智慧养老社区的过程中，静安区、黄浦区、杨浦区建设较好。静安区和普陀区的"互联网助力，监管线上行"养老机构智能监管平台可灵活调整监管标准和体系，对接机构内部不同智能监管设备，形成区域内监管物联网，并配合第三方专家监管后台和 APP 使用，形成立体监管模式。黄浦区采用智慧综合养老服务信息平台、居家养老 APP 项目等 5 类智慧养老产品，提供"慢病管理"计划、"养老服务合作社"等 7 类智慧养老服务，连接多方力量立体化打造智慧养老综合服务体系。杨浦区的数字化（虚拟）养老院建设方案通过接入各类智能化适老终端，使各项监测数据通过运营商自有网络、政府专网以及公网传输至数字化（虚拟）养老院云平台，实现数据的采集、

处理、交换、共享。这些"智慧养老"项目均借助大数据与互联网等金融科技来满足老人多层次养老需求，同时金融科技解决养老难题的应用也推动了上海市智慧养老产业的发展。

2. 上海市发展智慧社区养老的建议

（1）以"1+N"方式建立社区智慧养老云平台。基于上海市智慧养老的发展，未来社区智慧养老可以依托第三方健康服务机构，以"1+N"方式建立社区养老与大健康的智慧云平台。其中："1"代表社区智慧养老，运用"互联网+物联网+呼叫中心+智慧检测和监护设备"等技术和手段，为老人提供公益和基本健康检测和安全监护服务，并建立基于个人的健康大数据。"N"代表通过"1"获得的老人的健康数据，针对性地提供健康干预方案（健、康、护、医等），供老人根据自身需要，自由选择。通过指挥云平台，可以实现将政府监管、老人、老人子女、服务人员、管理人员、第三方健康服务机构等养老监管、服务机构和对象进行有机整合，使养老数据互通互联，实现数据共享。当然这一体系的建立需要政府政策引导，鼓励市场化机构积极参与，共同建设上海市智慧养老社区。

（2）完善智慧养老体系提高养老服务水平。上海市各区智慧养老从智慧平台、医疗体系、教育服务、设备建设以及信息服务等方面建设已经构成一套体系，从智慧平台、医疗体系上建设来看各区差异不大，但仍需继续完善。而教育服务以及设备信息化服务目前各区差异较大，且建设水平不足，未能惠及更多老年人。因此在教育层面，尤其是金融知识教育方面需要不断完善和提高。对此，一方面可采取社区力量组织举办各种丰富的教育文化活动，同时鼓励民间组织开展老年人再教育活动，为愿意学习养老金融的老年人提供平台，扩大养老金融观念在老年群体中的传播度和影响度；另一方面，需要加大对老年人信息服务建设的投入力度，时刻关注老年人的身体健康以及出行安全等情况，从而能为应对老年人突发情况提供应急措施，增强老年人的安全保障。

（3）加大资金投入推进智慧养老建设。目前，上海市各区智慧养老建设已初具成果，但同时也面临各区内建设水平不一，差异化较大的问题。从调研分析来看，造成此类问题的原因主要是各区居民金融素养和智慧信息化服务覆盖水平不一致。由于智慧养老建设需要足够的资金投入，且回报周期较大，同时未形成完整的产业链，投资回报风险较大，这在一定程度上抑制了民间资本的投入。因此，推进智慧养老的建设需要政府投入资金，从而满足智慧养老资金需求，以此弥补各个区因经济发展水平差异而造成智慧养老水平的差异。同时，鼓励融资方式创新，吸引更多民间资本进入智慧养老产业，为建设智慧养老提供资金支持。民间资本与政府资本的双向投入，不断推进智慧养老建设，缩小上海市各区之间的差异，提高智慧养老建设水平。

（4）培养智慧养老专业人才提高养老质量。智慧养老是一个新兴产业，与传统养老行业存在较大区别，智慧养老更强调信息服务水平，更强调养老的效率与质量。特别是智慧养老与现代大数据、互联网等技术融合，对智慧养老从业人员的要求更高，需要掌握大数据技术来分析预测老年人的身体状况的医疗卫生从业者，同时也需要对各类智能设备进行更新与维护的专业人才。上海市作为全国重要的教育中心和科技中心，具有独特的优势，但因各个辖区之间的差异造成各区智慧养老专业人才不均衡，一些城区出现专业人才不足的情况。因此，智慧社区应当鼓励并支持智慧养老从业人员开展技能培训，提高专业水平，同时社会也需鼓励大学生参与智慧养老专业人才体系建设，加大对智慧养老专业人才的培养，从而提高养老服务质量。

（二）运用区块链技术助力上海"时间银行"养老

"时间银行"是互助养老模式的重要运行机制，在我国尚处于发展阶段，还未形成规模，仅在部分试点探索。借助区块链这一去中介化、无法篡改、可追溯的分布式账本技术，在区块链上发行统一的"时间币"，推动上海"时间银行"互助养老模式的发展，为上海养老提供创新的解决思路和方案。

1. 上海市"时间银行"养老服务的发展现状

上海作为老龄化程度较高的城市，也是较早开始"时间银行"的城市。上海最早的"时间银行"由一批热心公益事业的志愿社团、媒体人士和企业界人士于上海市浦东新区在 2014 年设立，是一家以社区邻里互助、关爱老人为目的的公益组织，以"积善存德、共享幸福"的公益理念区别于传统的"无偿公益"。上海"时间银行"提倡"时间等量交换公益"，志愿者出时间帮助别人的同时也储存了等量的被帮助的时间，施恩者可以受恩。比如徐汇区"时间银行"公益事业发展中心设立了自己的官方网站和公众号，作为公益服务平台，以"助人助己，共享幸福"推行互助养老新模式，按照"低龄存时间、高龄换服务"的原则，鼓励青壮年以及低龄老人作为志愿者为高龄、失能、行动不便等有服务需求的老人提供志愿服务，把服务时间储存起来，待今后自己有需要时，提取储存的时间换取服务，形成一代帮一代、低龄扶高龄的波浪式互助养老的良性循环。

2019 年 6 月，在虹口区民政局的指导下，"时间银行"在该区四川北路街道、凉城新村街道及彩虹湾老年福利院开展试点。试点的"时间银行"共设两级平台，分别为区级层面的"总行"和街道层面的"分行"。"总行"负责制定服务项目、时长记录的规则及积分兑换标准等，"分行"负责发动低龄老年人注册成为"时间银行"会员，帮助他们进行申请审批、信息录入、签订服务协议、服务质量评估及服务投诉处理等，以确保为高龄老年人开展机构、居家、社区养老服务。此外，"分行"还对享受服务的高龄老年人进行资格审查、信息录入，以及对服务内容进行确认，在此基础上，做好积分记录。为做好"时间银行"试点，区民政局专门开发了"虹口区养老服务时间银行"微信小程序，虹口区年满 60 岁（女性可以放宽到 50 岁）到 70 岁，身体健康、能自理且有服务意愿的退休人士，都可通过小程序进行申请，申请成为会员的低龄老年人根据小程序上发布的需求进行"接单"，为高龄老年人提供相应服务。短短两个月之内，"时间银行"注册会员 730 名，累计发放 843 个时间币。在服务兑换方面，提供服务的低龄老年人可在服务提供一年后或服务时间积累到 100 小时后，在本人有服务需求时提出兑换并享受"时间银行"试点项目内的服务。

按照上海市民政局计划，"时间银行"项目进一步扩大试点范围至徐汇、普陀、杨浦等区。试点期间的服务内容包括情感慰藉、出行陪伴、文体活动、健康科普等。可以发现，作为养老服务的创新模式，"时间银行"的互助养老是一种超越血缘关系的新探索，是充分利用人力资源、借助广大社会力量解决养老问题的新模式。

2. 借助区块链技术突破上海"时间银行"发展的瓶颈

人口快速老龄化以及高龄化趋势已经成为我国的基本国情，上海又是我国老龄化最严重的省市之一。"时间银行"机制下的互助养老模式，可有效缓解社会养老的压力，使互助养老可持续性发展变得可期，但时间银行运行机制尚处于摸索的阶段，需要进一步实践探索。从目前上海等试点城市运作模式来看，广泛存在的问题包括：社会公众认知度程度不够、计量标准不统一、难以大范围通用、社会公信力不足等。加之基于"时间银行"机制下的互助养老服务具有一定的公益性，在法律规制方面，更需要进行一定的保障。

目前"时间银行"用记账货币或者是电子货币的形式将志愿者获得的时间积分进行统计，以小时为单位计算的时间币，存储的是闲置服务时间，志愿者通过自己的闲暇时间为需要服务的人群提供服务，以此获得将自己服务的时间进行存储，留待以后需要时取出同等价值的时间币，这种"存储—取出"的模式在本质上与流通中的金钱货币是一致的。但不同的是，"时间币"不仅具有流通的价值与功能，还具有衡量社会物质财富与精神财富的功能，可以改变人们对时间财富的利用观和消费观。

在当前养老产业数字化进程中，基于区块链的不可篡改是实现"时间银行"获得广泛认同的技术关键。根据国际标准化组织发布的 ISO 22739 和 ISO 23257，区块链是用密码技术将共识确认的区块按顺序追加形成的分布式账本，分布式账本在记录交易中以分布式的方式进行分享和同步，分布式账本的构建和应用中更注重智能合约、密码学以及共识机制的应用，同时可按照去中心化或多中心化的技术架构，实现分布式账本的同步。如果"时间银行"应用分布式账本技术，可以实现提供养老服务者、享受养老服务者、记账机构等所有"时间银行"利益相关者之间信息的透明和不可篡改，确保了所有参与者的利益。

基于"时间银行"构建盟链，就可以发行"时间币"的通证（Token），这些通证与传统的记账货币或者是电子货币的形式不同，而是基于区块链的"养老数字货币"，其安全性、通用性、权威性可以得到保障。2019 年 10 月 24 日，习近平总书记在主持中共中央政治局第十八次集体学习时强调，区块链技术的集成应用在新的技术革新和产业变革中起着重要作用。我们要把区块作为核心技术自主创新的重要突破口，明确主攻方向，加大投入力度，着力攻克一批关键核心技术，加快推动区块链技术和产业创新发展。上海是国内区块链应用场景最丰富的地区之一，蚂蚁金服、平安集团、宝武集团等一批国内领军企业纷纷选择上海布局区块链技术研发和产业化，正是看中了这一突出优势。技术与业态融合创新，是上海发展区块链的特色生态，上海"区块链联盟"数量居全国第一，且具有"技术、资本、场景"融合的优势。

区块链的核心分布式账本与传统技术相比，具有防止篡改、易于审计、透明度高、可靠性强、智能合约可自动执行等优势，被认为是新一代金融市场基础设施的技术雏形。这种基于分布式账本的新型基础设施符合"规范、透明、开放、有活力"标准，未来潜力巨大，是对现行金融体系的重大创新。基于分布式账本的区块链技术融合"时间银行"，可以解决现有标准不统一、权威性不足、流通困难等问题，实现智慧养老。

借鉴央行开始发行的 DC/EP 数字货币模式来构建基于区块链的"时间币"，通过非对称加密认证手段和点对点的网络架构，不再依赖于线下各个"时间银行"的中介机构，通过信用范式的重构，成为养老领域金融科技的重要底层技术。这种新的信用机制以算法为信任背书，通过智能合约自动执行"时间币"的交换和权属转让等操作，在底层架构上对传统养老机构建立在简单信息上的业务进行重构，从根本上解决"时间银行"的权威性、可靠性和持续性。

3. 推进"时间银行"养老机制发展的政策建议

（1）厘清归属问题，建立强有力的执行机制，实行统一制度化和规范化的管理。作为金融最发达的城市，建议由上海发起倡导在全国范围内建立统一的"时间银行"。首先明确"时间银行"的主管单位（比如民政局），主管单位必须要负起责任，履责监管到位，将"时间银行"纳入社会管理和公共服务体系建设中，贯彻落实公益性和普惠性原则，引导和调动社会各界正确认识其公共服务性质。其次，统一"时间银行"的标准，实行统一制度化和规范化，目前"时间银行"组织具有很明显的社区性，各试点不同社区所建立"时间银行"组织之间的运行模式存在着差别，这种差别在一定程度上阻碍了"时间银行"的发展。建议上海"时间银行"在运行机制上借鉴传统的货币银行的运行模式，先行制定机制模式，实行统一制度化和规范化的管理，并在其他试点地区进行实验后推广全国试行。

（2）以科技为支撑，积极利用区块链、大数据、5G、区块链等高新科技，构建基于联盟区块链的统一"时间币"通证，实现时间币流通，提高"时间银行"信息化水平。希望上海市有关企业和机构能够开发出全国第一个基于区块链的"时间币"通证，真正把"时间银行"的痛点解决，促进其健康发展。

（3）积极营造宏观环境，扩大覆盖范围，发挥宣传、立法以及保障监督等方式。目前"时间银行"仍处于发展阶段，大众对"时间银行"的了解并不多，有的甚至完全未听说，这需要政府发挥宣传、立法以及保障监督等手段，加强"时间银行"的宣传力度，为公众熟知并接受，为下一步发展打下坚实的群众基础。通过颁行政策的方式将参与的主体范围扩展至不同年龄的人群，鼓励多元的不同身份的主体参与，尽可能满足需要服务的老人多层次、多样化的需求，对于进一步推行"时间银行"机制、创新社会养老模式，具有至关重要的作用。

（4）明确"时间银行"的公益性、非营利性劳动，注重对提供服务能力的培训，更好地满足不同服务需求者的多元化需求。目前"时间银行"的互助养老模式并未得到全面推广，与"时间银行"的性质定位尚处于模糊阶段有很大关系。"时间银行"设立的目的是缓解社会养老压力，具有强烈的公益性、社区性和自助性。不同于一般营利性组织，对其进行法律规范的最重要前提是明确其法律性质。虽然在"时间银行"机制下的互助养老模式更多体现为一种劳动互换的关系，对"时间银行"的参与主体及其行为应适当进行规范，但不可忽视的是"时间银行"具有公益性，是一种志愿服务，并非营利性劳动，需要在保护其公益性的前提下，将其纳入到相应的法律规范的范畴中来，在不破坏民众志愿与帮扶积极性的前提下，通过一系列的法律制度来保障其在社会养老事业中安全、良性地运行。

（5）完善配套法律机制，使"时间银行"机制下的互助养老服务法定化。"时间银行"扮演的是养老服务机构的角色，在《社会保险法》的调整范围内，政府可根据"时间银行"的特殊性，为其制定相关的特别规范，促进"时间银行"机制下的互助养老模式的进一步推广。"时间银行"机制下互助养老服务模式涉及劳动的提供与交换，劳动行为在我国由《劳动法》以及《劳动合同法》进行规制，对于养老则属于我国《社会保险法》《老年人权益保障法》调整与规范的范畴。但是"时间银行"组织具有一定的公益性，提供服务的志愿者与"时间银行"组织之间的关系，不仅仅体现为一种用人关系。因此需要完善相关法律配套，明确"时间银行"组织、服务提供者、接受服务者三方之间的法律关系、参与主体之间的权利与义务，使"时间银行"机制下的互助养老服务法定化，规范"时间银行"机制下的社会养老服务形式的组织和运行，促进"时间银行"健康发展。

在实践层面，除了前文涉及的上海"时间银行"的试点之外，北京市政府工作报告首次将发展"时间银行"互助养老模式作为政府一项工作任务明确提出。养老服务"时间银行"是北京市在公益互助养老模式上的创新，目的是鼓励和支持全社会为老年人提供志愿服务，并推动这种服务产生的资源在个人、家庭、社会间形成可持续的循环。《北京市养老服务时间银行实施方案（试行）》于2022年6月1日起实施，届时拥有"时间银行"个人账户的志愿者参与养老志愿服务，所获得的"时间币"可自用或转赠，一定数量的"时间币"还可以用于日后兑换入住公办养老机构。养老服务"时间银行"的服务内容，主要包括：情感慰藉、协助服务、出行陪伴、文体活动、健康科普、法律援助、培训讲座、指导防范金融和网络风险等八大类。北京市此次发布的时间银行实施方案是首个省级时间银行规范性文件，将带动更多志愿者投入公益互助养老志愿服务当中，有利于形成良好的互助社会风尚。

第三节　贵州绿色生态养老的产业优势

随着我国人口老龄化程度不断加深，贵州省积极推动人口老龄化工作，相继出台《关于支持社会力量发展养老服务业的政策措施》《关于全面放开养老服务市场提升养老服务质量的实施意见》《贵州省养老服务创新发展工程专项行动方案》等政策。近年来，贵州多措并举推动绿色生态养老产业健康发展。作为积极应对老龄化挑战的重要抓手，贵州省以建成全国养老基地和世界一流康养目的地为目标，颁布了诸多支持方案与政策。在应对老龄化的金融理论创新和开创性的绿色健康养老产业发展、实践与推广问题的研究中，立足于贵州省省情，总结、研究出具有针对性、实效性的成果，对未来贵州养老产业发展提供思路，并对"贵州模式"的机理与特征进行研究，从而为全国老龄化问题的解决贡献智慧。

一、贵州省老龄化人口现状

贵州省所面临的人口老龄化问题十分严重。由于贵州省位于我国西南地区，是全国唯一没有平原支撑的省份，贵州省境内高山深谷、沟壑纵横，其特殊的地理环境是制约贵州经济发展的重要因素。从地理位置来说，相对于东部沿海地区贵州的经济基础并不深厚，地理位置相对封闭不利于对外开放，这就使得贵州省老龄化问题还面临着未富先老、养老产业准备不足的问题。截至2019年底，贵州老龄化率为 11.6%，接近全国平均水平，表明贵州和全国一样已进入老龄化社会。随着人口老龄化加剧，各地老年人口抚养比也快速上涨，2019 年全国平均老年人口抚养比为 17.80%，贵州省正好处在全国平均水平。表明贵州省老龄化问题与全国平均水平相似，详见表 12-1。

表 12-1　2019 年贵州省与国内省市的老龄化程度对比

省市	老龄化率（%）	老年人口抚养比（%）
贵州	11.6	17.8
河南	11.6	17.2
北京	11.5	14.7
广东	8.6	11.4
山西	11.0	14.9
江西	10.2	14.6
福建	10.0	13.7

　　贵州人口老龄化主要表现为老龄人口比重持续上升，青壮中年人口比重却呈下降趋势（见图 12-3）。2019 年贵州省 65 岁及以上人口数达到 390.55 万人，占总人口比重为 10.78%，较上年增长 11.5 万人。15-64 岁人口数占总人口的 66.83%，较上年占比降低了 0.27%。

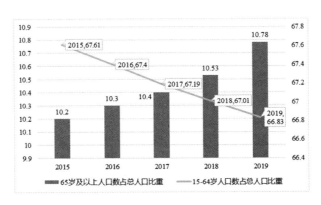

图 12-3　2015-2019 年贵州省人口结构比重变化

　　近年来，贵州省政府将"大生态"列为继大扶贫、大数据之后的第三大战略行动。贵州省政府充分利用自身的生态环境优势，大力推进生态绿色养老、旅居养老、养老金融等新型养老服务产业的发展，并积极利用大数据等新兴技术与养老服务产业有机结合，建立公共养老信息服务平台，引入数字技术与智能化设备，进一步推进养老服务产业升级。作为中国首批国家级生态文明试验区，生态优先、绿色发展正在成为多彩贵州的主旋律。

老龄化是我国今后需要长期积极应对的重大挑战，也是贵州省大力发展健康养老产业的重要机遇。贵州地处中国西南内陆地区，是国家生态文明试验区，也是世界知名的山地旅游目的地以及山地旅游大省。贵州有着全国一流的生态环境，全省大部分地区气候温和，冬无严寒、夏无酷暑，年平均温度在摄氏14-16度之间。贵州省空气质量、水质等养老环境条件也处于全国前列水平，根据《贵州省2019年生态环境状态公报》，2019年贵州全省9个中心城市AQI（环境空气质量指数）优良天数比例平均为98.0%，9个中心城市环境空气质量全部达到《环境空气质量标准》（GB 3095-2012）二级标准；全省88个县（市、区）AQI优良天数比例平均为98.3%；全省9个中心城市共23个集中式饮用水水源地水质达标率均为100%；74个县城136个集中式饮用水水源地水质达标率为99.8%。除了以上环境优势之外，贵州省山川景色等旅游资源极其丰富，全省旅游资源类型完整，共8个国家级风景名胜区、4个国家级自然保护区、24个省级风景名胜区，且存在分布面积极广的具有贵州特色的喀斯特地貌，山水泉洞错落有致，具备一流的人居环境。

作为积极应对老龄化挑战的重要抓手，贵州省以建成全国养老基地和世界一流康养目的地为目标，颁布了诸多支持方案与政策。2012年初，《国务院关于进一步促进贵州经济社会又好又快发展的若干意见》出台，明确了贵州建设"文化旅游发展创新区"的战略定位，提出"努力把贵州建设成世界知名、国内一流的旅游目的地、休闲度假胜地和文化交流的重要平台"的战略目标。2018年12月，贵州省政府办公厅《关于全面放开养老服务市场提升养老服务质量的实施意见》明确，依托贵州气候、交通"两大优势"，围绕努力把贵州打造成为全国养老基地、世界关注的养老市场，突出抓好政府兜底保障型养老、社区居家养老、社会化中高端养老三大板块，着力构建贵州养老服务产业投融资、贵州养老服务产业发展、"互联网+智慧养老"综合信息服务管理三大平台，构建养老事业产业融合发展大格局。2020年3月，贵州省公布了《贵州省养老产业发展专项行动计划（2020-2022年）》（征求意见稿），该行动计划对于全面建设医养康养结合的养老服务体系、大力发展"养老+"融合产业具有重要的指导意义。

除利用传统路径来促进养老产业发展以外，贵州省还积极利用金融支持养老产业发展。金融跨期资源配置对养老产业的发展具有巨大的推动作用，养老金融是未来养老产业发展的趋势，也是解决中国人口老龄化问题的答案。贵州省大力发展养老金融，从而加快了养老产业的发展速度。为实现贵州省养老产业发展目标，贵州省近年来不断加大金融支持养老产业的发展力度。

2021年1月，贵州省委省政府发布《关于推动旅游业高质量发展加快旅游产业化建设多彩贵州文化旅游强省的意见》，指出要强化资金保障和金融支持，建立贵州省文化旅游产业发展基金，建议积极利用旅游产业基金，按照"政府引导、市场化运作"的模式，引导社会资本投向养老产业发展薄弱环节，使民间资本和政府资本有效结合，推动民间投资，最大限度地提高资金配置利用效率，极大地促进贵州旅游经济的良性循环。此外西部大开发政策以及现行的养老金融政策，促使贵州得天独厚的自然环境优势得以利用，进而实现健康养老、幸福养老的各种养老产业的发展。健康养老旅游，是养生养老产业和旅游产业的融合。作为"大生态"战略的一部分，引入健康旅游养老的融合理念，打造养老旅游产业基地具有重要意义。

可以发现，在发展金融支持的生态健康绿色养老服务产业领域，贵州省的诸多政策法规的制定已经走在了全国前列。一系列金融支持养老产业政策的出台，为贵州的金融支持养老产业路径划定了一个详实、具体、科学的框架，也给全国金融业与养老产业融合发展指明了一条发展路径。经过贵州丰富的政策框架的引导，以及相关多年的发展和沉淀，如今的贵州的经济增速位居全国前列，建立了一个全面的养老服务体系，并积极发展大数据与"互联网+"技术，利用贵州能源、工业、环境、技术优势与养老服务产业相结合，形成了以金融支持绿色生态健康养老产业的独特的"贵州模式"。

研究贵州省金融服务健康养老产业的方式和手段有助于把具有贵州特色的旅游养老这种理念和养老模式推广开，一方面可以满足当地的养老需求；另一方面也能吸引全国更多其他的老年群体前来养老，进一步带动其养老产业和经济的发展，对于在全国推行生态健康养老服务体系、推广养老服务"贵州模式"具有重要作用，从而有助于缓解全国养老资源紧张、老龄化加重问题，对促进全国养老服务产业发展具有重要的前瞻性和指导性意义。

二、贵州省绿色生态健康养老产业的需求分析

（一）绿色生态健康养老产业的定义

国内学术界注意到有关绿色生态健康养老的相关产业相对较晚，当前绿色生态健康养老国内尚无统一的共识性定义。李泓沄、储德平（2015）提出了"乡村旅游""养老旅游"与"生态旅游"三大概念，并综合分析了三者融合发展的必要性与可行性，但并未提出绿色生态健康养老这样综合的概念[1]。张颖（2015）分析了生态旅游与养老产业耦合发展的可行性，并提出了生态旅游养老项目的三大特征，即综合性、地域性与无形性[2]。叶银宁、储伶丽、刘晓燕（2019）分析了乡村旅游、生态养生旅游、养老旅游融合发展的可行性，并认为三者关系密切且融合条件良好，且当前形势存在融合发展的必要性[3]。

绿色生态健康养老和绿色生态健康养老产业是不同，一个是服务，另一个是产业。产业以服务为核心，服务是产业发展的基础。基于此，本文针对绿色生态健康养老产业尝试定义如下：

绿色生态健康养老产业，是以多元共生的绿色生态健康养老这一新型综合服务模式为主体，结合金融要素的支持，在传统养老产业的基础上融合了旅游、疗养、康养等相关产业，在规模上、地域上、服务上相较于传统养老产业均有所创新和突破的一种大型综合性新兴服务类产业。

可以看出，绿色生态健康养老产业是一种集合旅居养老、生态旅游、绿色养生的综合产业模式。相比于传统的养老服务产业模式，绿色生态健康养老产业模式显然具有更多的优点。绿色生态健康养老产业的发展，能够有效利用我国特别是贵州省丰富的生态资源，并解决我国人口老龄化加剧的问题。同时，在金融角度看，该模式能够通过多元产业的一体化运营来创造更多的资金流和营收，从而能够解决我国现阶段养老产业盈利不足、资金短缺的难题，因此带动相关养老产业的养老服务质量，以及地方抗老龄化能力的进一步提升，以实现金融服务实体经济的良性循环发展。

绿色生态健康养老产业的核心，是优质的绿色生态资源。这也是这类产业最本质的优势与特点。我国养老绿色生态资源极其丰富，尤其是贵州省所具备的丰富的森林、湿地、山地、湖岛等绿色生态资源，均是非常优质的疗养环境，可见贵州省对于发展绿色生态健康养老具有天然的优势。此外，绿色生态健康养老产业的发展离不开金融支持，金融要素是绿色生态健康养老产业发展的关键。

（二）绿色生态健康养老产业的需求分析

绿色生态健康养老产业的发展，是顺应时代潮流、顺应我国国情以及老龄化状况的发展所应运而生的。随着我国经济水平和人民消费水平的逐步提高，以及我国老龄化状况的进一步发展，绿色生态健康养老产业将有着极其广阔的市场前

〔1〕李泓沄、储德平："安养乡村、乐享田园：养老型乡村旅游地新机遇基于养老旅游、乡村旅游与生态旅游的融合发展"，载《资源开发与市场》2015年第4期。
〔2〕张颖："区域生态旅游与养老产业耦合发展研究"，载《前沿》2015年第2期。
〔3〕叶银宁等："乡村旅游、生态养生旅游、养老旅游融合发展探究——以西安市长安区为例"，载《经济研究导刊》2019年第21期。

景和发展前景。

从老龄化人口结构的角度来分析，随着我国当前基础教育逐步普及与高等教育的逐步大众化，我国老年人的教育程度显著提高是一个极其明显的特点，将影响未来老龄化人口的投资、消费、养老观念的转变。根据葛延风、王列军等人（2020）利用多状态人口预测模型的预测，我国大学专科及以上教育水平的老年人占比将从 2020 年的 3.8% 升至 2050 年的 14.8%，而小学以下教育程度的人将从 55.1% 下滑到 13%，我国的老龄化人口状况将发生重要的结构性转变[1]，如图 12-4 所示：

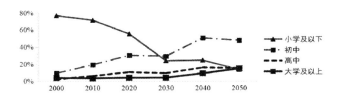

图 12-4　2020-2050 年中国老年人受教育程度趋势预测

这是我国人口老龄化的大趋势，是未来老年人群特征的变化方向。医疗水平的进步、教育资源的普及、消费水平的增长等多重因素，将使得老年人群体的知识结构发生根本性的转变，其中养老理念的转变尤其明显，今天老人过于节俭、以居家养老为主的理念将逐步转向实现退休后的自我放飞、旅居养老转变。随着人均预期寿命的不断增加，老龄化分类标准不再以 60 岁以上或 65 岁以上这一大类来笼统的区分，而应当进一步细分。

本书认为，未来老年人口的分类以 75 岁为界，60 岁至 75 岁为活力老人，是继青春期后又一个 "人生黄金十年"。根据联合国人口署的预测数据计算，到2030 年，这部分 "活力老人" 达 2.3 亿，未来这些教育水平较高的 "将老未老" 的活力老年人因享受了改革开放的红利，积累了比前人多得多的物质财富，并且由于受到了高等教育的熏陶，而更容易接受新事物，对于生活、消费和服务品质的要求以及对于绿色生态环境的需求将进一步提高，这个年龄的活力老人具有丰富的人生阅历、丰厚的资产积累、充裕的闲暇时间，将成为旅居、健康养老人群的主体。而随着我国东部沿海地区人口增长以及资源的消耗，以及工业的发展，这类人群的生活环境与养老质量无法得到保障，高端的健康养老需求目前在国内是难以完全满足。因此，绿色生态健康养老产业应运而生。

----

〔1〕　葛延风等："我国健康老龄化的挑战与策略选择"，载《管理世界》2020 年第 4 期。

绿色生态健康养老产业，其发展的核心就是"绿色生态"，优质的生态环境、空气质量、山川湖泊，无疑能够满足未来60岁至75岁活力老人的需求，从而填补面向这类老人服务的养老产业的空白，对于解决全国人口老龄化问题，缓解传统养老产业的压力有着直接且有效的作用。未来，全国2.3亿的"将老未老"的活力老年人将逐步加大对于绿色生态健康养老的需求，并将旅居、康养的目的地定为生态环境优越的绿色生态养老产业发展地。贵州大力发展绿色生态健康养老产业对于这类活力老年人群显然有着莫大的吸引力。庞大的活力老年人群也将大幅提高绿色生态健康养老产业的发展规模与发展效益，并有力地促进当地经济的发展，实现良好循环。

综上所述，贵州省发展绿色生态健康养老产业，顺应了全国人口老龄化发展的趋势，准确地把握了未来老年人口需求的脉搏，站在了我国国情与养老产业市场的宏观发展方向上。因此，在庞大的市场需求、贵州条件优势的双重利好条件下，绿色生态健康养老产业有着十分广阔的发展前景和市场前景。

三、贵州省发展绿色生态健康养老产业的优势

贵州坚守长江、珠江"两江"上游生态安全屏障绿色发展定位，落实"创新、协调、绿色、开放、共享"发展理念，抢抓新科技革命和产业变革机遇，积极参与全球创新合作，全力实施"大扶贫、大数据、大生态"三大战略行动，以大扶贫补短板，以大数据抢先机，以大生态迎未来，按下发展"快进键"，跑出"加速度"，绘就出一幅百姓富、生态美的壮丽画卷，发展势头良好。

（一）宜旅居的地理优势

素有"公园省"美誉的贵州，地处我国云贵高原，自然风光优美、生态禀赋良好、气候舒适宜居、区位优势明显，是西部率先实现县县通高速、村村通油路、组组通硬化路的省份，发展健康养老产业具有得天独厚的显著优势。贵州拥有美轮美奂的山水风光，92%的土地是山地和丘陵，其中有61%的是喀斯特地貌，贵州是全世界喀斯特地貌最集中典型分布的地区，喀斯特地貌和山地特色构成了贵州的山水美景。贵州，既是瀑布之城也是溶洞之城，还是温泉之城、峡谷之城。高质量的生态环境是发展绿色低碳养老产业的前提条件：森林覆盖率超50%，空气负氧离子浓度高，被誉为天然的大空调和大氧吧，中药材资源丰富，全省共有中药材4852种，中药材种植面积居全国第三位。贵州山多地少，适合培育高价值的农产品，利于发展与农业深度融合的新型养老产业。随着养老需求的提升，老龄人口对于更健康、更营养的初级农产品的需求增加，无公害农产品、绿色农产品、有机农产品和地理标志农产品等成为市场所需，为农业种植结

构调整、提升农产品附加值提供了有力的市场支撑[1]。

贵州是一个海拔较高、纬度较低、喀斯特地貌发育的典型内陆山区，近边、近海、近江，是中国西南地区连接发达的华南地区的前沿，区位交通优势显著，处于西南南下出海的交通枢纽位置。贵州河网密度高，河流的山区特性明显，大多数的河流上游，河谷开阔，水流平缓，水量小；中游河谷束放相间，水流湍急；下游河谷深切狭窄，水量大，水力资源丰富。水能资源蕴藏量居全国第六位，水利资源开发条件优越。由于特定的地理位置和复杂的地形地貌，使贵州的气候和生态条件复杂多样，立体农业特征明显，农业生产的地域性、区域性较强，适宜于进行农业的整体综合开发，适宜于发展特色农业。

在文旅和康养融合发展的数字经济新时代，伴随生活节奏的加快，旅居成为民众对美好生活向往和追求的实现方式。工作时所向披靡、全力以赴，生活时也需要享受"诗与远方"。贵州省自然禀赋优越，地处世界级黄金旅游带，山水相间、湖泊纵横、气候凉爽、空气清新，正是满足广大民众新时代旅居需求的好选址，同时，宜居的天然优势也使贵州具备了发展"大康养"产业生态圈的良好条件。

(二) 领先的基础设施优势

贵州省是我国西部首个实现"县县通高速、村村通硬化路"的省份，在基础设施建设进程中可谓一马当先。从县县通高速公路到"村村通"硬化路，从"群众乘车难、客运运营难、物流进村难、学生上学难"到客运服务接通千村万寨，"地无三里平"的贵州如今基础设施日益完善。贵州多地试点开通"通村村"农村出行服务平台后，利用大数据技术，整合农村客运监管和营运数据，为农村群众提供了丰富的出行服务，有效缓解了农村客运的运力不足问题，"通村村"运营打通了乡村振兴的大动脉。贵州省积极的基础设施建设，使城乡路况更优，交通和客运服务更加规范，为全省经济建设奠定了坚实的基础。贵州以突破农村交通运输、通信网络和乡村物流发展的瓶颈为目标，激活了乡村经济活力，有力促进城乡一体化发展，推动区域协调发展效用显著。

截至 2019 年底，贵州全省机场布局形成了多层次、立体化的"一枢十支"格局，实现了运输机场九个市州全覆盖。全省公路总里程 20.5 万公里，其中高速公路 7005 公里，排全国第四、西部第二，综合密度排全国第一；全省内河通航里程达 3900 公里，其中高等级航道突破 1000 公里，居 14 个非水网省份第一。在铁路建设方面，贵州自 2014 年第 1 条高铁——贵广高铁开通以来，年年都有

[1] 张耀华："人口老龄化加速背景下贵州省养老产业的破局与发展"，载《黔南民族师范学院学报》2018 年第 3 期。

高铁开通。2019年，贵州高铁运营里程达到1432公里。贵州是全国唯一没有平原支撑的省份，地形复杂，路一直是贵州发展最突出、群众反映最强烈的问题。然而，随着公路、铁路、民航、水运的快速发展，昔日"贵州到，汽车跳"的现象正被"高速平原"的现实所取代。基础设施建设，是贵州实现跨越发展的突破口和新机遇。

根据2022年6月省发展改革委印发的《贵州省"十四五"综合交通运输体系发展规划》，到2025年贵州将基本建成较为完善的综合立体交通网和综合运输服务体系，加快形成完善的铁路"三张网"（高铁干线网、城际网、货运网）、公路"两张网"（收费公路网、非收费公路网）、民航"一张网"（"干支通、全网联"民航运输网）的综合交通网发展格局，有效满足新时期客货运输需求，支撑内陆开放型经济新高地建设。可以预见，随着交通基础设施进一步升级，"百姓富、生态美"的精彩画卷将更加绚丽。

（三）政策优势

贵州省明确提出"十四五"时期经济社会发展的总体要求，关键词是"一二三四"，为贵州省绿色生态健康养老产业的建设奠定了坚实的政策基础。"一"就是以高质量发展统揽全局；"二"就是牢牢守好发展和生态两条底线；"三"就是深入实施乡村振兴、大数据、大生态三大战略行动；"四"就是大力推动新型工业化、新型城镇化、农业现代化、旅游产业化。

同时，贵州省人民政府出台多项政策支持健康养老产业发展。

第一，加强基本养老服务制度体系建设，完善养老服务设施供地政策。制定实施基本养老服务清单，明确基本养老服务项目、服务对象、服务内容、服务提供、服务方式和支出责任主体，建立完善基本养老服务的评估、供给、支付、监管体系，做好养老产业发展与土地利用总体规划、城乡规划的联动协调，并在国土空间规划中做好衔接落实，强化养老产业发展用地保障。

第二，加大财政价格扶持，拓宽投融资渠道。制定政府购买基本养老服务指南，重点购买生活照料、康复护理、机构运营、社会工作和人员培养等服务。专业化服务组织连锁运营的城市养老服务中心、社区日间照料中心、社区居家养老服务站点，由所在地政府无偿或低偿提供场所。行业主管部门深入开展"银企对接"系列活动，打通金融服务养老领域实体经济"最后一公里"。

第三，降低准入门槛，发挥社会力量主体力量推动养老产业建设。鼓励境外投资者在贵州省独资或与境内公司、企业和其他经济组织合资、合作举办营利性养老机构，并可以从事与养老服务有关的境内投资，发展规模化、连锁化养老机构，建设优质养老机构品牌。不再实施养老机构设立许可。各级民政部门不再受理养老机构设立许可申请，不得再实施许可或者以其他名目变相审批。加快推进具备向社会提供养老服务条件的公办养老机构转制成为企业或开展公建民营。

第四，落实税费优惠政策。对社会力量兴办的养老服务机构，落实好国家现行相关税收优惠政策。养老机构在资产重组过程中，将全部或部分实物资产以及与其相关联的债权、债务和劳动力一并转让给其他单位和个人的，其中涉及的不动产、土地使用权转让，符合相关条件的不征收营业税；对经批准设立的养老机构中专门为老年人提供生活照顾场所的所占用耕地免征耕地占用税。除法律法规明确的收费项目外，不得对社会力量兴办养老机构另行收费。收费标准设置上、下限的，按有利于社会力量兴办养老机构发展的方式收取。

第五，加强人才队伍建设。将社会力量兴办的养老机构管理人员、护理人员及其他各类提供养老服务组织的从业人员纳入政府培训教育规划，在培训名额、培训经费等方面给予支持，对取得相应职业资格证书的养老护理员给予培训补贴。对在养老机构就业的医生、护士、康复医师、社会工作者等专业技术人员，执行与医疗机构、福利机构相同的执业资格。

第六，建立信用惩戒激励机制。推进养老服务领域社会信用体系建设，建立健全失信联合惩戒机制，对经有关主管部门确认存在严重失信行为的相关机构及人员等责任主体，包括失信养老服务机构及其法定代表人、主要负责人和直接责任人开展联合惩戒[1]。

（四）市场优势

贵州在"十三五"时期实现弯道取直、后发赶超，完成了大健康医药养生基地、无公害绿色有机农产品供应基地、世界知名山地旅游目的地等与大健康发展紧密关联的新型产业规划，构建了以"医"为支撑的健康医药医疗产业，以"养"为支撑的健康养老产业，以"游"为支撑的健康旅游产业，以"食"为支撑的健康药食材产业的大健康全产业链，深入推进大健康与大扶贫、大数据、大生态、大旅游的融合发展。

大健康产业具有科技含量高、环境污染小、覆盖面广和产业链长的特点，再加上得天独厚的生态优势、地理优势、资源优势以及政策优势，使得大健康医药产业成为贵州最具有比较优势的特色产业。考虑到我国人口老龄化速度加快，预计到2050年左右，我国65岁以上老年人口将达到全国人口的三分之一，健康活力老人的健康养老需求具有巨大的市场潜力。

养老健康市场是大健康生态圈中增长最稳定、规模最大的市场，老年人生活方式的改变、高铁经济的带动使得贵州的气候资源成为周边火炉省市老少追捧的

---

〔1〕 "贵州省养老产业发展专项行动计划（2020—2022 年）征求意见稿"，载 http：//www.gzxr.gov.cn/wsfw/ggfw/zsyz_45090/fzgh/202003/t20200302_52682720.html。

避暑旅游消费目的地。贵州充分借助显著优势推动健康养老产业发展，积极探索旅居养老、健康养老、智慧养老等养老产业发展新模式，支持养老机构规模化、连锁化、品牌化发展，加快培育一批健康养老产业龙头企业。在"生态贵州""多彩贵州""避暑养老胜地"等品牌宣传推广上加大力度，加快培育一批产业链长、覆盖领域广、经济社会效益显著、具有全国影响的"黔字号"健康养老产业品牌，吸引更多老年人到贵州定居养老。这种业态具有中短期养老、度假服务的功能，能让老人在假期中享受健康检查及健康监测，在健康服务享受的同时收获旅游和社交的价值。

贵州还可以通过大力建设健康养老高端平台，加快构建"一核两带多区"养老产业空间发展格局，打造一批集休闲、避暑、生态体验等为一体的旅居养老产业示范基地和集聚区，一批温泉疗养、民族医药治疗保健、中医食疗、健康管理等特色健康养老产业示范园区，一批智能化老年用品和康复辅助器具制造产业示范基地。力争建成省级养老产业示范基地 20 个以上，到 2035 年实现全省健康养老产业园区"一县一园"。房地产业也可与此融合，由地产商打造长租公寓。如可将公寓按季节划分，春夏针对省外老人提供避暑、养生服务，秋冬针对省内老人提供康养、托管服务，从而在养老服务、健康数据、社群效应、地产增值及后续延伸需求中实现产业优化。

（五）医养结合优势

贵州省是苗族等少数民族的主要聚居区，在长期的历史发展中，苗药等少数民族医药文化有着许多的独到之处、积累了丰富的医疗经验，是我国传统中医药文化中的重要组成部分。同时，贵州省多山、植被茂密且保护完好，贵州省气候和土壤也极适合中草药生长，这些都为贵州省中医药和民族医药事业发展奠定了基础。在健康养老产业中，对中医药和民族医药介入养生、保健、医疗等有着较为旺盛的需求。推动中医药、民族医药产业与养老产业的有机结合，是贵州省实现绿色生态健康养老产业的有效途径。

贵州推动大健康产业以来，不断优化改革，增加全市优质医疗卫生资源，积极探索建设集医疗护理、医疗信息系统、健康管理及医疗后勤服务于一体的医疗及健康服务产业集群和集研发、制造、物流、销售平台于一体的医药产业集群。各级医疗机构覆盖面广，能够为老年人提供方便快捷的医疗服务。贵州积极搭建高端医疗集聚平台，进一步引入优质资源，打造医疗健康城，以医疗健康服务产业为核心，将医疗服务、健康管理相融合，推动科研、临床、康复、养老、旅游等全产业链，建设医疗健康基地和生态示范园区。与此同时，积极加强与惠普公司、朗玛公司等合作，共同推进智慧医疗、生命科学产业，打造云数据服务平台，设立个性化医学检验中心，医学仪器设备、保健品研发和生产基地，现代植物药研发孵化中心等。

（六）大数据优势

长期以来，作为西部边远省份，贵州发展水平相对滞后。但在数字经济时代，贵州牢牢把握住发展大数据独特的先天、先发、先行优势，省政府高度重视各领域数字化建设，积极推进多项政策，全力推动数字经济和大数据产业发展，为贵州省带来了诸多发展机遇。

贵州地处云贵高原，拥有天然的地理和气候优势，电力供应充足，温度湿度适宜，适合数据中心机房的运营。苹果、高通、微软、英特尔、阿里巴巴、华为、腾讯、百度、京东等代表时代科技前沿的世界巨头均在近几年选择落户贵州，也说明了贵州的区位条件有利于发展大数据产业。贵州充分利用自身优势，积极发展大数据配套产业，在数字时代浪潮中抓住机遇，将贵州建设成为全国的大数据中心。纵观近年来贵州大数据产业的发展趋势，为康养产业发展带来的诸多益处已初见雏形。"大数据"和"大康养"的充分融合发展，不仅有利于吸引优秀人才来贵，而且有助于改善就业环境，为贵州省智慧康养发展奠定坚实基础。

作为全国首个大数据综合试验区，贵州已在大数据产业领域取得丰硕成果：数字经济增速连续五年排名全国第一，大数据产业发展指数位居全国第三。据2018年《中国数字经济发展和就业白皮书》，贵州省数字经济增速为37.2%，数字经济吸纳就业增速23.5%，两项指标均名列全国第一。2019年及2020年《中国数字经济发展白皮书》显示，贵州省数字经济增速最快，超过20%。在数字经济的带动下，贵州省GDP也高速增长。在2020年前三季度全国各省市GDP增速中，全国平均增速为0.7%，贵州以3.2%的GDP增速位居第一。

2021年2月，习近平总书记在贵州考察调研时提出"在实施数字经济战略上抢新机"。贵州自开展大数据与实体经济融合以来，已打造形成了204个标杆项目、2197个示范项目，带动3905户实体经济企业与大数据深度融合。同时，持续拓展"万企融合"大行动服务队，199家大数据企业加入服务队，形成491个典型解决方案、260款云产品，支撑全省融合水平不断提升，实现精准融合。2019年智能手机、电子元件、集成电路产量分别增长180%、25%和20%以上，电信业务总量、收入增速分别排名全国第四、第五位。

贵州在大数据产业部署上具有先发优势。例如，贵州"住建云"于2018年11月正式启动建设，本着数据驱动、应用管理目标，形成了4个基础库和7个专题库，聚集、融通住建部、省、市（州）行业之间数据，初步实现了数据资源的统一管理和应用系统数据资源共享。贵州省住建云公共信息服务平台已经建立了基础服务网，可以以此为依托建立健康养老大平台，从行政效率层面推动健康养老产业发展，在将来有积极推进健康养老的巨大作用和潜力。2019 年年初，贵州省级政府部门和市州政府开放数据全部接入"云上贵州"，电子政务网实现省市县乡村五级全覆盖，启动实施大数据新领域百企引领行动，完成信息基础设施投资 120 亿元，数字产业化、产业数字化、数字经济向数据经济发展进程显著加快，为养老产业经济发展营造了良好的发展环境。为了积极面对人口老龄化带来的巨大挑战，贵州省要创新供给侧改革，加快推进大型社区养老服务平台的建设，以智慧化手段为引领，集中力量打好"第四大攻坚战"。

根据中国信通院发布的《中国数字经济发展报告 2022》，贵州 2021 年数字经济增速超过 20%，居全国第一。华为云全球总部落地贵州，贵阳、贵安成为全球集聚超大型数据中心最多的地区之一，先后获批建设 48 项国家级试点示范；国务院印发《关于支持贵州在新时代西部大开发上闯新路的意见》，赋予贵州的战略定位之一是"数字经济发展创新区"；国家发展改革委、中央网信办、工业和信息化部、国家能源局联合印发文件，同意在贵州等地启动建设 8 个国家算力枢纽节点，"东数西算"工程全面启动。由此可见，大数据产业已经成为经济发展的重要增长点及转动能、稳增长的重要支撑，是贵州省高质量发展新引擎。

贵州未来应当以大数据为依托，发展大健康产业。通过互联网开展医疗辅助性工作，能够有效地将各级医疗卫生机构联系到一起，通过在线问诊、双向转诊等方式，推动分级诊疗体系的建设，方便快捷地为大众服务；推动预约就诊、预约检查，形成线上线下相结合的诊疗模式，打造电子病历系统和"共享"平台，建设智能导诊系统，让老年人获得优质医疗资源。同时，运用大数据，建设贵州人口健康信息云平台，用于临床辅助决策，实现医疗资源整合利用，有效提高医疗质量，实现精细化管理；并且可以用于疫情监测，处置各类突发公共事件，为公众提供健康咨询。贵州依托大数据产业，将进一步促进医药医疗产业、养生养老产业、运动康体产业、健康管理服务产业整合，全方位打造"医、养、健、管"一体化大健康产业链，促进大数据与大健康融合发展。

此外，大数据产业链与大健康产业的融合，有利于推动大数据在养老产业中的开发和应用，对发展绿色生态养老产业具有深远意义。以智慧养老数据为基础，线上线下"两张网"的结合实现工作前移并且扩大服务范围，让贵州健康养老产业工作可量化、可展示、可追溯。例如，在健康数据咨询服务中添加健康数据导入、分析的业态链，使每一位来到贵州的老年人都有其伴随一生的"健康信号"，并针对老人的不同情况进行个性化服务远程后续追溯，扩大养老服务的广度和深度。同时催生为大健康产业服务的各类服务、商业、投资机构。贵州省绿色生态养老产业的发展必须走特色之路，通过现有资源的挖掘利用，培养以金融支持养老为主的业态竞争力，形成消费流量，并利用不可复制特点和集群效应带动业态创新，吸引高技术含量业态，建立一个定位清晰，生态循环的绿色生态养老产业集群。

第四节　金融创新支持贵州绿色生态养老产业

一、贵州绿色生态健康养老产业的发展短板

贵州省在发展健康养老产业具有自然环境的突出优势，但在发展进程中也面临许多问题，需要补上金融支持的短板，只有强优势补短板才能充分发挥绿色生态健康养老产业的对经济和社会的效用。

（一）金融资源相对匮乏

1. 资金供给不足

绿色生态康养产业是"绿色生态+健康养老"所形成的综合型养老服务，集绿色生态与旅游、休闲、疗养、度假、养生、互联网等产业于一体，产业投入大，建设和维护成本高。而贵州省整体经济发展水平较低，生态环境相对脆弱和农村人口基数较大都是制约贵州大生态健康养老产业进一步发展的因素。其金融资源主要倾向于第一产业和第二产业，这样使得金融的模式和资源还是集中于对传统行业的支持，而对康养产业的资金支持则较少。随着全国老龄化的趋势以及人们对于生态环境保护的诉求也变向地促使贵州省需要进行产业结构的调整升级。那么如何以绿色生态健康养老产业为基点，通过金融的助力将旅游产业与养老产业进行融合，以打造"大康养""大生态"来带动贵州省的经济发展具有重要的意义。

2. 融资渠道和方式单一

养老服务相关产业资金主要来源于国家预算投资、企业自筹资金和银行贷款。其中又由于养老服务相关产业具有较强的公共性，在我国提出发展养老服务产业以来，绝大部分的养老服务设施都是由各级政府和相关福利机构提供的，而自筹资金和贷款受限于企业资信，其比重不大并且可增长规模也有限。有限的资金来源渠道已经很难满足健康养老产业发展的需要，迫切需要拓宽更多的资金募集渠道，合理制定债务性融资和权益性融资份额，依托信托、保险等渠道进行资产管理，为康养产业发展募集资金。

3. 金融产品和服务缺乏多元化

金融工具的创新能将基础金融产品从偿还期周期长、流动性差、安全性低以及收益率不高等方面解放出来，创造不同的金融产品来满足市场参与者不同的金融需求。而康养产业普遍存在投资高、周期长、产业链长与环节丰富等特性，更

需要相关配套金融创新工具的支持。由于受体制、相关政策等多方面因素的影响，在现在的金融市场上，康养产业相关金融支持创新工具并不多。并且养老旅游项目建设的投资回报期往往较长，这导致投资者投资意愿普遍不强，无疑构成了项目融资的障碍。贵州虽然有丰厚的旅游资源，但其康养旅游知名度还较低，未形成生态养老规模。许多投资者出于对风险的谨慎考虑，投资意愿不强烈。所以，无论是面对健康养老产业的投资者还是渴望在贵州健康养老旅游的老年消费人群，创新多元的绿色信贷、绿色保险、绿色债券等有助于推动贵州金融市场对绿色健康养老产业的发展的金融产品都有待进一步设计和推出。

4. 绿色金融政策和法律法规不健全

近年来，贵州省倡导金融机构积极做好养老业发展的金融服务工作，比如贵州省民政厅联合中国银行贵州省分行制定了《中国银行支持贵州省养老服务行业持续发展的专属金融服务方案》，对贵州的康养产业产生积极的影响。但政策的广度和深度还是较为有限，缺少相应的配套实施机制，使得很多政策难以真正落实到位，并且可能由于部门利益或概念理解差异的影响，落实主体不愿执行或难以界定而不予执行。而政策落实"最后一公里"无法疏通，绿色生态康养产业的政策红利就难以充分释放。

（二）健康养老产业发展制约因素

1. 基础医疗设施供给不足

贵州虽有良好的发展大健康产业的自然条件和产业基础，但是大健康产业的产值并没有达到预期值，这说明贵州大健康产业的发展还存在着很多问题，技术和人才的缺乏、产品结构单一成为贵州绿色健康养老产业进一步发展的硬伤。

（1）缺乏先进的技术支撑。良好的产业发展必不可少的就是先进的技术支撑，目前贵州绿色生态健康养老产业存在着核心技术缺乏、创新能力不足的问题；产品更新换代缓慢、技术升级也有待加强；新药品的研发、专利药以及关键性技术自主创新能力的水平都比较低；苗药等一批民族药虽然得到了认可和发展，但还缺乏优势医药品种和具有全国影响力的知名医药品牌；大健康产业研发不足，健康产业的科技含量低，附加值也不高，适合推广的绿色生态健康养老产业的商业模式还有需进一步研究。

（2）医药产品结构单一。贵州绿色生态健康养老产业发展存在的另一个问题就是医药产品的结构单一。民族药、中药是由贵州独有的自然环境和人文环境条件产生的，其占药品例比达90%以上。但是生物制品、化学药品占比却非常低，其中有超过一半的化学药品批号被闲置。化学药品的品种批号的资源和产值贡献率严重背离，47%的批号产值贡献率只有不到4%。所以仅仅只发展民族药和中药会造成产品结构单一的现象，而要想实现多产品共同协调发展以及资源的有效配置，就有必要加强生物制品、化学药品的发展。

（3）产业发展支撑不足。贵州健康养生产业发展还处于点状的、局部的发展状态，相关配套产业发展不足。相对应的资金支持政策、法律法规机制建设相对滞后，缺乏统一的且与国际接轨的标准体系。这也就使得产品与服务质量参差不齐，行业规范化建设不足，缺乏强有力的协调推进机制。

2. 远程医疗服务体系有待构建

（1）利益分配机制落实不到位。贵州省现有政策规定了各个级别的医疗机构之间远程医疗服务收费如何分配，例如，县级以上医疗机构之间开展的远程会诊、远程门诊等项目，邀请方、受邀方参照 2∶8 的比例分配；县级公立医疗机构和基层医疗机构之间开展的远程会诊、远程门诊等项目，邀请方、受邀方可参照 3∶7 比例分配；医疗机构之间开展的远程诊断类项目，邀请方、受邀方可按照 7∶3 比例分配，但目前并未完全落实，不少医院内部尚未建立明确的收入分配制度对远程医疗服务收费进行再分配，对参加会诊医务人员的所得比例也没有具体规定。一些医院虽然在实际工作者遵循了相关规定，但并未有规范性文件可供参考。利益分配政策落实不到位以及互联网金融机构等第三方不参与分配的机制不仅不利于调动医务人员积极性，而且也会使得其服务质量下降。

（2）互联互通的信息机制建设滞后。远程医疗是基于信息技术和现代通讯技术的新型医疗服务体系。其高质量的服务对于信息共享的要求较高，尤其是网络的互联互通方面，只有实现了网络的互联互通，更加高效便捷的远程医疗服务才能得以实现。但不少开展远程医疗的康养机构到目前尚未实现远程医疗服务平台系统与医院 HIS 系统的互联互通，并且影像检查及检验系统也是相互独立的。若想要进行远程会诊则需要从医院信息系统中导出信息，再将信息上传到远程会诊服务平台。这样独立的操作系统显然降低了会诊的便捷性，而且一些不必要的重复检查会造成医疗资源的浪费和导致一定的安全隐患。

（3）公众对远程医疗的认知不够深入。贵州已经建成"省—市—县—乡"四级全覆盖远程医疗服务体系，并且纵向向村级延伸，横向向科室扩展，但基层医院的设备设施只是硬件到位，网络接通，使用频率不高。究其原因，公众对远程医疗认知的缺乏是重要因素。近年来，医改工作强调基层医院在公共卫生和疾病预防方面的重要作用而相对忽视了基层医疗质量的提升和远程医疗的利用。这使得基层医务人员专业技术无法从根本上提高，也导致远程医疗设备实施闲置。如何提高公众对远程医疗的认知，引导其就医观念转变，从而用活、用好这些设备设施，避免资源的闲置与浪费，是远程医疗发展亟需解决的问题。

3. 养老服务供给不足

（1）医保定点覆盖率低，医养分离。现阶段贵州省许多有医疗条件的养老机构没有被纳入医保定点范围，养老与医疗机构彼此独立，使得养老机构提供医疗服务的成本较高。另外，近70%的小型养老机构因为自身资历和资金的劣势，不得不选择与社区卫生服务中心合作。但是社区卫生服务中心往往存在医疗设施简陋、专业人员不足等问题。这就使小型养老机构无法与社区服务有效地结合在一起为老年人提供有效服务，进而造成养老资源的浪费。即使大规模的养老机构与附近大中型医院签订合作协议，但也存在要求、服务内容以及标准都不够明确的情况，这就让监督问题较为突出，难以保证老年人在事故突发情况下得到及时救治。所以，如何实现医养结合，是绿色生态健康养老产业为想在贵州养老的老年人打造网络化就医平台和体系需要思考的问题。

（2）养老机构服务定位偏误，服务内容单一僵化。医养结合型养老机构收费较高，与贵州省养老需求人群的收入水平不符。20%的医养结合型养老服务机构存在定位偏差，不能有效契合消费水平、人口结构等客观情况，难以满足大众养老服务需求的问题。此外，调查还显示大约85%的养老机构难以提供全面、精准的服务。而能与一流医院、社区卫生服务中心合作的养老机构又只注重治疗却忽视预防。

（3）养老专业护理人员短缺。在调查中，75%的养老机构存在护理人员不足的问题，高素质营养师及医疗护理人员稀缺，且年龄偏高，这种状况成为养老机构护理人员的常态，年龄在50岁以上的护理人员多达50%。多数管理经营者也谈及当前养老机构护理人员素质不高，45%的护理人员文化程度在初中及以下，且大部分没有取得专业证书。

（4）养老床位资金投入不足。发展养老产业可谓应对人口老龄化和改善民生的重要举措，同时对于拉动内需和扩大就业有着积极的意义，因此获得国家和贵州省政府的大力支持与高度重视。但是未备先老的情况以及全国老龄化进程之快，贵州绿色健康养老产业想要更快地建设还需要更大的资金予以支持。魏建斌（2017）利用每个年龄段的死亡率计算出不同年份能够进入下一年龄段的老人，预测2020年贵州省的60岁及以上的老年人就有590万人。而在此基础上，按照每千名老人35张床的目标，2020年的床位需要达到21万张。但是现有的床位却只有15万张，还有足足6万张床位缺口有待被满足。而如果以每一张床位15万的成本来计算的话，则贵州省的养老服务体系基础设施建设资金需要90亿。由于2011年至2015年贵州省财政总收入的年均增长率为18.35%，则可以根据此增长率预测公共财政收入，进而预计贵州省在2016年至2020年间养老服务业的财政资金总供给为70亿元。由此看出，贵州对于养老床位的建设的资金投入还远远不足[1]。

二、金融支持贵州绿色生态健康养老产业的具体路径

（一）大生态下绿色生态健康养老不同的模式

第一种是候鸟式养老，其适用于拥有稳定收入且经济依赖性和对于子女照料方面依赖程度比较低的城市老年群体。受经济向好发展与养老观念多元化的影响，老年人口对生命、生活质量的要求不断提高，多类型养老模式的产生给老年人口的养老生活带来更多选择。候鸟型养老模式的产生与发展是在现有经济、文化、社会发展到一定阶段而产生的必然产物，同时也是社会、市场、政府、家庭、老年人口等各方面通力合作下的产物。候鸟式养老模式满足了老人寓养于游、寓养于乐的心理需求，贵州基于地理气候的优势，适合一年四季居住，尤其是贵州夏季气候凉爽温度适宜。因为环境适宜居住更有利于身体的健康发展，研究候鸟型养老模式的问题，有利于老年人科学养老，为全国老年人提供多样的养老选择，同时有效缓解家庭养老功能弱化所带来的养老压力，有益于社会发展。

第二种是出租房屋旅游养老的模式，即由代管机构评估房子月租金之后，让老人以等同价格去享有他们所在旅游地点的养老服务。老年人可以根据季节情况、自身喜好，不同季节去不同地方进行旅居养老，在自有住房进行出租的情况下，保障了旅居养老所需的部分资金，同时填补了退休时期的空暇时间，让生活变得更加丰富多彩。

第三种则是异地互动式旅游养老，即异地养老机构通过签订合作协议的方式让有意愿去不同地方养老的老年人以旅游形式进行康养。异地互动式旅游养老是老年人作为旅游者开展旅游活动发展到一定程度的产物，是以旅游和养老为目的的异地活动，是一种养老方式也是一种旅游方式，在某种意义上，旅游养老是异地养老的一种形式，是以享受为目的的异地养老。其发展路径为老年人旅游—老年养生旅游—旅游养老。异地养老与旅游养老需求结合催生了异地互动式旅游养老模式，促使机构养老有了新的经营模式。异地养老互动式旅游，是指养老院与异地养老院双方签订"异地养老互动旅游合同或协议"，使异地养老的人群实现养老与旅游的空间转换：让身体比较健康老人到异地养老院进行养老。同时还可以有组织地旅游，以达到老人异地旅游的目的，老人们的住宿费双方按照协同价格进行抵扣，老人们只需负担部分价格即可享受异地互动式旅游养老。

（二）制定旅居养老相关制度丰富旅居养老内容和形式

1. 养老服务标准化服务

以服务老年人活动为标准化对象，有利于规范老年人服务行业秩序，为贵州

---

[1]　魏剑斌："贵州省养老服务基础设施建设投融资研究"，载《时代金融》2017年第5期。

建立绿色生态健康养老产业奠定良好的基础，养老服务标准化对养老产业整体水平的提升具有重要意义。建议贵州省民政厅等部门牵头，借鉴国际、国内高标准的养老服务，根据当地实情制定养老服务行业规范和标准，推行标准化服务，对养老服务人员进行统一培训，制定统一考核标准，同时针对不同老年群体推出多档次服务收费标准，满足不同需求。制定标准化服务涉及服务基础标准、服务质量标准、服务管理标准、职业资质标准、服务环境标准、服务流程标准、岗位标准等多种养老服务标准体系，推进贵州养老服务标准化、职业化、可推广化。

2. 创新养老金融产品

为关爱和服务老年人金融需求，建议贵州省地方金融监管局、贵州银保监局、人民银行贵阳中心支行等金融机构，从保护老年人、服务老年人、便利老年人群体角度出发，倡导各金融机构为老年人办实事、做好事、献爱心，建立公平对待老年人客户的良好金融服务环境，根据老年客户金融消费特点，不断完善和细化老年客户金融服务制度，提供符合老年客户需求的金融产品和服务，拓宽老年人投资渠道，发展养老普惠金融，聚焦老年人、养老金和养老服务业的金融需求，围绕客户需求进行有针对性的养老产品创新。重点提供优质的支付结算服务，提供稳健的养老型理财产品，提高老年人金融服务的可得性和满意度，更好实现养老金保值增值，同时各金融机构可研究推出贵州当地购买降低相应税费的养老金融理财产品，与其他养老产品进行混搭出售，例如，购买养老地产、入住养老机构即可购买金融理财产品，享受相对应服务。

3. 标准化居室

近年来，国家先后出台多项政策和行业标准，推动建筑工业化的发展。人口老龄化快速发展背景下大量建设的老年人照料设施，也正在朝向工业化的方向快速转型。购买养老地产、入住养老机构即可购买金融理财产品，享受相对应服务。

老年人照料居室需求明晰，使用固定，受地域差异等客观因素影响较小，具有较好的标准化设计条件；室内的卫生间、厨房等容易出现安全隐患和设计错误的空间，有着较大的优化空间。对居室进行标准化设计，同时再对室外风景进行差异化设计，一方面能够减轻护理人员的工作负担，保障老人使用的安全，大幅度提升老年人的居住品质；另一方面也有利于促进居室适老化部品向着精细化的方向发展，促进养老建筑的工业化转型。

其设计要求可以围绕：其一，使用的便利性。使用便利是人性化设计的基本要求，也是标准化设计的前提条件；其二，对象的差异性。老年人能力的持续变化是老年人照料设施居室设计的重难点。因此，居室的标准化设计应该充分考虑设计对象的差异所带来的空间尺寸与部品配置的差异；其三，空间的灵活性。调研发现，很多老年人照料设施在接受入住老年人时没有严格的能力限制，这意味着很多老年人会在长期居住的过程中面临身体能力的持续变化，居室也就需要及时改造和调整。所以，居室的标准化设计需要具有一定的灵活度，以满足这种适应性要求；其四，居室的标准化。居室标准化设计的一个主要目的是促进老年人照料设施的建筑工业化转型，同时增强居室内的设施设备的通用性和可置换性。因此，标准化设计的要求应该考虑卫生间空间与其部品的模数协调体系，同时兼顾部品的生产工艺，尽量控制其成本。其五，室外环境打造差异化。通过室外环境的差异化，打造每个居室的特点，可供老年人的审美进行设计改造。

在 2021 年 7 月笔者对贵阳中铁我山康养小镇项目的现场调研中，发现该项目实现了"真康养，真运营，真全龄，真服务"，项目被列入贵州省国民经济和社会发展第十四个五年规划和 2035 年远景目标纲要，获贵州省产业融合专项基金支持。已建成部分拥有完备的康养配套设施及提供贴心到家的无微不至服务，建有专业介护照料颐养中心，活力养老公寓，慢性病康复社区医院、社区老年大学、业主食堂、高端疗愈型度假酒店等配套设施。特别其养老公寓就是典型的适老化居室，室内配备了高标准的养老服务设施，利用人工智能和大数据技术，提供 7×24 小时不间断的老龄照护服务，是正在实施的贵州省大健康和养老产业重大工程项目，具有很好的示范效应。

4. 全天候网络锁定

对老年人进行全天候网络锁定要依照四个原则：其一，对老年人信息接收和发送进行高效处理，实现智能高效管理；其二，遵循舒适、方便，确保以人为本；其三，以较小投入获得最佳管理效果；其四，强调老年人适应能力，能够获得最快、最高的经济回报。一旦老人到贵州进行养老，就进入了贵州大数据网络。根据老人特征，设置远程监护设备，实现养老金融机构、社区或者家属对于老年人生活状态的实时监测，如实时记录老人的呼吸，心率等基础性数据，提示老年人运动，吃药等日常生活。一旦有某些数据反常，平台便会自动发出警示，同时传达于相应的社区、养老机构，便于各主体及时做出反应，切实满足养老金融各主体的诉求。

因此，可以适当的从养老院的增加转向鼓励金融科技的投入。一方面，养老机构可以与制造业"结盟"，致力于老年人智能生活的产品研发，全方位满足老年人日常护理需求，也符合国家"适老化"改造的政策趋势。同时可以针对搜集到的数据，及时为各位老人制定更加适合的养老金融产品。

借助大数据等技术，对老年人进行全天候网络锁定，解决养老金融长期性金融排斥以及空间不匹配问题，使得养老服务金融及时、切实匹配到有需要的老年人，老年人长期性、个性化的金融产品与服务均得到有效满足。将全天候网络锁定所搜集到大数据应用于养老金融过程中，有利于借助金融科技的线上与线下协同优势，突破养老服务金融时空限制，从而为老年人提供更有针对性且更及时的养老金融服务。

5. 一小时医护圈

旅居养老越来越成为当下养老发展趋势，符合当代老年人理念。老年人可通过购买住房产权或以会员制入住。旅居养老社区环境优雅、设施齐全、服务全面、交通便利，其强大的集休闲娱乐、健身、医疗、护理为一体的功能，消除了老年人的顾虑，是其安享晚年的有力保障。但是就医是否方便仍然是旅居养老模式应解决的问题。因为旅居养老社区环境优雅、设施齐全、服务全面、交通便利等有利条件，仍不能确保老人能及时得到医疗的满足。因此，本书将通过"一小时医护圈"理念支持农村和小城镇的养老的发展，一方面，吸引活力老人贵州旅居养老，另一方面，让老年人即使生病也能够到附近的中心医院去看病，而不是仅仅搞临终关怀。

"一小时医护圈"的核心其实就是金融支持养老产业，就医及时就是金融支持养老产业的发展的一个重要方向，让老年人能够在最短时间内到达布置的三甲网络就医点，建立和完善包括健康教育、预防保健、疾病诊治、康复护理、长期照护、安宁疗护的综合、连续的老年健康服务体系，健全以居家为基础、社区为依托、机构充分发展、医养有机结合的多层次养老服务体系，多渠道、多领域扩大适老产品和服务供给，提升产品和服务质量。

6. 特色地方产品

贵州酒、贵州茶、民族药、民族银饰、蜡染等等，是多彩贵州的重要文化名片，也是贵州经济社会加快发展的优势资源。由于社会生活的不断进步，当代老年人对于美好生活的需求也逐渐变得多样化。因此，特色地方产品也可以作为发展贵州绿色健康养老产业的一大特色，同时，这也与贵州省全力打造具有贵州特色的"黔系列"品牌的战略相契合。

具体而言，在贵州的养老服务中可以包括一些仅为到当地旅居养老的老年人提供的特色地方产品。例如单独为老年人准备的特色茅台酒，在这些产品的生产，加工以及包装销售等环节可以都将养老这个主题加进来，并且单独为来到贵州养老的老年人提供。此外，贵州的特色地方产品还包括都匀毛尖，贵州"绿宝石"等黔茶，以及"黔珍""黔织"等诸多具有贵州浓郁的地方文化色彩的"黔系列"产品。在发展贵州绿色生态健康养老产业的布局中，这些特色产品也能够更好的提升老人的幸福感，使养老服务更加人性化，让老人们切实地感受到贵州的特色服务以及深厚的文化底蕴。同时，也能带动当地产业的发展，让真正给老年人带来幸福感，受老年人喜爱的优质产品凸显出来。将养老与地方产品相结合，也更加突出了贵州养老产业的特色，之后建立贵州绿色生态健康养老的品牌也将更加全面，更加体系化。

（三）资金支持贵州的大生态发展的方式和具体措施

贵州的大生态发展中，健康养老旅游是重要抓手；而健康养老旅游项目需要大量的资金支持，以下参照美国和日本养老产业的发展从融资模式、开发模式和运营模式，应用于贵州发展健康养老旅游项目借鉴。

1. 发展绿色金融助力健康养老旅游产业

绿色金融是指金融业对有助于环境生态保护的产业进行服务进而促进经济的良性发展，另一层面则指的是金融业自身可持续发展。贵州具有得天独厚的自然和人文旅游资源，大生态健康养老旅游产业正是绿色金融能够助力的承载点。为此贵州省政府应当完善其环境保护法规，加大对于绿色金融机构的支持，鼓励金融机构对于健康养老旅游产业的绿色信贷、绿色保险和绿色债券等多元产品设计，引导金融机构对老年产业和市场信贷进行细分，实施精准投放，为旅游养老产业发展提供精准支持。同时，在贵州省经营的大型国有银行和本地商业银行可以在总行层面设立绿色金融事业部，以更好地管理和促进健康养老旅游的发展，为符合绿色信贷条件的健康养老旅游产业提供信贷支持。除此之外，还可以通过券商、基金公司、保险公司等持牌金融机构为相关机构提供绿色债券、永续债等多元化绿色金融产品。通过推动金融市场服务健康养老旅游这种绿色的产业发展，将有利于贵州省政府经济的良性可持续发展。

2. 打造金融科技与健康养老大生态和大数据的协同发展格局

贵州金融资源的匮乏是贵州经济发展的一个劣势，但是另一方面贵州有着丰富的能源资源和有着得天独厚的自然环境，这也使贵州成为大数据科技公司和互联网金融公司设立机构的绝佳选址。贵州省可以搭建更有效金融科技服务平台，为大数据企业公司以及大生态养老产业提供匹配的金融服务，让大数据和大康养成为贵州经济发展的新增长点。大数据产业一方面可以做为金融机构提供综合养老金融产品时的核心技术基础，另一方面也可以是为老年客户提供居家护理、远程医疗、健康养老的技术解决方案，极具产业融合价值。此外，可以利用大生态健康养老旅游产业吸引更多有家庭养老需求的人才前往贵州发展，以加强贵州人才促经济增长的效用。

3. 加强主导型政府的构建

健康养老产业与旅游产业关联度十分紧密，而两者有序结合与发展离不开政府的有效引导和扶持。首先，要建立联动的跨部门协调组织，为不同产业的发展提供机制保障。其次，政府也需要加快对于异地医保结算制度以及户籍管理制度优化的落实。老年人群体会由于身体机能下降而在旅游过程中产生需要医疗的需求。而异地医保结算制度的落实也能促进更多省外的老年人前来养老旅游。再次，政府可以打造政府性融资平台，成立旅游投资公司，由贵州省财政设立养老旅游扶持资金，吸引社会市场主体参与到健康养老旅游项目的建设上，而不是单纯依靠政府。鼓励民政部与贵州省旅游局和银行业金融机构深度合作，开展和创新旅游产业和养老产业发展投建中的贷款方式。

可以看出，贵州作为西部经济不发达省份，相对落后的工业基础、无平原支撑的地理条件，在今天的发展中反而由劣势转化为环境的优势，真正体现了习近平总书记"绿水青山就是金山银山"的新发展理念。在贵州的绿水青山之间大力发展健康养老产业，吸引的不仅仅是贵州当地的老人，也包括全国各地的活力老人。贵州可以化老龄化之危为健康养老产业之机，借助金融支持，如大数据产业一样在国内实现弯道超车，成为多彩贵州的一张靓丽名片，在贵州"十四五"和2035年的中长期规划中占据重要地位，成为贵州创新理念发展中的新的增长点，让"贵州康养"成为未来中国活力老人健康养老的首选。

第十三章 我国全生命周期养老产业的金融支持实现路径

第一节 各金融行业服务下的养老金资产管理

我国金融业长期分业经营、分业监管，而养老金可以横跨银行、证券、保险、信托诸业，为金融综合经营提供新的着力点。央行等五部委 65 号文提出我国力争到 2025 年基本建成与我国人口老龄化进程相适应的金融服务体系，在此过程中金融诸业在服务养老中可以充分发挥各自优势，以各支柱养老金为支点，形成横跨所有金融领域综合经营的试点，为解决我国的老龄化问题提供金融思维。

银行业作为与企业和城乡居民联系最紧密、服务"最后一米"的金融行业，是所有支柱养老金发放的主渠道。养老金需要满足安全性、收益性和流动性要求，而银行业最适合服务于各支柱养老金的流动性要求，银行业服务养老的优势在于遍布城乡的储蓄所、方便快捷的网上银行等基础设施，各支柱养老金体系也为银行业的金融创新提供了丰厚的土壤。未来服务养老将成为银行业产业升级和服务转型的重要渠道，养老金也为银行类金融机构金融创新、服务创新提供了充裕的资金。银行业在提升养老金账户综合管理能力、创新养老金融服务及理财产品创新等方面大有可为。

证券业、基金业在完善各类养老基金投资管理、风险管控、设计新型投资产品、稳定金融市场方面作用突出。证券业、基金业是养老金投资资本市场的主要渠道，我国《基本养老保险基金投资管理办法》中明确规定了第一支柱基本养老金投资权益类产品的比例，而第二、三支柱养老金投资资本市场更是其保值增值的最重要的途径之一。证券业、基金业已经成为且继续作为服务养老金投资和管理的主渠道，其将在金融服务养老中发挥重要作用，而养老金作为机构投资者投资资本市场也为资本市场的稳定、健康发展提供了长期资金，在资本市场波动中可以起到中流砥柱的作用。

保险业在风险管理、专业服务、产品创新、新技术采用等方面都能够提供优质高效的服务。保险业服务养老已经取得了可喜的成就，养老保险与商业保险同根同源，保险业已经承担了大部分的第二支柱企业年金管理业务，刚刚成型的机关事业单位职业年金也将为保险业提供大展宏图的机会，未来第三支柱税优个人账户和寿险更是保险业服务养老的主渠道，保险业服务养老已经成为养老金融的主要实践者。

信托则为几乎所有支柱的养老金提供了管理模式，信托法将保护养老金受益人的利益不受侵犯。同时由于信托是少有的可以打通金融与实体经济之间藩篱的金融领域，未来信托在各支柱养老保险基金投资地方政府债券、资产支持证券、国家重大项目和重点企业股权时将发挥更为重要作用。因此，需要研究信托如何与第一、二、三支柱养老金结合，在服务国人养老方面发挥其独特作用。

因此，结合金融业各个行业特点以及行业实践经验，深入探讨金融服务养老的内在实践机制是本书研究的一个重点内容。在研究金融行业服务养老金资产管理方面，也需要从各个金融子行业的具体特点入手，探索具体的落地渠道。

第二节　我国金融机构服务养老金资产管理中的问题

金融服务养老理论的研究尚在路上，现实的需求却越来越大。目前在服务养老方面的传统思维仍更多定位于民政、社保、医疗卫生等领域，金融服务养老刚刚破题，金融领域各行业均在进行探索，也存在许多问题。总体来说，目前我国金融机构在服务于养老金资产管理方面，存在下列问题：

一、养老金账户综合管理能力急需提升

在金融市场化、国际化和多元化趋势下，传统银行业务的发展模式面临挑战，银行业进入转型升级的重要发展阶段。随着全国社保基金扩容、职业年金投资运营以及第三支柱个人养老金落地，金融机构作为养老金重要的受托法人机构、账户管理机构和托管机构，数据处理业务占比将不断扩大。中国金融行业面对持续百年之久的老龄化高原，必须进行自身业务转型，将现有资源向养老金资产管理服务领域配置，以更好的为几代人的养老金保值增值提供优质管理服务。

近年来，养老金业务的发展受到一定的影响，部分原因在于养老金账户管理具有的特殊性。养老金账户管理的投入产生回报的周期较长，业务经营的周期也

长，不能充分协调金融机构目前的考核体系。以企业年金业务为例，由于企业年金受到限制，建立账户的周期较长，而账户管理具有排他性，同时市场竞争较为激烈，使金融机构在前期投入较大，而看不到产出，与绩效考核周期无法匹配。为了减少年金初始规模，增加社会效益，在商业银行现行考核体系中，养老金业务存在投入与产出问题，许多高层管理者不能准确估计养老金的业务规模，对于行业的发展缺乏准确的规划和调整机制。

二、养老金资产管理模式碎片化

金融机构发展养老金资产管理业务，本质上是为了解决零售客户养老储备资产有效配置的问题。以资产保值增值为目标，保障居民退休后的生活质量，核心是做好居民个人的养老资产管理。近年来，虽然金融机构越来越重视养老金融业务，制定了相关的养老金融业务规划并不断延展与养老相关的金融业务，但是很多金融机构并未建立系统的养老金融业务组织架构，没有设置完善的业务板块，导致涉及养老金融的相关产品服务被零散分布于具体的部门中，包括企业年金借记卡、养老金代发、部门管理社会保险基金等。总体呈现出的产品碎片化、业务模式零散化状态，使养老金融业务难以涉及广泛的领域，阻碍了金融机构养老金业务发展。同时，理财部门专门管理养老专属理财项目，养老金部门却从事养老金融产品的销售。因为养老金融部门在复杂项目的过程中与多个部门进行协调，增加了沟通协商成本，延长了研发周期，难以满足老年人需求。

三、养老金资产管理业务资质分立

金融机构养老金资产管理业务受到了很多因素的限制，包括业务资质限制与监管限制。养老金融业务的监管机构涉及人社部、证监会、财政部、银监会等多个部门，使监管问题更为复杂。以企业年金业务为例，人力资源和社会保障部负责业务监管、资格准入、信息披露等；银保监会负责账管业务的正常运行和养老保险公司的项目参与；证监会负责监督年金的投资环节。由于各监管部门的管理权限受到阻碍，金融机构在运作过程中处于不利地位。为此，2015年11月建信养老金管理公司成立，作为国内第一家"试点"养老金管理公司，引起社会广泛关注。养老金资产管理组织的创新已经在实践中发生，理论研究和制度建设需尽快填补空白。

总体而言，我国金融机构在服务养老产业方面存在的问题体现在：观念未转变、未从客户角度考虑问题、普惠金融意识不强、老龄化认知不深、市场化理念不足。未来的金融机构需要看大势，才能有大作为。

第三节　金融业服务养老金资产管理的建设路径

截至 2022 年 6 月，我国社会融资规模存量 334. 28 万亿，而广义货币 M2 达 258. 14 万亿，[1] 利率市场化、商业银行的利差收窄、银行传统业务面临瓶颈，靠自有资本和融资推动模式堪忧。拓展养老金融成为商业银行主动优化经营结构、对传统金融业态进行转型升级的一个重要推手。运用现代金融手段提供不同年龄阶层的差异化的服务，使商业银行在经营管理过程开辟新的视角。

一、银行业、信托业服务于养老金资产管理的路径

关于银行业和信托业服务于养老，国内外已有诸多学者对此进行了研究。柯蒂斯（Curtis，1998）认为，共同基金的快速发展，来源于对 401（k）计划中资产管理理念的把握。商业银行应该通过准确了解客户需求、丰富产品、提供投资者教育等方面着手，确保一定的市场份额和地位[2]。罗斯兰（Roseland，1999）对美国银行养老金融业务进行分析，并且将其成功归因于广泛的机构联盟平台和丰富的投资选择。知名出版社约翰威立父子出版公司（John Wiley & Sons，Inc.）于 1999 年出版的《银行保险报告》中提出，商业银行开展养老金融业务，主要出于增强客户沟通、提高服务感受的角度[3]。商业银行可以从长时间的服务、沟通过程中，向客户提供各类金融服务建议和产品，既是服务也是商机。

晏秋生（2004）认为，企业年金将为商业银行带来巨大的中间业务收入机会，利于维护核心客户，为混业经营创造机会；同时，商业银行自身建立企业年金，也有利于优化内部分配和人才激励，有利于增强商业银行竞争力[4]。巴曙松和丁波（2010）认为，商业银行的企业年金业务还在起步阶段，但是具有非常广阔的空间，对商业银行发展中间业务将起到重要作用。商业银行应该以客户实际需求为出发点，加强营销、联动、创新，并争取获得全牌照，为客户提供综合化的服务[5]。张建国（2013）认为，商业银行在养老金融领域中具有服务、产品、风险控制等天然优势，应当抓住机遇快速发展[6]。上述学者的研究均集中

〔1〕 中国人民银行："2022 年统计数据"，载 http：//www.pbc.gov.cn/diaochatongjisi/116219/116319/445844 9/index.html。

〔2〕 Curtis C E，"The 401（k）race：What banks can learn from mutual funds"，*U.S. banker*，1998.

〔3〕 雷舒雯："我国商业银行养老金融研究"，哈尔滨商业大学 2017 年硕士学位论文。

〔4〕 晏秋生："企业年金对商业银行的影响及对策"，载《金融与经济》2004 年第 12 期。

〔5〕 巴曙松、丁波："商业银行期待企业年金业务破冰远航"，载《中国社会保障》2010 年第 9 期。

〔6〕 张建国："发挥银行优势服务养老事业"，载《中国金融》2013 年第 7 期。

探讨了银行与养老之间的密切关系，但在银行到底如何更好地服务养老方面着实不多，这也正是本书需要解决的问题。

银行业服务养老产业的六大优势有：

第一，渠道优势。遍布城乡，ATM、手机、网络；

第二，客户优势：基础性、长期性、潜在性；

第三，资产管理优势：安全性、收益性、流动性；

第四，融资优势。可以以银行间接融资为主导，结合证券、保险、REITs 等；

第五，产品优势。利用银行的大数据，对国家投资基础设施、股权、风险抵押产品进行投资；

第六，品牌优势。尤其是大型国有商业银行的商誉对老年客户具有不可替代的优势。

关于银行业如何服务于养老金资产管理的问题，可以分为两个层面：一是研究如何提升银行养老金账户综合管理能力。银行业在中国各支柱养老基金的法人受托机构、账户管理人和托管人市场中都发挥着重要作用，提高银行的账户综合管理能力将提高银行业服务养老金资产管理的核心竞争力。二是提升养老金资产管理能力。后者又涉及两个问题：一个是银行如何开发出养老型银行理财产品，服务于养老金的保值增值；另一个问题则是银行系的养老基金公司，应如何发挥其作用。因此，银行业服务养老金资产管理应从以下五方面展开：

（一）建立养老金账户综合管理平台

商业银行应整合好内外部资源，及时解决当前养老金业务中存在的问题。重新规划与养老金融内容相关的业务，通过建立规范的、科学的、完善的养老产品研发平台，创立以商业银行信誉为基础的养老服务业务。从产品研发的角度出发，商业银行对企业为主体的客户应提供一系列服务，包括托管、账户管理、投资管理、受托等；对于个体客户，商业银行应对其进行细化分类，例如地域、职业、年龄等，通过分析个体客户的具体情况，提供相应的养老理财产品、个人养老保险产品，同时加大创新力度，尤其是对于个人养老退休账户、养老按揭等新型产品。其次，规模较大的金融机构可以形成以集团为顶层设计、以多子公司运营养老资产的管理体系，内容涵盖券商、保险、基金、信托等，从而为养老金融客户提供系统的、全面的服务。

（二）加速养老金资产管理组织创新

商业银行应充分考虑养老业务项目，通过将其作为重点发展的项目，不断完善养老金资产管理机制。同时，商业银行应尽快规划养老金业务，通过对养老保险体系与养老产业发展进行改革，对多个领域进行更好地布局，包括养老基金投资管理、养老产业投融资、社保资金结算等。在组织内容方面，商业银行可以采用养老金专业管理公司模式、事业部模式等。其中，在事业部模式里，商业银行应将客户作为主体，不断提高服务质量，重视风险管理，从而提供给客户更专业的服务。目前，很多商业银行将养老金业务部设为二级业务，不能适应社会的发展。因此，商业银行必须加快对养老金资产管理机制的创新工作，从而提高市场竞争力，需要对市场中存在的养老金管理公司和事业部模式进行深入的理论和路径研究。2016 年底，国务院办公厅印发《关于全面放开养老服务市场提升养老服务质量的若干意见》提出"稳步推进养老金管理公司试点，按照国家有关规定，积极参与养老金管理相关业务，做好相关受托管理、投资管理和账户管理等服务工作"。

（三）推进全面资产管理战略

商业银行应重视与养老金管理部门的交流机会，追求补全管理资格，包括养老金投资管理资格。参照很多商业银行的养老金资产管理项目，由于缺少其项目资格，导致商业银行难以扩展业务范围。某些商业银行虽然获得了年金业务管理的资格，但是主要业务属于未推行的养老保险基金业务，投资管理人的范围主要限制于特定的机构中，例如，企业年金基金投资、全国社保基金等，很多商业银行缺乏参与资格。在商业银行的运行过程中，当前最急迫的问题为尽快争取养老金融投资管理人资格，同时把握养老基金投资业务的管理机遇。

（四）提升养老金资产的研究和配置能力

养老金资产管理业务包含许多新兴业务，政策性强、专业性高。工作人员必须掌握养老金资产管理业务相关知识，同时了解投行业务、项目融资业务，从而更好地对财税进行管理。商业银行应重视与外部专家团队的联系，建立良好的风险管理系统、资产管理、养老产业报告等项目，从而促进养老金资产业务的发展；另外，商业银行必须增加养老金融从业人员与其他业务人员的交流机会，不断提高养老金融从业人员的专业素质。对于正在面临诸多转型压力的商业银行来说，发展养老金融业务有利于推动银行自身业务转型，提高银行综合收益，从而带来新的利润增长点。第一，养老金融业务与传统银行业务相比，具有服务周期、经营周期长、业务发展持续稳定、规模效应显著等特点，能够为银行带来长期收入。第二，养老金融业务与银行传统业务形成互补，规模巨大的养老基金投资可为银行存款、理财产品提供长期稳定的资金来源。商业银行可以参与养老金融资产管理服务，提供高效率低成本的精细化投顾服务，带动银行资产管理业务的发展，拓展新的收入来源和盈利模式。

（五）对养老金管理公司统一监管

2015 年 11 月建信养老金管理公司成立，作为国内第一家"试点"养老金管理公司，引起广泛关注。诸多银行和其他金融机构，也纷纷有意成立养老金管理子公司，进军养老金管理领域。成立专营的养老金管理公司，将受托、账管、投资管理统一到一个平台，打通养老金业务链上下游，可以为客户提供专业的一站式全面服务，提升受托专业能力，改变受托人"空壳化"的现象。同时养老金管理公司，针对养老金特点，形成符合养老金管理的投资理念与服务文化，达到为养老金实现安全保值增值的长期目标。

　　基于当前监管体制、养老金制度、市场竞争等多方面的因素，养老金管理公司将不可避免地面临发展困境。首先，面临审批机构的难题。养老金管理公司是一个新生事物，目前监管原则是"谁审批、谁监管，谁主管、谁监管"。以建信养老金为例，其由国务院特批，由银监会审核同意，按照机构监管与业务监管相结合的原则，银监会作为机构监管主体，负责日常审慎监管和有关消费者权益保护等工作[1]。人社部、保监会依法对相关经营业务实施监管，比如开展企业年金管理业务的资格由人社部认定，经营的养老保障产品由保监会审批。建信养老金管理公司的审批机构是银监会，只是因为其发起人和控股股东为商业银行。若未来有养老金管理公司发起人为基金公司或券商，则是否由证监会审批和监管呢？因此，养老金管理公司的审批主体亟待明确，这直接关系到是否能够实施更有效的监管，有效防范养老金市场化管理的风险，切实保护养老金委托人的利益。

　　总体来说，商业银行应改进传统的养老金资产管理理念，建立创新思想，充分发挥商业银行的优势，对业务资源进行优化整合，创新资源的布局工作，不断提高养老金融服务水平，建立系统化、层次化的养老金融服务体系。

二、信托服务于养老金资产管理的建设路径

　　信托作为几乎所有养老金管理的制度模式，需要研究处于信托核心的受托人信义义务的问题，贯彻"受人之托、忠人之事"的理念。

　　全世界养老金在组织形式上大都选择了信托，美国1974年的《雇员退休收入保障法案（ERISA）》就是基于信托法的原则而对养老金管理人进行规制的，所有养老金的受托人必须履行信义义务，信托因而成为养老金金融化过程中的"标准模式"。之所以几乎所有的养老金组织形式都选择信托，一个最主要的原因是信托主要由三个"人"组成——委托人、受托人和受益人，处于工作年龄内的缴费者是委托人，养老金管理者是受托人，委托人未来年老后就变成了受益人。只有信托制度可以覆盖个人从工作到退休的全过程，银行体系无法匹配如此

　　〔1〕《国务院关于深化"证照分离"改革进一步激发市场主体发展活力的通知》（国发〔2021〕7号）

长期的资金，证券、保险同样难以满足作为单一产品终其一生的资产配置，只有信托可以实现养老金的终生金融服务，信托也正是因为这一独特特征，成为养老基金组织形式的主流。

我国目前以信托公司为代表的非银行类金融机构发展迅猛，其业务规模总量于2012年首次超越保险业，成为仅次于银行的第二大金融行业。信托制度本身的财产独立、风险隔离的功能，能够充分保障受益人的利益。在信托服务养老的实践中，兴业银行的"安愉信托"就集中体现了信托的优势。"安愉信托"按照客户意愿和信托文件约定给付委托人所选定的受益人，实现了个人养老保障、家族财富传承。信托设立后，通过银行专门账户管理，实现信托财产独立运作，并按照信托文件的约定向受益人支付信托利益，保障其养老等需求，投资标的涵盖了我国现有货币市场、资本市场上几乎所有的投资品种。养老信托产品弥补了基本养老保险和商业养老保险等传统养老保障的不足，是信托领域重要的金融创新举措。该信托产品的高门槛将非合格投资者拒之门外，又为防范金融风险奠定了基础，是创新与风险防范平衡的较好范例。

三、保险业服务于养老金资产管理的建设路径

养老保险和商业保险都是基于保险学中的"大数法则"而通过生命表、精算等技术建立的精妙制度，保险业因而成为养老金融的主要实践者。目前我国已经开始市场化投资运营养老金，保险公司参与了企业年金、职业年金、基本养老金的资产管理业务并占据半壁江山。但是与国外相比，无论是参与业务种类、管理规模等方面，还存在较大差距。与基金业、证券行业相比，在投资管理能力和历史业绩上，也存在一些欠缺。因此，提升保险资管行业的养老金资产管理能力具有重大意义。

保险业服务养老金资产管理的领域包括企业年金、职业年金、基本养老保险基金和第三支柱个人账户养老金。保险业在第二支柱企业年金管理中已经成为主力。目前，人社部备案的12家企业年金基金法人受托机构中，来自保险系统的共7家，近年来，这7家机构受托管理的企业年金资产份额一直维持在全行业的70%左右；在18家企业年金基金投资管理人中，有7家为专业养老保险公司，近五年来，管理的资产基本份额也接近40%。[1] 2015年开始实施的机关事业单位养老保险制度要求建立职业年金计划，职业年金基金的不断积累将给商业保险机构带来巨大利好。

保险业将在企业年金和职业年金的年金化发放中发挥主力军作用。除了企业

---

〔1〕 "企业年金基金管理机构名单（更新）"，载 http：//www.mohrss.gov.cn/xxgk2020/fdzdgknr/sh-bx_4216/shbxjjjg/qynjjd/202201/t20220118_433035.html

年金之外，《机关事业单位职业年金办法》第9条规定，机关事业单位工作人员办理退休手续后，本人可以选择按月领取职业年金，也可一次性用于购买商业养老保险产品。职业年金领取方式的选择权交给个人，这就打通了养老金的第二和第三支柱，进一步促进了养老金金融化。企业年金和职业年金计划待遇年金化发放是大势所趋，当然需要进一步推动该项工作得到落实。客观上讲，保险机构在企业年金计划待遇年金化产品的设计和供给上具有绝对优势。一般来说，企业年金的年金化发放，需要参保人退休时取出企业年金个人账户积累基金后，到商业保险购买年金化的保险产品，而保险机构可以设计出多种个性化的年金产品，满足不同参保人的多样化需求。可以说，保险机构在这项业务上的优势是其他金融机构所不具备的。

保险业应当积极参与社会保险经办和基本养老保险的投资运营。商业保险参与社会养老保险经办服务，既是必要的，也是可行的。具体来看，我国社会养老保险经办业务流程包括参保、退出、资金与信息四个环节，商业保险机构均可有不同程度的参与：有限接入养老保险关系转移接续，参与社会养老保险精算管理和待遇核算，承接社会保险费的代收代管业务，参与社会保险基金受托管理和投资管理，协助社会养老保险信息化和系统化建设等。其次，保险业要参与社会养老保障基金投资运营。我国的社会养老保险有大量基金结余。在基本养老保险基金投资运营之后，外部投资管理人的选取范围应该扩到保险公司。在过去的十年里，保险业的资产管理公司在投资方面积累了经验，做出了贡献。数据显示，保险系资产管理公司的业绩不俗。养老基金进入市场化投资管理对保险系资产管理行业来讲必将再次迎来参与投资运营的新机遇。

保险业应该积极参与第三支柱个人账户养老金制度的建立和完善。借鉴美国IRA，我国应当适时引入和建立自己的"个人养老金账户"，这将是个人自愿建立第三支柱养老保险的载体，是体现当前延税和未来纳税的记录平台，所有的养老产品的购买和投资，都可以在账户内进行和完成，账户的后台与税务记录系统连接。一旦基于"个人养老金账户"的养老保险税优政策面世，第三支柱养老保险的税收优惠政策将全部覆盖，多层次养老保障的税收政策就可以实现。第三支柱养老金制度为每个社会成员提供一个养老储蓄账户，允许个人自愿向该账户缴费，该账户在一定限额内享有税收优惠。个人账户编码、缴费、投资、提取、税收等信息由全国统一的授权机构管理，账户运行和监管均依托该机构的信息实现，以降低税收成本和管理成本。向个人账户统一提供经认可的投资产品并实行低费率。

2014年保监会《关于开展老年人住房反向抵押养老保险试点的指导意见》提出将适时指导中国保险行业协会建立反向抵押养老保险销售人员资格考试制

度，是政府监管该行业的良好开端。

借鉴美国金融消费者保护局为住房反向抵押贷款者提供保护、HUD支持机构为贷款提供担保的做法，未来应当由我国的中央政府主管部门——保监会、住房和城乡建设部联合出台住房反向抵押贷款相关担保与金融消费者保护的法规、规章，确保老年人在以房养老中的权益不受侵害。

欧盟作为老龄化严重的地区，养老金已经成为其金融体系最重要的部门之一，其三大监管机构中的"保监会"全称是"保险与职业年金监管局"，充分显示出养老金在金融体系中仅次于银行、证券、保险的"第四大金融领域"的特征，也充分说明养老金融的重点之一就是充分发挥保险业的经验和保险监管者的作用。

基于此，我国未来必须大力发展养老金融，保险业当仁不让。

四、证券业、基金业服务于养老金资产管理的建设路径

与银行业间接融资不同，证券业主要通过股票、债券市场为直接融资服务。我国养老基金主要存在银行或购买国债，而在英美资本市场发达国家，养老金早就成为资本市场的重要机构投资者。由于养老金这样的机构投资者对资本市场可以起到"压舱石"类的稳定作用，证券业和基金业在服务养老中自身的稳定和发展将得以保证。与一般投资者不同，养老基金具有稳定、长期的现金流，未来支出可予以精算。对处于发展中的我国资本市场来说，更需要长期的机构投资者入驻来成为稳定力量。

研究证券业、基金业服务于养老金资产管理，需要完善证券业、基金业服务养老资产管理机制，实现养老金第一支柱的保值增值，促进第二、第三支柱的壮大，并规范各金融业态下的养老资管。这同时也是金融市场化、国际化和多元化趋势下，金融机构传统业务和发展模式面临挑战之后，增加资本市场中长期资金供给，促进金融市场发展和金融结构优化的重要手段。证券业、基金业在养老金资产管理方面有天然的优势，如何发挥优势、进入养老金资管的蓝海，是需要理论界、实务界认真思考的问题。

第一，推动养老金对接资产管理，建设三层架构。资产管理市场应当形成三层有机架构，从基础资产到组合投资交给普通公私募基金以及公募REITs等专业化投资工具，由公私募基金从投资人利益出发，充分发挥买方对卖方的约束作用；关注科技动向、产业发展趋势、公司战略、企业家精神，跟踪经营成效，发现具有低成本、技术领先和细分市场竞争优势的企业，或者寻找有长期稳健现金流的基础资产，建立特定投资组合，打造适合不同市场周期的投资工具；从组合投资工具到大类资产配置，交给养老金FOF，比如目标日期基金和目标风险基金等配置型工具（详见第九章），专注于长周期资产配置和风险管理，开发满足不同人群生命周期需求的全面解决方案。

第二，发展固定收益类和具有稳健现金流的投资产品。例如，发展以优质不动产为基础资产的公募 REITs。应当鼓励具有持续稳定现金流的优质公共基础设施和服务项目实现资产证券化并上市交易，再通过公募 REITs 完成标的挑选和组合持有，让这些 REITs 成为养老金寻求稳健回报的可靠工具，既能满足养老资产的投资要求，同时也缩短了实体经济融资链条，切实降低实体部门的杠杆率。

第三，借助养老金账户管理，解决投资者资管产品选择困难问题。从海外成熟国家私人养老金市场来看，大部分国家没有专门设立养老型产品，通常投资于市场上现有的金融产品，但也有部分国家或地区为引导投资者选择适合的长期养老投资产品，出台了相应的制度安排，如美国 401（k）计划中，一方面可选产品过多，投资者往往难以理解产品的风险收益特征，导致投资者难以抉择，使得养老金闲置。另一方面投资者因行为偏差等因素导致养老金投资与生命周期阶段不符等诸多问题，致使参与率较低，发展缓慢，未充分发挥私人养老功能。为此，美国劳工部于 2006 年出台的《养老金保护法案》中推出了养老金合格默认投资选择（Qualified Default Investment Alternative，QDIA），QDIA 帮助投资者克服"惰性"和"选择困难"，引导将长期养老资金投资于长期养老投资产品，以提高参与率。QDIA 主要包含目标日期基金、目标风险基金和这两种策略相结合的一些特殊形式的产品。实际上，智利、中国香港和中国台湾等地区也存在这样的制度安排。

第四，推动完善资本市场税收制度建设。税收制度是影响资本市场运行效率最重要的因素之一，应加快研究有助于资本市场投融资效率和促进长期资本形成的税收体制，建立公平、中性税负机制，推动税收递延惠及个人账户养老金等长期资金；推动基金法税收中性原则落地，避免基金产品带税运营，推动 REITs 等长期投资工具更好地对接养老金需求，向服务实体经济转型。

养老产业是为夕阳人群服务的朝阳产业，需要金融的支持。养老产业的泰康模式为未来中国"渐富快老"的创业者、"富一代"、退休的高级官员和高级知识分子提供了相对高端的养老服务，未来面向普通人的养老服务才是养老产业发展的重点。

第十四章　金融支持养老的法律保障机制

第一节　我国在金融支持养老产业发展方面的立法现状

一、我国养老服务产业法律保障现状及存在问题

我国对于养老产业及养老服务业体系的建设与完善，一般依赖于制定相关的政策。这些政策应当能够形成具有系统性和规范性的政策体系，以实现其调整与规制的作用，保障相关产业正常、健康地运行。

虽然，我国对于养老服务产业法律保障的原则性地规定在《社会保险法》与《老年人权益保障法》之中，但相应法律条文在实际应用中并不能起到预期的规制与调整作用。对养老产业、养老服务业的发展与监督，往往依赖于更为细致的地方性法规、规章甚至政策。

虽然国内先后出台了关于养老服务机构管理、养老服务业发展、养老机构建设、养老服务驿站、养老照料中心等诸多促进、规范养老服务发展的政策规定，但仍存在位阶低、体系化不足、规范性不够等问题。

就机构而言，存在着养老机构服务能力与庞大的刚性客户群体的矛盾；养老机构前期投入成本与后期收入不匹配的矛盾；养老机构运营收益与运营风险之间的矛盾；养老机构与医疗机构在护理服务内容与边界之间的交叉；养老机构照护服务缺少标准化、服务水平差距较大的矛盾。就社区和居家养老而言，不同社区间关于居家养老服务的工作流程不一，没有统一的标准。不同年龄段的老人对于不同服务项目的使用及需求存在差异，必须制定一项系统化的规定予以调整。现有的大部分养老法律法规仍然停留于宏观层面，缺乏必要的司法解释与操作规范。财政拨款严重不足、门面房的租金与员工成本的日益增长、专业护理人员缺乏、医疗资源不足及政策支持有限等制约着养老服务业的发展。

目前，由于养老服务的行业规范还不全面，尤其是缺乏养老机构内事故责任的判定标准，导致了法律真空的形成。一方面，大多机构养老服务协议都是格式合同，但根据我国《民法典》第 497 条的相关规定，若格式条款合同造成对方伤害、因故意或重大过失造成对方财产损失或免除提供格式合同一方当事人主要义务、排除对方当事人主要权利的，该条款无效。从现有的众多养老机构的入院协议来看，都或多或少存在自我保护的局限，因此，一旦出现事故而引发纠纷，这些协议往往会归于无效，实际纠纷的解决就缺少了合法的依据。即入院协议在没有法律纠纷的时候是合法有效的，但是一旦产生了法律纠纷，协议宛若一张废纸。这种情况使得无论是养老机构一方，还是老人家属一方，都不能对纠纷结果形成合理的有效的预期，法律的调节作用在这方面就形成了完全的真空。

另一方面，养老机构本身没有统一的行业规范，缺乏标准化的管理，没有专业化的服务人员，尤其是没有专门反映养老机构诉求的行业协会，致使养老机构之间及养老机构和家属之间缺乏及时的沟通。更令人担忧的是，以金融手段促进养老服务产业发展本身也存在着缺乏统一标准与监管的问题，这就导致个别地方还可能出现以"以房养老、养老金融、养老产品"等各种形式出现的损害老年人合法权益的骗局。以保障老年人合法权益、追究侵权人法律责任为目的，从法律层面上认定这些金融手段是否构成诈骗、在确定每一行为是否符合侵权要件时，也需要统一的认定标准。并且这一"统一"的标准，是否应当根据不同地区和不同时期的经济发展状况有所区别或及时调整，还有待进一步的研究。

二、关于金融支持养老服务业加快发展的指导意见

(一)《关于金融支持养老服务业加快发展的指导意见》的目标与原则

为进一步创新金融产品和服务，促进养老服务业加快发展，支持供给侧结构性改革，2016 年 3 月 21 日，中国人民银行等五部委公布了《关于金融支持养老服务业加快发展的指导意见》。

该《意见》指出，应当充分认识做好养老领域金融服务的重要意义。加快养老服务业发展需要创新金融服务。一方面，立足国情，正确处理政府和市场的关系，加快建立社会养老服务体系，迫切要求改进和创新金融服务、加大金融支持力度、广泛动员社会资本参与、增加社会养老财富储备、提升养老服务支付能力，保障"老有所养"战略目标顺利实现；同时，做好养老领域金融服务是金融业自身转型升级的内在要求。加大金融支持力度，有效满足迅速增长的养老服务业发展和居民养老领域金融服务需求，是增加资本市场中长期资金供给与促进金融市场发展和金融结构优化的重要手段，是金融机构拓展新业务的重要机遇，是金融业转型升级的重要途径。

《意见》提出了"以满足社会日益增长的多层次、多样化养老领域金融服务

需求为出发点，以提高金融对养老服务业的资源配置效率为方向，统筹各类金融资源，持续推进改革创新，建立和完善有利于养老服务业加快发展的金融组织、产品、服务和政策体系，切实改善和提升养老领域金融服务水平"的指导思想，并确定了"坚持市场主导，政策扶持、坚持因地制宜，分类服务和坚持突出重点，注重实效"三项基本原则以及"到 2025 年，基本建成覆盖广泛、种类齐全、功能完备、服务高效、安全稳健，与我国人口老龄化进程相适应，符合小康社会要求的金融服务体系"的发展目标。

（二）《关于金融支持养老服务业加快发展的指导意见》支持金融养老的方向与措施

《意见》中除了包含以上宏观的目标与原则，还提出了纲领性的、具体的发展金融支持养老产业、养老服务业的方向与措施。

第一，《意见》要求要大力完善促进居民养老和养老服务业发展的多层次金融组织体系。以创新的专业金融组织形式（鼓励金融机构将支持养老服务业、发展个人养老相关的金融业务和战略转型相结合，探索建立养老金融事业部制）提升金融服务专业化水平；支持各类金融组织开展养老领域金融业务，鼓励银行、证券、保险、基金等各类金融机构、金融租赁公司、信托公司积极开发出符合其制度优势、适合养老服务业特点的金融服务，支持养老服务业发展；积极培育服务养老的金融中介体系，鼓励金融机构创新与融资担保机构合作模式，积极引导征信机构、信用评级机构面向养老服务业开展征信、评级业务，鼓励银行与征信机构、信用评级机构合作，支持发展与养老领域金融创新相适应的法律、评估、会计等中介服务机构以及鼓励金融机构与养老信息和智慧服务平台合作，运用"互联网+"大数据资源，提供更高效的金融服务。

第二，《意见》提出要积极创新适合养老服务业特点的信贷产品和服务。完善养老服务业信贷管理机制，鼓励银行业金融机构根据养老服务业发展导向和经营特点制定专门的养老服务业信贷政策，开发针对养老服务业的特色信贷产品，建立适合养老服务业特点的授信审批、信用评级、客户准入和利率定价制度，为养老服务业提供差异化信贷支持；加快创新养老服务业贷款方式，鼓励银行业金融机构创新承贷主体，对企业或个人投资设立的养老服务机构，在风险可控的前提下，可以向投资企业或个人作为承贷主体发放贷款，并根据养老服务机构特点予以不同程度的政策支持，灵活适用多种还款方式；拓宽养老服务业贷款抵押担保范围，鼓励银行业金融机构探索以养老服务机构有偿取得的土地使用权、产权明晰的房产等固定资产为抵押，以应收账款、动产、知识产权、股权为抵押与质押的贷款创新，提供信贷支持。如果风险可控，亦可用养老机构其他资产进行抵押贷款。

第三，支持拓宽有利于养老服务业发展的多元化融资渠道。推动符合条件的养老服务企业上市融资与养老服务业通过债券市场融资。支持处于成熟期、经营较为稳定的养老服务企业在主板市场上市或通过发行企业债、公司债、非金融企业债务融资工具等方式融资。支持符合条件的中小养老服务企业在中小板、创业板、全国中小企业股份转让系统上市融资或发行中小企业集合票据、集合债券、中小企业私募债；积极发挥各类担保增信机构作用，为中小养老服务企业发债提供增信支持。支持中小养老服务企业的发展；鼓励多元资金支持养老服务业发展。通过政府和社会资本合作（PPP）模式建设或发展养老机构，鼓励银行、证券等金融机构创新适合PPP项目的融资机制，并通过基金模式，探索运用股权投资、夹层投资、股东借款等多种形式。鼓励建立养老产业投资引导基金与风险投资基金、私募股权基金等投资者积极投资处于初创阶段、市场前景广阔的养老服务企业。

第四，推动完善养老保险体系建设，优化保险资金使用。完善多层次社会养老保险体系，进一步完善由基本养老保险、企业年金、职业年金、商业养老保险等组成的多层次、多支柱的养老保险体系；加快保险产品和服务方式与保险资金运用方式创新。开展个人税收递延型商业养老保险试点，继续推进老年人住房反向抵押养老保险试点工作，发展独生子女家庭保障计划，丰富商业养老保险产品。积极借鉴国际经验，在符合投向要求、有效分散风险的前提下，推动多种渠道开展投资。

第五，着力提高居民养老领域的金融服务能力和水平。增强老年群体金融服务便利性，优化金融机构网点布局，加强设施建设，为老人提供绿色通道等便捷服务，提高金融服务的可得性与便捷性；积极发展服务居民养老的专业化金融产品，鼓励各类金融机构针对不同年龄群体的养老保障需求开发符合养老跨生命周期需求的差异化金融产品，发展养老型基金产品并加快养老服务业产品创新；不断扩展金融服务内容。金融机构应当在养老金储蓄与增值业务里做好支付结算、账户管理、托管和投资等基础服务的同时，探索与开发商户优惠、医疗健康、休闲娱乐、教育咨询、法律援助等配套增值服务。

第六，加强组织实施与配套保障。加强金融政策与产业政策的协调配合。建立人民银行、民政、金融监管等部门参加的金融支持养老服务业工作协调机制，加强政策协调和信息沟通，形成推进养老服务业发展的金融政策合力，建立健全项目数据库和推荐机制，推进养老机构建立规范的财务制度和资产管理制度，提高承贷能力和偿付水平；综合运用多种金融政策工具。加强信贷政策引导，加大对养老服务业和医养结合领域的支持力度，加大对小微养老服务企业的信贷支持力度。不断完善金融监管政策，并加强政策落实与效果监测，以利于金融创新稳妥有序开展。各金融机构要逐步建立和完善金融支持养老服务业专项统计制度，加强对养老领域金融业务发展的统计与监测分析。

《意见》提出的许多发展金融支持养老产业、养老服务业的方向与措施，都建立在可控风险的前提上。然而评估投资风险，除了要考虑经济周期的影响，还需要大量的统计数据做支撑。一方面，应当鼓励涉及养老服务产业的金融机构尽快建立与完善数据库，并同时参考国内实际状况并借鉴国际经验，选取有实际价值的指标建立准确、适应地方发展的评估模型，尽早建立并完善针对不同类型养老机构、养老产业的风险评级制度。另一方面，金融支持养老产业、养老服务业的发展还需要健康的经济环境以降低金融机构投资或个人投资的系统性风险。

应当指出的是：《意见》只是一个规范性文件，主要发挥指导作用，法律位阶并不高，不具强制力，其核心内容应当在《社会保险法》的修法，或在相关的行政法规中进一步体现，真正在应对老龄化问题中促进金融机构发挥主观能动性。

(三) 支持养老产业、养老服务业的相关政策

随着老龄化速度加快，国家对于养老产业的政策支持力度加大。根据 2022 年 2 月国务院发布的《"十四五"国家老龄事业发展和养老体系建设规划》，要建立老龄事业和产业有效协同、高质量发展，居家社区机构相协调、医养康养相结合的养老服务体系和健康支撑体系加快健全，全社会积极应对人口老龄化格局初步形成，老年人获得感、幸福感、安全感显著提升。"智慧养老"是未来发展的重点[1]。

依据这些政策，许多产业与金融机构已经开始行动，如万科集团开展了医疗业务，并发展社区嵌入式养老中心；复星的养老项目融入了机器人等智能化设施，养老产业的类型和融资手段也日趋创新。2017 年 12 月 12 日，全国首家共有产权养老住房——恭和家园正式推出，养老产业基金、养老地产 REITs 等创新金融模式纷纷开展，促使了养老产业市场的多样化发展[2]。

---

〔1〕 "国务院关于印发'十四五'国家老龄事业发展和养老服务体系规划的通知"，载 http：//www. gov. cn/gongbao/content/2022/content_5678066. htm。

〔2〕 观点指数研究院："养老地产：银发浪潮下养老地产的成长困局"，载 http：//www. guandian. cn/article/20180802/205152. html。

第二节　国外立法体系在支持养老产业发展方面的经验

一、国际经验

随着人口老龄化的持续深入，长寿和慢性疾病等导致的医疗卫生和照护康复等成本的快速上升也成为各国政府必须面临和解决的重大挑战。OECD 卫生统计数据显示，1960 年，OECD 国家卫生支出占 GDP 比例只有 3.8%，但随后逐年提高，2000 年提升至 7.20%，截至 2019 年，这一比例为 9.08%。如今在不少 OECD 国家，卫生支出已经超过养老金支出，成为政府最大的社保支出部分。数据显示，绝大部分 OECD 国家的卫生支出占 GDP 比例都在逐年增加，即便如波兰、拉脱维亚等增加幅度不大的国家，也很少出现卫生支出占比下降的情况。而在所有卫生支出中，长期老年照护（Long-term Care）普遍是最大部分。例如，在荷兰，2014 年卫生支出占 GDP 比为 10.57%，而长期照护支出占 GDP 比为 2.95%，即占卫生总支出的 30% 左右[1]。在此背景下，世界各国政府在过去几十年里通过一系列改革，包括以监管制度改革、法律法规修订等方式以努力实现本国卫生支出以及老年照护和服务的可持续发展。发达国家人口老龄化早于我国，并在长期照护等领域积累了诸多有益经验，这些都值得我国学习和借鉴。

（一）日本

日本是世界上老龄化最为严重的国家之一，长期以来出生率下降，人口寿命增加。有鉴于此，日本也是全球在老年照护领域较为发达国家。1963 年日本重新修订《老年人福利法案》（The Welfare Act for Elders），规定老年人照护服务或由当地政府提供，或由当地政府认可的福利机构提供。此修订法案为二战后日本老龄事业的发展提供了重要法律保障。随着 20 世纪六七十年代日本经济的高速发展，政府财力的持续改善和增强，老年福利和保障制度也得到了较快发展。例如，日本政府于 1982 年颁布并于 1986 年修订《老人保健法》；1989 年，日本自民党决定扩展政府在老龄照护领域的责任，立法通过"黄金计划"，通过大幅增加机构床位来更好地服务老人。但是，由于主要由财政承担照护费用，政府负担过快增长，1995 年日本政府决定修订"黄金计划"以减轻政府压力。

1997 年，第一部《长期照护保险法》在日本立法机构通过，并于 2000 年正式实施。根据此法，分散在卫生和社会福利部门的基金得以统一。因此，之前监管协调力度薄弱的问题得以有效解决。此外，该法案覆盖人群主要为 65 岁以上

---

〔1〕　2 OECD, "Statistics: Health Expenditure and Financing", https://stats.oecd.org/.

所有老年人及 40-64 岁之间患有相关疾病的人群，包括肿瘤末期、脑血管疾病、骨质疏松、帕金森等 16 种疾病。另外，为了解决之前政策导致的政府财政负担过于沉重的问题，该法案规定长期照护保险费用由社会保险、税收收入和个人共同承担，以期实现筹资机制的长期可持续发展。

（二）美国

OECD 研究报告中有一项重要健康指标——潜在寿命损失（Potential Years of Life Lost），这是一个过早死亡率的总体衡量指标，提供了一种明确的方式来衡量可以预防的可能死亡人数。在 2018 年的 43 个 OECD 成员国和主要经济体排名中，美国位居倒数第 9。[1] 同时，美国也是 OECD 国家中医保覆盖率没有达到 100% 的国家之一，其他两个国家为土耳其和墨西哥。在此背景下，历届美国政府非常重视包括医保、卫生等在内的改革。

目前，美国的医疗制度主要包括三个组成部分：一是面向老人（65 岁以上）、残疾人的医疗照顾制度（Medicare）；二是面向穷人（收入低于国家贫困线133%）的医疗救助制度（Medicaid）；三是面向其他特定人群（如儿童、军人、公务员等）的政府医疗保险制度。而其中，与老年人最直接相关的医疗照顾制度是美国最早的一项医疗保险制度。这项制度依据 1965 年通过的《社会保障法（修正）》（《Social Security Law（Amendment）》）建立，并由联邦政府解决相关事务。目前，此项支出是仅次于美国社会保障（Social Security）的第二大政府财政支出。正是由于美国持续增加的医疗财政负担，美国高度重视医保改革。2010 年 3 月，由前奥巴马政府力推的两部医改方案通过，即《患者保障和有能力支付健康法案》（Patient Protection and Affordable Care Act，PPACA）、《健康和教育调节法案》（Health Care and Education Reconciliation Act of 2010，H. R. 4872）。奥巴马医改方案的实施扩大了医疗保险的覆盖范围，从 2010 年 3 月签署法案，截至 2014 年，美国无保险人数从 18% 降低到 13.4%。

美国的医疗保障系统是以市场保障为主，政府保障为辅。奥巴马的"强制保险"的医改措施虽然扩大了医疗保险的覆盖范围，但也给财政带来了很大压力。联邦政府财政对医保的支持有限，将新增医疗保险的缺口交付市场经济下盈利性的企业与机构负责，则会产生企业本身盈利性与新法案"政治正确"的冲突和矛盾。事实证明，美国的医药类上市公司选择将药物大幅涨价，把新增医疗保险带来的"财政负担"完全转嫁给别人。

2017 年 1 月，特朗普政府上台后第一次时间就宣告取消奥巴马医改法案，并

---

〔1〕 数据来源：Potential years of life lost，参见：https://www.oecd-ilibrary.org/social-issues-migration-health/potential-years-of-life-lost/indicator/english_193a2829-en.

要求各联邦政府提供法律允许范围内更加灵活的医保法案。特朗普的医改法案废除了奥巴马医改法案包括强制医保在内的许多规定：包括提高仿制药开发、审查和批准过程的效率；最大限度地提高复杂仿制药的科学性和法规性；最大限度避免品牌药公司运用竞争漏洞三个方面增加市场竞争。创建激励措施，降低上市价格，增强包括价格上涨和低价替代品的条令扩展更多渠道，让患者和消费者知道低价替代品的信息，降低消费者实际价格的支出[1]。2022 年 1 月，拜登总统签署行政命令，恢复奥巴马时期医保政策。该行政命令旨在将奥巴马平价医疗法案和联邦医疗补助恢复至特朗普上任之前的奥巴马运作模式，以逆转特朗普造成的申请医保的门槛变高的伤害。

可以发现，由于美国市场经济发达，利用市场调节医疗产业发展并在市场经济的框架下进行监管，能够使得医疗和养老产业的发展与经济状况很好地结合起来，尤其是采取金融手段支持发展医养结合产业和服务业的方法，很有借鉴意义。

（三）德国

德国是最早建立现代社会保障制度的国家，非常注重法律法规对规范社会保障事业和养老健康产业的作用，出台了一系列法律法规，如：《医疗保险法》（1883 年）、《事故保险法》（1884）、《残疾和养老保险法》（1889 年），1911 年又把这三项法律合并为《帝国保险法》。1975 年颁布了《社会法典》，它是德国当今社会保险制度的法律基础。1995 年德国设立长期护理保险并纳入《社会法典》。2005 年 1 月颁布了《老年收入法》，把传统的养老保险"三支柱模式"转变为"三层次模式"。总体而言，德国已形成了法律健全、体系完备、种类丰富、运行良好的社会保险制度。

（四）欧盟

欧盟是发达国家较为集中的区域，同时也是老龄化进展最严重的地区之一。在 28 个欧盟成员国中，长期照护支出均是财政支出的重要组成部分，尽管程度不一[2]。欧盟卫生数据显示，财政负担较小的为一些人口结构较为年轻的国家，如立陶宛、斯洛伐克等后期加入欧盟的国家，长期照护占 GDP 比例极低，而其他传统欧盟国家相对较高。

2000 年以后的统计数据显示，65 岁以上老人入住护理机构的比例在下降。在欧盟地区，提供长期照护有不同的制度安排和服务提供机构。北欧福利国家有

---

〔1〕 "美国医改新法案：特朗普的修正主义"，载 http：//www. sohu. com/a/233211272_313170。

〔2〕 European Commission：eurostat，"Health care expenditure by function"，https：//appsso. eurostat. ec. europa. eu/nui/show. do？ dataset＝hlth_sha11_hc&lang＝en。

公办护理机构，受益人群相对多[1]。65 岁以上老人中约有 12.9%享受长期照护，多数是居家照护，并非在机构里。23 个国家的数据显示：超过 70%的老年人愿意居家照护，以 80 岁以上女性老年人为主。这也意味着北欧发达国家正在从护理机构向社区和家庭回归。

欧盟成员国高度重视老人照护，纷纷通过改革以应对新形势下的挑战和困难。例如，西班牙政府于 2006 年通过的《受赡养者法》规定所有残疾的西班牙国民将享受由国家提供的医疗照护。在斯洛文尼亚，劳动家庭与社会事务部已起草《长期照护保险法案》，并推动立法机构尽快通过。

第三节　金融支持养老产业发展法律体系的政策建议

一、要选择适合中国国情的养老服务模式和法律约束机制

首先，老年人的自我照料和相互照料，尤其是老年人之间根据年龄结构的自我互助照料是解决子女不在身边或工作较忙等问题的一种良性方式。

其次，亲属网络，包括了配偶、子女（含孙子女）和其他亲属。

再次，社区的有偿服务或者志愿者服务，包括乐龄志愿者的时间银行项目所提供的服务。

最后，来自所在组织的支持和照料，即以老年人自助互助为原则，以家庭支助为基础，以社区服务为依托，以国家和政府的法律、法规、政策为保障，重点是机构养老服务模式的规范化及法律规制建立。所谓养老机构的规范化，是指建立统一的管理方法，明确规定机构设置哪几个部门，各部门的职能和具体要求是什么；明确规定养老机构招收老人入住的程序，包括统一的体检、入院前的介绍等；制定统一的入住合同文本，对相应的责任进行统一规范和界定；对护理人员的聘用、培训、工资待遇做出相应的规定，规范养老机构的人事制度；对养老机构的规模和人员的配置进行规定，明确一个护理人员应该照顾几个老人，制定具体的服务标准和注意事项；完善监督和检查机制，成立评估检查组，制定详细的评估量表，对养老机构各方面的情况进行打分，按标准分进行奖励或者处罚，直接和政府的补贴款以及星级评定相关；落实养老机构内的民主管理委员会，支持老人参与管理，并对其组织制度、组织方式、具体的工作内容等作出明确的规定。

---

〔1〕　OECD：Statistic, Demographic and Labor Force Projections Database, https：//stats. oecd. org/Index. aspx？DataSetCode＝ALFS_POP_LABOUR.

目前养老机构缺乏必要的行业组织、仲裁机构以及应急处理措施，这使得他们普遍缺乏处理法律纠纷的有效可行的途径。大多数的养老机构并没有一支专业化的医疗队伍，事故出现之后无法进行及时有效的处理，这是纠纷产生的一个导火索。而养老服务双方对相关的法律关系、双方的合法权益也没有明确的认识，这就使得双方当事人在意外事故面前，难以清醒地客观地分析事故背后深层次的原因。又缺乏必要的调解和仲裁机构，这使得服务纠纷往往难以化解。

要解决这些问题，首先应当建立健全相关的法律法规。比如立法部门可以在《民法典》合同编中增加有关养老服务合同的有关规定，使养老服务纠纷的解决能够逐步走向规范化。养老机构总体上说，都应当是非营利性的社会福利服务机构，这决定了不能完全采用市场的调节方式。国家应从各个方面给予养老机构特殊的优惠政策。养老服务不是严格意义上的商品，在实际生活中也不可能形成等价交换，所以，一般的民事法律规则例如《消费者权益保护法》就不能用在养老机构上。老人和养老机构应该是一种委托与被委托的关系，所签订的入院协议也应该是一个委托合同，双方应该按照各自的意思表示达成一个委托协议，明确双方应享有的权利和履行的义务。法律应对这种委托合同加以规范，各级管理部门也可以进行指导和监督，在行业协会成立以后，这种合同有望能够达到统一、规范的标准。

此外，可以成立行业性协会，完善行业服务质量体系，设立"养老院责任保险"，通过保险来进行风险分担，以及设立纠纷仲裁机构，促进养老产业的健康发展。

二、借鉴国际经验，制定并完善金融支持养老的相关政策规定

依照《关于金融支持养老服务业加快发展的指导意见》确定的指导思想，按照《意见》提出的具体方向和措施，借鉴国际经验，因地制宜，制定并完善符合地方经济发展战略的金融支持养老产业、养老服务业的相关政策规定。

根据《意见》，出台的政策规定应当符合以下特点：

第一，鼓励各类金融机构开展养老领域金融业务，完善与其配套的金融中介机制，完善养老服务业信贷管理机制，从金融机构的角度为养老产业、养老服务业的发展提供助力。

第二，拓宽养老产业、养老服务业的资金来源。除了鼓励金融机构创新贷款机制，对于风险可控、有条件的企业，允许其上市获取流动性更强、规模更大的资金。

第三，根据各地不同经济发展状况，制定与产业政策相协调的金融政策。目前，已经有一些产业积极响应政策号召，开始投入建设—如养老地产，又称企业营利型老年住宅，作为一种基于适老化和为老化住宅而拓展出来的新兴地产业态，具有立体的开发经营方式，复合了房地产开发、商业地产运营、养老服务和金融创新等属性。它以养老住宅为基础，附加文体中心、护理院、医院和超市等商业配套设施，同时集居住、餐饮、娱乐、养生、保健、就医等概念于一体，依靠住宅销售、出租和相关物业经营权和收益权的金融化运作，以及商业配套服务或养老专业化服务的增值效应，来实现自身盈利和长远发展。目前，养老地产是中国实现居家养老、社区养老与机构养老相结合等社会化养老的有效载体和实现形式，正在引导和推动着养老产业的发展。对于这些"创新型"的产业，应当有相应的金融政策对其进行匹配和支持，保证这些既符合养老产业、服务业发展目标又能带动地方经济良性发展的新兴产业蓬勃发展。

第四，加强监管与风险控制。涉及养老产业、服务业的金融风险不仅是商业风险，更牵涉社会民生和国家发展。因此对待此类金融业务，一方面，一定要加强监管，选择匹配我国的经济发展阶段、金融市场成熟度、整体监管框架、法律法规体系的监管体系，防止非系统性风险的发生和扩大；另一方面，要注意防范系统性金融风险，保障金融稳定发展，为养老产业、服务业发展提供良好、稳定的经济环境。

目前我国对于金融支持养老产业和养老服务业发展的法律保障除了《社会保险法》《老年人权益保障法》《劳动法》《信托法》《证券法》等法律中的相关原则性规定外，各相关人社、金融机构主管部门应当积极制定有利于"金融支持养老产业和养老服务业发展"这一目标实现的精细化政策，并辅之以配套的执行和反馈机制。

第十五章　生命周期养老金融创新展望

第一节　养老资产管理的挑战

一、养老金资产储备不足

第一，基本养老金收支压力进一步加剧。随着我国老龄化趋势不断加剧，退休人口占比不断上升，工作人口占比逐渐下降，近十年来基本养老金缴费增速始终小于基金支出增速。从基金规模来看，如果扣除财政补贴因素，仅仅考虑缴费收入和基金支出，按照目前参保人数、缴费规模和领取人数的发展趋势，基本可以确定，未来基本养老金当期收支缺口还将进一步扩大，财政的补贴压力也将持续增加。

第二，地方政府对基本养老金委托投资运营意愿不强。相对于将基本养老金结余委托给全国社保基金投资运营，各地对养老金留存当地的意愿可能更为强烈。原因在于，如果将基本养老金委托给全国社保基金，虽然能够带来一定的投资收益，但是对于当地则意味着资金的净流出。与此相反，如果这一体量庞大的资金留存在当地金融体系中，则会通过银行等渠道间接支持当地社会经济发展。

第三，经过近二十年的发展，企业年金发展趋于成熟。从制度设计上看，企业年金为企业自主建立的补充养老制度中要求建立的企业须依法参加基本养老保险并履行缴费义务、具有相应的经济负担能力并建立集体协商机制。在经济基本面下行，实体经济增长回落等内外因素影响下，大部分中小企业建立企业年金的可能性不高。因此，企业年金整体覆盖面偏低的现状，得到明显改善的难度较大。

二、经济新常态下养老金资产管理难度加大

综合判断未来宏观经济情况和资本市场环境，我们认为养老金资产管理难度

还将持续加大。究其原因，一是随着年金投资范围纳入一级市场和另类产品，未来还可能投资境外资产，对于投资管理人的资产配置能力、风险管理能力提出更高要求。二是随着经济逐步下行，无风险利率下行，养老金投资收益率也出现不断走低的趋势，在此情况下为了实现养老金资产保值增值，权益类资产比例将被动增加，年金投资风险和波动幅度都将进一步放大。三是随着养老金资产规模持续扩大，在资本市场占比逐步提高时，想获取超额收益的难度加大，为了实现收益同时控制波动，这就要求更加多元化、精细化的资产配置和投资管理，对受托人和投管人的能力提出了新挑战。

（一）养老金长期资金优势始终未能发挥

不同于公募基金容易受到市场情绪变化影响，导致规模变动较大，养老金在较长时间内收支和规模变动相对明确，不可预期的提取需求相对较少，资金规模稳定且具有较强的长期属性，在短期内风险忍耐程度更高。因此，区别于短期投资者做顺周期投资，养老金可以进行逆周期性投资。对于权益类资产，逆周期投资可以更加关注企业长期盈利能力而非短期价格波动，以分享企业长期增长价值。对于固定收益类资产，养老金则可以通过参与投资周期较长的基础设施建设等国家重大工程、项目建设以获取较高的投资收益。总之，长期属性使养老基金能够以"时间"换"空间"的形式，通过长周期投资，克服短期资产波动和流动性低等风险以获取长期风险溢价。

从国外实践来看，海外典型的养老金投资普遍注重长期视角，权益类投资比例较高，同时重视在全球范围内进行资产配置。然而，从我国实践来看，多种因素导致养老金尚不能完全发挥长期资金优势。以企业年金为例：首先，企业年金由于个人选择权未能开放，整体投资风格偏向保守，权益类资产实际投资占比在10%上下波动，远远未达到40%的政策规定上限。第二，企业年金业务实践中，合同期以三年为主，而且普遍采取年度考核的方式，加之部分委托人在年度考核中采取投管人淘汰机制，也导致投管人只能着眼于短期业绩排名。第三，部分委托人对投管人评价考核的制度化、科学化水平不足，在公开、透明、规范等方面也有所欠缺，可能导致投资管理人短期投资行为。第四，企业年金和基本养老金尚不能进行海外投资，也制约了养老金资产配置空间，不利于分散风险和提高收益。而全国社保基金作为储备养老金，资金没有短期给付压力，可以更高比例投资权益类资产，但是过去权益类资产的实际配置比例约在20%-30%之间，距离40%的政策上限尚有较大空间。

（二）养老金资产管理领域的机遇

第一，全国社保基金规模有望快速扩容。在我国人口老龄化不断加深的背景下，作为战略储备的全国社保基金具有巨大的市场扩容需求。2016年3月，国务院公布的《全国社会保障基金条例》明确规定全国社保基金来源包括了国有资本划转。除此之外，推进中央财政预算拨款、彩票公益金也是全国社保基金筹资的重要渠道。在全国社保基金理事会积极参与划转部分国有资本充实社保基金等基础性工作研究以及划转后的管理运营问题研究的基础上，全国社保基金规模有望快速扩容，为我国养老金战略储备提供更充实的财力保障。

第二，职业年金将为年金行业带来新机遇。在企业年金步入低增长阶段，年金行业发展乏力的背景下，职业年金市场化运营将为年金行业带来新增长点。由于自愿建立的制度设置和我国中小企业居多的现实约束，企业年金发展缓慢。而职业年金属于强制参加，起步阶段覆盖约 3 000 万事业单位人员和 700 多万机关公务员，覆盖面显著大于企业年金。同时从缴费比例看，职业年金缴费率为12%，而企业年金享受税收优惠为 9%，税收优惠力度相对较大。从缴费规模看，职业年金每年缴费规模在 2 000 亿左右，考虑投资收益部分，职业年金规模增速可观。另一方面，考虑到年金新增职工减少及领取人数增加等因素，其规模增长还有放缓趋势，预计未来五年，职业年金规模完全有可能追上甚至超过企业年金。

第三，养老金产品发展有助于个人投资选择权的放开。从国外第二支柱职业养老金与第三支柱个人税延养老金发展历程来看，个人选择权始终是政策关键点，也是推动养老金长期投资、合理投资的重要手段。世界各国的第二和第三支柱养老金制度中，普遍给予了个人投资选择权，这是因为通过授予个人选择权，才能将不同风险偏好的人群加以分类，投资管理人也能据此制定匹配各类风险偏好的投资产品，满足不同人群的不同投资需求。

第四，2018 年 4 月 2 日《关于开展个人税收递延型商业养老保险试点的通知》的颁布，标志着第三支柱建设的正式启动。该《通知》表明，将"有序扩大参与的金融机构和产品范围，将公募基金等产品纳入个人商业养老账户投资范围"。这说明养老保险第三支柱的产品未来将跨越纯粹的商业保险的范畴，进入更加广义的领域。2022 年 4 月正式推出的个人养老金制度为计划参加者提供了更多选择。因此，未来可以考虑在部分年金计划中鼓励逐步放开个人选择权，进一步扩大后端集合，实现产品化投资。这既能改善养老金投资行为，也能真正发挥养老金的长期资金优势，获取相应投资回报。

第二节　政府与市场合力的金融支持

一、金融支持养老产业领域的挑战

（一）养老产业金融支持政策落地难

纵观国内发布的众多支持养老金融发展的政策，大部分停留在方向引导上，比如鼓励和引导民间资本进入养老服务业、鼓励外国投资者设立营利性养老机构或鼓励金融支持养老服务业发展等，但并没有出台对资本进入养老产业的进一步细化的措施。

养老产业金融政策更多是站在金融角度，没有根据养老产业的特性提出针对性的解决措施。养老企业或养老项目一般分为建设期和运营期，由于产业的特殊性，企业或项目的运营期对资金的需求量不亚于其在建设期的资金需求，但这部分需求往往不是政策的主要支持方向。另外，养老产业投资回收期长，与之相适应的资本手段较少，政策对投资期限没有明确的鼓励。这都导致政策对养老产业金融支持的精准性较低，金融支持养老产业发展的政策难以落地。

实体企业一般把股权投资者分为两类，一是战略投资者（投资着眼长期回报），二是财务投资者。从目前的养老产业金融市场来看，大部分投资者都属于财务投资者，以获取短期收益回报为主要目的。从养老产业这样的长周期行业来看，财务投资者难以带来优质产业资源和长期资本，不利于养老企业长期战略发展。

养老产业的长期性和低盈利性决定企业的首选是可以相伴一路走下去的战略投资者。这类投资者不要求企业快速盈利，而是通过资本注入、导入人才和标准化模式等养老产业资源，摸索出本地客群的刚性需求，提供让老人满意、让子女放心的产品服务，然后快速复制模式，做到标准化、连锁化运营。提供这类真正符合市场需求的产品和服务才能立于不败之地，才有机会成就企业的基业长青。因此，战略投资者才是养老金融市场最稀缺的资源。

部分企业盲目转型投资老龄产业。老龄产业作为新一轮的"朝阳产业"，许多企业都看到其未来的广阔发展空间，都想在这块"大蛋糕"上分一杯羹，各类企业相继投入，布局老龄产业的动作令人应接不暇。但是，转型运作和跨界投资的效果并不理想。比如老龄地产领域，超过半数的民建养老地产空置率在20%以上，能盈利的项目占比不到10%。这种低效有市场培育早期的客观环境的影响，但更大的问题还是企业本身。转型投资老龄产业之前，许多企业对于老年领域并不熟悉，为追求市场，并没有对老龄产业的产业特征、盈利认识和老年人的消费需求作出深入调研便盲目投入。譬如，现阶段的养老地产项目，真正以服务老人为主，并配备了相关医疗、护理服务的少之又少，不少所谓的养老地产项目只是披上"外衣"，低价拿地，变相卖房。

1. 企业运营能力不足，难以消化并购资产

从近年来的并购事件来看，养老产业"资金荒"在一定程度上是个伪命题，随着国内利率市场化进程的加速，更多呈现出"资产荒"的特征。资本在大量寻求优质的投资标的，然而企业在并购后普遍存在"消化不良"的问题。由于养老产业属于新兴产业，市场也是近年来才放开，企业普遍缺乏运营能力。这导致企业并购优质养老标的后，只是作为企业战略布局的一环，不能深入参与到被并企业的运营中，难以为被并企业提供契合的资源对接。这样，一方面难以提高被并企业的价值，另一方面，对于并购方来说，并购后运营能力的缺乏会使资本市场对养老产业并购信心下降，降低对并购方的估值，影响其市值和市盈率，不利于并购方对自身市值的管理。

2. 老年人对于购买老年服务及产品意识淡薄

目前，我国老年人购买养老服务的消费理念还没有普遍形成，政府直接提供养老服务的现象较普遍，市场机制的作用未得到充分发挥。中国老龄科学研究中心的"十城市万名老年人居家养老状况调查"显示，高龄、空巢和失能老年人是居家养老服务需求较高的人群。

(二) 金融支持养老产业领域的机遇

1. 养老产业是老龄社会条件下支撑宏观经济发展的新增长点

在老龄社会条件下，养老产业的发展关乎虚拟经济和实体经济的协调运作，是保持宏观经济稳定运行的关键因素，也是宏观经济调控的重要方面。老年人口数量的增长会带动老年人对医疗保健、康复器材、护理用品、生活用品和养老服务等方面的消费需求，而庞大的消费需求将促进社会消费结构的变化，进而带动产业、产品结构和市场结构的调整及相关产业的发展，促进经济增长。同时，老龄用品、老龄服务业和老龄房地产是实体经济，养老金融横跨银行、保险、证券、基金、信托和房地产等金融所有领域，属于虚拟经济，而未来预计涉老资本将以十万亿元计。未来发展养老产业，既有利于壮大我国虚拟经济，也有利于做强我国实体经济。

2. 服务型政府将有效助力养老产业金融发展

养老产业作为公共事业的一部分，政府在养老产业发展过程中具有重要作用。同时，养老产业的发展又亟需契合广大老年群体的需求，这就更容易通过市场机制来实现。因此，养老产业的发展离不开政府与市场的通力合作。目前我国建立服务型政府的目标是实现政府和市场责任的良好契机。服务型政府一个重要

的角色是自下而上给予社会以相应的支持和服务。近年来，各地在建设服务型政府的过程中不断根据市场需求，通过建立养老产业引导基金、政策性贷款等方式积极给予政策支持和引导，成为养老产业金融发展的重要助推力量。可以预见，在我国全面建设服务型政府的背景下，各地对于中央大力支持的养老产业将有更多的支持，可以有效助力养老产业的快速发展。

3. PPP 将成为养老产业主流融资模式之一

PPP 作为政府和社会资本合作的一种新形式受到热捧，成为养老项目的新型融资、建设、运营方式。PPP 模式的核心在于利益共享、风险共担和提高效率，重点在减低项目的运作成本，降低项目运作风险。

PPP 模式不是一个简单的程序和流程，而是一个设计好交易规则的长期投资及运营过程。由于这种模式具有集合了政府和社会资本的双重优势，项目周期长、资金投量大，和养老产业长周期、资金需求量大、投资回收期长的特性相匹配，在此基础上开发的养老小镇项目将成为未来的热点项目。

对于地方政府来说，PPP 项目投资额度不能超过每年政府一般公众预算的10%，因此地方政府对 PPP 项目的立项领域进行了严格把控。现阶段，PPP 项目一般以市政及基础设施建设项目为主，通过使用者付费、政府付费或缺口补贴的方式产生盈利。PPP 项目不允许投资暴利产业，项目收益率维持在 6%~7% 之间，而养老项目既是民生工程，又能通过使用者付费方式让社会资本收回投资，因此是地方政府鼓励的领域之一。这都预示着 PPP 模式将成为未来养老项目的主要融资模式之一。

4. 资本市场将通过多种渠道促进养老产业发展

在我国人口老龄化不断加剧的背景下，养老产业具有巨大的发展空间，具有敏锐嗅觉的资本市场必将通过多种渠道参与养老产业的发展过程中。近年来增加的海内外养老产业并购实践表明，优质的养老标的已经获得资本市场的争抢，资本市场通过并购进行资源整合，扩大养老产业相关企业规模，并进行连锁化复制，会产生一个成熟的养老产业链条。同时，大部分上市公司开始把养老作为新业务来拓展，也纷纷通过融资并购整合，建立长周期的资本平台，积极开拓新型养老产业市场，寻求养老产业内新的投资机会，通过多样化的方式参与到养老产业发展中来。

大部分上市公司是把养老作为新业务领域来扩展，自身并不具备养老产业发展所需要的资源和能力，而融资并购整合是上市公司进入养老产业最为快捷的方式之一。上市公司通过在组织结构中设立一个长周期资本平台，培育自身的直接融资、间接融资、并购重组和战略投资能力。通过资本平台的建立，借助资本市场的力量，运用融资并购方式整合市场中已经成熟的标的，培育自身养老版块的业务，比如宜华健康的投资战略布局。这种方式可以使企业在保证主营业务稳定提供现金流的同时，积极开阔新兴养老产业市场，寻找产业内新的投资机会，还能保持企业在二级市场上的估值水平和流动性。

5. 养老产业将逐步向规模化方向迈进

根据产业经济学理论，产业演进将从"小散乱差"的初步发展期逐步走向规模化的成熟期，而资本市场将会加速这一过程。从今年产业并购频繁来看，优质的养老标的已经被争抢。资本的注入，可以使得企业能够进行连锁化复制，快速扩大规模，从本地化模式走向全国模式。这会促进一大批中小企业在竞争中走向成熟，首先会在区域内出现养老行业的龙头企业，成为政府扶持对象和其他企业争相模仿的对象。规模较小的企业将被并入龙头企业的麾下，不断进行产业整合。资本的助力使得龙头企业只需紧抓自身核心能力，其他资源由资本市场导入，不管是做平台还是做机构，资本市场都将加速养老产业领军企业出现的速度。

从现阶段来看，我国养老产业从业企业数量众多，但产业集中度低，整体处于产业发展早期，集中表现为客户群体消费能力弱、市场供给呈现"散、乱、弱、差"的局面、金融产品发展较为缓慢等。近年来，我国政府不断转变角色，变身产业引导方，这一转变降低了企业与政府部门之间的沟通成本，对养老产业的结构调整具有巨大的推动作用。与此同时，随着养老产业的逐步发展，大量国有企业通过收购与并购成立专业公司、与成熟养老品牌合作、PPP 等方式进入养老产业，给整个养老产业注入了资金、人才，技术等资源，激活了产业发展的活力。国企实力和资本的撬动力量，以及"政策+国企+落地机构"的系统化"筑底"作用，使得我国整个养老产业更加的体系化，而国企及大资本企业集团的陆续进入，无疑将会使得一大批中小从业企业被迫转型，甚至退出产业角逐，这将促进养老产业向规模化迈进。

第三节　老年照护和消费：产品多元与跨界合作

一、老年照护和消费领域面临的挑战

从产业经济学的角度来说，研究产业主要就是研究产业供给，产业供给取决于产业需求特别是有效产业需求，产业供给方式同样取决于产业有效需求所包含的服务内容。

（一）目前我国老龄产业有效需求中存在的问题

1. 有效需求不足

尽管我国国民收入在不断攀升，但目前的居民收入水平还较低，2021 年中国城镇企业退休人员的基本养老金平均水平接近 3000 元，但有数以亿计的"城乡居民"的基本养老金每月仅 200 余元。可支配收入直接影响老年人对老龄产品与服务的有效需求，加之传统代际财产转移观念的根深蒂固，老龄产业的有效需求难以培育。此外，现阶段老年人的需求结构十分复杂，低端需求虽低效但富于刚性，终端需求是典型的有效需求，高端需求有效但弹性较大。以养老机构为例，市场上处于两端的豪华型养老机构和设施简陋的养老机构较多，真正符合大多数老年人的中档养老机构所占份额较低，呈现两头大、中间小的"哑铃形"供给结构，而这种供给与需求的不协调，无疑抑制了老年人的有效需求。

2. 有效需求客群难挖掘

庞大老年人群的用品和服务需求仅是潜在需求，如何开发培育其中的有效需求是推动老龄产业经济发展的重点。这就如同下海打鱼，首先要明确鱼群出没的海域，然后撒网，才可能捕捞成功。同样的，老龄人口数量众多，对有效的需求客群精准定位，是目前整个老龄产业所面临的关键问题，需要各部门、各企业认真思考。

（二）国民经济发展不平稳

国民经济的平稳发展取决于经济中需求和供给的相对平衡。供给侧作为产品和服务的提供方，目前存在着四方面问题。

第一，供给失衡。首先是产业结构失衡，目前我国老龄市场对于老年保健品、家政服务、养老服务、旅游等传统老龄产业的供给十分富足，金融服务、长期护理、老年住宅等现代老龄产品的供给明显短缺，老年科技产品、益智产品等个别产业还处于初期探索阶段。其次是城乡结构失衡，农村老龄化水平远高于城市，但农村的老龄产业发展却远落后于城镇。

第二，区域结构失衡。区域老龄化的程度不同，发展老龄产业的速度与力度也有所不同，从人口老龄化和经济水平看，东部地区特别是率先实现现代化的城镇地区发展较快，中部和西部地区的发展则较缓慢。

第三，无效供给。由于部分投资者忽视老龄产业的特殊性，对老年人消费心理和实际需求缺乏深入了解和认识，致使老龄产业的供需双方之间存在着较大的脱节，许多企业提供的老龄产品和服务与老年人的实际需求并不相符，不仅没能满足老年人的需求，还导致服务和产品的滞销积压，造成企业的亏损。

第四，供给水平偏低。老龄产业目前还没有实现成熟的规模化经营，现有老龄产业的终端产品和服务种类单一，缺乏创新，而在生产基地、市场交易、销售渠道等方面缺乏规整，呈现小而散的状态。

（三）体制机制限制了老年照护和消费产业发展

从体制方面分析，中国老龄产业涵盖面十分广泛，政府各职能部门如民政、发改、财政、人社、卫生、金融、文化教育、劳动人事等均参与其中，但因政府转变职能的原因，这些部门条块分割、各自为政，缺乏整体规划和行动协调，很难形成有效合力。同时，老龄产业和事业的边界模糊，政府介入过多，产业竞争市场难以形成，终端需求市场社会资本介入较少。

从机制方面分析，在我国老龄产业九龙治水的状态下，我国老龄产业工作的运行机制和监管机制不健全，政策制定和落实不协调，后期监管也难以有效运作。人、户、单位分离，造成现有公共服务设施使用效率低下。加之老龄产业相关机制落地还需要时间，机制体系的完善与落实还要更多的努力。

（四）政策法规方面的不足

老龄产业的迅速发展越来越引起政府重视，各项有关政策相继出台。根据目前所出台的相关政策来看，普遍存在指导性强，却缺乏操作性的问题，并未做到实质拉动老龄市场的发展。比如鼓励发展老龄产业的税收优惠政策，在具体操作时手续繁琐，流程复杂，增加了申办难度。同时，老龄相关举措频频出台，但法律法规却制定较少，没有形成一个系统化、体系化的老龄产业政策。今后应继续从战略、规划、立法、税收等多方面做出努力，全面完善。

二、老年照护和消费领域的机遇

（一）宏观层面的有利因素

第一，人口老龄化快速发展，老年照护和消费市场前景广阔。自2000年前后我国步入人口老龄化社会以来，人口老龄化速度不断加快，据预测，未来数十年间我国还会继续面临着人口老龄化的加速发展。在我国的老龄化过程中，伴随着家庭小型化、高龄化、空巢化、失能化等问题日益凸显，传统的家庭养老模式受到冲击，家庭之外养老服务需求开始增长，国家层面愈发重视养老体系建设规划。养老服务业已经成为未来发展重点，甚至成为我国经济发展的一个重要引擎，由于衣食住行、生活照料、用品生产、医疗服务、文化健身娱乐等众多领域都离不开金融服务的支持，养老服务金融需求将面临爆发。同时，我国经济的数十年高速发展与广大公民收入的不断提高，为养老服务金融市场的发展提供了坚实的经济基础，养老服务金融市场前景广阔。

第二，政策法规将密集出台。我国养老产业政策未来将呈现出从零散走向整合、从单一走向综合、从一般走向专业的发展趋势。从近期政策来看，有三项政策将出台：

一是人才政策。目前我国在岗的60万名养老服务人员的考试、评级、薪酬、激励等机制暂时缺乏，为尽快弥补养老服务人员的需求空缺，最近一到两年内需尽快解决护理人员的评职称、薪酬等问题。

二是家庭政策。从全球范围来看，目前已有 86 个发达国家拥有家庭政策。在中共中央政治局第三十二次集体学习体会议上，家庭保障、家庭福利、家庭服务等家庭政策被明确提出，未来将与养老、生育、医疗等直接结合。

三是民营资本介入政策。现有政策主要给予了民办非企业单位，未来从产业发展的角度来看，应给予"市场类"或"企业类"养老机构优惠政策。

从中长期政策来看，长期照护、税收优惠、政府购买老龄用品目录、老龄用品质量标准、农村养老等多项政策也将陆续创制，以指导社会各界力量参与养老产业的建设。

第三，老龄照护和消费领域投资热点更加全面。我国养老产业当下状况是老龄服务市场先声夺人，老龄房地产炙手可热，老龄用品市场整体发展缓慢，养老金融市场逐步觉醒。随着人口老龄化和老年人消费需求多样化，未来除了老龄服务业和老龄房地产外，老年日用品领域、老年文化娱乐市场、老年教育市场、老年网络购物市场、养老金融保险市场、老年智能用品市场等领域也将逐渐成为投资新热点。需要指出的是，现代经济是虚拟经济和实体经济的共同作用体，养老金融的发展关系到一国能否在老龄化背景下保持长期竞争优势。到 2025 年前后，四大板块均呈现快速发展态势，其中养老金融的经济总量将远远超过老龄用品和老龄服务的经济总量。

第四，全行业投资养老产业将成为大势所趋。养老产业作为一个横跨第一、二、三产业的综合产业，其综合性决定了养老产业的发展对其他产业既有依赖又有渗透，产业发展涵盖范围是全行业。面对我国所处的老龄社会初期阶段现状以及养老产业百万级的市场需求前景，"追求经济利益"的市场动力机制会促使所有行业对老龄社会条件下的产业发展机遇展开探索与布局。同时，目前老龄行业可投资的产品较为有限，可以说这也是一个利于创业的市场。

第五，区域养老产业将异军突起。我国养老产业在发展速度与力度上，东部地区较快，中部与西部地区较缓慢。其中，以北京、上海、广州、江浙一带等地为先行地区，率先展开养老产业相关措施，积极应对地方人口老龄化相关问题，努力挖掘老龄消费市场的巨大潜能，从而带动地区性经济结构的优化调整。到2020 年前后，在现有基础上，将初步形成以上海、北京、深圳为核心的养老金融产业带。

第六，老龄产品与服务将持续创新发展。在激烈的市场竞争条件下，科技创新与智能化将日益成为中国老龄产品和服务发展的驱动力量。目前，我国对事关老人福祉的科技研究日益增多，科技养老、智慧养老等概念也不断出现，各类创新的高科技老龄产品和服务将陆续出现。其中，"智慧住宅"以科技方式建构和谐友善的居住环境，将是未来老龄科技中的一个重要发展领域。

（二）行业层面的有利因素

第一，发挥金融中介功能，整合养老社区产业链。养老社区具有涉及产业跨度大，金融服务链条长的特点。但目前无论是国内的房地产开发商、保险机构、私募基金，还是国际知名养老投资运营机构作为养老社区的主体，在实体养老社区的项目开发运营中尚不能形成产业整合的力量。需要作为主体的机构，联合整个产业链，通过关键环节深入与金融的结合，发挥金融的中介功能，实现养老社区从投资、开发、持有、运营、服务、管理、退出各阶段的金融化，形成完整的金融生态链，助推养老社区的建设与运营；另一方面，则以"捆绑"方式支持养老机构、养老设施、康复护理、家政服务以及与养老社区紧密相关的上下游产业链市场化运作，形成在养老产业上下游之间的资本良性循环，为搭建多区域、差异化、连锁式养老社区提供支持，实现金融与养老产业一体化发展。

第二，关注老年群体金融需求，前瞻性创新金融产品。围绕养老社区实体项目相关领域通过老龄储蓄投资理财产品、地产倒按揭、养老地产的证券化产权，实现对养老社区产业链条资源的整合。通过开发养老机构责任保险等险种，提高养老机构抵御风险的能力。在养老社区周边，金融机构要合理布局服务网点，对于现有机构要进行适老化改造，设置专人、绿色通道为老年群体提供服务。针对目前部分信贷及保险相关政策对于老年人的限制，金融机构与养老社区联合积极开发符合养老生命周期需求的同时可提供养老社区服务权益的金融产品；结合网络和移动互联技术的发展和移动终端的普及，金融机构要发挥前瞻性，创新适合老年群体的通用型金融产品和特殊型金融产品。通过"一卡通"金融介质，实现老年人在养老社区范围内生活、医疗文化娱乐等多方面需求，方便便捷。而对于高龄和失能、半失能老人，则可开发指纹识别系统或人像识别系统类的特殊金融产品，为这一老年群体提供既周到又安全的金融服务。

第三，"以房养老"潜在市场不容忽视。无论从"以房养老"产品本身的定位设计还是从国际国内"以房养老"的实践探索来看，"以房养老"仅仅是一个小众产品，其适用对象通常是拥有独立房产的失独老人、空巢老人等具有"以房养老"需求的老年客户。在合格的潜在人群中，"以房养老"业务发展最为成熟的美国也大约只有 3.0% 左右的参与率，英国大约为 0.2% 的参与率[1]。

尽管"以房养老"业务小众，但其潜在的需求不容小觑，尤其是目前我国

---

〔1〕 "'以房养老'试产规模未来或超 2000 亿元"，载 http：//house. people. com. cn/n1/2017/0928/c164220-29564062. html。

面临着严峻的"4-2-1"家庭结构。"以房养老"是化解房产价值的固化和养老照护需求困境之间存在的矛盾的有效手段之一。2020年，央行最新调查显示，我国城镇住房拥有率达到96.0%，城镇居民家庭户均总资产317.9万元[1]。在全球主要大国中，我国家庭住房拥有率或达全球第一，这为"以房养老"的推行提供了基础条件。

"以房养老"最典型的形式是住房反向抵押贷款，这种模式的典型特征就是通过风险分散的机制对固化在房产上的资产进行抵押贷款产品设计，其中涉及的两个最重要的环节：一是风险控制，二是金融信贷。这就决定了无论银行还是保险，单一主体进行的"以房养老"产品设计都存在着诸多的难题，成本也巨大。银行资金实力强大，具有良好的抵押贷款经验，但对于人寿风险的控制则缺乏相应经验；同样保险行业擅长风险管控，但缺少金融信贷业务经验，因此通过银行与保险的联合，是"以房养老"产品设计的有效思路。其中，政府在"以房养老"产品运行过程中提供政策支持和监管，以保障"以房养老"产品的公信力。此外，民营机构开展"以房养老"优势不明显且公信力不足，发展前景有限。

"以房养老"在发达国家流行的重要原因在于其高额的遗产税。在美国，联邦遗产税采取超额累进制，如果子女要继承包括房产在内的遗产，从遗产总值中扣除债务、丧葬等豁免额之后，必须缴纳18%-50%不等的遗产税[2]。而如果老年人参加"以房养老"，所得的现金可以享受免税待遇。我国也早在2004年发布了《中华人民共和国遗产税暂行条例（草案）》，但因种种原因限制，遗产税迟迟没有推出。尽管面临着诸多的争议，我国开征遗产税在相关部门和地区的探索却一直没停止。如果遗产税开始破冰，那么"以房养老"产品一般都会享受免税的待遇，可以成为合理避税的有效工具。在此基础上可以预见，遗产税或将成为"以房养老"快速发展的重要推手。

"以房养老"在我国发展存在困境的一个重要原因是养老服务业发展滞后，尤其是养老机构因服务质量或地域等原因，存在着"一床难求"和"床位空置"的矛盾[3]，这也是部分老年人不愿接受"以房养老"的原因之一。近年来，我国养老服务业的发展日益受到重视，2015年十部委联合发布了《关于鼓励民间资本参与养老服务业发展的实施意见》（民发〔2015〕33号），鼓励利用PPP等

---

〔1〕 "央行调查显示：我国城镇居民家庭户均总资产317.9万"，载 https：//finance.sina.com.cn/money/bank/bank_hydt/2020-04-26/doc-iircuyvh9830828.shtml。

〔2〕 "2017年《养老金融蓝皮书》：'以房养老'潜在市场预计超2000亿"，载 http：//finance.cnr.cn/gundong/20170923/t20170923_523962106.shtml。

〔3〕 "养老供需错位：'一床难求'与资源闲置并存"，载 http：//industry.people.com.cn/n1/2019/0325/c413883-30992766.html。

模式建设或发展养老机构，支持发展面向大众的社会化养老服务产业[1]。2022年个人养老金制度的推出，更为个人自主进行养老投资打开了大门，系统完善的养老服务业的发展有利于化解老年人"以房养老"后对养老服务质量的顾虑，可能成为"以房养老"的有利契机。

综合来看，随着我国老龄化的加剧，养老金金融、养老产业金融、养老服务金融都在近年来有了新的重要进展，全生命周期养老准备的实践创新倒逼学界在理论上有所突破。本书希望成为全生命周期养老金融的引玉之砖，在积极应对老龄化、增加养老财富储备、建立健全完善的养老保障制度中发挥基础性作用，保障每个中国人都可以拥有美好的未来。

---

　　[1]　民政部：《关于鼓励民间资本参与养老服务业发展的实施意见（民发〔2015〕33号）》。

参考文献

1. 安宁："中国经济高质量发展动力足　已成全球经济增长'引擎'"，载《证券日报》2020年11月13日，第A01版。

2. 巴曙松、丁波："商业银行期待企业年金业务破冰远航"，载《中国社会保障》2010年第9期。

3. 巴曙松："'多支柱'支撑养老金融创新发展"，载《经济参考报》2017年1月13日，第A02版。

4. 崔红艳、徐岚、李睿："对2010年人口普查数据准确性的估计"，载《人口研究》2013年第1期。

5. 达德利·鲍思顿著，方地译："中国婴儿死亡率模式"，载《人口研究》1991年第3期。

6. 党俊武："中国应对老龄社会的战略思路"，载《中央民族大学学报》2005年第4期。

7. 党俊武："老龄问题研究的转向：从老年学到老龄科学"，载《老龄科学研究》2014年第2期。

8. 党俊武："以市场化破解我国老龄产业困境"，载《光明日报》2016年6月10日，第02版。

9. 党俊武："我国老龄社会初期阶段发展老龄服务的战略思考"，载《老龄科学研究》2017第3期。

10. 董克用："应对老龄化需高度重视养老金融发展"，载《当代金融家》2016年第7期。

11. 董克用、孙博："从多层次到多支柱：养老保障体系改革再思考"，载《公共管理学报》2011年第1期。

12. 董克用、孙博、张栋："'名义账户制'是我国养老金改革的方向吗——瑞典'名义账户制'改革评估与借鉴"，载《社会保障研究》2016年第4期。

13. 董克用、张栋："高峰还是高原？——中国人口老龄化形态及其对养老金体系影响的再思考"，载《人口与经济》2017 年第 4 期。

14. 都阳："人口转变的经济效应及其对中国经济增长持续性的影响"，载《中国人口科学》2004 年第 5 期。

15. 都阳："中国低生育率水平的形成及其对长期经济增长的影响"，载《世界经济》2005 年第 12 期。

16. 冯丽英："掘金商业银行养老金融业务"，载《中国银行业》2015 年第 11 期。

17. 冯丽英："养老社区：社会需求巨大，发展模式仍在探索"，载董克用、姚余栋主编，《中国养老金融发展报告（2017）》，社会科学文献出版社 2017 年版。

18. 冯占军、李连芬："保险业与养老服务的融合"，载《中国金融》2018 年第 15 期。

19. 高建平："建立完善养老金融服务体系"，载《中国金融家》2016 年第 3 期。

20. 葛延风等："我国健康老龄化的挑战与策略选择"，载《管理世界》2020 年第 4 期。

21. 韩克庆："名义账户制：养老保险制度改革的倒退"，载《探索与争鸣》2015 年第 5 期。

22. 贺强："建立中国养老金融体系势在必行"，载《国际融资》2011 年第 4 期。

23. 胡兵、孙博："养老金金融：体量稳增长与投资低收益并行"，载董克用、姚余栋主编，《中国养老金融发展报告（2017）》，社会科学文献出版社 2017 年版。

24. 胡继晔："费改税：社会保障制度更加公平可持续的重要一环"，载《财政科学》2016 年第 12 期。

25. 胡继晔："国际养老金制度发展的现状与趋势"，载《中国社会保障》2014 年第 4 期。

26. 胡继晔："养老金融：理论界定及若干实践问题探讨"，载《财贸经济》2013 年第 6 期。

27. 胡继晔、木公："经合组织国家养老金现状及展望"，载《中国社会保障》2013 年第 8 期。

28. 胡继晔："欧债危机的教训及其对中国发展个人养老金的启示"，载《行政管理改革》2013 年第 9 期。

29. 胡继晔：《保障未来：社保基金投资资本市场》，中国社会科学出版社 2006 年版。

30. 胡继晔："从'次贷'、欧债危机反思中国金融市场稳定——基于城市化进程中机构投资者发展的视角"，载《城市发展研究》2016 年第 12 期。

31. 胡继晔："金融服务养老的理论、实践和创新"，载《西南交通大学学报（社会科学版）》2017 年第 4 期。

32. 胡继晔：《论养老金监管立法》，中国政法大学出版社 2013 年版。

33. 胡继晔："养老金融：未来国家层面的发展战略"，载《中国社会保障》2012 年第 10 期。

34. 胡继晔、陈金东、董亚威："新时代呼唤养老金融理论创新——基于收入再分配视角"，载《新疆社会科学》2019 年第 3 期。

35. Robert Holzmann、Richard Hinz 著，华迎放等译："世界银行：二十一世纪的老年收入保障——国际养老保险制度及其改革"，载《社会保险研究》2005 年第 7 期。

36. 侯明、熊庆丽："我国养老金融发展问题研究"，载《新金融》2017 年第 2 期。

37. 和晋予："养老与信托的'一体化'发展思路"，载《当代金融家》2014 年第 12 期。

38. 黄润龙："1991—2014 年我国婴儿死亡率变化及其影响因素"，载《人口与社会》2016 年第 3 期。

39. 黄荣清、曾宪新："'六普'报告的婴儿死亡率误差和实际水平的估计"，载《人口研究》2013 年第 2 期。

40. 黄荣清："关于 Brass 的 logit 体系的探讨"，载《人口研究》1987 年第 6 期。

41. 黄文金、张秋、杨丹虹："人口老龄化背景下我国养老服务金融的现状及对策分析"，载《河南工学院学报》2020 年第 3 期。

42. 黄毅、佟晓光："中国人口老龄化现状分析"，载《中国老年学杂志》2012 年第 21 期。

43. 姜启源：《数学模型》，高等教育出版社 1987 年版。

44. 姜睿、苏舟："中国养老地产发展模式与策略研究"，载《现代经济探讨》2012 年第 10 期。

45. 蒋正华、张为民、朱力为："中国人口平均期望寿命的初步研究"，载《统计研究》1984 年第 3 期。

46. 李成、米红、孙凌雪："利用 DCMD 模型生命表系统对'六普'数据中死亡漏报的估计"，载《人口研究》2018 年第 2 期。

47. 李南、孙福滨："死亡漏报的一种新的估计方法"，载《人口研究》1994 年第 5 期。

48. 李树茞："80 年代中国人口死亡水平和模式的变动分析——兼论对 1990 年人口普查死亡水平的调整"，载《人口研究》1994 年第 2 期。

49. 李建新："国际比较中的中国人口老龄化变动特征"，载《学海》2005 年第 6 期。

50. 李亚军："英国养老金金融化改革的经验和启示"，载《社会保障研究》2017 年第 1 期。

51. 李珍："关于社会养老保险私有化的反思"，载《中国人民大学学报》2010 年第 2 期。

52. 李珍、王海东："英国养老金私有化改革的历程与评价"，载《保险研究》2011 年第 2 期。

53. 李云林："美国基本养老保险的特点及启示"，载《社会福利（理论版）》2012 年第 2 期。

54. 李泓沄、储德平："安养乡村、乐享田园：养老型乡村旅游地新机遇基于养老旅游、乡村旅游与生态旅游的融合发展"，载《资源开发与市场》2015 年第 4 期。

55. 刘永平、陆铭："从家庭养老角度看老龄化的中国经济能否持续增长"，载《世界经济》2008 年第 1 期。

56. 刘永平、陆铭："放松计划生育政策将如何影响经济增长——基于家庭养老视角的理论分析"，载《经济学（季刊）》2008 年第 4 期。

57. 刘子兰、李欣玲："养老金计划与经济增长关系研究评述"，载《经济学动态》2008 年第 4 期。

58. 刘云龙、肖志光：《养老金通论：关于人口结构、养老金制度、金融结构变迁的一般理论》，中国财政经济出版社 2012 年版。

59. 刘昌平、殷宝明："发展养老产业 助推老龄经济"，载《学习与实践》2011 年第 5 期。

60. 刘双锋："信托业开展养老金融业务方案设计"，河北金融学院 2020 年硕士学位论文。

61. 刘润心："商业银行发展养老服务金融的必要性和策略分析"，载《石家庄学院学报》2020 年第 2 期。

62. 林艳等："为什么要在中国构建长期照护服务体系？"，载《人口与发展》2009 年第 4 期。

63. 林羿："美国个人退休账户制度及市场介绍"，载《养老金融评论》2019年第1辑。

64. 鲁全："养老金制度模式选择论——兼论名义账户改革在中国的不可行性"，载《中国人民大学学报》2015年第3期。

65. 吕志勇："含有'可持续性因子'的我国养老金计发公式设计研究"，载《山东财经大学学报》2014年第6期。

66. 国务院人口普查办公室、国家统计局人口和社会科技统计司编：《2000年人口普查国家级重点课题研究报告》，中国统计出版社2005年版。

67. 马海龙："商业银行在养老金融服务方面扮演的角色研究"，载《金融经济》2015年第18期。

68. 马赛楠："养老目标基金债券FOF组合构建"，载《国金证券基金分析专题报告》2019年3月19日。

69. 莫龙："中国的人口老龄化经济压力及其调控"，载《人口研究》2011年第6期。

70. 穆光宗："我国机构养老发展的困境与对策"，载《华中师范大学学报（人文社会科学版）》2012年第2期。

71. 任强等："20世纪80年代以来中国人口死亡的水平、模式及区域差异"，载《中国人口科学》2004年第3期。

72. 邵宜航等："存在收入差异的社会保障制度选择——基于一个内生增长世代交替模型"，载《经济学（季刊）》2010年第4期。

73. 沈坤荣、谢勇："不确定性与中国城镇居民储蓄率的实证研究"，载《金融研究》2012年第3期。

74. 申曙光、孟醒："社会养老保险模式：名义账户制与部分积累制"，载《行政管理改革》2014年第10期。

75. 宋凤轩、张泽华："日本第三支柱养老金资产管理：运营模式、投资监管及经验借鉴"，载《现代日本经济》2020年第4期。

76. 宋凤轩、张泽华："日本第三支柱养老金资产运营管理评价及借鉴"，载《社会保障研究》2019年第6期。

77. 孙福滨、李树苗、李南："中国第四次人口普查全国及部分省区死亡漏报研究"，载《中国人口科学》1993年第2期。

78. 孙健夫、张泽华："瑞士养老金体系及其资产管理经验对中国的启示"，载《河北大学学报（哲学社会科学版）》2020年第6期。

79. 孙守纪、胡继晔："养老金制度对金融发展的影响分析——对法律起源和资源禀赋等假说的反思"，载《经济学动态》2013年第5期。

80. 孙博、董克用、唐远志："生育政策调整对基本养老金缺口的影响研究"，载《人口与经济》2011 年第 2 期。

81. 孙博："养老金融，迎来新'蓝海'"，载《金融博览（财富）》2016 年第 12 期。

82. 宋健、张洋："婴儿死亡漏报对平均预期寿命的影响及区域差异"，载《人口研究》2015 年第 3 期。

83. 谭秀国、朱怡璐："美国社会保障私有化研究述评"，载《辽宁工程技术大学学报（社会科学版）》2007 年第 3 期。

84. 唐军、李新春："海外养老目标基金战略和战术资产配置观察与思考"，载《中泰证券基金研究报告》2019 年 2 月 26 日。

85. 万树、蔡霞："基本养老保险基金：做实账户制还是名义账户制？"，载《南京审计学院学报》2014 年第 4 期。

86. 王德文、蔡昉、张学辉："人口转变的储蓄效应和增长效应——论中国增长可持续性的人口因素"，载《人口研究》2004 年第 5 期。

87. 王克祥、于凌云："关于渐进式延迟退休年龄政策的研究综述"，载《人口与经济》2016 年第 1 期。

88. 王晓军、米海杰："养老金支付缺口：口径、方法与测算分析"，载《数量经济技术经济研究》2013 年第 10 期。

89. 王晓军："对我国养老保险制度财务可持续性的分析"，载《市场与人口分析》2002 年第 2 期。

90. 王金营："1990 年以来中国人口寿命水平和死亡模式的再估计"，载《人口研究》2013 年第 4 期。

91. 王金营、戈艳霞："2010 年人口普查数据质量评估以及对以往人口变动分析校正"，载《人口研究》2013 年第 1 期。

92. 汪伟："人口老龄化、生育政策调整与中国经济增长"，载《经济学（季刊）》2016 年第 1 期。

93. 汪伟："计划生育政策的储蓄与增长效应：理论与中国的经验分析"，载《经济研究》2010 年第 10 期。

94. 汪连新等："养老目标基金对退休养老规划效用探析——基于生命周期理论"，载《金融经济》2019 年第 6 期。

95. John B. Williamson、申策、房连泉："东亚三国的公共养老金制度改革：名义账户制的应用前景评析"，载《社会保障研究》2011 年第 5 期。

96. 魏剑斌："贵州省养老服务基础设施建设投融资研究"，载《时代金融》2017 年第 5 期。

97. 邬沧萍、王琳、苗瑞凤:"从全球人口百年 (1950~2050) 审视我国人口国策的抉择",载《人口研究》2003 年第 4 期。

98. 吴雨、彭嫦燕、尹志超:"金融知识、财富积累和家庭资产结构",载《当代经济科学》2016 年第 4 期。

99. 徐智垠:"产业化——我国社区养老服务持续发展之道",载《劳动保障世界(理论版)》2010 年第 7 期。

100. 杨继军、张二震:"人口年龄结构、养老保险制度转轨对居民储蓄率的影响",载《中国社会科学》2013 年第 8 期。

101. 袁志刚:"中国养老保险体系选择的经济学分析",载《经济研究》2001 年第 5 期。

102. 袁志刚、宋铮:"人口年龄结构、养老保险制度与最优储蓄率",载《经济研究》2000 年第 11 期。

103. "养老保险基金资产破万亿 坚持长期主义方能'赢'在未来",载《中国经营报》2020 年 11 月 30 日,第 A01 版。

104. 董克用、姚余栋主编:《中国养老金融发展报告 (2016)》,社会科学文献出版社 2016 年版。

105. 姚余栋:"政策市场双轮驱动,一体三翼格局初成",载《探索养老金第三支柱的中国路径——中国养老金融调查暨〈中国养老金融发展报告(2017)〉发布会会议发言材料》,中国养老金融 50 人论坛,2017 年。

106. 姚余栋、王赓宇:"发展养老金融与落实供给侧结构性改革",载《金融论坛》2016 年第 5 期。

107. 晏秋生:"企业年金对商业银行的影响及对策",载《金融与经济》2004 年第 12 期。

108. 杨燕绥、闫俊、刘方涛:"中国延税型养老储蓄政策的路径选择",载《武汉金融》2012 年第 8 期。

109. 杨燕绥、张弛:"老龄产业发展依赖三个创新",载《中国国情国力》2014 年第 1 期。

110. 叶银宁、储伶丽、刘晓燕:"乡村旅游、生态养生旅游、养老旅游融合发展探究——以西安市长安区为例",载《经济研究导刊》2019 年第 21 期。

111. 岳磊:"养老金金融:体量稳增长与投资低收益并行",载董克用、姚余栋主编,《中国养老金融发展报告 (2017)》社会科学文献出版社 2017 年版。

112. 曾毅:"中国人口老化、退休金缺口与农村养老保障",载《经济学(季刊)》2005 年第 3 期。

113. 曾毅、金沃泊:"中国高龄死亡模式及其与瑞典、日本的比较分析",

载《人口与经济》2004 年第 3 期。

114. 翟德华："中国第五次人口普查全国人口死亡水平间接估计"，载《人口与经济》2003 年第 5 期。

115. 翟振武："1990 年婴儿死亡率的调整及生命表估计"，载《人口研究》1993 年第 2 期。

116. 翟振武、张现苓、靳永爱："立即全面放开二胎政策的人口学后果分析"，载《人口研究》2014 年第 2 期。

117. 赵梦晗、杨凡："六普数据中婴儿死亡率及儿童死亡概率的质疑与评估"，载《人口研究》2013 年第 5 期。

118. 张栋、孙博："'以房养老'：小众养老方式的本土化探索"，载董克用、姚余栋主编，《中国养老金融发展报告（2017）》，社会科学文献出版社 2017 年版。

119. 张栋、孙博："养老服务金融：严监管背景下的跨行业探索与创新"，载《养老金融评论》2019 年第 6 辑。

120. 张士斌、梁宏志、肖喜生："日韩养老金制度改革比较与借鉴"，载《现代日本经济》2011 年第 6 期。

121. 张占力："第二轮养老金改革的兴起与个人账户制度渐行渐远——拉美养老金私有化改革 30 年之反思"，载《社会保障研究》2012 年第 4 期。

122. 张本波："我国人口老龄化的经济社会后果分析及政策选择"，载《宏观经济研究》2002 年第 3 期。

123. 张建国："发挥银行优势服务养老事业"，载《中国金融》2013 年第 7 期。

124. 张颖："区域生态旅游与养老产业耦合发展研究"，载《前沿》2015 年第 2 期。

125. 张耀华："人口老龄化加速背景下贵州省养老产业的破局与发展"，载《黔南民族师范学院报》2018 年第 3 期。

126. 中国证券投资基金业协会编著：《个人养老金：理论基础、国际经验与中国探索》，中国金融出版社 2018 年版。

127. 赵廉慧："《日本信托法》修改及其信托观念的发展"，载《中国商法年刊》2008 年第 00 期。

128. 郑秉文："欧债危机下的养老金制度改革——从福利国家到高债国家的教训"，载《中国人口科学》2011 年第 5 期。

129. 郑秉文、胡云超："英国养老制度市场化改革对宏观经济的影响"，载《国际经济评论》2004 年第 1 期。

130. 郑秉文："'名义账户'制：我国养老保障制度的一个理性选择"，载《管理世界》2003 年第 8 期。

131. 郑秉文："金融危机对全球养老资产的冲击及对中国养老资产投资体制的挑战"，载《国际经济评论》2009 年第 5 期。

132. 郑秉文、张笑丽："中国引入'养老金融'的政策基础及其概念界定与内容分析"，载《北京劳动保障职业学院学报》2016 年第 4 期。

133. 郑秉文："经济理论中的福利国家"，载《中国社会科学》2003 年第 1 期。

134. 郑功成："尽快推进城镇职工基本养老保险全国统筹"，载《经济纵横》2010 年第 9 期。

135. 郑功成等：《中国社会保障制度变迁与评估》，中国人民大学出版社 2002 年版。

136. 钟水映、李魁："劳动力抚养负担对居民储蓄率的影响研究"，载《中国人口科学》2009 年第 1 期。

137. 朱志："公募 FOF：养老利器，资管蓝海"，载《清华金融评论》2018 年第 8 期。

138. 宗庆庆、刘冲、周亚虹："社会养老保险与我国居民家庭风险金融资产投资——来自中国家庭金融调查（CHFS）的证据"，载《金融研究》2015 年第 10 期。

139. Henry Aaron, "The Social Insurance Paradox", *The Canadian Journal of Economics and Political Science / Revue canadienne d'Economique et de Science politique*, Vol. 32, No. 3., 1966.

140. Albert Ando, Franco Modigliani, "The 'Life Cycle' Hypothesis of Saving: Aggregate Implications and Tests", *The American Economic Review*, Vol. 53, No. 1., 1963.

141. Allianz Pensions Sustainability Index [J]. 2016.

142. A. Araujo, "Lack of Pareto Optimal Allocations in Economies with Infinitely Many Commodities: The Need for Impatience", *Econometrica*, Vol. 53, No. 2., 1985.

143. Armeanu, Oana I, "Politics of pension reform in central and eastern Europe", *Oana Armeanu, The politics of pension reform in Central and Eastern Europe: Political Parties, Coalitions, and Policies*, Palgrave Macmillan, 2010.

144. Camila Arza, Martin Kohli, *Pension Reform in Europe: Politics, Policies and Outcomes*, Routledge, 2008.

145. Mukul G. Asher, Azad S. Bali, "Public Pension Programs in Southeast A-

sia: An Assessment", *Asian Economic Policy Review*, Vol. 10, No. 2. , 2015.

146. Alan S. Blinder, Roger H. Gordon, Donald E. Wise, "Reconsidering the Work Disincentive Effects of Social Security", *NBER Working Papers*, 1980.

147. David Blake, "The UK pension system: Key issues", *Pensions: An International Journal*, Vol. 8, No. 4. , 2003.

148. David Blake, "Pension schemes as options on pension fund assets: implications for pension fund management", *Insurance: Mathematics and Economics*, Vol. 23, No. 3. , 1998.

149. Zvi Bodie, "The ABO, the PBO, and pension investment policy", *Financial Analysts Journal*, Vol. 46, No. 5. , 1990.

150. Zvi Bodie, John B. Shoven, *Financial Aspects of the United States Pension System*, The University of Chicago Press, 2019.

151. Bodie, Z. , Crane, D. B. , "Personal Investing: Advice, Theory, and Evidence from a Survey of Tiaa-Cref Participants", Social Science Electronic Publishing.

152. Zvi Bodie, "Pensions as Retirement Income Insurance", *Journal of Economic Literature*, Vol. 28, No. 1. , 1990.

153. Zvi Bodie, "Pension Funds and Financial Innovation", *Financial Management*, Vol. 19, No. 3. , 1990.

154. Zvi Bodie, "Purchasing-Power Annuities: Financial Innovation for Stable Real Retirement Income in an Inflationary Environment", *NBER Working Papers No. w0442*, 1980.

155. John Bongaads, "Pensions at a Glance 2015: OECD and G20 Indicators", *Population and Development Review*, Vol. 42, No. 2. , 2016.

156. Lans Bovenberg, Carel Petersen, "Public Debt and Pension Policy", *Fiscal Studies*, Vol. 13, No. 3. , 1992.

157. W. Brian Arthur, Geoffrey McNicoll, "Samuelson, Population and Intergenerational Transfers", *International Economic Review*, Vol. 19, No. 1. , 1978.

158. Gary P. Brinson, L. Randolph Hood, Gilbert L. Beebower, "Determinants of Portfolio Performance", *Financial Analysts Journal*, Vol. 51, No. 1. , 1995.

159. Sarah M. Brooks, "Globalization and Pension Reform in Latin America", *Latin American Politics and Society*, Vol. 49, No. 4. , 2007.

160. Brown J. R. , Weisbenner S. J. , "Who Chooses Defined Contribution Plans?", *Social Science Electronic Publishing*.

161. Brown D. J. , Lewis L. M. , "Myopic Economic Agents", *Cowles Founda-*

tion Discussion Papers, 1978.

162. Burkhauser, R. V., Turner J. A., "Is the Social Security Payroll Tax a Tax?", *Public Finance Review*, Vol. 13, No. 3., 1985.

163. Steven Caldwell, Melissa Favreault, Alla Gantman, et al., "Social Security's Treatment of Postwar Americans", *Tax Policy and the Economy*, Vol. 13, 1999.

164. J. C. Campbell, N. Ikegami, "Long-term care insurance comes to Japan", *Health Affairs*, Vol. 19, No. 3., 2000.

165. J. C. Campbell, N. Ikegami, M. J. Gibson, "Lessons from public long-term care insurance in Germany and Japan", *Health Affairs*, Vol. 29, No. 1., 2010.

166. David Cass, "Optimum Growth in an Aggregative Model of Capital Accumulation", *The Review of Economic Studies*, Vol. 32, No. 3., 1965.

167. Raj Chetty, John N. Friedman, Søren Leth-Petersen, et al, "Active vs. Passive Decisions and Crowd-Out in Retirement Savings Accounts: Evidence from Denmark", *The Quarterly Journal of Economics*, Vol. 129, No. 3., 2014.

168. Gordon L. Clark, "Pension Fund Capitalism: A Causal Analysis", *Geografiska Annaler: Series B, Human Geography*, Vol 80, No 3., 1998.

169. Ansley J. Coale, Paul Demeny, Barbara Vaughan, *Regional model life tables and stable populations*, Academic Press, 1983.

170. Dora L. Costa, *The Evolution of Retirement: An American Economic History, 1880-1990, University of Chicago Press*, 2019.

171. Vincent P. Crawford, David M. Lilien, "Social Security and the Retirement Decision", *The Quarterly Journal of Economics*, Vol. 96, No. 3., 1981.

172. Curtis C. E., "The 401 (k) race: What banks can learn from mutual funds", *US banker*, 1998.

173. E. Philip Davis, Yu-Wei HU, "Does funding of pensions stimulate economic growth?", *Journal of Pension Economics & Finance*, Vol. 7, No. 2., 2008.

174. Dean R. Leimer, Selig D. Lesnoy, "Social Security and Private Saving: New Time-Series Evidence", *Journal of Political Economy*, Vol. 90, No. 3., 1982.

175. Richard Dennis, "Macroeconomic Theory: A Dynamic General Equilibrium Approach", *Economic Record*, Vol. 89, No. 285, 2013.

176. P. A. Diamond, "A framework for social security analysis", *Journal of Public Economics*, Vol. 8, No. 3., 1977.

177. Diamond, P., "Insurance theoretic aspects of workers' compensation", in Blinder, A. S., Friedman, P., eds, *Natural Resources Uncertainty, and General E-*

quilibrium Systems, Academic Press, 1977.

178. P. A. Diamond, J. A. Hausman, "Individual retirement and savings behavior", *Journal of Public Economics*, Vol. 23, No. 1-2. , 1984.

179. Diane Del Guercio, Jennifer Hawkins, "The motivation and impact of pension fund activism", *Journal of Financial Economics*, Vol. 52, No. 3. , 1999.

180. Dobler, C. P. , "Applied Mathematical Demography", *Journal of the American Statistical Association*, Vol. 100, 2005.

181. Edgar K. Browning, "The Marginal Social Security Tax on Labor", *Public Finance Review*, Vol. 13, NO. 3. , 1985.

182. Martin Feldstein, "Do Private Pensions Increase National Saving?", *Journal of Public Economics*, Vol. 10, No. 3. , 1978.

183. Martin Feldstein, Andrew Samwick, "Social Security Rules and Marginal Tax Rates", *National Tax Journal*, Vol. 45, 1992.

184. Martin Feldstein, "Fiscal Policies, Capital Formation, and Capitalism", *European Economic Review*, Vol. 39, No. 3-4, 1995.

185. Martin Feldstein, *Social Security and Saving*: *New Time Series Evidence*, National Bureau of Economic Research, Inc, 1996.

186. Martin Feldstein, "Tax Avoidanceand the Deadweight Loss of the Income Tax", *The Review of Economics and Statistics*, Vol. 81, No. 4. , 1999.

187. Franklin Allen, Anthony M. Santomero, "What do financial intermediaries do?", *Journal of Banking & Finance*, Vol. 25, No. 2. , 2001.

188. Elaine Fultz, Markus Ruck, "Pension reform in central and eastern Europe: Emerging issues and patterns", *International Labour Review*, Vol. 140, No. 1. , 2001.

189. Gary S. Becker, Robert J. Barro, "A Reformulation of the Economic Theory of Fertility", *The Quarterly Journal of Economics*, Vol. 103, No. 1. , 1988.

190. George A. Akerlof, "The Market for 'Lemons': Quality Uncertainty and the Market Mechanism", *The Quarterly Journal of Economics*, Vol. 84, No. 3. , 1970.

191. Richard A. Gilbert, Ian Lloyd Levin, Sarah Downie, "New pension legislation will significantly change US pension and IRA investments", *Journal of Investment Compliance*, Vol. 7, No. 3. , 2006.

192. Jo Grady, "Gendering Pensions: Making Women Visible", *Gender Work & Organization*, Vol. 22, No. 5. , 2015.

193. Ruth Goldman, "The development of the 'prudent man' concept in relation to pension schemes", *Journal of Pensions Management*, Vol. 5, No. 3. , 2000.

194. Gordon R. H., "SOCIAL SECURITY AND LABOR SUPPLY IN-CENTIVES", Vol. 1, No. 3. , 1983.

195. Vernon R. Hayes, Jr, "The Dangers of Relying on a Legal List: A Case Study of the West Virginia Consolidated Investment Fund", *Public Budgeting & Finance*, Vol. 19, No. 4. , 1999.

196. S. Preston, K. Hill, "Estimating the completeness of death registration", *Population Studies*, Vol. 34, No. 2. , 1980.

197. Robert Holzmann, Ufuk Guven , *Adequacy of Retirement Income after Pension Reforms in Central, Eastern, and Southern Europe: Eight Country Studies*, World Bank, 2009.

198. Robert Holzmann, Palacios R. , *Symposium. Key issues in introducing pre-funded pension schemes*, Duncker & Humblot, 2000.

199. Robert Holzmann, Edward Palmer, *Pension Reform: Issues and Prospects for Non-Financial Defined Contribution (NDC) Schemes*, World Bank, 2006.

200. Yuwei Hu, "Growth of Asian Pension Assets: Implications for Financial and Capital Markets", *Adbi Working Papers* 360, 2012.

201. Roger G. Ibbotson, Paul D. Kaplan, "Does Asset Allocation Policy Explain 40, 90, or 100 Percent of Performance?", *Financial Analysts Journal*, Vol. 56, No. 1. , 2000.

202. James A. Kahn, "Social security, liquidity, and early retirement", *Journal of Public Economics*, Vol. 35, No. 1. , 1988.

203. Jeremy I. Bulow, "What are Corporate Pension Liabilities?", *The Quarterly Journal of Economics*, Vol. 97, No. 3. , 1982.

204. Clement Joubert, "Pension design with a large informal labor market: evidence from Chile", *International Economic Review*, Vol. 56, No. 2. , 2015.

205. R. Glenn Hubbard, Kenneth L. Judd, "Social Security and Individual Welfare: Precautionary Saving, Borrowing Constraints, and the Payroll Tax", *The American Economic Review*, Vol. 77, No. 4, 1987.

206. Kevin M. Murphy, Finis Welch, "Perspectives on the Social Security Crisis and Proposed Solutions", *The American Economic Review*, Vol. 88, No. 2. , 1998.

207. Kim H S, "Spillover Effects of Pension Funds on Capital Markets: The Mechanism and Preconditions", *Social Science Electronic Publishing*, 2008.

208. Lai O. K. , "Long-term care policy reform in Japan", *J Aging Soc Policy*, Vol. 13, No. 2-3, 2002.

209. John Laitner, "Bequests, Gifts, and Social Security", *The Review of Economic Studies*, Vol. 55, No. 2. , 1988.

210. John Laitner, "Household Bequest, Behaviour and the National Distribution of Wealth", *The Review of Economic Studies*, Vol. 46, No. 3. , 1979.

211. Laurence J. Kotlikoff, "Social Security and Equilibrium Capital Intensity", *The Quarterly Journal of Economics*, Vol. 93, No. 2. , 1979.

212. Maw LinLee, Shu – WenChao, "Effects of social security on personal saving", *Economics Letters*, Vol. 28, No. 4. , 1988.

213. Ronald D. Lee, "Population Age Structure, Intergenerational Transfer, and Wealth: A New Approach, with Applications to the United States", *The Journal of Human Resources*, Vol. 29, No. 4. , 1994.

214. Dean R. Leimer, Selig D. Lesnoy, "Social security and private saving: theory and historical evidence", *Social security bulletin*, Vol. 48, No. 1. , 1985.

215. Martin Feldstein, Jeffrey B. Liebman, "Chapter 32 Social security", *Handbook of Public Economics*, Vol. 4, No. 8. , 2002.

216. Li, Nan, "Estimating Life Tables for Developing Countries. Population Division Technical Paper", *United Nations Department of Economic and Social Affairs*, No. 4. , 2014

217. Martin S. Feldstein, "Social Security and Private Saving: Reply", *Journal of Political Economy*, Vol. 90, No. 3. , 1982.

218. Martin Feldstein, "Social Security, Induced Retirement, and Aggregate Capital Accumulation", *Journal of Political Economy*, Vol. 82, No. 5. , 1974.

219. Martin Feldstein, "The Optimal Level of Social Security Benefits", *The Quarterly Journal of Economics*, Vol. 100, No. 5. , 1985.

220. Shinya Matsuda M. D. , "The health and social system for the aged in Japan", *Aging Clinical and Experimental Research*, Vol. 14, No. 4. , 2002.

221. Harry Markowitz, "Portfolio Selection", *The Journal of Finance*, Vol. 7, No. 1. , 1952.

222. Olivia S. Mitchell, John Piggott, Satoshi Shimizutani, "Aged–Care Support in Japan: Perspectives and Challenges", *NBER Working Papers*, 2004.

223. Franco Modigliani, Merton H. Miller, "The Cost of Capital, Corporation Finance, and the Theory of Investment: Reply", *The American Economic Review*, Vol. 49, No. 4. , 1959.

224. Franco Modigliani, "The Life Cycle Hypothesis of Saving, the Demand for

Wealth and the Supply of Capital", *Social Research*, Vol. 33, No. 2., 1966.

225. Müller, Katharina, Ryll A, Hans-Jürgen Wagener, "Transformation of Social Security: Pensions in Central - Eastern Europe", *Contributions to Economics*, Vol. 2, No. 3., 1999.

226. Nathan Keyfitz, "The Demographics of Unfunded Pensions", *European Journal of Population*, Vol. 1, No. 1., 1985.

227. Paul A. Samuelson, "An Exact Consumption-Loan Model of Interest with or without the Social Contrivance of Money", *Journal of Political Economy*, Vol. 66, No. 6., 1958.

228. Paul M. Romer, "Increasing Returns and Long-Run Growth", *Journal of Political Economy*, Vol. 94, No. 5., 1986.

229. Ito Peng, "Pushing for social care expansion: Demography, gernder, and the new politics of the welfare state in Japan", *American Asian Review*, Vol. 21, No. 2., 2003.

230. Rezk, E., Irace, M., Ricca, V., "Pension Funds' Contribution to the Enhancement of Aggregate Private Saving: A Panel Data Analysis for Emerging Economies", *Social Science Electronic Publishing*.

231. Michael Rothschild, Joseph Stiglitz, "Equilibrium in Competitive Insurance Markets: An Essay on the Economics of Imperfect Information", *The Quarterly Journal of Economics*, Vol. 90, No. 4., 1976.

232. Robert J. Barro, "Are Government Bonds Net Wealth?", *Journal of Political Economy*, Vol. 82, No. 6., 1974.

233. Ronald D. Lee, "Induced population growth and induced technological progress: Their interaction in the accelerating stage", *Mathematical Population Studies*, Vol. 1, No. 3., 1988.

234. Ronald D. Lee, Shelley Lapkoff, "Intergenerational Flows of Time and Goods: Consequences of Slowing Population Growth", *Journal of Political Economy*, Vol. 96, No. 3., 1988.

235. Ronald Lee, "Age Structure, Intergenerational Transfers, and Economic Growth: An Overview", *Revue économique*, Vol. 31, No. 6., 1980.

236. Michael Rothschild, Joseph E. Stiglitz, "Increasing risk: I. A definition", *Journal of Economic Theory*, Vol. 2, No. 3., 1970.

237. Michael Rothschild, Joseph E. Stiglitz, "Increasing Risk II: Its Economic Consequences", *Journal of Economic Theory*, Vol. 3, No. 1., 1971.

238. Andrew A. Samwick, Jonathan Skinner, "How Will 401 (k) Pension Plans Affect Retirement Income?", *American Economic Review*, Vol. 94, No. 1. , 2004.

239. Andrew A. Samwick, "Is Pension Reform Conducive to Higher Saving?", *Review of Economics and Statistics*, Vol. 82, No. 2. , 2000.

240. W. Schmahl, S. Horstmann, *Transformation of Pension Systems in Central and Eastern Europe*, Edward Elgar Publishing House, 2002.

241. Hans-Werner Sinn, "Why a Funded Pension System is Useful and Why It is Not Useful", *NBER Working Papers* 7592, 2000.

242. Shih-Jiun Shi, Ka-Ho Mok, "Pension privatisation in Greater China: Institutional patterns and policy outcomes", *International Journal of Social Welfare*, Vol. 21 (Supplement s1), 2012.

243. William F. Sharpe, "Corporate pension funding policy", *Journal of Financial Economics*, Vol. 3, No. 3. , 1976.

244. Shinya Matsuda, Mieko Yamamoto, "Long-term care insurance and integrated care for the aged in Japan", *International Journal of Integrated Care*, Vol. 1, No. 3. , 2001.

245. Satoshi Shimizutani, "Japan's Long-term Care Insurance Program: An Overview", *Swiss Journal of Economics and Statistics*, Vol. 142, No. V. , 2006.

246. George J. Stigler, "The Economics of Information", *Journal of Political Economy*, Vol. 69, No. 3. , 1961.

247. Sunil Wahal, "Pension Fund Activism and Firm Performance", *The Journal of Financial and Quantitative Analysis*, Vol. 31, No. 1. , 1996.

248. Makoto Nakajima, Irina A. Telyukova "Home Equity in Retirement", *International Economic Review*, Vol. 61, No. 2. , 2011.

249. Ashok Thomas, Luca Spataro, "The Effects of Pension Funds on Markets Performance: A Review", *Journal of Economic Surveys*, Vol. 30, No. 1. , 2016.

250. Dimitri Vittas , "Pension Funds and Capital Markets: Investment Regulation, Financial Innovation, and Governance", *World Bank Other Operational Studies*, No. 2. , 1996.

251. Wiley J, "Improving Customer Communication, Banks in insurance report" Jul, 1999.

252. Robert J. Willis, "Life cycles, institutions, and population growth: A theory of the equilibrium interest rate in an overlapping-generations model", in R. D. Lee, W. B. Arthur, and G. Rogers eds, *Economics of Changing Age Distributions in Devel-*

oped Countries, Clarendon Press, 1988.

253. Yow S, "Aging Population, Pension Funds, and Financial Markets: Regional Perspectives and Global Challenges for Central, Eastern, and Southern Europe", *Journal of pension economics and finance*, Vol. 9, No. 4. , 2010.

254. Eelco Zandberg, Laura Spierdijk, "Funding of pensions and economic growth: are they really related?", *Journal of Pension Economics & Finance*, Vol. 12, No. 2. , 2013.

255. Junsen Zhang, Junxi Zhang, "Social Security, Intergenerational Transfers, and Endogenous Growth", *The Canadian Journal of Economics / Revue canadienne d' Economique*, Vol. 31, No. 5. , 1998.

256. Jie Zhang, "Social security and endogenous growth", *Journal of Public Economics*, Vol. 58, No. 2. , 1995.

257. M. Zukowski , S. Golinowska , "Transformation of old-age security in Poland", in Winfried Schmähl and Sabine Horstmann eds, *Transformation of Pension Systems in Central and Eastern Europe* Edward Elgar Publishing Inc, 2001.